Kohlhammer
Urban-
Taschenbücher

Band 387

Egon Boshof

Die Salier

2., verbesserte und ergänzte Auflage

Verlag W. Kohlhammer
Stuttgart Berlin Köln

Die Deutsche Bibliothek – CIP-Einheitsaufnahme

Boshof, Egon:
Die Salier /
Egon Boshof. – 2., verb. und erg. Aufl. –
Stuttgart ; Berlin ; Köln : Kohlhammer, 1992
  (Urban-Taschenbücher ; Bd. 387)
  ISBN 3-17-012006-9
NE: GT

Umschlag: Speyerer Evangeliar, Escorial Cod. Vitrinas 17.
Darstellung der Überreichung des Buches durch Heinrich III. und Agnes
an die Speyerer Patronin Maria unter der Baldachinarchitektur des
Speyerer Domes.

Zweite, verbesserte und ergänzte Auflage 1992
Alle Rechte vorbehalten
© 1987 W. Kohlhammer GmbH
Stuttgart Berlin Köln
Verlagsort: Stuttgart
Umschlag: Studio 23
Gesamtherstellung:
W. Kohlhammer Druckerei GmbH + Co. Stuttgart
Printed in Germany

Inhalt

I. Die Anfänge der Dynastie 7

II. Das Königtum im Zeichen karolingischer und ottonischer Tradition 33

   1. Die Regierungszeit Konrads II. (1024 – 1039) 33

      a) Thronerhebung und erster Italienzug: Erneuerung des Kaisertums 33
      b) Herrschaft in Deutschland 57
      c) Der Erwerb Burgunds 65
      d) Die östlichen Randstaaten 72
      e) Politische und soziale Konflikte in Italien: der zweite Italienzug 77
      f) Die Kirchenpolitik Konrads II. 83

   2. Die Regierungszeit Heinrichs III. 1039 bis 1050: Höhepunkt des frühmittelalterlichen Kaisertums 92

      a) Herrschaft in Deutschland 92
      b) Die Beziehungen zu den Nachbarstaaten 115
      c) Italien und das Papsttum 121

III. Die Krise der salischen Monarchie 143

   1. Der Ausgang Heinrichs III. (1050 – 1056) 143

      a) Fürstliche und geistliche Opposition im Reich 143
      b) Die außenpolitische Situation 155
      c) Die Thronfolgeregelung 161

   2. Die Regentschaft der Kaiserin Agnes und der Sieg des Reformpapsttums 166

      a) Die Regentschaft der Kaiserin Agnes 166
      b) Das lothringisch-tuszische Papsttum und das Schisma des Cadalus 175

IV. Heinrich IV.: Regnum und Sacerdotium im
    Streit um die rechte Ordnung in der Welt 188

   1. Die Anfänge der selbständigen Regierung
      und der Sachsenaufstand 188
   2. Heinrich IV. und Gregor VII.: Canossa – Brixen –
      Rom 207
   3. Der Salier in der Offensive 245
   4. Der Sieg des Reformpapsttums und der Ausgang
      Heinrichs IV. 253

V. Der Ausgang der salischen Dynastie:
   Heinrich V. (1106 – 1125) 267

   1. Heinrich V. und Paschalis II.: Das Ringen um die
      Lösung des Investiturproblems bis 1112 267
   2. Heinrich V. und die deutschen Fürsten 281
   3. Auf dem Wege zum Wormser Konkordat 288
   4. Das Wormser Konkordat und der Ausgang
      Heinrichs V. 295

Rückblick: Die Salier und die deutsche Geschichte 306

Literaturverzeichnis 312

Register 327

Stammtafel der Salier 340

I. Die Anfänge der Dynastie

Es liegt viel Dunkel über Ursprung und frühter Geschichte jenes Adelsgeschlechtes, dem seit dem hohen Mittelalter der Name »Salier« gegeben worden ist, aber daß die Anfänge verknüpft sind mit den Schicksalen einer Adelssippe, die bereits in den Zeiten Pippins des Mittleren und Karl Martells zur Führungsschicht des fränkischen Reiches gehörte und im Moselraum beheimatet war, darüber besteht in der wissenschaftlichen Forschung kaum ein ernster Zweifel. Diese Widonen-Lambertiner, wie sie nach den bei ihnen häufig vorkommenden »Leitnamen« bezeichnet werden, waren ein weit verzweigtes Geschlecht, das als Glied der Reichsaristokratie im Rahmen des karolingischen Großreiches Führungs- und Verwaltungsaufgaben von der Bretagne bis nach Mittelitalien wahrnahm und in seiner italischen Linie als Gegenspieler des Karolingers Arnulf im Jahre 891 mit Wido, dem Herzog von Spoleto, sogar zum Kaisertum aufstieg. Als ein anderer Zweig tritt uns ein Verwandtschaftskreis entgegen, der in engen Beziehungen zu den Klöstern Mettlach und Hornbach, »widonischen« Gründungen des ausgehenden 7. und 8. Jahrhunderts, in den Diözesen Trier und Metz stand; der Leitname Wernar/Werner kennzeichnet diese Linie. Hier nun ist der genealogische Zusammenhang mit den späteren Saliern gegeben. Es läßt sich zwar weder eine lückenlose Filiationskette von dem ersten eindeutig faßbaren Vertreter der späteren deutschen Königsdynastie, Konrad dem Roten, bis zurück zu dem Bischof Liutwin von Trier, dem 717 verstorbenen Gründer von Mettlach und Ahnherrn der Widonen, oder seinen Söhnen, dem Grafen Wido (†739) und Milo, dem Bischof von Trier und Reims (†757), herstellen, noch hat das Selbstverständnis der salischen Familie jemals an die widonischen Ursprünge angeknüpft, aber der blutsmäßige Zusammenhang ist gegeben und bruchstückhaft erkennbar, was eine Kontinuität bis in die spätmerowingische Zeit bezeugt, wie sie in der frühmittelalterlichen Adelsgeschichte des Abendlandes kaum für ein anderes Geschlecht gegeben ist.

Die Bliesgauabtei Hornbach wurde später Königskloster; Otto der Große verbriefte ihr volle Immunität und erweiterte damit von den Karolingern bereits verliehene Rechte. Aber die Salier haben die Verbindung zum Eigenkloster ihrer Vorfahren nicht abreißen lassen: Sie erscheinen als Intervenienten in den ottonischen Diplomen, sie schalten sich gelegentlich in die Abtswahl ein; in Horn-

bach wird ein früh verstorbener Sohn des Herzogs Konrad I. von Kärnten bestattet. Heinrich IV. hat 1072 eine Vogteiregelung getroffen, die deutlich seine Vorstellungen vom dynastischen Rechtsstatus der Abtei widerspiegelt: Er behält sich zu seinen Lebzeiten die Vogtei vor, die nach seinem Tode an den Ältesten des salischen Geschlechtes fallen soll. Das entsprach geltenden Rechtsanschauungen über die erbliche Gründervogtei. Im Jahre 1087 übertrug Heinrich das Bliesgaukloster der Kirche von Speyer, nachdem schon 1075 für die salischen Eigenklöster St. Lambert und Limburg eine entsprechende Verfügung getroffen worden war; von der Schenkung blieb die Vogtei noch ausgenommen, auf die der Salier dann jedoch dreizehn Jahre später zugunsten des Bischofs verzichtete – das alte Widonenkloster war damit endgültig bischöflich-speyerisches Eigenkloster geworden. Diese Entscheidung also war längst gefallen, als Heinrich IV. in seiner Bestätigung der Vogteiübertragung im Jahre 1105 die Abtei ausdrücklich als eine Gründung seiner Vorfahren bezeichnete und damit zu erkennen gab, daß diese Tradition über alle Lücken der Überlieferung hinweg im salischen Hausbewußtsein lebendig geblieben war. Der Name »Salier« taucht vereinzelt im 12. Jahrhundert, verbreitet erst im späteren Mittelalter auf. Eine schlüssige Deutung bereitet Schwierigkeiten. Vielleicht sollte die Familie in Erinnerung an die Salier, die führende Gruppe des Stammesbundes der Franken, auf diese Weise als die vornehmste des fränkischen Stammes gekennzeichnet werden. Dazu könnte Wipos Lebensbild Konrads II. den Vorwand geliefert haben, betont der Biograph doch für Adelheid, die Mutter seines Helden, die Abstammung von den Merowingern unter deutlicher Anspielung auf die Taufe Chlodwigs, und wenn er für Konrads Gemahlin Gisela die Herkunft aus dem Geschlechte Karls des Großen besonders hervorhebt, so unterstreicht das noch den Adel der nun zum Königtum aufgestiegenen Familie.
Chronisten und Dichter des 12. und 13. Jahrhunderts haben der Dynastie noch einen anderen Namen beigelegt. An zentraler Stelle seiner *Gesta Frederici,* dort nämlich, wo er die tieferen Gründe für die Wahl Friedrich Barbarossas zum König erörtert und den neuen Herrscher als »Eckstein« bezeichnet, der die Feindschaft zwischen den beiden Familien der Staufer und der Welfen, weil beiden angehörend, beenden könne, an dieser Stelle führt Otto von Freising den Staufer auf die Familie der Heinriche von Waiblingen zurück, die »Kaiser hervorzubringen pflegte«. Andere Schriftsteller haben diesen hier erstmals für die Salier verwandten Namen aufgegriffen und eine Tradition begründet, die in der Folgezeit ein Stück staufischer Herrschaftsideologie werden konnte. Die genealogische Ver-

bindung von Staufern und Saliern war durch die Heirat der Tochter Heinrichs IV., Agnes, mit dem Herzog Friedrich I. von Schwaben geknüpft worden. Otto von Freising selbst entstammte der zweiten Ehe der Agnes mit dem Markgrafen Leopold III. von Österreich aus dem Hause der Babenberger – er war also mit Saliern und Staufern verwandt. Ob er mit dem Waiblingernamen eine salische Familientradition wiedergibt oder vielleicht sogar selbst wesentlich mitgeschaffen hat, das läßt sich nicht entscheiden. Die alte karolingische Königspfalz Waiblingen wird in den Pöhlder Annalen – im Zusammenhang mit dem hier nach ihr benannten Konrad II. – als Vorort unter den Burgen Schwabens gerühmt. Der recht umfangreiche Güterkomplex an der Nordgrenze des Herzogtums scheint bereits unter dem ersten salischen Herrscher in den Besitz der Dynastie gelangt zu sein – ob als Erbgut der dem konradinischen Herzogshause entstammenden Gisela oder auf dem Wege über die Konfiskation im Zusammenhang mit dem Aufstand Herzog Ernsts II. läßt sich nicht klären. So muß letztlich auch offenbleiben, ob Waiblingen dem salischen Hausgut oder dem Reichsbesitz zuzurechnen war; freilich scheint der Ort bald Zentrum des rechtsrheinischen Hausgutes der Dynastie geworden zu sein, und er dürfte – dank seiner verkehrsgünstigen Lage unfern der wichtigen von Donauwörth und Nördlingen herführenden Remstalstraße und der damit verbundenen strategischen Bedeutung – Heinrich IV. vor allem in seiner Auseinandersetzung mit dem Gegenkönig Rudolf von Rheinfelden als wichtiger Stützpunkt gedient haben.

Um so erstaunlicher, daß der Salier sich dieses Besitzes entäußerte: Am 14. Oktober 1080 übertrug er Waiblingen der bischöflichen Kirche von Speyer und das nahe gelegene Winterbach dem Speyerer Domkapitel – als Seelgerät für seine in Speyer bestatteten Großeltern und den Vater Heinrich sowie zu seinem und seiner Mutter Agnes Heil; lediglich die salischen Dienstmannen blieben mit ihren Dienstgütern von der Schenkung ausgenommen. Die Bedeutung der Stunde erklärt die Größe des Opfers: Es war der Vortag der Entscheidungsschlacht gegen Rudolf, ein Wendepunkt also seiner politischen Laufbahn und seines Daseins überhaupt. Waiblingen aber hatte er ausersehen als Votivgabe an die von ihm hoch verehrte Gottesmutter, die Patronin des Speyerer Domes, deren Schutz er erflehte, zu der schon seine Väter ihre Zuflucht genommen hatten – wie die Arenga der über die Schenkung ausgestellten Urkunde in ganz persönlichen Worten formuliert. Hier wird nun auch deutlich, daß der Wert des nordschwäbischen Besitzes sich für die Salier nicht in seinem materiellen und militärischen

Nutzen erschöpfte; hier müssen ideelle und emotionale Bindungen bestanden haben, die einer an sich ja nicht ungewöhnlichen Handlung den Charakter des Besonderen und Einmaligen verliehen. So wird man einiges zur Bedeutung von Waiblingen aus dem spärlichen Quellenmaterial erschließen und vielleicht die Hintergründe einer salischen Haustradition ein wenig erhellen können – wenn Otto von Freising tatsächlich eine solche Tradition aufgenommen hat, als er die Salier als Heinriche von Waiblingen in die Historiographie einführte. Es bleibt freilich ein Rest von Unerklärbarkeit; denn Heimat und Vorort der Familie war die alte karolingische Königspfalz nicht.

Die zeitgenössischen Quellen des ausgehenden 10. und der ersten Hälfte des 11. Jahrhunderts verwenden daher auch einen anderen Namen: Sie benennen die Dynastie nach dem Machtzentrum, das sie sich in der frühen Epoche ihres Aufstiegs geschaffen hatte, nach Worms. So bezeichnet Wipo den jüngeren Konrad, der bei der Königswahl von Kamba 1024 seinem gleichnamigen älteren Vetter unterlag, als fränkischen Herzog von Worms, *Wormatiensis dux Francorum,* oder einfach als Wormser Herzog, *dux Wormatiensis.* Als Herzog von Worms, *dux Wormatie,* erscheint bereits Otto von Kärnten, Konrads II. Großvater, in einer Urkunde dieses Herrschers aus dem Jahre 1026, die allerdings außerhalb der Kanzlei verfaßt worden ist. Wohl als das früheste Zeugnis kann ein Diplom Ottos II. von 982 gelten, das diesen Salier mit dem Beinamen »der Wormser« belegt und ihn auf diese Weise von dem gleichnamigen Herzog von Schwaben und Bayern, der wie er ein Enkel Ottos des Großen war, unterscheidet.

Die einzelnen Phasen des Aufstiegs der Familie, die Wechselfälle ihrer Machtbildung sind seit Konrad dem Roten gut zu überschauen. Gehen wir noch eine Generation zurück, so wird vieles schon unsicherer, doch dürfte jener Werner, der gegen Ende des 9. Jahrhunderts und nach der Jahrhundertwende als Graf im Worms-, Nahe- und Speyergau nachweisbar ist, Konrads Vater gewesen sein. Dann aber verwischen sich die Spuren, wir müssen uns damit bescheiden, die Familie dem großen Verwandtschaftsverband der Widonen-Lambertiner zuzuordnen, ohne eine genaue Filiationskette erstellen zu können. Mit dem Grafen Werner also beginnt die Geschichte der Salier, wie wir sie nun auch vor ihrem Aufstieg zum Königtum schon nennen wollen.

Von den Vorfahren her war der Familie Besitz überkommen, der sich in Streulage vom Bliesgau über Speyer- und Wormsfeldgau bis in den Mainraum erstreckte. Gewisse Fixpunkte haben wir bereits ausgemacht, so das Kloster Hornbach, zu dessen Fernbesitz im

Worms- und Nahegau die Salier in enger Beziehung standen, ist doch Konrads des Roten Sohn Otto an der von dem Abt Adalbert von Hornbach ausgehenden Gründung des Stiftes St. Philipp zu Zell 975/976 wesentlich beteiligt. Aus dem Erbe der Nanthare, die im 9. Jahrhundert als eine der führenden Adelssippen in den mittelrheinischen Gauen hervortraten, leiteten sich die Verbindungen zu dem von dem dux Nantharius im Jahre 868 gegründeten Kloster Münsterdreisen im oberen Pfrimmtal, aber auch zu Mainz her. Dieser Nanthari war Vogt des Remigiuslandes im Westrich um Kusel und Altenglan, des Reimser Kirchenbesitzes also; in seiner Nachfolge erscheint später der erste Salier, Graf Werner, mit Ansprüchen in diesem Raum. Nicht immer lassen sich solche Besitzzusammenhänge unmittelbar aufweisen, sie sind oft erst über die Besitzgeschichte der Staufer, die das salische Erbe antraten, zu erschließen. Zum Grundbesitz und den Kirchenlehen kommen die Grafenrechte hinzu.

Werner ist im Jahre 891 als Graf im Worms- und Nahegau bezeugt und zu 906 als Graf im Speyergau nachweisbar. Hier, im Speyergau, scheint zunächst der Schwerpunkt salischer Macht gelegen zu haben. Zum Jahre 913 berichtet Adalbert in seiner Fortsetzung der Weltchronik Reginos von Prüm, daß der Bischof Einhard von Speyer von den Grafen Bernhard und Konrad geblendet worden sei; eine andere Lesart überliefert anstelle von Bernhard jedoch den Namen Werner. Das paßt nicht schlecht in die Landschaft und die Zeit. Es würde bedeuten, daß der Salier an dieser Freveltat, mit deren Untersuchung die Synode von Hohenaltheim drei Jahre später den Bischof Richgowo von Worms beauftragte, beteiligt war. Eine Entscheidung hat die Synode nicht getroffen; damit bleiben aber auch die Hintergründe dunkel. Man wird kaum fehlgehen, wenn man sie in Auseinandersetzungen um Besitz- und Machtpositionen sucht. Vielleicht liefert der Zwischenfall mit seinen Folgen eine Erklärung dafür, daß sich die salischen Machtinteressen nun stärker in den Wormser Raum verlagerten, vielleicht steht sogar das Verschwinden des durch die Bluttat befleckten Namens Werner aus dem Namengut der Familie damit in Zusammenhang. Daß der Graf Werner vor Gewalt nicht zurückschreckte, wenn es um Machterwerb ging, zeigen die Auseinandersetzungen um das Remigiusland. Der Chronist der Reimser Kirche, Flodoard, berichtet von den Übergriffen des Saliers auf den Reimser Besitz, den er unter seine Vasallen verteilt habe. Der heilige Remigius selbst mußte einschreiten, damit König Konrad für eine Rückerstattung der entfremdeten Güter sorgte.

In der Konkurrenz mit Walahonen und Konradinern hat Werner

offenbar zeitweise zurückstecken müssen und Positionen verloren. Die Quellen geben über die Machtkämpfe und Rivalitäten der Adelsfamilien in dieser Epoche des Niedergangs der karolingischen Monarchie freilich nur bruchstückhaft Aufschluß. In der Anlehnung an das konradinische Königtum hat der Salier offenbar Rückendeckung gesucht; er hat eine Konradinerin, wahrscheinlich eine Schwester König Konrads I., geheiratet und seine Familie damit in unmittelbare Königsnähe gebracht. Die Übernahme des neuen Leitnamens »Konrad« spiegelt die Bedeutung dieser Verbindung wider.
Die Konradiner waren die führende Adelsdynastie im rheinfränkischen Raum in den letzten Jahrzehnten der Karolingerherrschaft gewesen. Eine Konsolidierung ihrer Machtpositionen aber wurde durch ihren Aufstieg zum Königtum verhindert; in der Auseinandersetzung mit den Stammesherzögen verbrauchte Konrad I. seine Kräfte. Auch der zweite Anlauf der Dynastie zur Herrschaftsbildung – nun auf der Ebene des Herzogtums – scheiterte mit dem Tode Eberhards im Aufstand des Jahres 939. Die Entstehung eines fränkischen Herzogtums blieb in den Anfängen stecken. Die konradinische Katastrophe von 939 hat den Weg freigemacht für den Aufstieg der Salier zur beherrschenden Stellung am Mittelrhein. Wenn Otto der Große Konrad dem Roten im Zusammenhang mit seiner Teilnahme am Aufstand Liudolfs nach Widukind von Korvey seine Undankbarkeit vorhält, da er ihn doch aus geringer Stellung zur höchsten Würde emporgehoben habe, so läßt sich hieraus folgern, daß die Salier sich gegenüber ihren walahonischen und konradinischen Rivalen mit Hilfe des liudolfingischen Königtums durchgesetzt haben.
Bereits 941 erscheint Konrad der Rote, der die Grafschaften seines Vaters übernommen und eine weitere im Niddagau erhalten hatte, im engsten Gefolge Ottos des Großen; er trägt wesentlichen Anteil an der Aufdeckung der Verschwörung des Königsbruders Heinrich und der Bestrafung der Empörer. Wenige Jahre später, 947, wird diese Königsnähe durch verwandtschaftliche Bindung noch gefestigt, als er sich mit Ottos Tochter Liudgard vermählt. Zu diesem Zeitpunkt gehörte der Salier bereits zur Spitzengruppe des deutschen Adels, denn nach dem Tode Ottos von Verdun zu Beginn des Jahres 944 hatte der König ihm das Herzogtum Lothringen übertragen und ihn damit vor eine Aufgabe gestellt, die sowohl innenpolitisch in der Zähmung des stets unruhigen lothringischen Adels wie außenpolitisch in der Sicherung des Landes gegen westfränkisch-karolingische Ansprüche Tatkraft und Klugheit in höchstem Maße erforderte. Zeitgenössische Quellen stellen

dem Salier ein glänzendes Zeugnis aus; für Widukind von Korvey ist er geradezu das Idealbild eines Mannes, in dem sich Kühnheit und Klugheit miteinander verbinden, der durch sein gewinnendes Wesen dem König wie den Standesgenossen lieb und wert war. Ganz ohne Schwierigkeiten scheint die Übernahme der lothringischen Herzogswürde nicht vor sich gegangen zu sein. Das Haus Reginars, seit dem Tode des Herzogs Giselbert entmachtet, trat wieder auf den Plan: Die Söhne Reginars II., Reginar III. und Rudolf, haben offenbar Ansprüche auf Giselberts Erbe erhoben; jedenfalls hat Otto noch 944 den Herzog Hermann von Schwaben mit dem Auftrag nach Lothringen geschickt, die Kastelle der beiden Brüder, die zum westfränkischen König Ludwig IV. Verbindung aufgenommen hatten, zu brechen. Und im folgenden Jahre erhob Konrad selbst auf einem Duisburger Hoftag eine Anklage auf Untreue gegen den Erzbischof Ruotbert von Trier und den Bischof Richar von Lüttich; die Hintergründe bleiben freilich dunkel, und die Beschuldigten konnten sich in kurzer Zeit von den Verdächtigungen reinigen. Wie sein Vorgänger Otto von Verdun, so wurde auch Konrad sehr schnell in die westfränkischen Händel, den erbitterten Streit zwischen dem karolingischen Königtum, dem Herzog Hugo von Franzien und den Grafen von Vermandois um das Erzbistum Reims, hineingezogen. Im Auftrage des Königs verhandelte er mit Hugo von Franzien; er trug auch die Hauptlast der militärischen Unternehmungen, die den rebellischen Herzog zum Einlenken in der Reimser Frage zwingen sollten, und vermittelte schließlich im Jahre 950 den Frieden zwischen Ludwig IV. und seinem mächtigen Vasallen. In der Westpolitik des deutschen Königs fiel dem lothringischen Herzog, dem Otto unbedingt vertraute, eine Schlüsselrolle zu. Dabei berührte der Reimser Konflikt auch konkrete eigene Interessen des Saliers; der von ihm unterstützte Erzbischof Artold überließ ihm den Reimser Kirchenbesitz im Westrich, das Remigiusland also, das bereits sein Vater Werner in den salischen Machtbereich einzubeziehen versucht hatte. In den Bischofsstädten Worms und Speyer verfügte Konrad über zahlreiche Regalien, die er auf königliche Verleihung an seine Vorfahren – hier ist am ehesten sein Vater gemeint – zurückführte. Daß er das Münzrecht ausgeübt hat, zeigen die auf uns gekommenen Prägungen aus Bingen und Mainz. Bei dieser in Umrissen erkennbar werdenden konsequenten Erwerbspolitik überrascht sein Verzicht auf wichtige Regalien – unter anderem die Münze, die Hälfte des Zolls, die Salz-, Fisch-, Wein- und Fremdensteuer sowie die Gerichtsbarkeit – in Speyer zugunsten des Bischofs Reginbald im Jahre 946. Haben wir es hier vielleicht gar mit einer

Art Sühneleistung für das Verbrechen an Bischof Einhard zu tun? Wenn die darüber ausgefertigte Urkunde in allen Teilen echt sein sollte, ist zu vermuten, daß in diesem Falle der König einen gewissen Druck ausgeübt hat, zumal die bischöfliche Gegenleistung den Wert der preisgegebenen Einkünfte sicher nicht aufwog. Auf der engen Bindung an die Zentralgewalt beruhten Geltung und Macht der salischen Dynastie; das mochte eben mitunter ein besonderes Entgegenkommen gegenüber königlichen Wünschen geraten erscheinen lassen, was sich durch Vorteile in anderen Bereichen ausgleichen ließ. Dabei bot die lothringische Herzogswürde die Chance, auch die rheinfränkische Herrschaftsstellung als eine herzogliche zu interpretieren. Anscheinend hat Konrad die Amtsgrafschaften, auf denen sich sein »Dukat« aufbaute, mehr als Herrschaftsbezirke denn als von der Reichsgewalt ihm übertragene Verwaltungssprengel angesehen.
Ehrgeiz und Machtbewußtsein erscheinen als die hervorstechenden Charaktereigenschaften des Saliers. Ein solcher Mann war nicht leicht bereit, seinen beherrschenden Einfluß am Hofe mit einem anderen zu teilen. So mußte es fast zwangsläufig zum Konflikt kommen, als der Königsbruder Heinrich – einst selbst nach der Krone strebend, nun als Herzog von Bayern eingebunden in das System ottonischer Familienpolitik und Herrschaftssicherung – zu einem gefährlichen und vielvermögenden Gegenspieler am Hofe wurde. Den Anlaß boten gewisse Vorgänge auf dem ersten Italienzug Ottos des Großen 951/952. Der Thronfolger Liudolf hatte bei seinem Bemühen, dem Vater durch ein vorgezogenes Unternehmen den Weg zu bereiten und dabei zugleich schwäbische Stammesinteressen zu verfolgen, einen Fehlschlag erlitten, den er nicht zuletzt den Gegenaktionen des verhaßten Oheims zuschrieb. Er war zusammen mit dem gleichfalls aus irgendeinem Grunde mißvergnügten Erzbischof von Mainz vorzeitig nach Hause zurückgekehrt. Otto hatte nach Abschluß des Heereszuges Konrad den Roten mit dem Auftrag zurückgelassen, den Ausgleich mit Berengar von Ivrea vorzubereiten. In den Vorverhandlungen dürfte der Herzog Berengar gewisse Zugeständnisse oder Versprechungen gemacht haben, die beim endgültigen Friedensschluß in Magdeburg und auf dem Reichstage in Augsburg im August 952 nicht eingelöst wurden. Konrad fühlte sich brüskiert und näherte sich Liudolf; der große Gewinner des Italienzuges aber war Heinrich von Bayern, der sein Herzogtum durch die Angliederung der Marken Verona und Istrien mit Friaul erheblich vergrößert hatte und darüber hinaus das Vertrauen der Königin Adelheid besaß. Es kommt nicht von ungefähr, daß Konrad um

diese Zeit dem Erzbischof Artold von Reims Kusel zurückgab und Otto die Weiterverleihung an die Abtei Saint-Remi durch ein Diplom vom 9. September 952 bestätigte. Der Salier erscheint hierin – notgedrungen – als Petent; der Vorgang selbst ist ein deutliches Indiz dafür, wie weit er am Hofe bereits Boden verloren und der Umschwung zu seinen Ungunsten sich fortgesetzt hatte.
Als Liudolf im Frühjahr 953 die offene Empörung gegen den Vater wagte, schloß Konrad sich an; die Motive beider waren also in persönlichen Mißhelligkeiten und Animositäten begründet. In Mainz traten sie Otto mit ihren Forderungen gegenüber, und schon hier versuchten sie, den König davon zu überzeugen, daß an ihrer Loyalität ihm gegenüber nicht gezweifelt werden dürfe, ihre Aktion sich allein gegen Heinrich von Bayern richte. Der Erzbischof Friedrich unternahm es zu vermitteln. Man nötigte den König zu einem – in seinen inhaltlichen Bestimmungen uns nicht bekannten – Vertrag, den er bald darauf als erzwungen widerrief. Gleichzeitig verlangte er von Konrad und Liudolf, daß sie die Urheber der Verschwörung ausliefern sollten, wenn sie nicht selbst als Reichsfeinde gelten wollten. Die Folge war, daß sich nun auch Friedrich von Mainz, der sich in seiner Funktion als Vermittler hintergangen sah, auf die Seite der Aufständischen schlug, freilich in das weitere Geschehen aktiv nicht mehr eingegriffen hat. Während sich der Aufruhr im Reich ausbreitete, hielt der lothringische Adel in seiner Mehrheit zum König: die Gelegenheit schien günstig, das strenge Regiment des ungeliebten Herzogs zu beseitigen. Der Salier hat seine lothringische Stellung zu verteidigen gesucht, aber seine Niederlage gegen Reginar III. in einem Treffen an der Maas zwang ihn, sich auf seinen Stützpunkt Mainz zurückzuziehen. Vor den Mauern dieser Stadt geriet die königliche Gegenoffensive ins Stocken; es gelang Otto nicht, Mainz einzunehmen. Als ihn alarmierende Nachrichten aus den süddeutschen Herzogtümern erreichten, brach er die Belagerung ab und begab sich auf den neuen Kriegsschauplatz.
In Lothringen wurde nun des Königs Bruder Brun, der am 25. September zum Erzbischof von Köln geweiht worden war, der eigentliche Gegenspieler des Saliers. Schon vor seiner Weihe hatte er sich in den Konflikt eingeschaltet und seinen Neffen Liudolf umzustimmen versucht. Er hatte dabei keinen Erfolg, aber auf einer Aachener Versammlung gelang es ihm am 21. September, die lothringischen Bischöfe und Großen in der Abwehr der Aufständischen zusammenzuschließen. Nun löste er Konrad den Roten in der Führung des Herzogtums ab. Seine einzigartige Stellung, die Verbindung der geistlichen Funktion des erzbischöflichen Amtes

mit den weltlichen Aufgaben eines Herzogs, hat sein Biograph Ruotger mit dem Titel *archidux* umschrieben. Tatsächlich hat er selbst militärische Aktionen gegen Konrad den Roten geleitet. Dieser hatte sich mit seiner Absetzung nicht ohne weiteres abgefunden, zeitweise auch gewisse Erfolge erzielt, als ihm zum Beispiel die Einnahme der Stadt Metz gelang, die er allerdings bald wieder räumte. Als sich die beiden Kontrahenten um die Mitte des folgenden Jahres bei Rimlingen im Bliesgau gegenüberstanden, hätte dies die Entscheidung bedeuten können: Es kam jedoch nicht zur Schlacht. Konrad ließ sich von Brun überzeugen, daß ein solcher Kampf *contra regem* sei. Die Argumentation des Erzbischofs entsprach offenbar ganz dem Selbstverständnis der Empörer, die immer betont hatten, daß sich ihre Aktionen nicht gegen den König, sondern gegen Heinrich von Bayern, das heißt: gegen seinen vorwaltenden Einfluß am Hofe, richteten. Der Chronist berichtet nicht, wie Brun seinen Vorwurf begründet hat. Es mag sein, daß er auf die stets gefährdete Lage der Grenzregionen hingewiesen hat; aus dem Bruderkrieg konnte am ehesten der französische König Nutzen ziehen, der nicht anstand, seine Ansprüche auf das alte karolingische Kernland zu erneuern, wenn ihm die Gelegenheit dazu günstig erschien.
Inzwischen hatte sich die allgemeine politische Lage gefährlich zugespitzt. Anfang des Jahres 954 waren die Ungarn ins Reich eingebrochen, und die Aufständischen hatten sich nicht gescheut, mit ihnen Verbindung aufzunehmen. Liudolf gab ihnen, um die eigenen Lande vor ihren Plünderungen zu schützen, Führer mit, die sie nach Westen geleiten sollten; Konrad soll sogar einen förmlichen Vertrag mit ihnen geschlossen haben, um ihre Unterstützung gegen seine lothringischen Gegner, vor allem Brun und Reginar, zu gewinnen. Er scheint die gefürchteten Reiterhorden darüber hinaus selbst in das niedere Lothringen geführt zu haben. Die äußere Bedrohung und das Verhalten der Empörer aber führten nun einen Stimmungsumschwung im Reich zugunsten des Königtums herbei. Nach dem Abzug der Feinde sahen sich die Aufständischen gezwungen, Verhandlungen aufzunehmen. Während Konrad der Rote resignierte und sich im Juni auf einem Reichstag zu Langenzenn bei Fürth unterwarf, trieben der Haß gegen seinen Oheim Heinrich und das Bewußtsein, mit seinem Aufstand alles verspielt zu haben, Liudolf dazu, den aussichtslos gewordenen Kampf noch eine Zeitlang fortzusetzen, bis auch er sich schließlich dem Vater im Dezember 954 auf einem Reichstag im thüringischen Arnstadt beugte. Der Erzbischof Friedrich von Mainz war bereits am 25. Oktober gestorben. In Langenzenn hatte er hartnäckig seine

Unschuld beteuert und den Vorwurf der Untreue gegen seinen König weit von sich gewiesen. Otto selbst hat es ihm erspart, den angebotenen Reinigungseid leisten zu müssen, und damit eigentlich alle Anklagen relativiert. Vorzuwerfen war Friedrich im Grunde nur, daß er sich 953 nach Breisach zurückgezogen und seine Stadt den Aufständischen überlassen hatte; dieses Verhalten allerdings mußte der König bereits als Einverständnis mit seinen Gegnern deuten, wenn er es mit Bruns von Köln energischem Eintreten für seine Belange verglich. Für die beiden Bannerträger der Empörung bedeutete der Friedensschluß den endgültigen Verlust ihrer Herzogtümer, doch beließ ihnen der König die Eigengüter.
Als Otto im folgenden Jahre auf dem Lechfeld bei Augsburg die große Entscheidungsschlacht gegen die Ungarn schlug, führte Konrad der Rote das Aufgebot der Franken ins Treffen. Sein Erscheinen im Heerlager hatte die Krieger mit besonderer Begeisterung und Siegeszuversicht erfüllt – so jedenfalls sieht es Widukind von Korvey. Mit seinem Tode am 10. August sühnte der Salier die Untreue gegenüber seinem König. Otto ließ den Leichnam mit allen Ehren nach Worms überführen und hier bestatten. Konrads Gemahlin Liudgard war – nach kurzer und offenbar nicht glücklicher Ehe – bereits am 18. November 953 gestorben; sie hatte ihre Grablege im Kloster St. Alban vor Mainz gefunden. Von Konrads Brüdern, die 946 seiner Schenkung an Speyer ihre Zustimmung erteilt hatten, verlautet nichts weiter; alle Versuche, sie mit bestimmten, in der salischen Machtsphäre zu dieser Zeit bezeugten Personen zu identifizieren, bleiben ohne Beweiskraft. Ein glanzvoller Auftakt in der Geschichte der Dynastie war mit dem Scheitern Konrads jäh abgebrochen, die Möglichkeit der Entstehung eines rheinfränkischen Herzogtums zunächst zunichte gemacht. Doch Otto der Große hat die seinem Hause eng verbundene Familie nicht vernichten wollen; bereits 956 erscheint Konrads des Roten noch unmündiger Sohn Otto in einer Schenkung des Königs an die Wormser Kirche als Graf im Nahegau. Aus Mainz wurden die Salier allerdings verdrängt; im Zusammenhang mit Konrads Niederlage im Aufstand Liudolfs dürfte der Erzbischof Wilhelm, Ottos des Großen illegitimer Sohn, die gräfliche Gerichtsbarkeit in der Stadt erworben haben, und auch im Binger Raum trat der Mainzer Erzbischof das Erbe des Saliers an.
Im übrigen hat Konrads Sohn Otto den Besitzstand der Familie im wesentlichen wahren können und dann konsequent ausgebaut. Die Mitwirkung bei der auf die Initiative des Abtes Adalbert von Hornbach erfolgten Gründung des Kollegiatstifts St. Philipp zu Zell 975/976 zeigt ihn in enger Verbindung mit der alten wido-

nisch-salischen Hausabtei; Hornbacher Bestrebungen nach Sicherung des Fernbesitzes und salische Interessen fielen hier zusammen. Die Kumulation von Grafschaften in salischer Hand hat Otto noch weitergetrieben; zu den ihm vom Vater überkommenen erwarb er außer der im Mayenfeldgau die südfränkischen Grafschaften im Kraich-, Elsenz-, Pfinz- und Enzgau und vielleicht auch im Uffgau hinzu. Die völlige Rehabilitierung seines Hauses aber war erreicht, als er im Jahre 978 zum Herzog von Kärnten erhoben wurde. Nach dem Scheitern des »Aufstandes der drei Heinriche«, der Herzöge von Bayern und Kärnten und des Bischofs von Augsburg, wurde dem Liutpoldinger Heinrich seine Kärntner Herzogswürde entzogen. Die Ernennung des Saliers zu seinem Nachfolger war Teil eines Revirements, das sich nun am kaiserlichen Hof vollzog: Die bayerische Linie der Liudolfinger, vertreten durch Heinrich den Zänker, und die Kaiserinwitwe Adelheid verloren ihren bestimmenden Einfluß; die Kaiserin Theophano und der Erzbischof Willigis von Mainz konnten ihre Position stärken. Dem Sohne Konrads des Roten hatte die enge Anlehnung an seinen Oheim Otto II. einen großen Erfolg in seinen Bemühungen um den Wiederaufstieg seiner Familie eingebracht; freilich mußte er dafür einen nicht geringen Preis zahlen. Die Rechte, die er bisher in Worms im Auftrag des Königtums ausgeübt hatte, übertrug der Kaiser nun dem Bischof Hildebald, seinem Kanzler. Im August 979 wurde in Magdeburg verbrieft, daß das letzte noch in der Hand des Grafen befindliche Drittel der Bann- und Zolleinkünfte innerhalb der Stadt sowie Gerichts- und Verwaltungsbefugnisse an das Bistum gelangten; mit der Wahrnehmung dieser Aufgaben wurde der bischöfliche Vogt betraut. Die Stadt Worms war damit ganz der Herrschaft des Bischofs unterstellt. Wenn der Kaiser in dieser wichtigen Urkunde selbst betont, daß er den unablässigen Bitten und Vorstellungen seines Kanzlers nachgegeben habe, wird deutlich, mit welcher Energie sich Hildebald um die Mehrung des Wormser Kirchenbesitzes bemühte.

Als der Herzog Otto jedoch bei der Aussöhnung des Hofes mit Heinrich dem Zänker und der Neuverteilung der süddeutschen Herzogtümer im Jahre 985 sein Amt in Kärnten aufgeben mußte, entfielen die Voraussetzungen für seinen Verzicht auf die Wormser Rechte. Er kehrte zurück und nahm den Kampf mit Hildebald um seine alte Stellung auf. Die Salierburg im Rheinviertel der Stadt diente ihm in dieser Auseinandersetzung als wichtiger Stützpunkt. Mit seinem Verzicht auf Kärnten, das zunächst an den Liutpoldinger Heinrich und nach dessen Tod 989 an den Bayernherzog Hein-

rich den Zänker fiel, hatte Otto den Weg freigemacht für die Lösung des schwierigsten innenpolitischen Problems der Regentschaftsregierung. Entsprechend war die Entschädigung, die ihm zuteil wurde: Mit Urkunde vom 6. Februar 985 übertrug ihm Otto III. den Wasgauforst und den Königshof Lautern; ausgenommen waren der Zehnt, der der Kirche von Worms zustand, und die Nona, die an Frankfurt zu leisten war. Bedeutete schon diese Erwerbung einen beträchtlichen Machtzuwachs, so baute der Salier seine Machtstellung gleichzeitig noch weiter aus, als er die Abtei Weißenburg in seinen Besitz brachte. Anscheinend hatten schon vorher Beziehungen zu diesem Kloster bestanden, das im Jahre 968 infolge seiner Übertragung an die Kirche von Magdeburg durch Otto den Großen seinen Status als Reichsabtei verloren hatte; möglicherweise hatten Otto und vielleicht bereits sein Vater Konrad vor 968 die Vogtei über Weißenburg innegehabt. Nun nutzte der Salier die günstige politische Konstellation nach dem Tode Ottos II. für seinen Zugriff. Die Regentschaft hat diesen Gewaltakt in ihrer schwierigen Situation hinnehmen müssen und die Säkularisationen im Laufe der nächsten Jahre legalisiert, indem Ottos in gewissem Sinne eigenkirchenherrliche Stellung in eine Schutzvogtei über die Abtei umgewandelt, er aber zugleich für die Preisgabe seiner Besitzansprüche mit Weißenburger Klostergut und Kirchenlehen entschädigt wurde. So hatte er auch keinen Nachteil zu befürchten, als er zusammen mit Willigis von Mainz und Hildebald von Worms 993 in der Besitzbestätigung Ottos III. für die Abtei als Intervenient auftrat.
Seine umfangreichen rheinischen Erwerbungen ließen Otto den Verlust des Kärntner Herzogtums sicherlich leicht verschmerzen, zumal er als Landfremder in der fernen Grenzprovinz nicht Fuß gefaßt hatte. Auf der Linie dieser Erwerbspolitik, durch die er eine Westausdehnung der Mainzer und Wormser Kirche abblockte, lag auch die Vermählung seines Sohnes Heinrich mit Adelheid, der Tochter des Grafen Richard von Metz und Schwester der Grafen Adalbert vom Saargau und Gerhard von Metz. Damit wurde eine Verbindung zu jener Familie, dem späteren Hause Châtenois, hergestellt, die zu den vornehmsten Lothringens zählte und nach 1046 die oberlothringischen Herzöge stellte. Diese Heirat brachte die Salier aber auch in engere Beziehungen zu weiteren lothringischen Adelsfamilien. So gehörten die Grafen von Dagsburg-Egisheim zum Verwandtschaftskreis der Adelheid, und als Heinrich III. den berühmtesten Sproß dieser Familie, den Bischof Bruno von Toul, für die cathedra Petri ausersah, der Bruno dann als Leo IX. neuen Glanz verleihen sollte, da war die Verwandtschaft mit dem Kaiser-

Haus nicht das unbedeutendste Motiv für diese Wahl. Es scheint, als habe Herzog Otto mit der Ehe seines Sohnes wichtige Voraussetzungen schaffen wollen, seiner Familie die verlorene lothringische Herzogswürde zurückzugewinnen.
Nach dem Verzicht auf Kärnten führte Otto den dux-Titel weiter. Dank seiner energischen Territorialpolitik verfügte er spätestens seit der Mitte der achtziger Jahre im mittelrheinischen Raume bereits über eine herzogliche Stellung, die auch eine Erneuerung des fränkischen Herzogtums möglich zu machen schien. Dieser salische Dukat baute sich – wie bei Konrad dem Roten – auf den Grafschaften auf; die umfangreichen territorialen Erwerbungen aber gaben ihm eine besondere Struktur, so daß man ihn als eine Frühform des Territorialstaates in Deutschland charakterisiert hat. Der Zugriff auf das Weißenburger Kirchengut vergrößerte Ottos Möglichkeiten, Vasallen zu gewinnen und mit Land auszustatten – von Zahl und Ausstattung der Vasallen hing aber das Ansehen des Fürsten selbst ab. Auch die Grafenrechte in den von ihm verwalteten Grafschaften hat der Salier weiterverliehen; seit den sechziger Jahren treten salische Lehens- oder Vizegrafen, die Emicho, Zeizolf und Wolfram, in den Königsurkunden in Erscheinung. Lehensoberhoheit über Grafen aber dokumentiert deutlicher als alles andere die herzogliche Stellung. Nicht von ungefähr fällt in diese Phase eines schnellen Wiederaufstiegs der Familie um 987 eine weitere oder – sieht man von seiner Mitwirkung bei der Gründung des Philippsstiftes ab – die Klostergründung Ottos: St. Lambert (westlich von Neustadt a. d. Hardt). Mit diesem Patrozinium hatte der Salier einen Schutzheiligen gewählt, dessen Kult gerade im Adel stark verbreitet und damit in gewissem Sinne Ausdruck adeligen Standesbewußtseins war. Die Stiftungsurkunde, in der er die Vogtei seiner Familie vorbehält, läßt die Gründung als ein Gemeinschaftswerk seines Hauses erscheinen: Otto handelt auf den Rat seiner Gemahlin Judith und mit Zustimmung seiner drei Söhne Heinrich, Bruno und Konrad, und er vergißt auch nicht, den Beistand Ottos III. zu erwähnen. Zusammen mit dem Vater sind die Söhne in diesen Jahren in der Umgebung des jungen Königs anzutreffen; das Verhältnis der Salier zu ihren königlichen Verwandten hätte nicht besser sein können.
Worms war das eigentliche Machtzentrum der Dynastie, das Otto trotz seines von Otto III. 985 noch einmal bestätigten Verzichtes auf die gräflichen Rechte und Einkünfte auch nicht aufgab, als er im Jahre 995 das Herzogtum Kärnten zurückerhielt. Die Verbindung von Bayern und Kärnten wurde nach dem Tode Heinrichs des Zänkers wieder aufgelöst. Bayern kam an dessen Sohn Hein-

rich; die Verhältnisse in Kärnten blieben dagegen in den nächsten Jahren unübersichtlich. Offenbar hat Otto sich kaum mit der Verwaltung des Herzogtums selbst befaßt, sondern sich stärker auf die Markgrafschaft Verona konzentriert. Es gibt freilich auch gewisse Anzeichen dafür, daß er eine festere Verwurzelung in Kärnten angestrebt hat. Als Otto II. 983 einer Lambertuskirche Besitzungen überträgt sowie Schutz und Immunität verleiht, erscheint der Herzog in der darüber ausgestellten Urkunde (D.O.II. 292) als Intervenient. Die Lage der Kirche in der alten Kernlandschaft des Herzogtums, nahe der königlichen Pfalz Karnburg, und das Lambertpatrozinium sind bemerkenswert. Der Wortlaut des Diploms läßt vermuten, daß es sich um ein Kloster, vielleicht ein Kollegiatsstift handelte. Wenn der Salier der Gründer war – was allerdings nicht mit Sicherheit zu belegen ist –, dann hätten wir es hier mit seinem Versuch zu tun, in dem ihm übertragenen, erst wenige Jahre bestehenden Herzogtum ein geistliches Zentrum zu schaffen. Die Stiftung hat keine große Zukunft gehabt; es bleibt aber zu beachten, daß die Nachfolger der Salier im Herzogtum, die Eppensteiner, den Lambertkult aufgegriffen und in ihrer eigenen Gründung, St. Lambrecht an der Grenze zwischen Kärnten und der Kärntner Mark, fortgesetzt haben. Ottos Stellung als Markgraf von Verona gewann erheblich an Bedeutung, als sich Otto III. mit dem Romzug und der Kaiserkrönung von 996 selbst aktiv in die italische Politik einschaltete. Bei wichtigen Regierungsmaßnahmen ist der Salier in unmittelbarer Umgebung des Kaisers anzutreffen; mehrfach übernimmt er als Missus den Vorsitz im kaiserlichen Hofgericht. So wächst er in die Rolle eines wichtigen Beraters des Kaisers hinein und wird diesem eine verläßliche Stütze bei der schwierigen Regierungstätigkeit im Königreich Italien.

In dieser politischen Konstellation dürfte zumindest teilweise jene überraschende Entscheidung Ottos III. begründet sein, die dem salischen Hause einen weiteren Zuwachs an Ansehen, eine Rangerhöhung ganz besonderer Art verschaffte: Als nach dem Tode des Papstes Johannes XV. eine römische Gesandtschaft den in Ravenna weilenden König um die Bestimmung eines Nachfolgers ersuchte, nominierte er den Sohn Ottos von Kärnten, den Hofkaplan Brun, und ließ ihn durch Willigis von Mainz und Hildebald von Worms zur Inthronisation nach Rom führen. Aus der Hand des neuen Papstes, der sich Gregor V. nannte, empfing der Liudolfinger am 21. Mai 996 die Kaiserkrone. Brun war an der Wormser Domschule ausgebildet worden; daß er für sein hohes Amt geeignet war, bezeugt nicht zuletzt die Hochschätzung, die ihm ein so

vielseitig gelehrter Mann wie der Abt Abbo von Fleury (†1004), Kanonist und führender Vertreter des cluniazensisch geprägten Reformmönchtums, entgegenbrachte. Sein Pontifikat aber stand nicht unter einem glücklichen Stern. Von Anfang an hatte er mit Schwierigkeiten in Rom zu kämpfen, die schließlich zu seiner Vertreibung aus der Heiligen Stadt und der Erhebung eines Gegenpapstes, des Erzbischofs Johannes Philagathos von Piacenza, Johannes XVI., führten. Mit Hilfe des Kaisers konnte er im Februar 998 nach Rom zurückkehren. Die unerbittliche Härte, mit der Kaiser und Papst Gericht über ihre Gegner hielten, die Verstümmelung und Verhöhnung des abgesetzten Gegenpapstes und die Hinrichtung des Crescentius II. Nomentanus haben die scharfe Kritik des Eremiten Nilus von Rossano hervorgerufen. Für Otto III. war nun jedoch der Weg frei, die römischen Verhältnisse in engem Zusammenwirken mit dem Papst neu zu gestalten und das Papsttum von der Herrschaft des stadtrömischen Adels, der Creszentier, zu befreien. Die Erhebung eines Verwandten auf die cathedra Petri sollte jetzt Früchte tragen. Da starb Gregor V. im Februar 999. Sein plötzlicher Tod und die Abneigung der Römer gegen ihn gaben den Gerüchten Nahrung, daß er einem Anschlag zum Opfer gefallen und vergiftet worden sei. Das salische Papsttum blieb Episode; was Otto III. mit dem Verwandten zu verwirklichen geplant hatte, nahm erst unter Gregors V. Nachfolger Silvester II. Gestalt an: die große Konzeption von der Erneuerung des Römischen Reiches.
Aber das Werk des jungen Kaisers zerbrach, noch ehe es vollendet war, am Widerstand des römischen Adels. Um den Aufstand niederzuwerfen, hatte Otto III. Verstärkung aus der Heimat angefordert. Das Entsatzheer kam jedoch zu spät. Am 24. Januar 1002 verstarb der Kaiser auf der Burg Paterno am Soracte. Nur unter größten Schwierigkeiten konnte der Leichnam über die Alpen nach Deutschland überführt werden. In Polling an der Ammer wurde der Trauerkondukt von Herzog Heinrich IV. von Bayern empfangen, und damit begann die Auseinandersetzung um die Nachfolge des kinderlosen Liudolfingers. Heinrich berief sich bei seinem Thronanspruch von Anfang an auf das Erbrecht; er trat für die Fortdauer des von Heinrich I. begründeten sächsischen Königshauses ein. Aber mit dem Tode Ottos III. war die regierende Dynastie im Mannesstamme erloschen, und bei der dem Thronfolgerecht der frühmittelalterlichen Monarchien eigentümlichen Verschränkung von Erbprinzip und Wahlrecht stand der Auffassung des Bayernherzogs nun der Anspruch der Fürsten auf eine bestimmende Mitwirkung bei der Regelung der Nachfolge entgegen.

Schon in Polling brachte der Erzbischof Heribert von Köln den Wahlgedanken ins Spiel, als er Heinrich gegenüber erklärte, er werde sich dem anschließen, für den sich der bessere und größere Teil des ganzen Volkes entscheide. Und selbst die Berufung auf das Erbrecht war für den Bayernherzog nicht unproblematisch, stand doch nach strenger Parentelordnung Otto von Kärnten als Enkel Ottos des Großen dem verstorbenen Herrscher näher als er, der ein Urenkel Heinrichs I. war; die Abstammung vom ersten Herrscher aus der Liudolfingerdynastie – freilich nicht wie er in männlicher Deszendenz, sondern über weibliche Linien – hätten im übrigen auch noch andere Fürsten für sich geltend machen können. Durch einen klugen Schachzug hat er Otto von Kärnten ausgeschaltet. Thietmar von Merseburg berichtet, daß Heinrich selbst den Salier zum Nachfolger des verstorbenen Herrschers vorgeschlagen, dieser jedoch die schwere Bürde bescheiden zurückgewiesen und ihn als den Geeigneteren bezeichnet habe. Damit hatte der Bayernherzog die Unterstützung des vom Erbrecht am besten ausgewiesenen Kandidaten gewonnen. Freilich sah er sich dann noch durch weitere Thronbewerber herausgefordert, die ihre Anwartschaft nicht auf die Zugehörigkeit zur Liudolfingerdynastie begründen konnten, aber für ihre Kandidatur Unterstützung im Reich zu gewinnen suchten: Markgraf Ekkehard I. von Meißen und Herzog Hermann II. von Schwaben aus dem Hause der Konradiner. Es war ihm also nicht gelungen, seine Vorstellungen von der Erbfolge und der Kontinuität des Königshauses gegen den von den Fürsten vertretenen Gedanken der freien Wahl durchzusetzen. Dennoch erreichte er sein Ziel, und seinen Erfolg hatte er seiner eigenen Entschlossenheit und der tatkräftigen Unterstützung des Erzbischofs Willigis von Mainz zu verdanken. Am 6. oder 7. Juni 1002 empfing er in Mainz die Herrscherweihe; am 1. Oktober unterwarf sich sein hartnäckigster Gegenspieler, Hermann II. von Schwaben, in Bruchsal. Als Heinrich II. Anfang Februar 1003 seinen Umritt beendet hatte, war seine Herrschaft im Reich allgemein anerkannt: Die Königswürde war an die bayerische Nebenlinie der Liudolfinger übergegangen.

Für uns bleibt eine Frage noch unbeantwortet: Welche Gründe haben Otto von Kärnten zum Verzicht auf die Nachfolge bewogen? Warum hat der Salier den letzten Schritt, der den Aufstieg seiner Familie triumphal vollendet hätte, nicht getan? Thietmar gibt als Motive Bescheidenheit und Einsicht in die bessere Eignung des Bayernherzogs an. Die Mehrheit der Fürsten, die in Aachen dem Schwabenherzog ihre Unterstützung zusicherten, hat diese Einschätzung Heinrichs freilich nicht geteilt; sie hielt ihn für ungeeigret zur Übernahme der Königswürde. Aber nicht schon dieser Umstand, sondern eher noch ein anderes Indiz gibt Anlaß zu dem Verdacht, daß der Chronist die Vorgänge um den Verzicht Ottos nicht unbedingt objektiv geschildert hat: Ottos Sohn Konrad hat sich nämlich dem Schritt des Vaters nicht angeschlossen, sondern für Hermann von Schwaben Partei ergriffen. Die verwandtschaftliche Bindung – Konrad war mit Hermanns Tochter Mathilde verheiratet – hat diese Entscheidung sicherlich mitbestimmt; die militärische Unterstützung aber, die er seinem Schwiegervater gewährte, läßt die Schlußfolgerung zu, daß er auch sein politisches Schicksal mit dem des Schwabenherzogs verknüpft hatte.

Man hat gemeint, daß Heinrich erst im Zusammenhang mit der Thronfolgeregelung Otto als Herzog von Kärnten anerkannt, der erneuten Abtrennung Kärntens von Bayern jetzt zugestimmt und dadurch den Salier für sich gewonnen habe. Eine solche Vermutung hat vielleicht manches für sich, reicht aber als Erklärung für eine so folgenschwere Entscheidung des Saliers nicht aus. An Kärnten war er so sehr nicht interessiert; die schwer regierbare Grenzprovinz wäre sicher kein angemessener Preis für eine Königskrone gewesen, wenn Otto tatsächlich Aussichten auf deren Erwerb gehabt hätte. Verglichen mit den Machtmitteln der anderen Bewerber aber war seine Stellung nicht stark genug. Vor allem wird ihm Heinrich von Bayern bedeutet haben, daß er um diese Krone, die sein Großvater bereits erstrebt und die sein Vater dem unmündigen Otto III. streitig gemacht hatte, kämpfen werde. Einer solchen Herausforderung fühlte sich der Salier nicht gewachsen; sein Verzicht erklärt sich letztlich aus der Einsicht, den möglichen Mitbewerbern nicht gewachsen zu sein.

Die Regelung der Wormser Verhältnisse führte ihm ein weiteres Mal die Schwäche seiner Position vor Augen. Nach dem Tode Hildebalds (998) hatte es bei der Neubesetzung des Bischofsstuhles Schwierigkeiten gegeben; erst mit der Erhebung Burchards I. (1000–1025) normalisierte sich die Lage. Der neue Bischof stellte zunächst die Stadtmauer wieder her und befestigte dann auch den Bischofshof, um für die Auseinandersetzung mit dem Salier gerüstet zu sein. Mit dem Thronwechsel von 1002 eröffnete sich ihm endlich die Gelegenheit, die Entscheidung in dem langdauernden Konflikt in seinem Sinne herbeizuführen. Die zahlreichen Gunsterweise Heinrichs II. für die Wormser Kirche in den Anfangsjahren seiner Regierung lassen deutlich erkennen, wie sehr Burchard sich den neuen Herrscher durch seine Unterstützung im Thronstreit verpflichtet hatte. Gleich nach seiner Thronerhebung hat Heinrich die dem Bischof gegebenen Versprechungen eingelöst.

Auf die Verleihung des Wildbannes über den Königsforst Forehahi (D.H.II. 1, 1002 Juni 10) und die Schenkung des Hofes Gerau (D.H.II 11, 1002 August 18) folgte am 3. Oktober 1002 – zwei Tage nach der Unterwerfung Hermanns von Schwaben – die Übertragung der salischen Besitzungen in der Stadt an die Wormser Kirche. Heinrich hatte Otto zum Verzicht bewegen können und überließ ihm als Entschädigung den Königshof Bruchsal, zu dem der Forst Luzhart gehörte. Burchard aber ließ sofort die Salierburg abreißen und an ihrer Stelle – nach seiner Vita: mit demselben Bauholz und denselben Steinen – ein Stift errichten, das dem hl. Paulus geweiht wurde. Mit dem Abzug des Herzogs hatte die Stadt in der Sicht des Biographen Burchards wie auch Thietmars ihre *libertas*, ihre Freiheit, erlangt; die Stadtherrschaft lag wieder in den Händen des Bischofs. Für die Salier bedeutete die Niederreißung der Burg den Verlust ihres Handgemals, der sie zwang, sich ein neues Machtzentrum zu schaffen.

Obwohl der Thronwechsel des Jahres 1002 für Otto mit einer Einbuße an Geltung und Einfluß verbunden war, ließ er an seiner Loyalität dem neuen Herrscher gegenüber keinen Zweifel aufkommen. Sein Verhalten erweckt fast den Eindruck, als ob er das Trauma des Verrats seines Vaters durch besonderen Eifer in der Erfüllung seiner Pflichten als Reichsfürst habe überwinden wollen. So übernahm er noch 1002 die Aufgabe, den Markgrafen Arduin von Ivrea, der sich am 15. Februar in Pavia zum König des regnum Italiae hatte erheben lassen, in die Botmäßigkeit des Reiches zurückzuzwingen. Wie unter Otto III. so war er auch unter Heinrich II. bereit, die Reichsinteressen in dem stets unruhigen italischen Königreich zu wahren, wozu er als Markgraf von Verona natürlich in besonderem Maße gefordert wurde. Ein erster Feldzug scheiterte jedoch um die Jahreswende 1002/1003. Im Frühjahr 1004 erschien dann Heinrich II. selbst in Oberitalien und ließ sich am 14. Mai in Pavia zum König wählen; aus der Hand des Erzbischofs Arnulf von Mailand empfing er die Krone. An diesem Unternehmen scheint der Kärntner Herzog nicht mehr beteiligt gewesen zu sein; er ist am 4. November 1004 gestorben. Im Herzogtum folgte ihm sein Sohn Konrad nach; sein ältester Sohn Heinrich war ihm – wahrscheinlich um 990 – schon im Tode vorausgegangen.

Der König hat sich also der Fortsetzung der salischen Herzogsherrschaft in Kärnten nicht widersetzt, obwohl Konrad im Lager seines Rivalen Hermann von Schwaben gestanden hatte. Es mag sein, daß bei dessen Unterwerfung in Bruchsal auch dem Salier eine Garantie für seine herzogliche Stellung, das heißt also die

Nachfolge seines Vaters, gegeben worden ist, das änderte freilich nichts daran, daß sein Verhältnis zu Heinrich II. gespannt blieb. Auf einer mit einem Hoftag verbundenen Synode in Diedenhofen kam es 1003 zu einem aufsehenerregenden Zusammenstoß, als Heinrich Konrads Ehe mit Mathilde von Schwaben als unkanonisch brandmarkte und – wenn man der Quelle, der Biographie des Bischofs Adalbero II. von Metz, trauen darf – aus dieser anfechtbaren Verbindung nicht nur für Konrad selbst, sondern für das ganze Vaterland die Gefahr göttlicher Strafe erwachsen sah. Allerdings konnte der Bischof Adalbero nur durch eine rabulistische Argumentation die Behauptung zu enger Verwandtschaft der beiden Ehegatten aufrechterhalten, indem er Bruder und Schwester in der Zählung der Grade nicht berücksichtigen wollte. Tatsächlich ergibt aber die Rückführung beider Linien bis zum gemeinsamen Vorfahren, Heinrich I., – bei Konrad über Otto von Kärnten, Liudgard und Otto den Großen, bei Mathilde über Hermanns II. Gemahlin Gerberga, deren Mutter Mathilde und die Großmutter Gerberga, Ottos des Großen Schwester, – ein zulässiges Verwandtschaftsverhältnis des achten römischen Grades. Wenn Heinrich II. also im Sinn gehabt hatte, die eherechtliche Argumentation für die politische Vernichtung seines Gegners zu verwenden, so hat er in Diedenhofen dieses Ziel nicht erreicht. Als Konrad jedoch bereits am 12. Dezember 1011 starb, nutzte der König die günstige Gelegenheit: Er überging den Sohn des Herzogs, Konrad den Jüngeren, und übertrug das Herzogtum dem Markgrafen der Kärntner Mark, dem Eppensteiner Adalbero. Für eine solche Entscheidung ließen sich ohne Zweifel gute Gründe anführen: Konrad der Jüngere stand wohl noch im Knabenalter und war daher zu einer selbständigen Amtsführung kaum in der Lage; im übrigen ist auch über Regierungshandlungen seines Vaters in Kärnten, abgesehen von der Münzprägung, nichts bekannt; die Eppensteiner aber verfügten im Lande selbst über bedeutende Machtpositionen, für die Regierbarkeit und Verwaltung des Herzogtums war ihre Rangerhöhung daher sicherlich von Vorteil. Zudem stand Adalbero seit langem in guten Beziehungen zu Heinrich II., der den neuen Herzog daher als einen zuverlässigen Gefolgsmann und eine Stütze der königlichen Macht betrachten konnte. Daß der Eppensteiner darüber hinaus mit seinem salischen Vorgänger auch verschwägert war – seine Gemahlin Beatrix war eine Tochter Hermanns II. von Schwaben und Schwester der Mathilde –, dürfte demgegenüber kaum ins Gewicht gefallen sein.

Was vom königlichen Standpunkt als eine kluge und wohlbegründete Maßnahme zu vertreten war, erschien aus der Sicht der betroffenen Salier in einem ganz anderen Licht. Die Verdrängung aus dem Herzogtum bedeutete für sie den Verlust der Reichswürde, der sie ihre Zugehörigkeit zur Spitzengruppe des Adels zu verdanken gehabt hatten. Erneut war die Familie an einem Tiefpunkt ihrer Geschichte angelangt und geriet nun in Gefahr, in die Bedeutungslosigkeit abzusinken. Das Haus stand noch auf zwei Säulen: Die »Wormser Linie« wurde durch Konrad den Jüngeren, die »Speyerer Linie« durch Konrad den Älteren, den Sohn Heinrichs, repräsentiert; ihr Oheim Wilhelm, der 1029 zum Bischof von Straßburg erhoben wurde, war bisher noch nicht hervorgetreten. Der Hausbesitz war nach dem Tode Ottos 1004 im wesentlichen an seinen Sohn Konrad gefallen; da der ältere Sohn Heinrich vor dem Vater verstorben und das Eintrittsrecht des Enkels im Rechtsdenken der Zeit noch keineswegs allgemein anerkannt, seine Durchsetzung letztlich wohl eine Frage der Machtverhältnisse war, blieb Konrad der Ältere vom Erbe weitgehend ausgeschlossen. Seine Mutter Adelheid war eine zweite Ehe mit einem fränkischen Adeligen eingegangen, von dem die Quellen nicht einmal den Namen nennen. Wie sich das Verhältnis Konrads zu seiner Mutter weiter gestaltet hat, wissen wir nicht. Am Hofe des Kaisers hat sie später keine Rolle gespielt, aber ein Sohn aus ihrer zweiten Ehe, Gebhard, hat als Bischof von Regensburg (1036 – 1060) unter Heinrich III. Bedeutung auch in der Reichspolitik erlangt. Gemeinsam mit ihm gründete Adelheid im Jahre 1037 das Kloster Öhringen. Die salische Verwandtschaft war an dieser Stiftung nicht beteiligt, aber Konrad II. hat dem Kloster, das sich seine Mutter zur Grablege erwählt hatte, kostbare Reliquien, darunter eine Partikel des Kreuzes Christi, überlassen, die ihm der byzantinische Kaiser – wohl anläßlich der Verhandlungen über eine Eheverbindung zwischen beiden Dynastien in den Jahren 1027–1029 – zum Geschenk gemacht hatte. Diese vornehme Geste läßt die Beziehungen von Mutter und Sohn in bestem Licht erscheinen; dem entspricht, daß Konrad dem Halbbruder Gebhard, der freilich zur Klerikerlaufbahn erst gezwungen werden mußte, das Bistum Regensburg übertragen hat.

Es ist müßig, über Konrads Jugendjahre Vermutungen anzustellen und sich in Hypothesen über Adelheids zweite Ehe zu ergehen. Was an Einzelheiten zu erfahren ist, entnehmen wir der Vita des Bischofs Burchard von Worms – und hier ist Vorsicht geboten. So soll Burchard den jungen Konrad, der wegen seiner Friedfertigkeit und seines untadeligen Lebenswandels von seinen Verwandten verstoßen worden sei, zu sich genommen und wie einen Adoptivsohn erzogen haben. Daß diese Darstellung tendenziös gefärbt ist, liegt auf der Hand. Es gehört zur hagiographischen Topik, daß der Bischof sich selbstlos um ein Mitglied jener Familie kümmert, die ihm in seiner Stadt die größten Schwierigkeiten macht, und es kennzeichnet hier wiederum deren Hauptvertreter, den Herzog Otto und seinen Sohn Konrad, daß selbst der friedfertige Verwandte vor ihren Nachstellungen nicht sicher ist. Was freilich unter allem tendenziösen Beiwerk erkennbar wird, ist dies: Konrad der Ältere hat seinen Lebensweg aus eigener Kraft gestalten müssen, und die äußeren Bedingungen, unter denen er aufwuchs, waren nicht so beschaffen, daß dieser Lebensweg glänzend zu werden versprach. Aber schon seine Eheschließung war ein erster bedeutsamer Schritt zu einem neuen Aufstieg: Ende 1016 heiratete Konrad Gisela, die Tochter Herzog Hermanns von Schwaben, und verband sein Haus so mit einer der edelsten Familien des Reiches. Über ihre Mutter Gerberga, eine Enkelin des Königs Ludwig IV. von Frankreich (†954), konnte Gisela ihre Abstammung auf die Karolinger zurückführen. Als ihr Geburtsdatum gibt die Inschrift der in ihrem Grabe gefundenen Bleitafel den 11. November 999 an. Was das Jahr angeht, dürfte dem Graveur oder dem, der die Inschrift entworfen hat, ein Irrtum unterlaufen sein; die Heirat mit Konrad war ihre dritte Ehe. Ihr erster Gemahl, der Babenberger Ernst, hatte 1012 nach dem Tode ihres Bruders Hermann III. die schwäbische Herzogswürde erlangt; ihm hatte sie zwei Söhne, Ernst und Hermann, geschenkt. Nach seinem frühen Tode hatte sie den Grafen Bruno von Braunschweig geheiratet, der aber auch schon bald starb; aus dieser Ehe ging ein Sohn, Liudolf, hervor. So gibt der Annalista Saxo die Reihenfolge der drei Ehen Giselas an. Die von anderen Quellen gebotenen Daten lassen freilich eine andere Abfolge vermuten. Danach wäre Gisela eine erste Ehe mit Brun und nach dessen Tod eine Verbindung mit Herzog Ernst eingegangen. Wie dem auch sei, für den Salier war seine Vermählung mit der schwäbischen Herzogstochter und Enkelin des Königs Konrad von Burgund ein gewaltiger Prestigegewinn. Sollte nicht doch in jenen Erzählungen von Chronisten des 12. Jahrhunderts, des Annalista Saxo und Gottfrieds von Viterbo, daß er Gisela entführt habe, unter sagenhaftem Beiwerk ein Stück Wahrheit verborgen sein, auch wenn zeitgenössische Autoren von einer solchen Tat nichts wissen? Er wäre ja nicht der erste aus der Dynastie gewesen, der seinen Aufstieg mit Tatkraft und einem guten Teil Skrupellosigkeit in die Wege geleitet hätte. Unmittelbare politische Konsequenzen hatte die Vermählung freilich eher in einem negativen Sinne; denn Heinrich II. versuchte der konradinisch-salischen Koalition gegenzusteuern, indem er Gisela aus der Verwaltung des schwäbischen Herzogtums ausschaltete. Die Vormundschaft über ihren Sohn Ernst II. und damit auch die Leitung des Herzogtums übernahm als Oheim des Knaben und Bruder des verstorbenen Herzogs der Babenberger Poppo, der eben in diesem Jahre 1016 den Trierer Erzstuhl bestiegen hatte. Konrad aber wurde damit zwangsläufig in das Lager der Gegner des Kaisers gedrängt. Schon im folgenden Jahre finden wir ihn an der Seite des Grafen Gerhard, seines Oheims von mütterlicher Seite her, der seit längerem an der Spitze oppositioneller Gruppen in den lothringischen Landesteilen stand. Die Niederlage Gerhards in einem Gefecht mit dem Herzog Gottfried von Niederlothringen aber, in dem der Salier verwundet wurde, beendete die Kampfhandlungen im Westen. Wiederum zwei Jahre später berichten die Quellen von Händeln der beiden salischen Vettern mit dem Herzog Adalbero von Kärnten, der in einem Treffen bei Ulm den kürzeren zog. Hier dürfte es sich um Auseinandersetzungen um das Allodialerbe Herzog Hermanns II. von Schwaben gehandelt haben, auf das die drei Kontrahenten nach dem Tode Hermanns III. (1012) Ansprüche erheben konnten: Konrad der Ältere und Adalbero als Ehegatten der Töchter Hermanns II., Gisela und Beatrix, und Konrad der Jüngere als Sohn der Mathilde, der dritten Tochter des Schwabenherzogs. Der persönliche Konflikt kam für die Salier aber auch in diesem Falle einer Frontstellung gegen den Kaiser gleich, dem der Kärntner Herzog ein wichtiger Gefolgsmann war. So erscheint es durchaus als glaubhaft, daß das volle Ausmaß der Ungnade Heinrichs II. den älteren Konrad traf und dieser unter kaiserlichem Bannspruch für eine gewisse Zeit ins Exil gehen mußte. Freilich kam es noch in der Regierungszeit des Liudolfingers zu einer Aussöhnung – vielleicht sogar schon sehr bald nach den Ulmer Ereignissen, wenn die Grafen Cuno und Konrad, die das große Privileg Heinrichs II. von 1020 für die römische Kirche (D.H.II. 427) als Zeugen mit unterfertigten, tatsächlich mit den beiden salischen Vettern zu identifizieren sind. Daß damit durch den kinderlosen Herrscher bereits Vorbereitungen für eine künftige Nachfolgeregelung getroffen worden wären, läßt sich natürlich durch nichts belegen. Der Tod Heinrichs II. am 13. Juli 1024 aber wurde der entscheidende Wendepunkt in der Geschichte der salischen Dynastie.

Die Familie hat in den etwas mehr als hundert Jahren, in denen die Quellen ihre Schicksale widerspiegeln, manchen Höhepunkt erlebt und viele Rückschläge hinnehmen müssen. Immer erwies sich das Verhältnis zum Königtum als das entscheidende Kriterium der sozialen Geltung. Bereits der Graf Werner hatte die Königsnähe hergestellt durch seine Verbindung mit dem regierenden Konradinerhause, Konrad der Rote hatte in die liudolfingische Dynastie eingeheiratet. In der Namensgebung, in der Übernahme der neuen Leitnamen Konrad, Otto und Heinrich, kam das durch den Anschluß an die führenden Familien des Reiches gewonnene neue Selbstverständnis der Salier zum Ausdruck; mit dem Erwerb der Herzogswürde, zunächst der lothringischen, dann der Kärntner, sicherten sie sich ihre Zugehörigkeit zur Spitzengruppe des deutschen Adels. Aber die Königsnähe konnte auch wieder verspielt werden; eine Krise der Familie war die Folge: so vielleicht schon bei Werner, dann am einschneidendsten bei Konrad dem Roten und wieder bei den Söhnen und Enkeln des Herzogs Otto von Kärnten. Otto selbst hat offenbar für sich daraus die Konsequenz gezogen, die Kräfte der Familie nicht zu überspannen. In richtiger Einschätzung der Machtverhältnisse hat er 1002 auf den Griff nach der Krone verzichtet und stattdessen in der Loyalität gegenüber Heinrich II. die Stellung seines Hauses zu behaupten gesucht. Das hat den Liudolfinger freilich nicht gehindert, die Familie zu entmachten, sobald sich ihm eine günstige Gelegenheit dazu bot. Sie verlor ihren herzoglichen Rang, als er nach dem Tode Konrads die Kärntner Herzogswürde dem Eppensteiner Adalbero verlieh.

Die mittelrheinischen Machtpositionen um Worms und Speyer mit dem 985 erworbenen Wasgauforst um den Königshof Lautern blieben in allen Wechselfällen das Kraftzentrum der Familie, auch wenn sie ihre Stützpunkte in den Städten selbst, in Speyer, Mainz und zuletzt Worms, hatte räumen und den Bischöfen als den Stadtherren überlassen müssen. Sie hat solche Rückschläge fast immer wieder auffangen können. Gerade in der Besitz- und Erwerbspolitik entfalteten alle ihre Angehörigen eine besondere Dynamik der Selbstbehauptung, eine bis zur Skrupellosigkeit gesteigerte Energie: Ein frühes Beispiel wäre, wenn wir die unklaren Aussagen der Quellen richtig deuten, der Konflikt des Grafen Werner mit dem Bischof Einhard von Speyer; das zeigen ferner die Auseinandersetzungen um das Remigiusland, die Übergriffe auf Hornbacher Klostergut, der sogenannte »Weißenburger Kirchenraub« und schließlich der Kampf um Worms. Und Konrad der Rote scheute vor offener Empörung nicht zurück, um seinen Einfluß am Hofe und seine politische Macht zu behaupten. Vielleicht gehören hierhin auch die fast ganz im Dunkel bleibenden Vorgänge um die Vermählung Konrads des Älteren mit Gisela, der erst in späteren Quellen bezeugte »Brautraub«. Die frühmittelalterliche Überlieferung setzt dem Versuch individueller Charakterisierung der handelnden Persönlichkeiten enge Grenzen; die hagiographische Topik überdeckt nur allzu häufig das tatsächliche Denken und Wollen der historischen Akteure – erinnern wir uns, daß die Vita Burchardi den angeblich von seiner Familie verstoßenen jungen Konrad als *pacificus*, friedliebend, bezeichnet, was seinen wenigen vor 1024 bezeugten Taten sicher nicht entspricht. Mit aller gebotenen Vorsicht läßt sich immerhin feststellen, daß den frühen Saliern durchweg ein Grundzug der Härte und Gewalttätigkeit eignet, der sich mit Zielstrebigkeit und Willensstärke verbindet; die Heiterkeit und gewinnende Lebensfreude, die die meisten ihrer staufischen Nachfahren kennzeichnen, geht ihnen offenbar ab. Auch der Salier auf der cathedra Petri, Gregor V., bildet hier keine Ausnahme: Unerbittlich und brutal hat er mit seinen römischen Gegnern abgerechnet.

Zur machtvollsten religiösen Bewegung der Zeit, zur monastischen Reform, haben die Salier, soweit erkennbar, keine Beziehungen gehabt. Die alten Verbindungen zur Widonenabtei Hornbach blieben bestehen, Grablege des Geschlechts aber war die Domkirche zu Worms. Konrad II. hat ihr im Jahre 1034 eine Schenkung als Seelgerätstiftung für alle hier bestatteten Angehörigen der Familie gemacht: für seinen Urgroßvater, den Herzog Konrad, seine Großmutter Judith, seinen Vater Heinrich, dessen Todestages in einer besonderen Feier gedacht werden sollte, seinen Oheim Konrad von Kärnten und dessen Gemahlin Mathilde sowie für seine Schwester Judith. Seiner Mutter hat er für ihre Stiftung Öhringen, ihren Begräbnisort, kostbare Reliquien überlassen. Dem Totengedächtnis gilt – das zeigen auch die Urkunden seiner Nachfolger – die besondere Sorge der Familienangehörigen: Zeugnis einer in gewissem Sinne praktisch ausgerichteten Religiosität und eines starken dynastischen Selbstbewußtseins zugleich. Ottos Stiftung St. Lambrecht hat in dieser Hinsicht keine größere Bedeutung erlangt; vielleicht wäre das Kloster einmal an die Stelle der Wormser Kirche getreten und hätte deren Funktion als Grablege übernommen, nachdem die Familie ganz aus der Stadt verdrängt war, doch der Aufstieg zum Königtum eröffnete neue, andere Möglichkeiten.

Die Geschichte der frühen Salier ist die Geschichte ihrer Selbstbehauptung, der Bewährung eines jeden einzelnen im harten Ringen um die Sicherung ihrer Stellung im Reich. Der Weg dieser Adelsdynastie führte nicht zwangsläufig zu dem Punkt, wo das höchste

Ziel, der Erwerb der Krone, erreichbar wurde, erst der dynastische Zufall, der kinderlose Tod Heinrichs II., eröffnete diese Aussichten.

II. Das Königtum im Zeichen karolingischer und ottonischer Tradition

1. Die Regierungszeit Konrads II. (1024 – 1039)

a) Thronerhebung und erster Italienzug: Erneuerung des Kaisertums

Das deutsche Thronfolgerecht des frühen und hohen Mittelalters war gekennzeichnet durch die eigentümliche Verschränkung von Erbanspruch der herrschenden Dynastie und Wahlrecht der Großen. Die Autorität des Herrschers gab den Ausschlag bei der Regelung der Nachfolge, wenn er einen regierungsfähigen Sohn hatte, den er designieren konnte; denn ohne Not ging man nicht ab von der regierenden Dynastie, und getreu ihrer Folgepflicht respektierten die Fürsten den Vorschlag ihres obersten Lehnsherrn. Ihre Stunde aber war die Thronvakanz, die ungeklärte Lage beim söhnelosen Tod des Königs. Dann brachten sie ihr Wahlrecht zur Geltung und entschieden selbst über die Besetzung des Thrones nach den Prinzipien der Eignung und der Opportunität. So war es im Jahre 1002 beim Tode Ottos III. gewesen, so war die Situation auch im Jahre 1024. Eine Designation hatte Heinrich II. wohl nicht vorgenommen. Zwar finden sich bei einzelnen Chronisten Nachrichten, die einmal von einer Designation Konrads des Älteren, ein anderes Mal von einer solchen Konrads des Jüngeren sprechen, also die beiden Prätendenten von 1024 ins Spiel bringen, aber diese Quellen stehen den Ereignissen räumlich und zeitlich ferne, und selbst wenn man das eine oder andere Argument für ihre Glaubwürdigkeit vorbringen könnte – im Falle des jüngeren Konrad etwa, daß er die besten Ansprüche auf Burgund hatte, was für Heinrichs II. Überlegungen sicherlich eine Rolle hätte spielen können –, so werden diese Angaben durch die zeitgenössischen Berichte, vor allem Wipos eingehende Schilderung, nicht gedeckt; man wird sie am ehesten als Widerspiegelung der späteren salischen Designationspraxis und den Versuch einer Erklärung für die dominierende Rolle der beiden salischen Vettern auf dem Wahltag selbst interpretieren dürfen.

Die maßgebende Darstellung der Wahl verdanken wir den Gesta Chuonradi, die der wohl aus dem alemannischen Raum des Königreiches Burgund stammende Hofkaplan Wipo in den Jahren zwischen 1040 und 1046 verfaßte. Jedoch ist auch hier eine gewisse

Vorsicht geboten; denn Wipo hat seine staatstheoretischen Vorstellungen in den Bericht einfließen lassen. Wenn er die italischen Fürsten wegen der Kürze der Zeit an der Teilnahme verhindert sein läßt, ihnen mit dieser Argumentation aber grundsätzlich ein Wahlrecht zugesteht, und wenn er dieses künftig auch für Burgunder und – aus der Sicht der vierziger Jahre – anscheinend sogar für die durch Heinrich III. bezwungenen Ungarn fordert, so gibt sich hier eine bestimmte Konzeption von der Einheit des Imperiums zu erkennen, mit den Gegebenheiten einer deutschen Königswahl aber hat das nichts zu tun. Manches andere ist Deutung des Geschehens in der Absicht, erzieherisch zu wirken und das Idealbild einer Wahl zu entwerfen.

Daß nach Heinrichs II. Tode sich die mächtigsten weltlichen Fürsten in verwegenen Plänen ergingen, ihrem Ehrgeiz die Zügel schießen ließen und wenn nicht nach der höchsten Würde selbst, so doch nach einem Ausbau ihrer Machtstellung strebten, ist nicht unwahrscheinlich. Wipos häufig als rhetorischer Aufputz abgetane Bemerkung wird hier durch einen entsprechenden Hinweis im Geschichtswerk des Cluniazensers Rodulfus Glaber gedeckt. Und wenn man geblütsrechtliche Vorstellungen als maßgebendes Entscheidungsprinzip für die Wahl von 1024 annimmt, so hat man immerhin zu bedenken, daß die beiden Konrade unter diesem Aspekt keineswegs die einzigen Thronprätendenten waren; es gab weitere Seitenverwandte der Liudolfinger, Ausländer und Deutsche, die ähnliche Rechtsansprüche geltend machen konnten. Nächster Verwandter des verstorbenen Herrschers war der ungarische Prinz Emmerich-Heinrich, Sohn des Königs Stephan und der Gisela, einer Schwester Heinrichs II., und damit Nachkomme Heinrichs I. Von dem ersten Liudolfinger im Königtum konnten auch der französische König Robert II. (996–1031) und sein Sohn Heinrich ihre Abstammung herleiten; Roberts Großmutter Hadwig, die Gemahlin Hugos von Franzien, war eine Tochter Heinrichs I. Schließlich war auch Kasimir, der Sohn Mieszkos II. von Polen, den Ottonen verwandtschaftlich verbunden; seine Mutter Richeza, Tochter des lothringischen Pfalzgrafen Ezzo, war eine Enkelin Ottos II. Von den deutschen Fürsten konnten sich die Herzöge Dietrich von Oberlothringen und sein Sohn Friedrich – wiederum über die Hadwig – auf ihre Herkunft von Heinrich I. berufen. Am nächsten jedoch – und in der Generationenfolge noch näher als die beiden Konrade – standen die Söhne Ezzos, Liudolf (gest. 1032) und Otto, dem ottonischen Hause; sie waren nämlich Urenkel, die salischen Vettern aber Ururenkel Ottos des Großen. Wenn die moderne Forschung nun im Sinne der Lehre vom

Geblütsrecht als einer objektiven Auslesenorm besonderen Wert auf die Herleitung der neuen Dynastie von den Liudolfingern oder auf die Abstammung von Otto dem Großen legt, so sei wenigstens angemerkt, daß die zeitgenössischen und wenig späteren Quellen dazu direkt eigentlich keinen Anlaß bieten; sie vermerken für den schließlich erfolgreichen Konrad den Älteren lediglich in allgemeinerer Ausdrucksweise seine Herkunft aus königlichem Geblüt. Nur Bern von Reichenau spricht einmal von Konrads Ottonenverwandtschaft. Wipo geht auch hier wieder seine eigenen Wege, indem er ganz besonders auf Konrads Mutter Adelheid abhebt und sie auf das alte Geschlecht der trojanischen Könige zurückführt, die sich unter dem heiligen Remigius dem neuen Glauben beugten – in deutlicher Anspielung auf die fränkische Trojasage und die Taufe Chlodwigs wird hier der Zusammenhang der neuen Dynastie mit einem der ersten und größten Herrschergeschlechter des christlichen Mittelalters hergestellt. Ob damit unausgesprochen auch ein Hinweis auf die karolingische Herkunft gegeben werden soll, da seit der Mitte des 9. Jahrhunderts in genealogischen Konstruktionen eine blutsmäßige Kontinuität von Merowingern und Karolingern behauptet wurde, muß dahingestellt bleiben, karolingische Abstammung hat Wipo klar und direkt nur für Konrads Gemahlin Gisela vermerkt.

Wer von allen mehr oder weniger Berechtigten oder wer auch ohne jedes Recht nun nach Heinrichs II. Tod Ansprüche auf den verwaisten Thron erhoben hat, das wird weder bei Wipo noch in einer anderen Quelle gesagt. Das Interregnum dauerte nur sechs Wochen, und in dieser Zeit vermochte die Kaiserinwitwe Kunigunde zusammen mit ihren Beratern, unter denen Wipo ihre Brüder, den Bischof Dietrich II. von Metz (1006–1047) und den Herzog Heinrich von Bayern (1004–1009; 1017–1026) hervorhebt, zu denen aber sicherlich auch der Erzbischof Aribo von Mainz (1021–1031) zu rechnen ist, die Belange des Reiches offenbar mit Geschick und Tatkraft zu wahren; dabei werden ohne Zweifel auch im Hinblick auf die Kandidatenfrage Vorgespräche geführt und Vorbereitungen getroffen worden sein. Über den Prozeß der Willensbildung innerhalb der Stämme und Herzogtümer verlautet in den Quellen nichts; lediglich von den Sachsen wird berichtet, daß sie sich an dem alten Vorort ihres Stammes, der Pfalz Werla, versammelten und über die bevorstehende Wahl berieten. Wie im Jahre 1002, als man in der »Nachwahl« Heinrichs II. in Merseburg die eigenen Interessen erfolgreich vertreten hatte, so bereitete man sich auch jetzt darauf vor, auf die kommenden Ereignisse möglichst geschlossen zu reagieren. Entgegen dem Bericht Wipos, der

sich bemüht, die Vorgänge als freie und bis in die Schlußphase völlig offene Wahl zu stilisieren, dürften wesentliche Vorentscheidungen bereits gefallen sein, als die Wähler sich am 4. September in Kamba, einem heute abgegangenen Ort auf dem rechten Rheinufer, gegenüber Oppenheim, versammelten: Als ernsthafte Kandidaten kamen nur noch die beiden salischen Vettern in Frage. Natürlich kann Wipo im Sinne seiner Vorstellungen von der Idoneität als dem entscheidenden Auswahlprinzip geblütsrechtliche Motive nicht ins Spiel bringen – er nennt hochadelige Abstammung, moralische Qualifikation, im Falle des jüngeren Konrad auch faktische Macht –, aber letztlich werden Geblüts- und Erbrecht für die Wähler den Ausschlag gegeben haben; denn was sonst hob die beiden Salier, vor allem den aus relativ bescheidenen äußeren Verhältnissen kommenden älteren Konrad, aus der großen Zahl der Fürsten heraus.
Die Wahlversammlung war offenbar nach Stämmen gegliedert: Freilich hatten sich die Sachsen, entgegen dem Bericht Wipos, wohl nicht, jedenfalls nicht durch ihre führenden Repräsentanten vertreten, eingefunden; sie warteten auf dem Werlaer Landtag zunächst einmal ab. Die Wahlleitung lag in den Händen des Erzbischofs von Mainz, der damit eine bereits durch Willigis 1002 begründete Tradition fortsetzte; Aribos Kandidat war der ältere Konrad. Überhaupt neigte die Mehrheit diesem zu, was ihn sicherlich in dem Willen und Bemühen bestärkte, seine Kandidatur selbst energisch zu betreiben. Denn als die Großen noch nach einem Ausweg aus dem Dilemma suchten, durch die Festlegung auf den einen Prätendenten den anderen in die Opposition zu treiben und damit einen Konflikt heraufzubeschwören, brach der Ältere den Bann, indem er in einem persönlichen Gespräch den jüngeren Vetter wie sich selbst auf die Anerkennung der Mehrheitsentscheidung verpflichtete. Möglicherweise hat dabei das dynastische Argument, daß er selbst – Konrad der Jüngere aber wohl noch nicht – bereits über Nachkommen verfügte, eine Rolle gespielt. Was er ihm darüber hinaus für den Fall seines Wahlsieges etwa an konkreten Versprechungen gemacht hat, das bleibt uns verborgen. Trotz dieser Einigung wurden die Gegensätze bei den Wählergruppen nicht völlig ausgeräumt. Denn als nun Aribo als erster die Kur vollzog und Konrad den Älteren zu seinem Herrn und König, zum Lenker und Schützer des Reiches ausrief, die Geistlichkeit und die Laienfürsten, voran der jüngere Konrad, sich anschlossen und das Volk jubelnd zustimmte, da verließen der Erzbischof Pilgrim von Köln und die Lothringer, die den anderen Prätendenten favorisiert hatten, den Ort des Geschehens. Der Abzug

der Opposition verlieh der Wahl den Charakter der Einmütigkeit – die Königswahl ist im Prinzip einmütig, da ja mit der Hilfe Gottes nur der Beste gewählt wird. Den Dissidenten blieb, wenn sie ihre politische Niederlage nicht hinnehmen wollten, jetzt noch die Möglichkeit, einen Gegenkönig aufzustellen und die Entscheidung mit den Waffen, im Gottesurteil, zu suchen. Dafür aber stand ihnen der jüngere Konrad nun nicht mehr zur Verfügung; er hatte sich bereits entschieden.
Dem neugewählten König überreichte die Kaiserinwitwe Kunigunde die Reichsinsignien. Sie bekräftigte ihn damit in der Herrschaft, so drückt es Wipo aus; denn durch die Insignien stellte sich der Gewählte vor allen als der rechtmäßige, der gottgewollte Herrscher dar. Wenige Tage später, am 8. September, schloß sich in Mainz der geistliche Akt der Thronerhebung an, die Weihe, die der Erzbischof Aribo vornahm. Die Predigt, die Wipo dem Metropoliten in den Mund legt, entwirft gleichsam das Programm ottonisch-salischer Herrschaftsideologie, dem Konrad sich künftig verpflichtet fühlen muß. Unter den Leitgedanken von Prüfung, Demütigung und Erhöhung stellt sie den Lebensweg des Königs in die Nachfolge Christi und damit in einen heilsgeschichtlichen Bezug. Er hat Unrecht erdulden müssen und die Huld seines Vorgängers verloren; aber er hat sich in dieser Prüfung bewährt und gelernt, sich derer zu erbarmen, die Unrecht leiden. So konnte er zur höchsten Würde aufsteigen; ihm wurde die Ehre zuteil, Stellvertreter Christi, vicarius Christi, auf Erden zu sein und so auch Vermittler der Gnadengaben Gottes für das ihm anvertraute Volk, das von ihm Recht, Gerechtigkeit und Frieden erwartet. Das letzte Ziel aber kann nicht die irdische Herrschaft sein, ihre Vollendung findet sie erst im Jenseits. Die christozentrische Vorstellung vom Königtum, die hier so eindrucksvoll formuliert wird, ist ottonisches Erbe, in das der neue Herrscher nun eintritt.
Daß er der Wahrung des Rechts seine ganze Kraft widmen werde, hatte Konrad schon vor der Weihe bewiesen. Beim Einzug in die Kirche drängten sich einige Arme an ihn heran, trugen ihm ihre Klagen vor und baten um Gerechtigkeit. Ohne auf seine Umgebung zu achten, die ihn mahnte, den Beginn der Feier nicht zu verzögern, nahm er sich die Zeit, seine Entscheidungen zu treffen. Der Vorgang mag von kundiger Hand klug inszeniert worden sein – nicht von ungefähr zählt Konrads Biograph mit dem hörigen Bauern, dem Waisenknaben, der Witwe und dem unschuldig Verbannten gerade die besonders Schutzbedürftigen aus der Masse der Untertanen auf –, er bleibt dennoch eindrucksvoll in seiner Symbolkraft, und er dokumentiert überdies, daß der König sich, indem er Recht

sprach, schon vor der Weihe im Besitz der Regierungsgewalt sah. Der ereignisreiche Tag klang aus mit dem Krönungsmahl. Zu den großen Gewinnern der Ereignisse zählte sicherlich auch der Erzbischof von Mainz. Er hatte seinen Kandidaten durchgesetzt; Leitung der Wahl, Erststimmrecht und Vornahme der Krönung zeigen ihn auf dem Höhepunkt seiner Geltung. Nun – sehr wahrscheinlich bereits gleich zu Beginn seiner Regierung – übertrug ihm Konrad auch noch das Amt des Erzkanzlers für Italien, das seit Ende 1012 der Bischof Eberhard von Bamberg innegehabt hatte. Beide Abteilungen der Kanzlei unterstanden damit dem Mainzer Metropoliten. Sein Krönungsrecht war jedoch zu dieser Zeit nicht mehr unumstritten. Bereits 936 waren die Erzbischöfe von Köln und Trier bei der Erhebung Ottos des Großen als seine Rivalen aufgetreten. Der Trierer hatte seine Position nicht mehr behaupten können, aber der Kölner hielt an seinem Anspruch fest, den er vom kanonischen Recht her mit dem Argument, daß die Krönungsstadt Aachen in seiner Kirchenprovinz liege, bestens begründen konnte. Im Jahre 1024 war Pilgrim unter den Gegnern Konrads II., konnte Aribo also das Krönungsrecht nicht streitig machen. Aber dennoch hat die Thronerhebung von 1024 eine wichtige Voraussetzung dafür geschaffen, daß noch unter Konrad II. die alte Streitfrage endgültig entschieden wurde und der Kölner Erzbischof seinen Mainzer Gegenspieler aus der Funktion des Coronators verdrängen konnte. Aribo hat nämlich die Krönung der Gemahlin Konrads, Giselas, verweigert. Über das Motiv für diese schwere Brüskierung des eben erst und nicht zuletzt durch seine tatkräftige Mithilfe erhobenen Herrschers äußert sich Wipo nur sehr zurückhaltend und verschlüsselt. Wurde dem Erzbischof kurz vor der Krönung Giselas etwas zugetragen, was es ihm vor seinem Gewissen unmöglich machte, die feierliche Handlung vorzunehmen? Hat dabei – ob begründet oder nur als Intrige gesponnen – der Vorwurf eines irgendwie gearteten Makels ihrer Geburt oder eine schuldhafte Verstrickung bei einer der vorangegangenen Ehen eine Rolle gespielt? Oder gab es etwas, was die Rechtmäßigkeit ihrer zweiten, so rasch nach dem Tode ihres ersten Gemahls geschlossenen Ehe mit dem Grafen Brun von Braunschweig – wenn die Angaben des sächsischen Annalisten richtig sein sollten – als zweifelhaft erscheinen ließ? Es ist auch die Meinung vertreten worden, daß die wegen zu naher Verwandtschaft kirchenrechtlich anfechtbare Ehe Konrads mit Gisela der Grund für Aribos Weigerung war. Diese Auffassung schien darin eine Stütze zu finden, daß ein scheinbar ähnlich gelagerter Fall, der seit mehreren Jahren andauernde Hammersteiner Ehehandel, sich nicht zuletzt durch Aribos intransigente Haltung erneut verschärft hatte. Nach der militärischen Unterwerfung des Grafen Otto von Hammerstein Ende 1020 hatte Heinrich II. das Ehepaar zunächst nicht weiter behelligt, aber der Mainzer Erzbischof empfand das Zusammenleben der durch geistlichen Richterspruch getrennten Ehegatten als Provokation. Auf einer zu Pfingsten 1023 in Mainz abgehaltenen Provinzialsynode wurde erneut die Nichtigkeit der Ehe ausgesprochen. Wieder unterwarf sich Otto, aber seine Gemahlin Irmingard beugte sich dem Urteilsspruch nicht; sie begab sich nach Rom und appellierte an den Papst Benedikt VIII. Damit war der Streit auf eine andere Ebene gehoben: Aribo mußte sich jetzt in seiner Stellung als Metropolit und Primas der deutschen Kirche herausgefordert fühlen. Eine Seligenstädter Synode im August 1023 verbot solche Appellationen. Der Papst reagierte nicht minder schroff und untersagte Aribo den Gebrauch des Palliums, wogegen nun eine Höchster Synode im Frühjahr 1024 scharf protestierte. Der Konflikt, der damit um das grundsätzliche Problem des Verhältnisses von Papst und Episkopat entbrannt zu sein schien, wurde nicht ausgetragen, da Benedikt VIII. am 9. April 1024 starb. Der Hammersteiner Fall war aber zur Zeit der Krönung Konrads II. noch nicht gelöst. Aribo hatte sich so sehr festgelegt, daß er – so schien es – auch dem König gegenüber keine Konzessionen machen konnte. Nun entfällt aber das Argument einer unzulässigen Nahehe – abgesehen davon, daß ein solcher Formfehler ja auch den Ehemann getroffen hätte – ohnehin als nicht stichhaltig, da Konrad und Gisela Nachkommen Heinrichs I. in der zulässigen Gradzählung 4 : 5 waren. Es gibt schließlich noch den im übrigen sehr verworrenen und in vielen Einzelheiten falschen Bericht des Rodulfus Glaber, daß der Salier den Bischöfen in den Verhandlungen vor seiner Wahl ein Scheidungsversprechen gemacht, das er später nicht eingelöst habe. Sollte darin sogar ein Gran Wahrheit verborgen sein? Freilich fällt es schwer, an eine Täuschung Aribos durch Konrad zu glauben, und so bleiben die Hintergründe der Krönungsaffäre letztlich dunkel. Was der Mainzer verweigerte, hat der Kölner Erzbischof, der offenbar weniger skrupulös war, bald darauf erfüllt: Nach der Aussöhnung mit Konrad hat Pilgrim Gisela am 21. September in Köln gekrönt.

Der Besuch Kölns gehörte bereits in jenen Teil der Thronerhebung, der sich an die Mainzer Krönung anschloß: den Königsumritt. Die Herrschaft beruhte im frühmittelalterlichen Staat wesentlich auf personalen Bindungen. Mit dem Umritt, bei dem er die regna, die Stammesherzogtümer, aufsuchte, präsentierte sich der neu erhobene König dem Volke; er nahm im Sinne der fortgesetz-

ten Wahl die Huldigungen derer entgegen, die sich ihm bisher noch nicht angeschlossen hatten, er übte die Gerichtsbarkeit aus, erließ Verfügungen zum Schutze von Recht und Frieden, verlieh oder bestätigte Privilegien – kurz: Er trat ganz konkret und sinnenfällig seine Herrschaft in jeder Provinz seines Reiches an.
Von Köln begab sich der nun formierte Hof nach Aachen; hier bestieg Konrad den Thron Karls des Großen, das *archisolium totius regni* – den »Erzstuhl des ganzen Reiches«, wie Wipo dieses ehrwürdige und symbolträchtige Herrschaftszeichen, das das von dem Karolinger selbst gegründete Marienstift hütete, in seiner Bedeutung beschreibt. Seit dem Herrschaftsantritt Ottos des Großen, den Widukind von Korvei so eindrucksvoll geschildert hat, wurde die Thronsetzung in Aachen als staatssymbolische Vergegenwärtigung karolingischer Tradition mehr und mehr zu einem unverzichtbaren und schließlich konstitutiven Bestandteil der Thronerhebung des deutschen Königs. Der Glanz des Karlsthrones strahlte aus auf die Kirche, die ihn in ihren Mauern barg, und darüber hinaus auf die Stadt, die so zum ideellen Mittelpunkt eines Reiches ohne Hauptstadt werden konnte.
Der Weg führte weiter von Niederlothringen nach Sachsen. Im Kloster Vreden wurde das Herrscherpaar von den Äbtissinnen Adelheid von Quedlinburg und Sophie von Gandersheim und Essen, den Töchtern Ottos II., willkommen geheißen – auch das ein Akt nicht ohne Symbolkraft: Die Repräsentantinnen der alten Dynastie erkannten den neuen Herrscher an. Daß dies bei Eintritt in das sächsische Stammesgebiet erfolgte, wird seine Wirkung für einen reibungslosen Anschluß der Großen an den Salier nicht verfehlt haben. Im sächsischen Adel mußte der Übergang der Krone an eine nichtsächsische Dynastie als ein schwerer Schlag für das Selbstverständnis, als ein Prestigeverlust empfunden werden, nachdem der sächsische Stamm – rechnete man die bayerische Nebenlinie der Liudolfinger hinzu – für ein Jahrhundert das Königshaus gestellt und damit die Führungsrolle im Reich gespielt hatte. So kam es nun auch auf einem Hoftag in Minden an Weihnachten zu einer Zeremonie besonderer Art: Die zahlreich erschienenen sächsischen Großen, an ihrer Spitze der Herzog Bernhard, huldigten dem Salier, der ihnen seinerseits ihr Stammesrecht – unter der *crudelissima lex* Wipos ist vielleicht das Strafrecht zu verstehen – bestätigte. Das war mehr als eine einfache Anschlußwahl derer, die an der Erhebung von Kamba nicht teilgenommen hatten, das war eher eine rechtsbegründende Thronerhebung in eigener Regie, vergleichbar der besonderen »Nachwahl« Heinrichs II. zu Merseburg im Jahre 1002.

Wenig später hatte sich der König in einer heiklen Angelegenheit zum ersten Male als Richter zu bewähren. Gegen den Bischof Godehard von Hildesheim klagte der Erzbischof Aribo auf Unterstellung des Klosters Gandersheim unter die geistliche Gerichtsbarkeit der Mainzer Kirche. Dem Erzbischof war Konrad seit seiner Wahl zu Dank verpflichtet, das bessere Recht lag auf der Seite des Hildesheimer Suffragans. Der König vertagte die Entscheidung im Hofgericht zu Goslar zunächst, sprach dann immerhin Godehard vorläufig das Recht zu, die bischöflichen Funktionen wie bisher im Gandersheimer Sprengel wahrzunehmen, und verwies die endgültige Regelung an eine künftige Reichssynode. Das Osterfest, das der König in Augsburg feierte, wurde überschattet von einem schweren Konflikt mit seinem Vetter Konrad. Es bedarf nicht vieler Phantasie, die Hintergründe, über die die Quellen nichts aussagen, in der Enttäuschung des Jüngeren zu suchen, daß er für seinen Verzicht auf die Kandidatur in Kamba noch keine angemessene Entschädigung erhalten hatte. Dieses Problem mußte der König lösen, wenn er in Zukunft ernstere Schwierigkeiten vermeiden wollte. Zunächst aber begab er sich von Schwaben nach Bayern. Den Hoftag zu Regensburg Anfang Mai nahm er zum Anlaß, sich auch schon mit Angelegenheiten des Herzogtums Kärnten und der Ostgrenze des Reiches zu befassen. Die umfangreichen Schenkungen aus Königsgut an den Grafen Wilhelm von Friesach im Sanngau und im Gebiet zwischen Gurk und Save und an den Grafen Arnold von Lambach-Wels im Raume zwischen Donau und March verfolgten sicher auch den Zweck, dem Eppensteiner Adalbero gegenüber mit der Stärkung anderer Dynasten ein Gegengewicht zu schaffen, wird doch um diese Zeit wohl auch die Markgrafschaft im Sanntal vom Herzogtum Kärnten abgetrennt worden sein, diese Schenkungen sollten darüber hinaus aber Anreiz zur Kolonisation geben und dienten damit der Grenzsicherung. Da der König in diesen Tagen auch einer Beatrix, offenbar der Gemahlin Adalberos, eine große Landschenkung machte, wird man für die Anfänge seiner Regierungszeit trotz der nur wenige Jahre zurückliegenden Auseinandersetzung mit dem Eppensteiner um das Allodialerbe ihres Schwiegervaters vielleicht noch nicht mit Mißtrauen Konrads gegenüber Adalbero oder mit Gegensätzen zwischen König und Herzog rechnen dürfen.
Über Würzburg und Tribur begab sich der Hof von Regensburg erneut nach Schwaben; Pfingsten feierte der König in Konstanz. Hier stellte sich der Erzbischof Aribert von Mailand mit anderen Großen ein, huldigte Konrad und lud ihn ein, die Herrschaft im Königreich Italien zu übernehmen. Aus erster Quelle erhielt der

Salier nun einen Bericht über die politische Lage jenseits der Alpen. Wie bereits im Jahre 1002 nach dem Tode Ottos III., war es auch jetzt zu Unruhen gekommen, die auf eine Beseitigung der deutschen Herrschaft und die Durchsetzung der Autonomiebestrebungen abzielten. Zwar verhielt sich die hohe Geistlichkeit in ihrer überwiegenden Mehrheit loyal, aber fast alle weltlichen Großen der Lombardei schlossen sich der Widerstandsbewegung an, in der die mächtigen Markgrafen die Führung übernahmen: Olderich Manfred von Turin, der eine Schlüsselposition innehatte, da er mit Susa und Turin den wichtigen Alpenpaß des Mont Cenis und den Zugang zur Poebene kontrollierte; ferner die Otbertiner, deren Macht sich über mehrere Grafschaften von der Lombardei bis in die Toskana erstreckte, die Aledramiden, die über die Grafschaften Montferrat und Savona geboten, und schließlich der Markgraf Rainer von Tuszien. Einzig der Markgraf Bonifaz von Canossa, der über den großen Machtkomplex der Grafschaften Reggio, Modena, Mantua, Brescia und Ferrara verfügte, hielt an der traditionell reichsfreundlichen Haltung seines Hauses fest. Anders als im Jahre 1002, als die italienischen Großen mit Arduin von Ivrea einen der ihren zum König erhoben hatten, glaubten sie jetzt, nicht ohne Hilfe des Auslandes auskommen zu können. So nahmen sie zunächst Kontakt zu König Robert von Frankreich auf und boten ihm für seine Person oder seinen Sohn Hugo die Krone Italiens an. Der Kapetinger lehnte jedoch ab. Dagegen zeigte sich der Herzog Wilhelm V. von Aquitanien ihren Wünschen geneigter und zog eine Kandidatur in Erwägung, nicht für sich, sondern für seinen Sohn, da ihm zugleich Aussicht auf die Kaiserkrone gemacht wurde. Sogleich entfaltete er diplomatische Aktivität, um den einzigen Konkurrenten seines Sohnes, den deutschen König, von einem Romzug abzuhalten: Er versuchte, die lothringische Opposition durch eine Verbindung mit dem französischen König zu stärken, brachte auch den Grafen Odo II. von der Champagne, der in Konrad II. den gefährlichsten Rivalen um das burgundische Erbe sehen mußte, ins Spiel und suchte im italienischen Episkopat Anhänger zu gewinnen. Eine Reise nach Italien hat ihn dann aber offensichtlich von der Schwäche der Position seiner Partei überzeugt, und gegen Ende des Jahres 1025 ist er von seinen italienischen Plänen zurückgetreten.

So weit aber waren die Dinge noch nicht gediehen, als Konrad auf dem Konstanzer Hoftag mit den Problemen des regnum Italiae befaßt wurde. Mit welchen Schwierigkeiten er zu rechnen hatte, wurde überdies an einem anderen Fall deutlich. Die Bürger Pavias, der alten lombardischen Hauptstadt, hatten auf die Nachricht vom

Tode Heinrichs II. hin die Königspfalz zerstört – ein Akt der Auflehnung, der auch im Ausland, in Burgund und Frankreich, wie in Deutschland Aufsehen erregt hatte und sicherlich nicht so ohne weiteres in eine Linie zu stellen war mit den Bemühungen auch anderer italischer Städte, die Königspfalz vor die Mauern zu verlegen und sich damit der lästigen und kostspieligen Herbergspflicht zu entledigen. Die auf Theoderich zurückgehende und im Kern vielleicht noch ältere Paveser Pfalz war jahrhundertelang das Verwaltungszentrum des Königreiches gewesen, und somit haftete ihr immer noch ein gewisser Symbolcharakter an, auch wenn der Verfall der Zentralverwaltung seit den Ottonen rapide Fortschritte gemacht hatte. Das erklärt die unnachgiebige Haltung Konrads gegenüber der Gesandtschaft der Pavesen, die nun auf dem Hoftag erschien und das Vorgehen der Bürger zu rechtfertigen suchte. Ihrer Entschuldigung, daß es keinen König mehr gegeben habe und man daher rechtlich nicht belangt werden könne, hielt er nach Wipos Bericht die berühmt gewordenen und viel zitierten Worte entgegen: »Ist der König tot, so bleibt doch das Reich bestehen, ebenso wie ein Schiff bleibt, dessen Steuermann fällt. Es waren staatliche Gebäude, nicht private; sie unterstanden fremder Hoheit, nicht eurer.« In der Schiffsmetapher und der Verwendung römischer Rechtsbegriffe schwingt zweifellos eine Vorstellung mit, die den Staat stärker von der Person des Herrschers löst und ihn als Institution, als eine abstrakte, vom individuellen Träger der Staatsgewalt unabhängige Rechtsperson begreift. Der Salier – oder Wipo – steht damit in einer bestimmten Tradition mittelalterlichen Staatsdenkens, die in einzelnen Vertretern bereits in der Karolingerzeit faßbar ist. Freilich dürfen derartige transpersonale Staatsauffassungen nun auch nicht überbewertet werden; gerade in der Darstellung der Interregnumskrise hat Wipo andererseits deutlich gemacht, wie sehr auch er in personalen Bezügen denkt, wie sehr auch für ihn das Schicksal des Reiches mit der Person des Herrschers verknüpft ist. So bringen Konrads Worte daneben und darüber hinaus vor allem ein starkes Bewußtsein von einer staatlich-politischen Kontinuität vom Vorgänger her zum Ausdruck – was auch in anderen Problembereichen, etwa in der Frage des Anschlusses Burgunds, deutlich zu erkennen ist. Da die Pavesen nicht bereit waren, die Forderungen nach dem Wiederaufbau der zerstörten Pfalz zu erfüllen, kam ein Ausgleich nicht zustande; Pavia reihte sich unter die Gegner des deutschen Königs ein.

Abschluß des Besuchs in Schwaben war der Aufenthalt in Zürich, der Stadt, die über ein Jahrhundert hin ein Vorort schwäbischer Herzogsherrschaft gewesen war. Hier fanden sich weitere italische

Große zur Huldigung ein, von hier machte Konrad einen Abstecher nach Basel, wo er den verwaisten Bischofsstuhl mit dem Kleriker Udalrich neu besetzte. Die viel umstrittene Stadt hatte Heinrich II. 1006 von Rudolf III. von Burgund erworben, gleichsam als Faustpfand für den künftigen Anfall des ganzen Königreiches der Rudolfinger ans Reich. Heinrichs kinderloser Tod ließ – zumindest für den burgundischen Adel – die Erbfrage wieder offen erscheinen. Daß der Salier nun ohne Zögern von Basel Besitz ergriff, die Investitur des Bischofs vornahm und einen Hoftag abhielt, setzte ein erstes Zeichen: Er meldete unüberhörbar seinen Anspruch auf Eintritt in die Rechte seines Vorgängers an.

Mit dem Aufenthalt in Schwaben beschließt Wipo sein Kapitel über den Königsumritt durchs Reich. Aber noch waren die Verhältnisse in Lothringen nicht völlig geklärt. Nach der Wahl von Kamba hatte Herzog Gozelo von Niederlothringen die Initiative ergriffen und die Bischöfe und weltlichen Großen, darunter auch den Herzog Friedrich III. von Oberlothringen, durch Eid verpflichtet, Konrad nicht ohne seine Zustimmung zu huldigen. Der Versuch, die Lothringer, den Sachsen vergleichbar, auf ein einheitliches Vorgehen einzuschwören, mißlang jedoch, da Pilgrim von Köln schon sehr schnell aus dieser Front ausscherte und die meisten übrigen Bischöfe sich ihm bald anschlossen. Es dauerte aber noch bis zum Weihnachtsfeste 1025, ehe auch der letzte Widerstand erlosch; auf einem Hoftag in Aachen huldigten Gozelo, Friedrich und der Bischof Gerhard von Cambrai dem Salier, der danach noch Oberlothringen aufsuchte und sich dann im Februar 1026 nach Augsburg begab; hier begann ein neuer Abschnitt seiner Regierung.

Der Umritt hatte die Wahl von Kamba zur Vollendung geführt; mit jeder Etappe seines Weges hatte Konrad sein Ansehen vergrößern, die Zustimmung im Volke steigern und seine Herrschaft konsolidieren können. Daran änderte auch ein Aufstandsversuch seines Stiefsohnes, des Herzogs Ernst II. von Schwaben, im Sommer 1025 nichts, obwohl dieser bei Konrad dem Jüngeren und dem Grafen Welf II., einem der mächtigeren oberdeutschen Dynasten, Unterstützung fand und auch Verbindung zur damals noch bestehenden lothringischen Opposition, vor allem zu Herzog Friedrich von Oberlothringen, dem Stiefvater Konrads des Jüngeren, aufnahm. Beweggründe sind aus den Quellen nicht zu erkennen; sie werden im persönlichen Bereich zu suchen sein, vielleicht bei Ernst II. auch in der Befürchtung, in den Angelegenheiten des burgundischen Erbes überspielt zu werden. Für Konrad II. bedeutete jedenfalls diese Empörung keine ernsthafte Gefahr. Im Volke

scheint er schon bald mit Karl dem Großen verglichen worden zu sein, ging doch nach Wipos Darstellung das Wort über ihn um, daß an seinem Sattel Karls Bügel hingen, was der Biograph dann in einer seiner – nicht erhaltenen – Dichtungen verwertet hat.
Der Umritt war Herrschaftsbeginn und erste Ausübung der Regierungsgewalt; er führte dem Salier zugleich vor Augen, welche Probleme seine zukünftige Regierungstätigkeit bestimmen würden. Da waren die Sonderinteressen der Herzogtümer und Stämme, die es gegen das übergreifende Interesse des Reiches auszubalancieren galt. Die Gefahr, daß seine politischen Ambitionen den Stammesadel in die Opposition zur Zentralgewalt führen würden, war latent immer vorhanden; sie konnte sich zu einer Existenzbedrohung der Monarchie ausweiten, wenn innere Opposition und äußere Feinde – bewußt betrieben oder durch die Gunst der Umstände zwangsläufig herbeigeführt – ein Bündnis miteinander eingingen. Das hatten die Vorgänge in Lothringen gezeigt. Die Vorbereitungen Roberts II. zu einem Einfall in die Grenzregion machten schlagartig deutlich, daß das kapetingische Königtum nach innerer Konsolidierung unter günstigen Voraussetzungen jederzeit in die von den karolingischen Vorgängern vorgezeichneten Bahnen offensiver Politik gegenüber der Westgrenze des Reiches einlenken und alte Ansprüche auf die ehemaligen Kernlandschaften des Karolingerreiches aufnehmen würde.
Daß auch an der Ostgrenze die Ruhe trügerisch war, dürfte Konrad bei seinem Besuch in Sachsen aufgegangen sein. Zwar hatten die elbslawischen Stämme ihren Tribut wie gewohnt entrichtet, aber in Polen hatte sich eine vielleicht folgenschwere Veränderung vollzogen. Boleslaw II. Chrobry hatte aus seinem Staat durch energische und ehrgeizige Politik eine Großmacht geformt, und er gab dem auch vor aller Welt Ausdruck, als er sich bald nach Heinrichs II. Tod, vermutlich mit päpstlicher Zustimmung, zum König krönen ließ – *in iniuriam regis Chuonradi*, »unter Mißachtung Konrads«, wie Wipo den Vorgang kommentiert und damit deutlich macht, daß man die Maßnahme am deutschen Hofe als Affront empfand. Zwar starb Boleslaw bereits am 17. Juni 1025, aber auch sein Sohn Mieszko II. ließ sich mit seiner Gemahlin, der Ezzonin Richeza, krönen. Seinen Bruder Bezprym, der Anlehnung an Konrad suchte, vertrieb er ins russische Exil. Daß der Salier Ende 1025 engere Beziehungen zu König Knut von Dänemark und England aufnahm, dürfte als erste Reaktion auf die gefährlichen Entwicklungen im Osten zu verstehen sein.
Vordringlich waren natürlich die Lösung der italischen Probleme und der Erwerb der Kaiserkrone, und in naher Zukunft mußte die

Frage der burgundischen Erbschaft akut werden. Daß Konrad sich der Gefolgschaft des Erzbischofs Aribert von Mailand hatte versichern können, sollte für beide Angelegenheiten große Bedeutung gewinnen.

Das erste Regierungsjahr zeigt den König in rastloser Aktivität, das Reich durchziehend von Westen nach Osten, von Norden nach Süden – schon das ein Zeichen für die Energie, mit der er an die vor ihm liegenden großen Aufgaben heranging. Auf Adel und Volk wird diese zupackende Kraft ihren Eindruck nicht verfehlt haben. In dieses erste Jahr fallen aber auch Entscheidungen, die eine andere Seite im Wesen des Saliers offenbaren. Am 11. September 1024, wenige Tage nach seiner Krönung, erteilte er dem Domkapitel zu Speyer in Erfüllung eines Gelübdes, das er vor seiner Thronerhebung abgelegt hatte, mit der Schenkung einer Besitzung zu Jöhlingen einen besonderen Gunsterweis (D.K.II.4). Das interessante Diplom eröffnet die lange Reihe der Dotationsurkunden der salischen Herrscher für Speyer und wirft zugleich ein Streiflicht auf die seelische Verfassung Konrads in den Wochen vor der Entscheidung von Kamba. Er selbst gewährt hier einen Einblick in seine Hoffnungen und Erwartungen, und er bezeugt sein Gefühl des Anheimgegebenseins an den Willen Gottes, den er gleichwohl mit dem Gelübde in den Dienst seiner Wünsche zwingen will. Ein ähnliches Verhalten werden wir bei ihm und seinen Nachfolgern vor entscheidenden Ereignissen noch häufiger kennenlernen. Hierhin gehören schließlich auch zwei andere symbolträchtige Handlungen: die Umwandlung der Limburg in ein Kloster und die Grundsteinlegung des Neubaus des Speyerer Domes – beide fallen wohl noch in das Jahr 1025 und sind nicht zu 1030 zu datieren, wie eine spätere Legende will, die diese Ereignisse und dazu noch die Gründung des St. Johannesstiftes in Speyer engstens miteinander verknüpft, indem sie Konrad am Morgen des 12. Juli die Umwandlung der Burg vornehmen, ihn dann nach Speyer reiten und hier den Grundstein zu den beiden Kirchen legen läßt. Ohne Zweifel hat die Königserhebung den Anstoß zu den beiden Maßnahmen gegeben: Schon die Wahl zu Kamba hat Konrad – wenn wir das als glaubwürdigen Kern aus der fiktiven Rede herausschälen dürfen, die Wipo ihn an seinen Vetter richten läßt – als eine Entscheidung der Fürsten für die salische Dynastie verstanden. Seine Linie hatte über den Wormser Zweig schließlich den Sieg davongetragen; mit der Umwidmung der alten Stammburg zu einem geistlichen Zentrum und der Zweckbestimmung des Speyerer Domes als künftige Grablege der Dynastie gab Konrad der Rangerhöhung und neuen Würde seines Geschlechtes, der neuen Herrscherdynastie, hoheitsvollen Ausdruck. Die Leitung des Klosters übertrug er dem Abte Poppo von Stablo-Malmedy und St. Maximin, der damals bereits im Ruf eines bedeutenden Vertreters der Mönchsreform stand. Die besondere Sorge der Salier für Speyer hat der Verfasser der Vita des als Baumeister am Dom tätigen Bischofs Benno von Osnabrück damit begründet, daß sie nicht die Möglichkeit gehabt hätten, aus eigenen Mitteln ein Bistum im Reich zu stiften – hier wird sicher angespielt auf die Gründung Magdeburgs durch Otto den Großen und Bambergs durch Heinrich II. –, daß sie aber durch ihre Zuwendungen das rheinische Bistum aus seiner völligen Bedeutungslosigkeit herausgeholt hätten, um es zum Zentrum ihres Gedächtnisses, ihrer memoria, zu machen.

Im Februar 1026 sammelte sich das Heer zum Italienzug in Augsburg. Vor dem Aufbruch vermittelte die Königin Gisela noch eine Aussöhnung zwischen ihrem Sohn Ernst und ihrem Gemahl, der sich freilich nur widerstrebend zu diesem Schritt bereitfand und offenbar Ernsts Teilnahme am Romzug zur Bedingung für den Ausgleich machte. Bedeutsamer war noch, daß bereits jetzt die Nachfolgeregelung in die Wege geleitet werden konnte: Mit Zustimmung der Fürsten bestimmte Konrad für den Fall seines Todes seinen neunjährigen Sohn Heinrich zu seinem Nachfolger; diese designatio pro futuro dokumentierte deutlicher als alles andere, daß der Salier in den knapp anderthalb Jahren seiner Regierung seine Stellung hatte festigen können. Im Vertrauen darauf wagte er das schwierige italische Unternehmen, obwohl die Widerstände in Süddeutschland noch nicht restlos überwunden waren. Seinen Sohn ließ er in der Obhut des Bischofs Bruno von Augsburg, des Bruders seines Vorgängers Heinrich II., zurück, der damit faktisch Reichsverweser war und die Regentschaft ausübte. Die Markgrafengruppe verharrte in der Opposition, als Konrad nun in Italien erschien. Pavia blieb ihm verschlossen. Gerade in jenen Tagen starb der Wortführer der deutschen Partei im italischen Episkopat aus der Zeit Heinrichs II., der Bischof Leo von Vercelli. An seine Stelle trat jetzt Aribert von Mailand, der im Bündnis mit dem deutschen König die Möglichkeit sah, die politische Führungsposition der lombardischen Metropole und die Selbständigkeit der Kirche des heiligen Ambrosius auszubauen. Ein wenig übertreibend zwar, aber doch nicht unzutreffend sagt ein späteres Diplom Heinrichs III. (D.H.III. 29) von ihm, daß das ganze Königreich Italien seinem Wink gehorchte. Konrad hat dem von Aribert gegründeten Kloster St. Dionysius schon im März einen Gunsterweis erteilt. Die politische Konstellation macht es wahrscheinlich, daß er sich – nach dem Beispiel Heinrichs II. –

demonstrativ von Aribert in Mailand zum italischen König hat krönen lassen, wenn auch diese Nachricht nicht völlig gesichert ist.

Die Feindschaft der weltlichen Großen zwang Konrad zu vorsichtigen Operationen; ein Aufstand in Ravenna machte blitzartig deutlich, daß die deutsche Herrschaft stets gefährdet war. Pavia konnte erst Anfang 1027 bezwungen werden. Durch kluges Taktieren suchte der Salier die Front seiner Gegner aufzubrechen, führende Große durch Gunsterweise auf seine Seite zu ziehen. Aber erst, nachdem die Markgrafen die Nutzlosigkeit ihres Widerstandes eingesehen und sich unterworfen hatten, konnte er im März 1027 in Rom einziehen. Er hat seine Gegner, nachdem sie ihm gehuldigt hatten, in Amt und Würden gelassen, aber nach dem Tode Rainers von Tuszien übertrug er dessen Markgrafschaft Bonifaz von Canossa. Der zuverlässigste Parteigänger des deutschen Königs unter den weltlichen Großen verfügte nun über eine überragende Machtstellung im Gebiet nördlich des Apennin und in Mittelitalien. Bonifaz von Canossa-Tuszien und Aribert von Mailand waren die maßgeblichen Stützen der deutschen Politik in Italien.

Die Kaiserkrönung Konrads und seiner Gemahlin Gisela Ostern 1027 in der Peterskirche gehört zu den glanzvollsten der mittelalterlichen Kaisergeschichte überhaupt: Anwesend waren die Könige Knut der Große und Rudolf III. von Burgund, der Großabt Odilo von Cluny sowie zahlreiche Bischöfe und weltliche Große aus Deutschland und Italien. Auch der Thronfolger Heinrich war nach Rom gekommen. Die Krönung nahm der Papst Johannes XIX. (1024–1032), der dem Hause der Grafen von Tuskulum angehörte, vor. Seit der Erhebung Benedikts VIII. (1012) übten die Tuskulaner die Herrschaft in Rom mit Duldung durch das deutsche Königtum aus; ihre Stellung in der heiligen Stadt sicherten sie ab durch ihre Hausmacht in der Campagna. Über das Papsttum verfügten sie wie über ein Familienbistum. Konrad II. hat die Stadtherrschaft der Tuskulaner nicht angetastet, aber er fand schon bald Gelegenheit, den Vorrang des Kaisers in Rom deutlich zu machen.

Die Anwesenheit Rudolfs III. dokumentierte die Annäherung zwischen Burgund und dem Deutschen Reich und das Einschwenken des Rudolfingers auf die politische Linie Konrads, der wenig später bei einer weiteren Begegnung in Basel einen ersten Teilerfolg in der Durchsetzung seiner Ansprüche auf das burgundische Erbe verbuchen konnte; die Weichen dazu sind zweifellos in Rom gestellt worden.

Die Teilnahme Knuts an der Krönung rückte nun auch den nordwesteuropäischen Raum ins Blickfeld des Kaisers. Seit 1017/18 herrschte Knut über England und Dänemark. Die Eroberung Norwegens war bereits in Angriff genommen, die südliche Ostseeküste dänischer Oberhoheit unterstellt, Pommern bis zur Weichselmündung unterworfen. Wahrscheinlich gehörten auch Teile Schwedens zu diesem Wikingerimperium, das allein schon durch seine gewaltige Ausdehnung einen Machtfaktor darstellte, mit dem immer zu rechnen war, das aber gerade für die deutsche Ostpolitik besondere Bedeutung gewinnen mußte, wenn die Unterwerfung der ostseeslawischen Stämme die Dänen in engere Beziehungen zu Polen bringen sollte; der Druck auf die deutsche Ostgrenze hätte sich dadurch gefährlich verstärkt. Hinzu kam ein kirchenpolitisches Problem. Knut hatte die angelsächsische Kirche in die Christianisierung Dänemarks eingeschaltet, setzte angelsächsische Priester und in England geweihte Bischöfe in der Dänenmission ein; damit aber waren die Interessen und Rechte des Erzbistums Hamburg-Bremen in entscheidendem Maße berührt, war dieses Erzbistum doch als Metropolitansitz für die skandinavische Kirche und Zentrum der Skandinavienmission begründet worden. Der Erzbischof Unwan (1013–1029) hat sich gegen derartige Bestrebungen, eine von Deutschland unabhängige dänische Nationalkirche zu schaffen, zur Wehr gesetzt, den von dem Erzbischof Aethelnoth von Canterbury zum Bischof von Roskilde geweihten Gerbrand inhaftiert. Knut hat schließlich nachgegeben und im Zuge der sich anbahnenden Annäherung an das Reich die bevorrechtigte Stellung Hamburg-Bremens anerkannt, zumal Unwan seine Ansprüche auf päpstliche Privilegien stützen konnte. Nach Rom war Knut als Pilger gekommen, was ihn freilich nicht hinderte, auch kirchenpolitische und politische Interessen zu verfolgen. So erwirkte er vom Papst Johannes XIX. Abgabenfreiheit für die schola der Angelsachsen in Rom und eine Ermäßigung der Palliengelder für die Erzbischöfe seines Herrschaftsbereiches. Konrad und Rudolf gewährten den englischen und skandinavischen Pilgern und Kaufleuten Zollfreiheit und sicheres Geleit bei ihren Reisen nach Italien. Das römische Zusammentreffen der beiden Herrscher hat die deutsch-dänischen Beziehungen vertieft und in letzter Konsequenz zu der Eheverbindung zwischen Gunhild, Knuts Tochter, und dem Thronfolger Heinrich geführt, was freilich im Jahre 1027 noch nicht vorherzusehen war, da Konrad in dieser Hinsicht zunächst andere Pläne hatte.
Noch ein weiterer Teilnehmer an den Krönungsfeierlichkeiten verdient besondere Beachtung: der Abt Odilo von Cluny (994–

1048). Er hatte Rom aufgesucht, um in seiner Auseinandersetzung mit dem Bischof Gauzlin von Mâcon eine päpstliche Entscheidung zu erwirken. Die Bildung des cluniazensischen Klosterverbandes schritt rasch voran. In dem Maße, wie sich die Exemption Clunys von der bischöflichen Jurisdiktionsgewalt durchsetzte, wurden die Bindungen der Abtei an das Papsttum intensiviert. Johannes XIX. hat Odilo unter dem 28. März die Privilegien seines Klosters bestätigt und dabei die Autorität der römischen Kirche betont. Die Urkunde nimmt ausdrücklich Bezug auf Konrad, in dessen Gegenwart die Angelegenheit auf einer Synode behandelt worden sei. Es war nicht die erste Begegnung des Saliers mit dem hochangesehenen Abt. Odilo hatte bereits der Mainzer Königskrönung beigewohnt und am Tage danach eine Bestätigung für den im Reich gelegenen Besitz des Cluniazenserklosters Peterlingen (Payerne) erhalten (D.K.II.1), die nun in Rom wiederholt wurde (D.K.II.87). Wenn auch Cluny bisher im Deutschen Reich selbst nicht Fuß gefaßt hatte, so waren seine Äbte doch immer wieder in Beziehungen zur Reichsgewalt getreten. Konrad nahm diese Tradition auf; nach dem Vorbild Heinrichs II. hat er die bei seiner Kaiserkrönung getragenen Insignien dem Kloster geschenkt. Er wird bei diesen Begegnungen auch etwas vom Geiste des burgundischen Reformmönchtums erfahren haben; ein engeres Verhältnis entwickelte sich daraus freilich nicht, auch wenn der Kaiser einem gleichnamigen Neffen des Großabtes die reiche Abtei Breme übertrug, eine Maßnahme, die er bald zurücknehmen mußte. Erst unter Heinrich III. vertieften sich die Beziehungen, denen dieser dann im Jahre 1051 durch die Wahl des Abtes Hugo zum Taufpaten seines Sohnes Heinrich IV. besonderen Ausdruck gab.

Mit Odilo weilte auf diesem Italienzug ein anderer bedeutender Reformabt zeitweise in der Umgebung des Saliers: Wilhelm von Saint-Bénigne in Dijon. Ihm hatte Konrad bereits bei der Belagerung von Ivrea im Dezember 1026 ein Privileg ausgestellt, durch das er seiner Stiftung Fruttuaria den königlichen Schutz erneuerte und die von Papst Benedikt VIII. verliehenen Freiheiten bestätigte. Auch dieses Privileg wiederholte er nun nach seiner Kaiserkrönung (DD. K.II.70.88). Wie sein Vorgänger Heinrich ließ er sich dabei in die Gebetsbrüderschaft der Mönche von Fruttuaria aufnehmen. An der Gründung des Klosters war seinerzeit Arduin entscheidend beteiligt gewesen; hier hatte der letzte der sogenannten italischen Nationalkönige auch seine Grablege gefunden. Schon bei Heinrich II. hatte sich Wilhelm mit Erfolg bemüht, die Abtei von der Hypothek der Opposition gegen die deutsche Herrschaft zu befreien; nun beeilte er sich in einer in etwa vergleichbaren poli-

tischen Situation, bei Konrad um Vertrauen zu werben, und der
Salier ging auf diese Bemühungen ein – die Gunsterweise für Fruttuaria, die bezeichnenderweise auf Arduins grundlegendes Privileg
nicht Bezug nehmen, sind in gewissem Sinne symptomatisch für
seine auf Ausgleich bedachte Politik. Das hohe Ansehen, das die
Abtei und ihr Gründer allenthalben genossen, kamen damit auch
der Festigung seiner Herrschaft zugute.
Unter den Problemen des regnum Italiae, mit denen Konrad in diesen Wochen befaßt wurde, war der Vorstoß Poppos von Aquileja
zur Lösung des uralten Konfliktes zwischen Aquileja und Grado
um das Patriarchat die heikelste Angelegenheit. Am 6. April,
wenige Tage nach der Kaiserkrönung, trat im Lateran die Synode
zusammen, die den Streit entscheiden sollte. Den Vorsitz führte
der Papst, aber es unterlag keinem Zweifel, daß es keinen Beschluß
geben würde, der dem Kaiser nicht genehm sei, und Poppo konnte
sich seiner Unterstützung sicher sein. In der wechselvollen
Geschichte der Auseinandersetzungen, deren Beginn zurückreichte in die Zeit der langobardischen Landnahme, als der
Patriarch von Aquileja vor den Invasoren auf die in den Lagunen
liegende Insel Grado floh, hatten bei allen Entscheidungen die
politischen Konstellationen den Ausschlag gegeben. Die Behauptung der Selbständigkeit war dabei für Grado unlösbar verknüpft
mit dem politischen Schicksal Venedigs und seiner Entwicklung
zu faktischer Autonomie innerhalb des byzantinischen Reichsverbandes. Zwar hatte eine karolingische Synode in Mantua 827
Aquileja als den einzig wahren Sitz des Patriarchates anerkannt
und ihm die istrischen Bistümer unterstellt, aber dieser Erfolg war
nicht von Dauer. Als sich Venedig in ottonischer Zeit dem Westen
öffnete und dem Reich annäherte, sanktionierte eine römische
Synode 967 in Gegenwart Ottos I. und seines Sohnes Grados Stellung als Metropole und Patriarchat des Dukats von Venetien;
Aquileja blieb auf die im regnum Italiae liegenden Gebiete der
alten Kirchenprovinz beschränkt. Poppo, seit 1019 Patriarch, war
jedoch nicht gewillt, diese Entscheidung als endgültig hinzunehmen, und er zögerte nicht zu handeln, als sich ihm eine günstige
Gelegenheit zu bieten schien. Im Jahre 1024 kam es zu Unruhen in
Venedig; der Doge Otto Orseolo und sein Bruder, der Patriarch
Ursus von Grado, wurden vertrieben. Poppo bemächtigte sich
Grados. Zwar gelang es ihm nicht, seinen Gewaltstreich zu legalisieren; denn Papst Johannes XIX. wich einer eindeutigen Entscheidung aus. Die venetianische Staatskrise war aber noch nicht beigelegt, als Konrad in Italien erschien – der Doge war 1025 erneut entmachtet und in die Verbannung geschickt worden –, und vom

Kaiser erwartete sich der ehrgeizige Prälat eine Lösung in seinem Sinne. Tatsächlich hat die Lateransynode unter Berufung auf die Beschlüsse von Mantua entschieden, daß Aquileja die Metropole von ganz Venetien und die Kirche von Grado, als Bischofssitz aufgehoben, ihm unterstellt sei; gemeinsam investierten Kaiser und Papst den Patriarchen mit Grado. Dieser Beschluß lief, konsequent durchgeführt, auf die Vernichtung der Selbständigkeit der Kirche von Venedig hinaus und traf zugleich die politische Autonomie der Lagunenstadt. Damit hat Konrad die politische Linie seiner Vorgänger verlassen. Eine Erklärung finden diese Maßnahmen am ehesten in dem Bestreben des Kaisers, sich der unbedingten Loyalität des Patriarchen zu versichern, der wenig später, beim Rückmarsch des Heeres aus Italien, vor dem Königsgericht in S. Zeno bei Verona einen weiteren, für die territoriale Entwicklung seiner Kirche bedeutsamen Erfolg gegen den Herzog Adalbero von Kärnten erstritt: Der Eppensteiner mußte auf seine Ansprüche auf das Fodrum und andere öffentliche Leistungen gegenüber Besitzungen und Leuten der Kirche von Aquileja verzichten. Auf dieser Linie liegt schließlich auch die Verleihung des Münzrechtes und eines Bannforstes in Friaul, die Poppo im folgenden Jahre 1028 erwirkte. Ganz offensichtlich war Konrad bestrebt, die Stellung Aquilejas gegenüber dem Kärntner Herzog zu stärken. Hier wird nun doch – trotz der schon erwähnten Landschenkung an Adalberos Gemahlin – das Mißtrauen gegenüber dem Eppensteiner als Motiv zu bedenken sein. Darüber hinaus ging es um die Sicherung des Zugangs nach Italien, was durch weitere auf dem Rückmarsch getroffene Verfügungen unterstrichen wird: So verlieh Konrad der Kirche von Trient die Grafschaften Vinschgau und Bozen und bestätigte ihr den Besitz der Grafschaft Trient mit Ausnahme des Anteils des Bistums Feltre, und Hartwig von Brixen erhielt die Grafschaft im Eisack- und Inntal, die vorher Welf II. innegehabt hatte. Die Reichskirche übernahm auch hier die Rolle einer Stütze der königlichen Macht gegenüber unzuverlässigen weltlichen Großen.

Anfang April stieß Konrad nach Süditalien vor. Das von Heinrich II. im Bereich der langobardischen Fürstentümer geschaffene System hatte seine Regierungszeit nicht überdauert; Pandulf IV. von Capua war aus seinem deutschen Exil zurückgekehrt und konnte, unterstützt von seinem Neffen Waimar V. von Salerno (1027–1052), rasch eine Vorrangstellung gewinnen. Im übrigen Süditalien hatte Byzanz seine Herrschaft festigen können, auch gegenüber den Sarazenen Siziliens, gegen die der Katepan Bojoannes 1025 sogar – allerdings ohne durchschlagenden Erfolg – die

Offensive ergriff. Ein Festungsgürtel sicherte die byzantinische Region nach Norden und Südwesten ab, in dem Melfi, Troja und Civitate die wichtigsten Stützpunkte bildeten. Angesichts der komplizierten Machtverhältnisse und wegen der beunruhigenden Nachrichten aus Deutschland ohnehin unter Zeitdruck stehend, begnügte sich der Kaiser mit der Entgegennahme der Huldigung durch die Fürsten von Capua, Benevent und Salerno. Die Oberhoheit über die langobardischen Fürstentümer war unbestritten, wenn auch nicht sonderlich wirksam. Wipo berichtet, daß Konrad zwischen den Fürsten und den Normannen einen Vertrag vermittelt und diesen die Grenzhut gegen die Griechen anvertraut habe. Zu dieser Zeit war natürlich noch nicht abzusehen, welche Probleme die vor etwas mehr als zwei Jahrzehnten zunächst als Pilger und dann als Kampfgenossen der Langobarden nach Süditalien gekommenen Nachfahren der Wikinger dem Reich einmal bereiten würden. Den Rückweg nahm das deutsche Heer dann an der Adriaküste entlang, und in der zweiten Hälfte des Juni war man bereits in Regensburg.

Die Bilanz des Italienzuges sah im ganzen nicht ungünstig aus. Zwar war vor allem in den Städten mit der Gefahr der Auflehnung gegen die deutsche Herrschaft immer zu rechnen – das hatten zuletzt der Aufruhr in Ravenna und die aus nichtigem Anlaß bald nach den Krönungsfeierlichkeiten in Rom ausgebrochenen Unruhen gezeigt –, aber dank dem zugleich energischen und maßvollen, auf Ausgleich bedachten Auftreten Konrads war die Befriedung Oberitaliens erreicht worden. Der Salier hatte auch die Zustimmung der zunächst in der Opposition verharrenden weltlichen Großen gewonnen – die Zeit eines wie immer gearteten autonomen italischen Königtums war endgültig vorbei. Manche Entscheidung hatte sicherlich nur vorläufigen Charakter: So hatte sich der Kaiser mit den Problemen der langobardischen Fürstentümer allenfalls flüchtig vertraut machen können, und die Lösung des Streites zwischen Aquileja und Grado, die eine jahrhundertelange Entwicklung mit einem Federstrich zu korrigieren versuchte, würde von den Betroffenen schwerlich so ohne weiteres hingenommen werden; sie barg zudem neue Konflikte mit den Venetianern in sich, die nicht bereit waren, die Beschlüsse der römischen Synode auszuführen und dem Salier daher als Rebellen gegen das Reich galten (D.K.II.205 von 1034 März 8). In der weiteren Konsequenz der gegen Venedig gerichteten Politik waren aber auch Verwicklungen mit Ungarn nicht auszuschließen; denn der Doge Otto Orseolo war mit einer Schwester des Königs Stephan verheiratet, und sein Sohn Peter bestieg 1038 den ungarischen Königsthron. Trotz noch mancher ungelöster Probleme war aber das vorrangige Ziel des Italienzuges ohne Schwierigkeiten erreicht worden: die Kaiserkrönung. Die neue Würde gab den Herrschaftsvorstellungen des Saliers eine neue Dimension. Jetzt suchte er die Anerkennung der Gleichstellung mit Byzanz – vielleicht sogar mehr.

Nach seiner Rückkehr nach Deutschland ging im September 1027 eine Gesandtschaft unter dem Bischof Werner von Straßburg an den Basileus Konstantin VIII. ab, die eine Eheverbindung des Thronfolgers Heinrich mit einer der Töchter des söhnelosen Konstantin, Zoe oder Theodora, aushandeln sollte. In diesen Zusammenhang gehört ganz ohne Zweifel die erste Kaiserbulle Konrads, die auf dem Revers das Bildnis des Kaisersohnes zeigt mit der Umschrift: *Heinricus spes imperii* – Heinrich, die Hoffnung des Reiches. Die Bulle ist nur einmal – am Diplom vom 23. August 1028 für Gernrode, wo die Liudolfingerin Adelheid als Äbtissin regierte – nachweisbar. Heinrich war wenige Monate zuvor in Aachen zum König gekrönt worden. Seine Hervorhebung auf der Bulle mit dem ungewöhnlichen Hinweis auf das Imperium, dessen Krone er einst einmal tragen sollte, stellte ihn schon jetzt in den Glanz des Kaisertums, deutete – ohne jede verfassungsrechtliche Präzision – die Vorstellung vom Mitkaisertum vorsichtig an, für das sich vor dem Hintergrund des byzantinischen Eheprojektes der oströmische Brauch als Vorbild geltend machen ließ, das aber auch auf einheimische Tradition – auf das Doppelkaisertum Ottos I. und seines Sohnes Otto II. – zurückgreifen konnte.

Die Gesandtschaft gelangte nicht ohne Schwierigkeiten ans Ziel; den Durchzug durch Ungarn hatte Stephan verweigert, so war man gezwungen, den Weg über Venedig zu nehmen. Die Verhandlungen führten jedoch nicht zu dem gewünschten Ergebnis. Noch während die Deutschen in Konstantinopel weilten, regelte Konstantin die Erbfolge so, daß er seine Tochter Zoe dem Stadtpräfekten Romanos Argyros zur Gemahlin gab. Er starb unmittelbar nach der Trauung im November 1028. Die deutsche Gesandtschaft führte der Graf Manegold zurück, da Bischof Werner von Straßburg am 28. Oktober 1028 verstorben war. Den Vorschlag des neuen Basileus, Romanos III., eine seiner Schwestern mit Heinrich zu vermählen, lehnte Konrad ab. Es fragt sich, welche Hoffnungen man auf deutscher Seite mit dem Eheprojekt wirklich hatte verknüpfen können, so daß man selbst den sehr großen Altersunterschied zwischen Heinrich und den Töchtern Konstantins – wenn man darüber vorher klare Vorstellungen gehabt haben sollte – in Kauf zu nehmen bereit war. Hat man ernsthaft an eine Verbindung der beiden Reiche denken können? Vom byzantinischen Erbfolgerecht her war ein solches Projekt durchaus realistisch, hat doch Zoe nicht nur Romanos III., sondern auch dessen Nachfolgern Michael IV. und Konstantin IX. Monomachos mit ihrer Hand zugleich die Herrschaft zugebracht. Und wenn die Personalunion – um den Sachverhalt mit einem modernen Begriff zu umschreiben – in der Praxis nicht funktionieren sollte, dann ließen sich aus einer solchen Eheverbindung immerhin Erbansprüche ableiten, für die es eine Entschädigung – vielleicht in Süditalien – geben mußte. Vor allem ist das Eheprojekt aber Zeugnis für die Hochschätzung, die der Salier – wie einst die Ottonen – dem byzantinischen Reich und seiner großen Tradition entgegenbrachte. Und der Utopie von der Vereinigung der beiden Reiche wird man vielleicht mehr Gerechtigkeit widerfahren lassen, wenn man bedenkt, daß sich Ost und West zwar über die Jahrhunderte hin auseinandergelebt hatten, daß aber ein endgültiger Bruch noch nicht vollzogen war – dieser wurde erst Wirklichkeit durch die neuen Entwicklungen, die im geistig-religiösen Bereich vom Reformpapsttum und im machtpolitischen Kräftespiel vom Aufstieg der Normannen ausgingen.

Was die Gesandtschaft schließlich als Ergebnis erbrachte, war wohl zunächst eine Besserung der Beziehungen zwischen beiden Reichen – und wahrscheinlich die Überlassung jener Reliquien, die Konrad seiner Mutter Adelheid für ihre Stiftung Öhringen weiterschenkte. Die zweite Kaiserbulle aber, die erstmals 1033 nachweisbar ist, gab dem Herrschaftsverständnis des Saliers gültigen Ausdruck. Sie zeigt auf dem Avers die Bilder des Kaisers und des Königs Heinrich, läßt wiederum den Gedanken der Mitregierung Gestalt werden; die Rückseite gibt die stilisierte Ansicht einer Stadt wieder, die die Beischrift als die *Aurea Roma*, das Goldene Rom, kennzeichnet. Die Legende, die Umschrift, aber formuliert das Programm: *Roma caput mundi regit orbis frena rotundi* – Rom, das Haupt der Welt, führt die Zügel des Erdkreises. Was in den letzten Regierungsjahren Ottos II. begann und unter Otto III. zum Programm der *Renovatio imperii* ausgestaltet wurde, das gelangt jetzt voll zum Durchbruch: die Betonung des römischen Charakters des Kaisertums. Nun setzte sich die Bezeichnung »Imperium Romanum« für das abendländische Reich endgültig durch, und die Bullenlegende macht deutlich, daß Konrad II. für dieses Reich den Anspruch auf Weltgeltung erhob.

Bisher ging die Forschung davon aus, daß der Salier bald nach der Kaiserkrönung an der ottonischen Reichskrone jene Veränderungen habe vornehmen lassen, die ihr ihre endgültige Gestalt gaben:

Ein neuer Bügel zwischen Stirn- und Nackenplatte ersetzte einen älteren, der vielleicht beschädigt war oder dem Zeitgeschmack nicht mehr entsprach; die aus Perlen gestaltete Inschrift hebt den Auftraggeber hervor: CHVONRADVS DEI GRATIA ROMANORV(m) AVG(ustus). Neuerdings haben archäologische Untersuchungen wahrscheinlich gemacht, daß die Krone nicht unter Otto I., sondern wohl in den Jahren 1024/27 in Konrads Auftrag angefertigt wurde. Kronbügel und Stirnkreuz sind nachträglich, aber auch noch unter Konrad II., hinzugefügt worden. Das Kreuz trägt auf der Rückseite eine Darstellung der Kreuzigung in Niellotechnik. Wann immer er das Zeichen seiner Würde trug, war der Herrscher unter das Kreuz gestellt, der Stellvertreter Christi an das Kreuzesopfer gemahnt. Die vielfältige Symbolbedeutung der Krone – Abbild des himmlischen Jerusalem in Form und Edelsteinschmuck, Verbindung von Königtum und Prophetentum, weltlicher und geistlicher Gewalt, irdischer und himmlischer Herrschaft in den Platten des Kronreifs – wird so ergänzt durch das Bild von Christi Tod, das zugleich den Sieg Christi verkündet. Die heilige Krone des Reiches – die *sancta regni corona* –, wie Wipo sie in seinem Gedicht auf die Krönung Heinrichs III. nennt, hob den Herrscher sichtbar aus der Masse der Laien heraus und wies ihm einen besonderen Platz in der Ecclesia zu.

Auch das Reichskreuz – ursprünglich vielleicht eine Stiftung des Kaisers an sein Hauskloster Limburg, möglicherweise aber schon von Heinrich II. in Auftrag gegeben – trägt Konrads Namen. Die Vorderseite ist prachtvoll geschmückt mit Edelsteinen, Perlen und Filigranwerk, die Rückseite zeigt – wieder in Nielloschmelz – in der Mitte das Bild des apokalyptischen Lammes, an den Enden der Kreuzbalken die vier Evangelistensymbole und dazwischen Aposteldarstellungen. Auf den Schmalseiten ist die Inschrift zu lesen: *Ecce crucem Domini fugiat pars hostis iniqui / Hinc Chuonrade tibi cedant omnes inimici* – Siehe, der böse Widersacher soll das Kreuz des Herrn fliehen; daher mögen dir, Konrad, alle Feinde weichen: Das Kreuz als Siegeszeichen – der Sinngehalt des Kreuzes auf der Krone wird hier noch einmal unterstrichen. Die in den Holzkern eingestemmten Vertiefungen dienten der Aufnahme der wichtigsten Reliquien des Reiches: des Lanzenblattes der siegbringenden Heiligen Lanze und eines Holzstückes vom Kreuze Christi. Krone, Kreuz, Heilige Lanze – die Kernstücke der Reichskleinodien und Reichsreliquien, in ruhigen Zeiten anscheinend im Kloster Limburg aufbewahrt, stehen so in einem Sinnzusammenhang miteinander. Konrad trat sowohl in der Wiederaufnahme und Fortführung des römischen Reichsbegriffes wie in der Übernahme und

Vertiefung der herrschaftstheologischen Deutung des Reichsschatzes in die Traditionen ein, die von den Liudolfingern grundgelegt worden waren.

b) Herrschaft in Deutschland

Gleich nach seiner Rückkehr aus Italien hielt der Kaiser im Juni 1027 einen Hoftag in Regensburg ab, auf dem er das durch den Tod des Lützelburgers Heinrich V. im Vorjahr erledigte Herzogtum Bayern neu vergab. Das Wahlrecht der bayerischen Großen tastete er nicht an, aber seine Autorität hatte sich inzwischen so gefestigt, daß es ihm nicht schwerfiel, die Wahl auf seinen Sohn Heinrich zu lenken. So konnte er den bereits designierten deutschen König zum Herzog einsetzen und ihm damit auch eine starke Machtbasis verschaffen. Bei dieser Gelegenheit hat er durch die versammelten Grafen und Schöffen das Reichsgut, die Städte und Reichsabteien im Bereich des Herzogtums und des Markengebietes feststellen lassen. Dieses Inquisitionsverfahren mochte nötig geworden sein, weil die Erhebung des Liudolfingers Heinrich zum König 1002 und auch die Vakanz im Herzogsamte in den Jahren zwischen 1009 und 1017, als der Herzog aus dem Lützelburger-Hause sich im Streit mit seinem königlichen Schwager befand, die Unterschiede zwischen Hausgut und Reichsgut verwischt hatten; als Dokument der Bemühungen des Saliers um die Sicherung der materiellen Basis der Monarchie ist die erhaltene Urkunde von besonderem Interesse für uns. Sie betrifft den speziellen Fall der Abtei des hl. Castulus in Moosburg, die in einem vom Kaiser auf Rat der Großen angesetzten Gerichtsverfahren unter dem Vorsitz des Bischofs Egilbert und des Grafen Adalbero von Ebersberg dem Bistum Freising zugesprochen wurde, nachdem ein Graf Poppo zunächst behauptet hatte, daß sie die Reichsfreiheit besitze. Die schriftliche Fixierung des Reichsgutes, die in der Moosburg betreffenden Gerichtsurkunde in Spuren zu erkennen ist, steht in der Tradition des missatischen Schriftgutes der Karolingerzeit, für das etwa die berühmte Raffelstetter Zollordnung von 903/905 ein Beispiel aus dem gleichen Raume darstellt.

Die Konsequenz, mit der Konrad die Festigung der Dynastie und die Sicherung der Nachfolge betrieb, verdeutlicht der nächste Schritt: Auf einem Aachener Reichstag ließ er am Osterfest 1028 den zehnjährigen Heinrich mit Zustimmung der Fürsten und des Volkes zum König erheben, die Weihe erteilte der Erzbischof Pilgrim von Köln – die Designation wurde so zum Mitkönigtum

gesteigert; Heinrich III. hat in seinen Diplomen die Weihejahre eigens gezählt. Der Umritt, den Vater und Sohn – dieser in der Obhut des Bischofs Bruno von Augsburg – anschließend unternahmen, war nicht Konstitutivakt im Sinne des Regierungsantritts Konrads von 1024/25, sondern Demonstration von Würde und Macht der Monarchie.
Wipo stellt diesen Umritt unter das Zeichen der Niederwerfung der Rebellen und der Landfriedenswahrung. Das wirft die Frage nach der inneren Situation des Reiches nach dem Italienzug auf. Der Hammersteiner Fall und der Gandersheimer Streit hatten den Kaiser bereits auf einer Frankfurter Synode im September 1027, auf der übrigens auch sein aus einem Würzburger Kloster entwichener Halbbruder Gebhard zur Rückkehr in den geistlichen Stand gezwungen wurde, beschäftigt; Erzbischof Aribo von Mainz ließ nicht locker. Aber die guten Beziehungen zu den Konradinern ließen den Kaiser Partei für das schwer geprüfte Hammersteiner Ehepaar ergreifen; auf seine Bitte hin wurde die Angelegenheit nicht weiter verfolgt. In der Gandersheimer Sache kam man freilich nicht zu einer endgültigen Entscheidung. Auch eine Synode zu Pöhlde am 29. September 1028 fand keine befriedigende Lösung. Erst auf dem Merseburger Pfingsthoftag des Jahres 1030 wurde der Streit beigelegt: Der Erzbischof verzichtete in persönlichen Verhandlungen mit Bischof Godehard von Hildesheim auf das Kloster. Als der Kaiser in diesem Jahre das Weihnachtsfest in Paderborn feierte, hielt Aribo während des Gottesdienstes die Predigt. Er eröffnete den Anwesenden seine Absicht, nach Rom zu pilgern, bat den Kaiser und die Bischöfe um Urlaub, die Geistlichkeit und die Gemeinde, für seine Sünden Gott um Verzeihung zu bitten. Die Worte werden auf die Zuhörer tiefen Eindruck gemacht haben: Das war ein Abschied von der Politik. Der Mann, der die Geschicke des Reiches lange Zeit mitbestimmt, der wesentlichen Anteil am Aufstieg des Saliers zum Königtum gehabt hatte, resignierte jetzt. Das Jahr 1024, das ihm seinen größten Erfolg gebracht hatte, bedeutete zugleich die Peripetie in seiner politischen Laufbahn: Verlust des Krönungsrechtes, Rückzug in der Hammersteiner Affäre, Niederlage im Gandersheimer Streit. Von der Pilgerfahrt nach Rom ist er nicht mehr in seine Diözese zurückgekehrt: Am 6. April ereilte ihn in Como der Tod.
Mit den Rebellen, von denen Wipo spricht, ist natürlich nicht der Erzbischof von Mainz gemeint; dieses Wort ist in erster Linie auf Konrads Stiefsohn, den Herzog Ernst von Schwaben, gemünzt. Während des Italienzuges hatten Konrad der Jüngere und Graf Welf II. ihren Widerstand fortgesetzt. Der König hatte den Her-

zog mit dem Auftrag der Landfriedenswahrung zurückgesandt und ihm obendrein die Abtei Kempten zu Lehen gegeben. Dennoch verbündete sich Ernst mit den Aufständischen, fiel ins Elsaß ein und brach die Burgen des Grafen Hugo von Egisheim, eines Parteigängers Konrads II. Ein Feldzug nach Burgund, in dessen Verlauf er in der Nähe von Solothurn eine Befestigung anlegte, scheiterte, als König Rudolf sich zu einer Gegenaktion aufraffte. Hier scheint Ernst den Plan verfolgt zu haben, seine Ansprüche für den bevorstehenden burgundischen Erbfall zur Geltung zu bringen. Oberhalb Zürichs befestigte er eine Burg, vermutlich die Pfalz über der Limmat, und verheerte von diesem Vorort des schwäbischen Herzogtums aus die Besitzungen der Reichenau und Sankt Gallens, wobei er wohl auch versuchte, seine Vasallen mit Klosterbesitz auszustatten. Diese militärischen Unternehmungen stellten eine ernste Herausforderung an die königliche Autorität dar; Konrad II. handelte daher sofort und lud die Rebellen nach seiner Rückkehr vor einen Reichstag nach Ulm, um ihnen den Prozeß zu machen. Der Herzog stellte sich, im Vertrauen auf seine Stärke, Mitte Juli tatsächlich ein; er hatte mit hohem Einsatz gespielt – und verlor dieses Spiel. Als er sich vor den Toren Ulms mit seinen Vasallen beriet, sie an den ihm geleisteten Treueid erinnerte und ermahnte, nicht von ihm abzufallen und so ihre Ehre preiszugeben, hielten ihm die beiden Grafen Friedrich und Anselm, für alle sprechend, entgegen: Sie hätten ihm tatsächlich die Treue gelobt gegen alle, ausgenommen den einen, der sie ihm gegeben habe. »Wären wir Knechte unseres Königs und Kaisers und von ihm Eurer Gerichtsbarkeit überlassen, dann dürften wir uns nicht von Euch scheiden: Nun, da wir aber frei sind und der oberste Schutzherr unserer Freiheit auf Erden unser König und Kaiser ist, verlieren wir unsere Freiheit, wenn wir ihn verlassen, eine Freiheit, von der man sagt, daß sie ein rechtschaffener Mann nur mit seinem Leben aufgeben darf. Unter diesen Umständen wollen wir Euch in allem Folge leisten, was Ihr ehrenhaft und gerecht fordert. Wenn Ihr aber etwas wollt, was dem widerspricht, kehren wir freiwillig zu dem zurück, von dem wir nur bedingungsweise zu Euch gekommen sind«. Eine bemerkenswerte Argumentation, die in der Forschung von jeher besonderes Interesse gefunden hat! Als freie Männer nehmen diese Grafen für sich in Anspruch, die Entscheidungen des Herzogs am Maßstab des Rechts zu überprüfen; als Vasallen betonen sie die Vorbehaltsnatur ihrer Treuepflicht. Treue ist vor allen anderen ihrem höchsten Herrn, dem König, geschuldet, dem Herzog nur bedingungsweise, *conditionaliter.* Mit dem Amt hat der König dem Herzog auch die

Vasallen verliehen, sie bleiben letztlich Gefolgsleute des Königs. Stellt der Herzog ungerechte oder unbillige Forderungen an sie, können sie ein Recht auf Widerstand geltend machen. Noch also war die unmittelbare Verbindung zwischen dem Königtum und den Untervasallen über die Zwischengewalten hinweg gewährleistet, und das Schicksal Ernsts macht deutlich, daß diese Konstellation für die Stabilität der Monarchie von entscheidender Bedeutung war. Angesichts der Haltung seiner Vasallen erkannte der Herzog die Nutzlosigkeit seines Widerstandes und unterwarf sich dem Kaiser bedingungslos; Welf II. folgte diesem Beispiel. Wenig später, Anfang September, gab auch Konrad der Jüngere seinen Widerstand auf. Ernst wurde als Herzog von Schwaben abgesetzt und auf dem Giebichenstein bei Halle/Saale, der als eine Art Staatsgefängnis diente, inhaftiert. Dem Welfen war die Grafschaft im Eisack- und Inntal ja bereits vorher abgesprochen worden, er wurde nun darüber hinaus dazu verurteilt, den Bischöfen von Augsburg und Freising Entschädigung für die bei den gegen sie geführten Plünderungszügen angerichteten Verwüstungen zu leisten. Der Vetter des Saliers wurde eine Zeitlang in leichter Haft gehalten und dann begnadigt. Seine Burgen aber wurden geschleift, und auch in Schwaben brach der Kaiser den Widerstand der letzten Anhänger des Herzogs.

Ernsts Schicksal ist rasch skizziert. 1028 wurde er begnadigt und in sein Herzogtum wiedereingesetzt. Ob dies bei der Königserhebung Heinrichs III. in Aachen geschah, ist eine ansprechende Vermutung, läßt sich aber nicht beweisen. Es scheint, daß er als Gegenleistung den Verzicht auf Teile seines Erbgutes, darunter Weißenburg im Nordgau, zu erbringen hatte; die Urkunde (D.K.II. 140), die diesen Hinweis enthält, ist freilich stark verfälscht. Schon bei dieser Gelegenheit mag der Kaiser von ihm gefordert haben, daß er sich an der Verfolgung des Grafen Werner von Kyburg beteilige, der als letzter Vasall des Herzogs noch immer im Widerstand verharrte und als Landfriedensbrecher geächtet war. Als Konrad den Stiefsohn schließlich vor die Entscheidung stellte, sich eidlich zum Vorgehen gegen den Vasallen und Freund zu verpflichten, lehnte der Herzog ab. Dies geschah wohl auf dem Osterhoftag 1030 in Ingelheim, auf dem Ernst erschienen war. Nun ließ ihm der Kaiser wegen Hochverrats – als »hostis publicus imperatoris« – den Prozeß machen und durch Fürstenspruch absetzen; gemeinsam mit den wenigen Anhängern, die ihm noch verblieben waren, wurde er von den Bischöfen exkommuniziert. Die Güter des Geächteten wurden eingezogen. Das Herzogtum Schwaben verlieh Konrad Ernsts jüngerem Bruder

Hermann IV., der, da er noch minderjährig war, der Obhut des Bischofs Warmann von Konstanz anvertraut wurde.
Am 17. August 1030 fand der ehemalige Schwabenherzog, der noch vergeblich versucht hatte, den Grafen Odo von der Champagne zum Bundesgenossen gegen den Kaiser zu gewinnen, in einem Gefecht mit seinen Verfolgern den Tod. Als man Konrad II. die Nachricht überbrachte, soll er nur die harten Worte gefunden haben: »Selten haben bissige Hunde Junge« – der Rebell gegen die kaiserliche Majestät verdiente kein Mitleid. Der St. Galler Nekrolog aber nennt ihn zu seinem Todestag »Herzog und Zierde der Alamannen« *(dux et decus Alamannorum)*. Sage und dichterische Gestaltung im Epos haben seine Geschichte ineins verwoben mit dem Schicksal einer anderen berühmten Empörergestalt der deutschen Geschichte: des Herzogs Liudolf von Schwaben, der gegen seinen Vater, Kaiser Otto den Großen, rebellierte, und den Stoff darüber hinaus phantastisch ausgeschmückt durch die orientalischen Abenteuer des Geächteten. Jedoch: der versöhnliche Schluß der Dichtung fehlte der Wirklichkeit. Der Sturz des Herzogs Ernst hat die schwäbische Herzogsgewalt entscheidend geschwächt und die Auflösung des Herzogtums vorbereitet. Zürich, der Vorort schwäbischer Herzogsherrschaft, fiel an das Reich zurück und wurde von den Saliern zu einem Stützpunkt der Zentralgewalt ausgebaut.
Die Verfahren gegen Ernst II. und Welf II. sind auch prozeßrechtlich interessant, und in diese Zusammenhänge gehören schließlich auch die Maßnahmen, durch die Konrad II. einen letzten Widersacher ausschaltete: den Herzog Adalbero von Kärnten. Schon der Urteilsspruch im Königsgericht von S. Zeno bei Verona am 19. Mai 1027 zugunsten Aquilejas hatte erkennen lassen, daß der Kaiser im Patriarchen einen möglichen Verbündeten gegen den Eppensteiner sah. Dieser hat sich dann offenbar um Konrads Gunst bemüht; er nahm wohl an der Krönung Heinrichs III. teil und intervenierte im September 1028 sogar zugunsten des Patriarchen Poppo bei der Münzrechtsverleihung an Aquileja durch den Kaiser (D.K.II. 131). Daß er auf der Frankfurter Synode vom 23./24. September 1027 als Schwertträger des Kaisers fungierte, braucht weder im positiven Sinne als besondere Ehrung, noch im negativen als Demütigung und Zeichen der Unterwerfung gedeutet zu werden. Er war als einziger Laienfürst anwesend – wen sonst also hätte Konrad mit dieser Aufgabe betrauen können. Es mag sein, daß der Kaiser ihm ein wenig mehr Aufmerksamkeit schenkte, solange Konrad der Jüngere in Opposition zu ihm stand; nach 1028 läßt sich der Herzog aber nicht mehr in kaiserlicher Umgebung belegen. Im Mai 1035

kommt es dann auf einer Bamberger Reichsversammlung zum offenen Bruch. Konrad verlangt von den anwesenden Fürsten, dem Eppensteiner Herzogtum und Mark durch Gerichtsurteil abzusprechen. Die Hauptquelle, das Schreiben eines Wormser Klerikers an seinen Bischof Azecho, gibt, gestützt auf Mitteilungen des Erzbischofs von Köln und des Bischofs von Würzburg an den Briefschreiber, einen detaillierten Bericht über die Vorgänge, läßt aber den eigentlichen Grund der Anklage im dunkeln. Danach haben die Fürsten die Beiziehung des Königs Heinrich gefordert: Nur in seiner Gegenwart und auf sein Urteil hin könne ein solcher Spruch gefällt werden. Aber auch der Thronfolger weigert sich und macht geltend, daß er durch einen Vertrag an Adalbero gebunden sei. Erst ein Zornausbruch, der sich bis zum Ohnmachtsanfall steigert, und die fußfällige Bitte des Vaters bewegen Heinrich zuzugeben, daß er auf Veranlassung des Bischofs Egilbert von Freising, unter dessen Obhut er nach dem Tode Brunos von Augsburg gestanden hatte, Adalbero einen Eid geschworen habe. Der Bischof rechtfertigt sich damit, daß er dadurch Adalbero in seiner Treue zum König habe festigen wollen und Heinrich nichts anderes beschworen habe, als was er auch ohne Eid habe gewährleisten müssen, daß er nämlich den Herzog nicht an seinen Gütern schädigen werde, wenn ihm diese nicht zuvor durch Gerichtsurteil abgesprochen worden wären. Egilbert wird vom Hof verwiesen, die Gerichtsverhandlung wiederaufgenommen und der von Konrad geforderte Spruch gefällt, Adalbero mit seinen Söhnen obendrein zur Verbannung verurteilt. Da man fürchtete, daß der abgesetzte Herzog sich mit Kroaten und Ungarn verbünden werde, wurden die Bayern von der Pflicht zur Teilnahme an dem gegen die Liutizen angesagten Heereszug entbunden. Die karantanische Mark wurde dem Grafen Arnold von Lambach übertragen, das Herzogtum blieb zunächst unbesetzt. Erst im Februar des folgenden Jahres wurde auf einem Augsburger Hoftag Konrad der Jüngere mit Kärnten belehnt. Um diese Zeit dürften auch die Spanheimer, die aus der rheinfränkischen Heimat der Salier stammten und in verwandtschaftlichen Verbindungen mit den Zeizolf-Wolfram standen, durch die Heirat des Grafen Siegfried mit Richgard, der Erbtochter des mächtigen Grafen Engelbert – sicherlich nicht ohne Konrads II. Zutun – in Kärnten Fuß gefaßt haben; der neue Herzog konnte in Siegfried eine wertvolle Stütze finden.
Der politische Hintergrund für das Verfahren gegen Adalbero war ohne Zweifel die salisch-eppensteinische Rivalität, die ja schon vor Konrads Königserhebung Anlaß zu Konflikten gegeben hatte. So ist auch in dem zitierten Brief von dem alten Haß gegen den Her-

zog die Rede. Andere Quellen sehen den Rechtsgrund der Absetzung im Hochverrat des Eppensteiners – ohne freilich diesen Punkt näher zu erläutern. Hier mag eigenmächtiges Vorgehen des Herzogs – mit entsprechender Einflußnahme auf den jungen König – beim Ungarnfeldzug von 1030/31, über den noch zu sprechen sein wird, eine Rolle spielen; möglicherweise kam Adalbero ein Teil der Verantwortung für den nicht sehr günstigen Frieden zu, den der Thronfolger ohne Wissen des Kaisers geschlossen hatte. Das würde die eidliche Bindung Heinrichs und auch die Befürchtung eines Bündnisses des abgesetzten Herzogs mit Ungarn erklären.

Die Quellen lassen eine klare Aussage nicht zu. Aber alle hier behandelten Prozesse erwecken stark den Eindruck einer gewissen Formlosigkeit, und gerade das Verfahren gegen Adalbero scheint so gar nicht zu dem Bilde zu passen, das die Quellen sonst von dem Gerechtigkeitssinn Konrads II. und seiner unbedingten Rechtswahrung zeichnen. In Bamberg wird in Abwesenheit gegen den Eppensteiner verhandelt, und es ist nicht einmal sicher, ob er überhaupt geladen war, das heißt: ob es sich hier – wie bei fast allen politischen Prozessen des 10.–12. Jahrhunderts – um ein wirkliches Kontumazialverfahren handelt, bei dem das Urteil wegen schuldhafter Säumnis ergeht. Gegen die Erklärung des Prozesses vom Volksrecht her spricht, daß man in diesem Falle einen fundamentalen Grundsatz nicht beachtet hätte: Adalbero hätte auf dem Boden des Stammes, zu dem er gehörte, also in Bayern oder Kärnten, nicht aber im fränkischen Bamberg abgeurteilt werden müssen. Das Verfahren gegen den Babenberger Ernst fand im schwäbischen Ulm statt. Alle drei Verfahren richten sich gegen unbotmäßige Vasallen; aber es sind keine echten Lehnsprozesse, den Beklagten bleibt keine Möglichkeit zur Verteidigung. Daß der Kaiser – und das wird vor allem im Prozeß gegen Adalbero deutlich – starken Druck ausgeübt hat, das von ihm gewünschte Urteil durchgesetzt hat, unterliegt keinem Zweifel. Offenbar stützte Konrad sich auf das alte karolingische Disziplinar- und Amtsrecht, das auch den Vasallen in einer Zeit, in der in Deutschland der Rechtsstand des Lehnsmannes noch nicht ausgebaut und gefestigt war, viel stärker, als es später möglich war, der Strafgewalt des Lehnsherrn unterwarf. Das aber ist wiederum ein Zeichen für die Stärke des Königtums. In der Auseinandersetzung der Zentralgewalt mit der Feudalaristokratie stellte der politische Prozeß also noch ein Mittel zur Festigung der Monarchie dar.

Zu ähnlichen Schlußfolgerungen berechtigt die Praxis der Besetzung der Herzogtümer unter Konrad II. Die Übertragung Bayerns an den Thronfolger Heinrich läßt das Bestreben erkennen, dieses Herzogtum als Kronland zu erhalten. Kärnten war seit 1036 in der Hand des Saliers Konrad des Jüngeren; als dieser 1039 starb, ohne mündige, und damit regierungsfähige, Söhne zu hinterlassen, behielt der eben zur selbständigen Herrschaft gelangte Heinrich III. das Land in der eigenen Verfügungsgewalt. Freilich blieb die Stellung der Salier hier schwach, weil sie nicht über ausreichenden Eigenbesitz verfügten. Als Herzog Hermann IV. von Schwaben am 28. Juli 1038 auf dem Italienzug des Kaisers den Tod fand, übertrug Konrad auch dieses Herzogtum seinem Sohne. Die drei süddeutschen Herzogtümer befanden sich damit in salischer Hand. Diese Maßnahmen rufen die ottonische Regierungspraxis in Erinnerung. Dabei wird man hier nicht einfach von kaiserlicher Machtpolitik oder willkürlicher Erwerbspolitik sprechen dürfen: Auf Kärnten hatten die Salier seit den Zeiten der Herzöge Otto und Konrad gute Rechtstitel; in Schwaben konnte Heinrich seinen Rechtstitel von seiner Mutter Gisela herleiten. Auf Bayern hat möglicherweise der ungarische König Stephan für seinen Sohn Emmerich Erbansprüche erhoben; daß der Kaiser die wichtige Provinz nicht einem ausländischen Prinzen überlassen konnte, leuchtet ohne weiteres ein.

Eine folgenschwere Entscheidung traf Konrad in Lothringen. Mit dem Tode des Herzogs Friedrich III. von Oberlothringen erlosch im Mai 1033 die Linie Bar des Ardennergrafenhauses. Friedrich hatte noch zwei Schwestern, Beatrix und Sophie, die nach dem Bericht unserer zuverlässigsten Quelle, der Chronik von Saint-Mihiel, von ihrer Tante, der Kaiserin Gisela, in Obhut genommen und am Hofe erzogen wurden. Beatrix sollte später als Gemahlin des Markgrafen Bonifaz von Canossa-Tuszien noch eine bedeutende Rolle in der Reichsgeschichte spielen. Sophie heiratete den Grafen Ludwig von Mömpelgard (Montbéliard). Das Herzogtum aber übertrug Konrad II. Gozelo, der der Linie Verdun des Ardennergrafenhauses entstammte. Die beiden Lothringen waren damit wieder in einer Hand vereinigt, und noch einmal tat sich die Möglichkeit zur Ausformung einer politischen Existenz Gesamtlothringens auf; im Westen des Reiches hatte der Kaiser damit eine starke herzogliche Gewalt geschaffen, die – damals natürlich nicht vorhersehbar – seinem Sohne noch besondere Probleme bereiten sollte. Den politischen Hintergrund für diese Entscheidung bildete sicher auch die Auseinandertzung um das burgundische Erbe, die eben jetzt in ihre entscheidende Phase trat. Am 5. oder 6. September 1032 war nämlich König Rudolf III. von Burgund gestorben.

c) Der Erwerb Burgunds

Die aus dem Zerfallsprozeß des karolingischen Großreiches hervorgegangenen Königreiche Hochburgund und Niederburgund waren um 933 unter der Herrschaft der Rudolfinger, einer Nebenlinie der Welfen, zum Königreich Burgund, seit dem 13. Jahrhundert Arelat *(regnum Arelatense)* genannt, vereinigt worden. Die königliche Autorität war freilich in weiten Bereichen eine bloß nominelle und hat den Aufstieg fürstlicher Dynastien, so des Hauses Arles-Provence im Süden, der Wigonen im Viennois (später die Grafen von Albon), der Herren von Maurienne (später Savoyen) und der Grafen von Mâcon-Besançon (später die Freigrafschaft Burgund) nicht verhindern können. So blieb die Herrschaft der Rudolfinger im wesentlichen beschränkt auf die Region um den Genfer See mit den Bistümern Genf, Lausanne und Sitten, den Pfalzen Orbe und Vevey und den Königsklöstern St. Maurice d'Agaune, Romainmôtier und Peterlingen (Payerne); die königliche Kirchenhoheit erfaßte nur den geringeren Teil der burgundischen Erzbistümer und Bistümer. Wie wenig eine solche Herrschaft aus deutscher Sicht den Vorstellungen entsprach, die man sich von einer königlichen Zentralgewalt machte, läßt das abfällige Urteil Thietmars von Merseburg über Rudolf III. erkennen (Chron. VII, 30): »Soviel ich gehört habe, gibt es keinen ihm ähnlichen Herrscher. Er besitzt nur Titel und Krone; Bistümer verleiht er denen, die von den Fürsten dort gewünscht werden ... Daher gehorchen sie mit gebundenen Händen jenen Großen wie ihrem König; nur so haben sie Ruhe. Und nur deshalb herrscht über sie ein solcher König, damit das Wüten der Bösewichter um so ungestörter weitergehen kann und damit ein anderer König nicht ein neues Gesetz gebe, das eingewurzelte Gewohnheiten beseitigen könnte ... In diesem Lande gibt es keinen Grafen, der nicht die Stellung eines Herzogs innehat«. Die Rudolfinger haben sich unter diesen Umständen nur durch ihre enge Anlehnung an das Reich behaupten können. Schon Rudolf II. (912–937) hat sich Heinrich I. kommendiert; die – wohl lehnrechtlich begründete – deutsche Schutzherrschaft hat die Vereinigung der beiden Burgund überhaupt ermöglicht und die Existenz dieses Staates erst gesichert. Unter Heinrich II. wurden die Beziehungen noch enger geknüpft. Durch seine Mutter Gisela war der Liudolfinger ein Neffe Rudolfs III. (993–1032) und damit ein präsumptiver Erbe des kinderlosen Rudolfingers. Heinrich hat während seiner Regierungszeit alles unternommen, um seine Ansprüche umfassend abzusichern. Der Erwerb Basels im Jahre 1006 dürfte als eine Art Pfandnahme für die von Rudolf anerkannte Anwartschaft zu deuten sein. Im

Konflikt mit seinem unbotmäßigen Vasallen, dem Grafen Otto-Wilhelm, suchte Rudolf sein Heil in engster Anlehnung an den Kaiser, dessen Erbfolge er 1016 bei einer Zusammenkunft in Straßburg von neuem anerkannte, wobei er ihm darüber hinaus sein Königreich zu Lehen aufließ. Die Großen Burgunds sollten mit der Verpflichtung zur Huldigung in diesen Vertrag einbezogen werden. Anfang 1018 wurden diese Abmachungen in Mainz erneuert; Rudolf übergab Heinrich Krone und Szepter und erhielt die Insignien dann vom Kaiser zurück – mit diesem Akt einer Lehnsinvestitur wurde die Lehnsoberhoheit Heinrichs in aller wünschenswerten Deutlichkeit dokumentiert. Noch in demselben Jahr unternahm der Kaiser einen Feldzug in das Rhônereich. Sowohl verwandtschaftliche Bindungen als auch vertragliche Abmachungen sollten – auch gegen den Widerstand der burgundischen Magnaten – den Anfall Burgunds an das Reich sichern. Stillschweigende Voraussetzung für diese Regelung war natürlich, daß der Neffe Heinrich II. den Oheim Rudolf III. überleben werde. Der Tod Heinrichs II. am 13. Juli 1024 schuf daher eine ganz neue Lage, die nicht nur die Frage nach den nun noch Erbberechtigten, sondern – grundsätzlicher – das Problem aufwarf, ob die seit ottonischer Zeit bestehenden und durch Heinrich II. gefestigten Bindungen Burgunds ans Reich von der Person des Herrschers abhängig, also rein persönlich bedingt seien. Unter privatrechtlichen Gesichtspunkten konnten der Graf Odo II. von Blois-Champagne als Neffe Rudolfs III., ferner die Söhne der Gisela, einer Nichte des Burgunderkönigs, schließlich auch Konrad d.J. als Sohn der Mathilde, einer weiteren Nichte Rudolfs III., und theoretisch sogar die Söhne des Herzogs Adalbero von Kärnten, der mit Beatrix, einer Schwester Giselas und Mathildes, verheiratet war, Erbansprüche erheben.
Freilich ist es wenig sinnvoll, alle von der Genealogie her gegebenen Möglichkeiten einer Erbfolge durchzuspielen; denn tatsächlich traten nur zwei ernsthafte Konkurrenten auf: Konrad II. und Odo II., Graf von Blois-Champagne. Ohne jede Frage war der französische Magnat privatrechtlich der gegenüber dem Salier, der für seine Person gar keine Ansprüche erheben konnte, Näherberechtigte. Ob Konrad seine Ehe mit Gisela tatsächlich als Rechtstitel ins Feld geführt hat, ist überhaupt die Frage, wenn auch der Chronist Rodulfus Glaber dies behauptet. Gisela hätte ihr Erbrecht eher ihren Söhnen vermitteln können – und hier liegt vielleicht ein Grund für den Konflikt des Saliers mit seinem Stiefsohn Ernst II. Jedenfalls hat Konrad II. den Erwerb Burgunds mit aller Energie von anderen Voraussetzungen her vorbereitet.

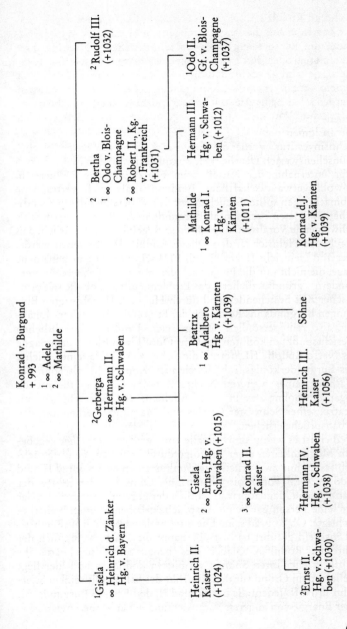

Die verwandtschaftlichen Beziehungen zum Erwerb Burgunds

Während Rudolf III. sich nach Heinrichs II. Tode auf den Standpunkt stellte, daß die Vereinbarungen, die er mit diesem getroffen hatte, nun nichtig seien, er also frei sei, einen neuen Nachfolger zu designieren oder durch die Großen wählen zu lassen, hat Konrad II. geltend gemacht, daß die Verträge von 1016 und 1018 mit seinem Vorgänger als dem Repräsentanten des Reiches geschlossen worden seien. Seine Ansprüche begründete er von der Rechtsnachfolge seines Vorgängers her – er argumentierte also staatsrechtlich und lehnrechtlich, wo der Rudolfinger und die burgundischen Großen personal dachten. Die Parallele zu dem Konflikt mit den Pavesen ist offenkundig. Der Salier hat nicht gezögert, seinen Rechtsanspruch offensiv zu vertreten. Noch 1025 besetzte er Basel, die Einfallspforte nach Burgund, die Rudolf einst an Heinrich II. abgetreten, nun aber wieder an sich gezogen hatte, und übertrug das kurz zuvor vakant gewordene Bistum einem ihm genehmen Kleriker. Dieser energische Zugriff verfehlte nicht seine Wirkung: Rudolf gab nach, nahm am Ostertage 1027 an der Kaiserkrönung in Rom teil und erkannte noch im Sommer dieses Jahres in einem auf Vermittlung der Kaiserin Gisela in Basel geschlossenen Vertrag an, daß der Salier in alle Rechte seines Vorgängers Heinrich II. eintrete. Der Thronfolger Heinrich wurde in diese Abmachungen einbezogen. Damit war Konrad II. auch als Oberlehnsherr Burgunds anerkannt. In Erfüllung dieses Vertrages hat Rudolf III. auf seinem Sterbebette angeordnet, daß dem Kaiser die königlichen Insignien übersandt würden: Dieser Akt symbolisierte den Heimfall des Lehens und war zugleich als eine Designation zu deuten.

Ein beträchtlicher Teil der burgundischen Magnaten war jedoch nicht bereit, das Regiment des schwachen Rudolfingers gegen die Herrschaft des energischen Saliers einzutauschen. Daher fand der Graf Odo starke Unterstützung, als er noch Ende 1032 in das Königreich einrückte, um seine Erbansprüche mit Waffengewalt durchzusetzen. Seine eigentlichen Absichten sind nicht mit letzter Sicherheit zu durchschauen. Schenkt man den Ausführungen Wipos (c. 29) Glauben, so habe er es nicht gewagt, sich zum König zu machen; er habe vielmehr offen geäußert, daß er nicht wünsche, König zu werden, sondern vielmehr immer Herr des Königs sein wolle. Das klingt so, als habe er zunächst seine Aussichten, die Krone zu erlangen, nicht besonders hoch eingeschätzt und sich mit einer Ausweitung seiner in Frankreich schon beträchtlichen Macht nach Burgund hinein begnügen wollen, die ihm immer die Möglichkeit gegeben hätte, dem jeweiligen – ohnehin von den Großen abhängigen – Herrscher seinen Willen zu diktieren. Die Ereignisse

entwickelten jedoch ihre eigene Dynamik. Der Feldzug wird Odo zu der Erkenntnis geführt haben, daß er überhaupt nur dann eine Chance habe, sich in Burgund festzusetzen, wenn er selbst die Regierung übernehme – zumal er in einzelnen Regionen, so in der Provence, bereits als König anerkannt wurde. Das macht der Vertrag deutlich, den er mit dem Erzbischof Leodegar von Vienne schloß. Dieser hatte sich zunächst neutral verhalten, trat aber dann, als Odo die Belagerung seiner Stadt begann, auf seine Seite unter der Bedingung, daß Odo sich zu einem festgesetzten Termin in Vienne zum König wählen und krönen lasse. Dennoch hat der Graf es versäumt, bereits auf diesem Feldzug klare Verhältnisse zu schaffen.
Anders Konrad II.! Als er die Nachricht vom Tode Rudolfs III. empfing, stand er mit einem Heer im Slawenland. Das Weihnachtsfest feierte er bereits in Straßburg, und Anfang des neuen Jahres marschierte er in Burgund ein. Am 2. Februar 1033 – dem Fest Mariä Reinigung – ließ er sich in Peterlingen von seinen hier erschienenen Anhängern zum König wählen und anschließend krönen. Mit der Wahl kam er den burgundischen Großen entgegen, die auf ihr Wahlrecht pochten und sich auch beim Erbvertrag Rudolfs III. mit Heinrich II. ausdrücklich darauf berufen hatten. Seine Herrschaftsübernahme war damit – wenn auch der Winterfeldzug ihm keine wesentlichen Erfolge einbrachte – viel besser abgesichert als Odos schnelle Erfolge: Zur Rechtsnachfolge des Rudolfingers und Designation kam nun ein erster Zustimmungsakt der Großen hinzu. Wenig später nahm er in Zürich in Fortsetzung der Peterlingener Wahl die Huldigungen weiterer Magnaten – unter ihnen auch Humbert Weißhand von Savoyen – entgegen, und hier stellte sich auch die Königinwitwe Ermengard bei ihm ein.
Ein kluger Schachzug verschaffte dem Kaiser weitere Vorteile. Ende Mai traf er sich zu Deville an der Maas mit König Heinrich I. von Frankreich; Vermittler dieser Zusammenkunft waren der Bischof Bruno von Toul und der Abt Poppo von Stablo-Malmedy. Das Schutz- und Freundschaftsbündnis, das die beiden Monarchen hier eingingen, richtete sich in erster Linie gegen den Grafen von Blois-Champagne. In den schweren inneren Auseinandersetzungen, die in Frankreich nach dem Tode Roberts I. (1027) ausgebrochen waren, hatte sich der mächtige Lehnsfürst auf die Seite der Königinwitwe Konstanze gegen Heinrich I. gestellt. Nun geriet er zwischen zwei Fronten. Das kapetingisch-salische Bündnis wurde durch ein Eheprojekt vertieft. Heinrich verlobte sich mit Konrads zweiter Tochter Mathilde. Der vorzeitige Tod der

Prinzessin hat die Heirat freilich nicht zustandekommen lassen. In den Zusammenhang dieser Ereignisse gehört schließlich auch – wie wir bereits gesehen haben – die Vereinigung der beiden Lothringen in der Hand des Herzogs Gozelo. Kriegsschauplätze wurden nun vor allem Lothringen und die Champagne. Den entscheidenden Schlag aber führte der Kaiser im darauffolgenden Jahre. Im Juni 1034 griff er Odos Anhänger in Burgund von zwei Seiten, von Deutschland und Italien, her an; den italischen Heerbann befehligten der Markgraf Bonifaz von Canossa-Tuszien und der Erzbischof Aribert von Mailand. Der letzte Widerstand wurde gebrochen, die Großen, die noch in Opposition gestanden hatten, unterwarfen sich. In Genf nahm Konrad II. am 1. August ihre Huldigung entgegen. Das war der Abschluß des Erhebungsaktes, der vor mehr als einem Jahr in Peterlingen begonnen hatte. Zwar hat Odo noch einen letzten Versuch gemacht, sein Ziel zu erreichen: Als der Kaiser auf seinem zweiten Italienzug im Herbst 1037 in Schwierigkeiten geriet, fiel er in Lothringen ein – in der vernichtenden Niederlage bei Bar zerbrach sein Traum am 15. November 1037; er selbst fand in der Schlacht den Tod. Der Sieg gehörte dem Herzog Gozelo, der hier seine Bewährungsprobe glänzend bestand. Nicht nur Lothringen, sondern auch den angrenzenden Regionen habe der Herzog den Frieden gebracht – so beurteilt der Verfasser der Vita des Bischofs Bruno von Toul das Ereignis.

Vielleicht hat Odos letztes Unternehmen die Opposition in Burgund noch einmal aufleben lassen. Konrad nahm jedenfalls den Rückweg aus Italien über das eben gewonnene Königreich und demonstrierte so erneut seine Macht. Gegen Ende September 1038 versammelte er die Großen auf einem Hoftag in Solothurn, um hier alle rechtlichen und politischen Fragen zu klären, die durch den Herrschaftswechsel aufgeworfen worden waren. Konkrete Maßnahmen sind nicht bekannt, aber Wipo deutet wenigstens an, daß von der Begründung einer starken Königsgewalt auch die Wiederherstellung gesicherter Rechtsverhältnisse zu erwarten war, nachdem die Rechtswahrung unter dem Regiment der schwachen Rudolfinger sehr gelitten hatte. Eine besondere Bedeutung erhielt diese Reichsversammlung dadurch, daß der Kaiser seinem Sohne »das Königreich Burgund übertrug« *(regnum Burgundiae tradidit)*, wie Wipo sich ausdrückt. Das geschah in den Formen einer Königserhebung durch Wahl, Huldigung und Akklamation durch Magnaten und Volk. Von einer Krönung ist nichts gesagt; sie ist aber nach dem Vorgang von Peterlingen sicherlich anzunehmen. Ohne Zweifel kam der Salier hier den Wünschen der Burgunder entgegen, die in Heinrich einen Abkömmling des alten Herrscherhauses sehen konnten, die Anerkennung seines Königtums daher nicht als eine Unterwerfung unter eine fremde Herrschaft empfinden mußten. Man braucht freilich nicht so weit zu gehen, Konrads Regierung seit dem Tode Rudolfs III. lediglich als Regentschaft zu verstehen, die nun, nachdem dem Lande in Heinrich wieder ein eigener König gegeben worden war, in ein Oberkönigtum umgewandelt worden sei. Über Heinrichs Stellung neben oder unter dem Vater läßt sich nichts ausmachen; der Tod Konrads II. im folgenden Jahre änderte die Rechtslage ohnehin. Es bleibt aber bemerkenswert, daß Konrad auch sich selbst in Solothurn von den Fürsten einen Treueid leisten ließ, seine eigenen Herrschaftsbefugnisse damit sicherlich unterstreichen wollte. Im übrigen erweist sich die Übertragung des Herzogtums Schwaben an den Thronfolger kurz vor den Solothurner Ereignissen als eine Maßnahme, die auch unter dem Aspekt der burgundischen Politik zu betrachten ist: Sie gab Heinrich für seine zukünftigen schwierigen Aufgaben in dem Königreich einen wichtigen Rückhalt.

Mit der Angliederung Burgunds an das Reich in der Form der Personalunion war jene Trias der Königreiche Deutschland, Italien, Burgund vollendet, die das hochmittelalterliche Imperium im engeren Sinne, den tatsächlichen Herrschaftsbereich des Kaisers, ausmacht. Der Machtzuwachs und der materielle Nutzen dieses Erwerbs waren gering. Das burgundische Krongut war weitgehend noch vom letzten Rudolfinger verschleudert worden; nur selten ist etwas von königlichen Einkünften aus Burgund zu hören, und militärische Unterstützung bei königlichen Unternehmungen war von dort kaum zu erwarten. Die starke Stellung des Hochadels und die faktische Unabhängigkeit vor allem der südlichen Regionen engten den Wirkungskreis des Königtums sehr stark ein; er blieb beschränkt auf Hochburgund, jenen Bereich, den schon die Rudolfinger unmittelbar beherrscht hatten. So standen die deutschen Könige immer von neuem vor der Aufgabe, ihre Herrschaft zu realisieren; ähnlich der Regierungspraxis in Deutschland bot sich auch hier das Bündnis mit der Kirche als Mittel der Herrschaftsausübung und -sicherung an. Trotz aller dieser Einschränkungen bleibt der eigentliche Wert der Angliederung Burgunds unbestritten: In diesem Lande lagen die wichtigsten westlichen Alpenpässe – Mont Cenis und Großer St. Bernhard. Die Beherrschung Burgunds erst sicherte die Herrschaft über Italien, denn jetzt war Frankreich vom Zugang zur Apenninenhalbinsel abgeschnürt und sollte es für Jahrhunderte bleiben. Den italischen Großen war die Möglichkeit genommen, gegen die deutsche Herrschaft französische Bundesgenossen herbeizurufen, wie dies noch

1024 geschehen war. Die Hegemonialstellung des deutschen Königs – eine Voraussetzung für das Kaisertum – hatte sich damit gefestigt.

d) Die östlichen Randstaaten

Burgund war nur der eine Schauplatz, auf dem Konrad II. seine Aktivität entfaltete. Gleichzeitig blieb er mit Problemen des Verhältnisses zu den östlichen Nachbarstaaten und der Sicherung der Ostgrenze befaßt. Die seit der Königskrönung Boleslaw Chrobrys latent vorhandenen deutsch-polnischen Spannungen brachen 1028 plötzlich auf, als Mieszko II. unvermutet mit Feuer und Schwert in die östlichen Marken Sachsens einfiel. Die Hintergründe dieses Angriffs bleiben im dunkeln; es wäre denkbar, daß der Polenkönig ungünstige Auswirkungen der im Vorjahr vertieften Annäherung zwischen Konrad II. und Knut von Dänemark und England für sein Land befürchtete und deshalb einen Präventivschlag führen wollte. Der Überfall war ein Auftakt zu längeren verlustreichen Feldzügen, in denen der Kaiser zeitweise Rückschläge hinnehmen mußte, da Mieszko sich zu offener Feldschlacht nicht stellte, sondern stattdessen die natürlichen Vorteile seines Landes – unwegsame Wälder und Sümpfe – gegen die schweren deutschen Reitertruppen ausnutzte. Wie ernst man auf deutscher Seite die Gefahr nahm, zeigt die Verlegung des Bistums Zeitz nach Naumburg Ende 1028 *propter pacis firmitatem* (D.K.II. 184, 1032) – um der Kirche hier, auf der Burganlage der Meißener Markgrafen, besseren Schutz gewähren zu können. Freilich dürften bei dieser für das 11. Jahrhundert doch recht ungewöhnlichen Maßnahme persönliche Interessen der Ekkehardiner mitgespielt haben; die beiden kinderlosen Söhne des 1002 ermordeten Markgrafen Ekkehard I., Hermann und Ekkehard II., stellten die Örtlichkeiten, ihr Eigengut, zur Verfügung und verschafften damit ihrem Vater eine würdige Grablege in der nun entstehenden Bischofsstadt.

Gegenüber der ausgreifenden polnischen Politik bildete sich eine Koalition, der Mieszko nicht gewachsen war. Der Großfürst Jaroslaw von Kiew, das 1018/1019 vorübergehend von Boleslaw Chrobry erobert worden war, gehörte zu seinen Gegnern; er unterstützte den bei der Erbfolge übergangenen älteren Halbbruder Mieszkos, Bezprym, der zu ihm geflohen war. Der Herzog Udalrich von Böhmen nutzte die Gelegenheit des Feldzuges von 1029, um Mähren zurückzugewinnen. Als Mieszko 1030 erneut einen Überfall auf die Grenzmarken wagte, schlug Konrad im folgenden

Jahre erfolgreich zurück. Im Friedensschluß mußte Mieszko die Lausitz und das Milzener Land, von seinem Vater einst gewonnen, wieder abtreten. Wenig später griff Jaroslaw Polen an und verhalf Bezprym zur Herrschaft. Mit seinem Verzicht auf die Königswürde hoffte Bezprym auch Konrads Unterstützung zu gewinnen. Seine Ermordung 1032 ermöglichte jedoch Mieszko noch einmal die Rückkehr auf den Thron. Um zu retten, was noch zu retten war, stellte er sich auf dem Hoftag des Kaisers im Juli 1033 in Merseburg ein, verzichtete hier nun seinerseits auf die Königswürde und erkannte die Rückgabe der Lausitz und des Milzener Landes definitiv an. Konrad regelte die polnischen Verhältnisse so, daß er das Land wohl in drei Herrschaftsbereiche teilte, Mieszko auch die Oberherrschaft überließ, damit aber jegliche Voraussetzungen für eine expansive piastische Politik beseitigte. Mieszko blieb keine Zeit mehr zu einem Neuanfang; er starb am 10. oder 11. Mai 1034. Sein früher Tod stürzte das Land in ein völliges Chaos, dessen Nutznießer in erster Linie der auf Ausbau eigener Herrschaft bedachte Adel war. Ein Volksaufstand mit stark heidnischen und wohl auch deutschfeindlichen Akzenten beschleunigte den Prozeß der Zerrüttung. Mieszkos Gemahlin, die Ezzonin Richeza, mußte Polen verlassen; auch ihr Sohn Kasimir I. wurde 1037 vertrieben. Sie fanden Aufnahme bei ihren deutschen Verwandten. Polen war als Machtfaktor ausgeschaltet, die Vormachtstellung des Reiches gefestigt. Mit der Sicherung der Grenze waren die Ekkehardiner betraut, nach des Markgrafen Hermann Tode (1038) vor allem sein Bruder Ekkehard II., der Meißen, die sächsische Ostmark mit der Niederlausitz und die spätere Oberlausitz in seiner Hand vereinigte. Gleichzeitig gelangten neue Familien zur Geltung, so die Wettiner, die in diesem Raume und in der Reichsgeschichte eine bedeutsame Rolle spielen sollten.

In engem Zusammenhang mit dem deutsch-polnischen Verhältnis sind die Beziehungen zu Böhmen zu sehen. Sie waren, solange Udalrich die Herzogswürde innehatte (1012–1034), von Spannungen nicht frei. Eine Unbotmäßigkeit des Przemysliden gab dem Kaiser den Anlaß, seinen Sohn im Sommer 1033 einen Feldzug nach Böhmen führen zu lassen, während er selbst mit den burgundischen Problemen befaßt war. Udalrich mußte sich unterwerfen und wurde, nach Bayern verbannt, durch seinen Bruder Jaromir ersetzt; Mähren kam an seinen Sohn Bretislaw. Seine Restitution in einem Teil seines Herzogtums, vom Kaiser wohl auf Bitten der böhmischen Großen und des mit der politischen Situation Böhmens wohlvertrauten Eremiten Gunther von Rinchnach (im Böhmerwald) Ostern 1034 verfügt, war sicherlich auch dazu gedacht, die Lage im Osten zu beruhigen, solange die burgundische Angelegenheit noch in der Schwebe war. Udalrichs Verhalten enttäuschte jedoch die Hoffnungen Konrads; der freigelassene Herzog war nicht bereit, sich in das Kalkül des Kaisers zu fügen. Erst sein plötzlicher Tod gab den Weg frei für eine andere Lösung, zumal Jaromir, von seinem Bruder kurz nach dessen Rückkehr geblendet, auf seine Ansprüche verzichtete. Die Großen erhoben Bretislaw (1034-1055) zu ihrem Herzog; er fand sich auf dem Bamberger Hoftag im Mai 1035 ein, huldigte dem Kaiser und stellte Geiseln. Den Beweis für sein Wohlverhalten lieferte er mit seiner Teilnahme am Feldzug gegen die Liutizen.

Noch wenige Jahre zuvor hatten die Liutizen des Kaisers Hilfe gegen Mieszko von Polen erbeten und dabei treue Dienste versprochen. Aber in der sächsisch-slawischen Grenzzone gab es immer wieder Zusammenstöße und Übergriffe von beiden Seiten, die die politische Lage insgesamt unsicher bleiben ließen. Nun entschloß sich Konrad nach einem von den Sachsen provozierten Liutizenüberfall auf die Grenzfeste Werben an der Elbe, ein Exempel zu statuieren. Aber es waren zwei militärische Unternehmungen nötig, um den Gegner in die Botmäßigkeit zurückzuzwingen. Erst im August 1036 unterwarfen sich die Liutizen und verpflichteten sich erneut zur Leistung des nun noch erhöhten Tributes. Die Feldzüge waren mit der ganzen Erbitterung und dem Fanatismus eines Religionskrieges geführt worden, und Wipo, der über die Ereignisse ein - nicht erhaltenes - Gedicht verfaßt hat, sieht den Kaiser selbst in der Rolle des »Glaubensrächers« *(ultor fidei),* der Gefangenen keine Schonung gewährt und frühere heidnische Übergriffe mit äußerster Grausamkeit bestraft.

Vor dem Hintergrund der Auseinandersetzungen mit Polen, Böhmen und Elbslawen ist auch die Intensivierung der Beziehungen zu Knut dem Großen zu sehen. Auf dem schon erwähnten Bamberger Hoftag 1035 wurde der Thronfolger Heinrich mit Gunhild, Knuts Tochter, verlobt; die Vermählung fand am Pfingstfest des folgenden Jahres in Nimwegen statt, und hier wurde die dänische Prinzessin, die nach Aussage der Hildesheimer Annalen den Namen Kunigunde annahm und in deutschen Quellen, auch in Urkunden ihres Gemahls, häufiger so genannt wird, am 29. Juni zur Königin gesalbt und gekrönt. Wie wichtig dem Kaiser diese Familienverbindung war, verdeutlicht der Preis, den er dafür zahlte: Er trat Knut Schleswig mit der zwischen Eider und Schlei gelegenen Mark ab. Die wirtschaftliche Bedeutung dieses Verzichts war allerdings nicht so groß, wie sie auf den ersten Blick erscheinen könnte; denn das ehemals bedeutende Handelsemporium Haithabu, das von der civitas Schleswig fortgesetzt wurde, hatte seinen Höhepunkt in dieser Zeit bereits überschritten. Es bleibt immerhin bemerkenswert, daß der Salier nach dem Scheitern des byzantinischen Eheprojekts nun die Verbindung mit dem europäischen Norden suchte, offenbar also auch den Verhältnissen im Osten des Reiches mehr Aufmerksamkeit zu widmen gewillt war. Freilich war der politische Wert dieses Bündnisses zum Zeitpunkt der Nimwegener Hochzeit bereits in Frage gestellt: König Knut war im November 1035 verstorben, und das Großreich sollte seine Regierungszeit nicht lange überdauern. Zudem folgte Gunhild ihrem Vater schon 1038 auf Konrads zweitem Italienzug ins Grab, nachdem sie ihrem Gemahl kurz zuvor eine Tochter, Beatrix, geboren hatte. Die engen Beziehungen des Reiches zum Norden brachen damit wieder ab, und Skandinavien spielte in den politischen Überlegungen der deutschen Könige für lange Zeit nur mehr eine untergeordnete Rolle.

Unsere tour d'horizon endet mit einem Blick auf das Verhältnis zu Ungarn. Es hatte sich in der Regierungszeit Heinrichs II. günstig entwickelt, verschlechterte sich aber unter Konrad II., und im Jahre 1030 kam es zum Ausbruch offener Feindseligkeiten. Die Hintergründe für diesen Wandel sind nur zu vermuten. Sie liegen einmal wohl im Bereich der Außenpolitik des Saliers, durch die sich König Stephan vielleicht bedroht fühlte. Die Entscheidung der Lateransynode von 1027 im Streit zwischen Grado und Aquileja gegen Grado und damit gegen Venedig mußte Auswirkungen auf Ungarn haben, da der Doge Otto Orseolo mit einer Schwester Stephans verheiratet war. Auch Konrads II. Versuch, durch sein Heiratsprojekt eine engere Verbindung zu Byzanz herzustellen, konnte dem Arpaden gefährlich erscheinen; denn Byzanz war nach der Niederwerfung des Bulgarenreiches unmittelbarer Nachbar Ungarns geworden. Es kam also nicht von ungefähr, daß Stephan der Gesandtschaft Konrads den Durchzug durch sein Königreich verweigerte. Die politische Gesamtsituation im Südosten, das Verhältnis Reich – Venedig – Byzanz, hatte sich, zu diesem Schluß konnte Stephan kommen, zum Nachteil Ungarns entwickelt. Möglicherweise läßt sich der Konfliktstoff sogar konkretisieren. Wenn man einer sehr späten Quelle, dem bayerischen Historiker Aventin, Glauben schenken darf, dann hätten Stephan und seine Gemahlin Gisela, Heinrichs des Zänkers Tochter, vor Konrad II. auf dem Regensburger Landtag von 1027, auf dem der Thronfolger Heinrich zum Herzog erhoben wurde, für ihren Sohn Heinrich-Emmerich Erbansprüche auf das Herzogtum Bayern gestellt. Die Ablehnung dieser Forderung durch den Kaiser hätten sie mit der Kriegserklärung beantwortet. Wipo weiß davon nichts; er sieht die Ursache des Konfliktes in bayerisch-ungarischen Grenzstreitigkeiten, an denen aber die Bayern die Schuld getragen hätten. Wie dem auch sei, im Juni 1030 rückte der Kaiser mit starker Truppenmacht, zu der sogar Lothringer aufgeboten worden waren, in Ungarn ein. Das Unternehmen scheiterte jedoch völlig, und im Gegenzug besetzte Stephan Wien. Wenn Konrad seine Pläne damit noch nicht aufgegeben haben sollte, wie Wipo meint, so kam ihm nun sein eigener Sohn zuvor. Ohne Wissen des Vaters schloß er 1031 mit Stephan Frieden; dabei mußte er sich sogar zu einer Gebietsabtretung – eines Landstriches zwischen Fischa und Leitha – bereitfinden. Konrad hat diese erste selbständige Entscheidung des Thronfolgers, der dabei sicher von Bischof Egilbert von Freising beraten worden war, anerkannt. Seit 1031 herrschte also an der Südostgrenze des Reiches Ruhe, zumal der frühe Tod des Prinzen Emmerich das Arpadenreich in eine schwere Thronfolgekrise stürzte.

Die Ostpolitik des Saliers ist im wesentlichen defensiv ausgerichtet: Verteidigung des Status quo. Eine zukunftsträchtige Konzeption, die den neuen Entwicklungen jenseits der deutschen Grenzen, dem Entstehen und der Konsolidierung neuer Staaten, Rechnung getragen hätte, ist nicht zu erkennen. So haben die politischen und militärischen Maßnahmen häufig mehr den Charakter des Zufälligen, erwachsen aus lokalen Auseinandersetzungen. Dabei konnte es leicht geschehen, daß der König in die inneren Konflikte eines benachbarten Landes hineingezogen wurde, Partei für bestimmte politische Gruppierungen ergriff, nicht aus einem übergreifenden, allgemeinen Interesse, sondern weil bayerische oder sächsische Adelsgruppen in diese Angelegenheit aus eigenen Machtinteressen verwickelt waren. Hier wird ein Grundproblem des frühmittelalterlichen deutschen Königtums erkennbar: Es war auf die breite Zustimmung der Großen angewiesen und konnte mit ihrer Unterstützung für die Verwirklichung seiner politischen Ziele rechnen, solange es dem Stammesadel das Bewußtsein zu vermitteln vermochte, Sachwalter seiner jeweiligen speziellen Interessen zu sein. Die labilen politischen Verhältnisse in den östlichen Randstaaten und in der Grenzzone zwischen Deutschen, Slawen und Ungarn bargen, das hatte bereits die Regierungszeit Konrads II. gezeigt, viel Zündstoff in sich.

*e) Politische und soziale Konflikte in Italien:
der zweite Italienzug*

Die deutsche Herrschaft in Italien beruhte im wesentlichen auf der Reichskirche. Dieses Machtinstrument galt es zu behaupten, und Konrad bediente sich hier, wenn sich die Gelegenheit ergab, eines probaten Mittels: Er versuchte die bedeutenden, strategisch wichtigen Bistümer – so vor allem in den Kirchenprovinzen Aquileja und Ravenna, ähnlich in Tuszien, nahezu ohne Erfolg allerdings in Mailand – mit deutschen Prälaten und Männern seines Vertrauens zu besetzen und die Stellung der Bischöfe durch Bestätigung der Privilegien seiner Vorgänger und weitergehende Privilegierung zu stärken. Die bischöfliche Stadtherrschaft – das heißt: die Gerichtsbarkeit und die Verfügung über die Regalien – war in der ersten Hälfte des 10. Jahrhunderts grundgelegt worden, als in den Auseinandersetzungen um das regnum Italiae die Könige, insbesondere König Hugo (926–947), den Bischöfen die gräflichen Rechte über die Stadt und das dazugehörige Territorium, den contado, verliehen und so die Machtstellung der Grafen in der Stadt gebrochen hatten. Nutznießer dieser Politik war freilich nicht allein der Episkopat, sondern auch die jeweilige städtische Führungsschicht, die zum Teil in unmittelbare Verbindung mit dem Königtum trat und dadurch, daß sie Einfluß auf die Bischofswahl nahm und viele der dem Bischof übertragenen Hoheitsrechte in ihrer Position als bischöfliche Vasallen selbst ausübte, an der Herrschaft teilhatte. Gerade diese Schicht aber wurde auch durch die gegen Ende des 10. Jahrhunderts einsetzende und vom deutschen Königtum geförderte bischöfliche Revindikationspolitik getroffen. Die Folge waren Unruhen und Konflikte, wobei die Differenzierung in der adeligen bischöflichen Vasallität für zusätzliche Spannungen sorgte. Die führende Gruppe, die oberste Schicht des Lehnsadels, stellten die Capitane *(capitanei)* dar, die in der Stadt und im contado über Eigenbesitz und Lehen verfügten. Die Stadtsässigkeit des Adels, seine Teilhabe an der städtischen Wirtschaft ist charakteristisch für die Entwicklung der Stadt in Italien. Die Capitane übten Herrschaftsrechte, zum Teil allodialen Charakters, in der Hauptsache aber durch Verfügung über Kirchenlehen, aus. Als Lehnsleute zweiten Grades, Untervasallen der Capitane, erscheinen die Valvassoren. Beide Gruppen zusammen, denen die armen und begüterten Schichten des Volkes, die *plebeii*, gegenüberstanden, bildeten die starke Vasallenschaft, auf der die Machtstellung der Bischöfe beruhte. Aus ihr rekrutierten sich die bischöflichen Aufgebote, und damit stellte sie den Hauptteil des militärischen

Potentials des Königtums in Italien dar. Während für die Capitane die bischöfliche Revindikationspolitik Grund zur Opposition bot, hatten die Valvassoren andere Probleme: Sie kämpften um eine Sicherung ihrer Rechtsstellung; denn als Aftervasallen blieben sie von der Gunst der Capitane abhängig, da sie – anders als diese selbst – die Erblichkeit ihrer Lehen noch nicht durchgesetzt hatten. Der unerträgliche Widerspruch zwischen ihrer militärischen Bedeutung einerseits und ihrer sozialen Geltung und ihrem Rechtsstatus auf der anderen Seite trieb sie zu Aufruhr und Empörung.

Es kommt nicht von ungefähr, daß gerade Mailand der Schauplatz der Unruhen wurde, hatte hier doch die energische Machtpolitik des Erzbischofs Aribert für reichlichen Zündstoff gesorgt. Ende 1035/Anfang 1036 machte sich die verbreitete Unzufriedenheit in einem gefährlichen Aufstand der Mailänder Valvassoren gegen Erzbischof und Capitane Luft. Die Aufrührer erhielten Unterstützung von anderen Valvassorengruppen der Lombardei, so daß die Empörung schnell an Boden gewann. Aribert seinerseits konnte auf die Hilfe anderer Bischöfe und Fürsten rechnen. Ein Treffen bei Campo Malo in der Gegend zwischen Mailand und Lodi endete mit einem Erfolg der Valvassoren. Vom Kaiser erwarteten beide Parteien nun eine Klärung, an ihn hatten die Valvassoren appelliert; wenn er nicht komme, so erklärten sie, würden sie sich ihr Recht selbst holen. Daß der Aufstand auch in Deutschland großes Aufsehen erregt hatte, bezeugen Wipos Worte: »Damals kam es auch in Italien zu großen, für unsere Zeit unerhörten Wirren durch die Verschwörung des Volkes gegen seine Fürsten« (c.34).

Mailand war jedoch nicht der einzige Unruheherd. Seit Beginn der 30er Jahre befanden sich die Cremonesen, die schon zu Ottos III. Zeiten im Konflikt mit ihrem Bischof gelegen hatten, wieder im Aufstand. Sie hatten die befestigte bischöfliche Stadt zerstört, den Bischof Landulf vertrieben, die Altstadt niedergerissen und gegen die kaiserliche Ehre – *contra nostri honoris statum*, wie Konrad II. sich in einem Diplom für Landulfs Nachfolger Hubald ausdrückt (D.K.II. 251) – mit Erweiterung des Mauerringes neu errichtet. Dem bischöflichen Stadtherrn bestritten sie die Ausübung der Gerichtsbarkeit und die Wahrnehmung der Regalien – kurz: sie gestanden ihm »keinerlei Amtsgewalt außerhalb seines Hauses mehr zu«. Wenn die deutsche Herrschaftsorganisation in Italien nicht schwer erschüttert werden sollte, mußte Konrad zugunsten des Bischofs eingreifen und die Empörer in die Schranken verweisen.

Inzwischen hatte der Kaiser nach seinem ersten Italienzug ja bereits begonnen, seine Italienpolitik auf eine breitere Grundlage zu stellen, indem er nun auch die Markgrafen, die 1027 noch die Opposition gebildet hatten, an sich zog. Auch im italischen Hochadel hatte man erkannt, daß die Zeiten Berengars und Arduins – die Zeiten der aus der italischen Aristokratie selbst hervorgegangenen »Nationalkönige« – vorbei waren und die Anlehnung an das deutsche Königtum das beste Mittel war, politischen Einfluß zu behaupten; Heiratsverbindungen zwischen italischem und deutschem Adel taten ein übriges, die gegenseitigen Beziehungen auszubauen und zu vertiefen. Eine folgenreiche Verbindung dieser Art war etwa die Heirat des Otbertiners Azzo von Este mit Chuniza, der Tochter Welfs II., durch die Azzo nach dem Aussterben der Welfen im Mannesstamme 1055 der Begründer der jüngeren Welfenlinie wurde.

Die Einbeziehung der weltlichen Großen in das salische Herrschaftssystem schwächte zwangsläufig den überragenden Einfluß des Erzbischofs Aribert, zumal Konrad nach der Erledigung der burgundischen Angelegenheit nicht mehr so unbedingt auf die Unterstützung durch den Mailänder Metropoliten angewiesen war. Tatsächlich kam es auf dem zweiten Italienzug, den der Salier im Dezember 1036 angetreten hatte, zum Bruch zwischen Kaiser und Erzbischof. Den Anlaß bot ein Tumult in der Mailänder Bürgerschaft einen Tag nach dem glanzvollen Empfang des Kaisers; anscheinend war das Gerücht verbreitet worden, daß Konrad dem Erzbischof das vor einem Jahrzehnt übertragene Recht der Ernennung und Investitur des Bischofs von Lodi wieder entziehen wolle. Ob Aribert selbst der Drahtzieher der Unruhen war – wie der Kaiser wohl angenommen hat – läßt sich nicht erweisen. Jedenfalls lud Konrad den Metropoliten zur Verantwortung auf einen Hoftag nach Pavia, wohin er sich zurückgezogen hatte. Aribert stellte sich dem kaiserlichen Gericht, lehnte es aber ab, sich gegenüber den gegen ihn von vielen Seiten – unter anderem auch von dem Otbertiner Hugo, dem Grafen von Mailand, – vorgebrachten Anklagen auf Rechtsbeugung zu verantworten und seine Übergriffe wiedergutzumachen. Offen versagte er auch dem Kaiser selbst den Gehorsam. Daraufhin ließ Konrad ihn inhaftieren und der Obhut des Patriarchen Poppo von Aquileja und des Herzogs Konrad von Kärnten übergeben. Inwieweit bei diesen Vorgängen prozessuale Formen gewahrt wurden, läßt sich nicht recht erhellen; erkennbar wird jedenfalls, daß das Vorgehen gegen Aribert in das Konzept der neuen Politik des Kaisers, der Begünstigung der weltlichen Fürsten nämlich, paßte.

Aribert gelang wenig später die Flucht, und die Mailänder stellten sich nun offen auf die Seite ihres Erzbischofs, der für sie der gegebene Bundesgenosse gegen den Grafen war und außerdem als der Wortführer der städtischen Interessen gegenüber kaiserlichen Ansprüchen erschien. Konrads weiteres Vorgehen gegen Aribert machte den Bruch unheilbar: Er verfügte die Acht gegen ihn, setzte ihn ohne Synodalurteil als Erzbischof ab und ernannte zu seinem Nachfolger ein Mitglied der Hofkapelle, den aus dem Mailänder Adel stammenden Kardinalpriester der Mailänder Kirche Ambrosius, der sich freilich nicht hat durchsetzen können. Aribert seinerseits nahm Verbindung mit dem Grafen Odo von der Champagne auf. Das Komplott, das dem französischen Fürsten nach seinem Willen die langobardische Krone, ja sogar die Kaiserkrone einbringen sollte, wurde jedoch vorzeitig entdeckt. Nun zeigte sich, daß die Konspiration im Episkopat bereits gefährlich um sich gegriffen hatte. Die Bischöfe von Vercelli, Piacenza und Cremona hatten sich Aribert angeschlossen: Konrad ließ ihnen als Hochverrätern den Prozeß machen; ein Fürstengericht sprach sie schuldig, und der Kaiser schickte sie nach Deutschland in die Verbannung. Zweifellos hatte die neue Politik des Saliers die Reichsbischöfe des regnum Italiae verunsichert; sein hartes Vorgehen gegen die Verschwörer hat größtes Aufsehen erregt und Kritik hervorgerufen, der sich auch der Thronfolger Heinrich nicht verschloß. Sicherlich waren die Maßnahmen des Kaisers gerade im Falle Ariberts ohne Parallele, aber auch dessen Gehorsamsverweigerung und offener Widerstand waren singulär – das erklärt wohl Konrads scharfe Reaktion.

Den Widerstand der Bischöfe hat der Kaiser brechen, aber Mailand hat er während seines ganzen Feldzuges nicht bezwingen können. Vom Bauern bis zum Adeligen, vom Mittellosen bis zum Reichen habe Erzbischof Aribert alle zum Kampfe gegen ihn aufgeboten, so schreibt der Chronist Arnulf. Den Faktor »städtische Bürgerschaft« hat Konrad offenbar in seiner Bedeutung unterschätzt. Während der Belagerung der Stadt traf er eine Maßnahme, die in der konkreten Situation dem rebellierenden Erzbischof seine wichtigste Stütze, die Vasallen, entziehen sollte, die aber über die Tagespolitik hinaus von großer verfassungsgeschichtlicher Tragweite gewesen ist: Am 28. Mai erließ er ein Lehnsgesetz, die berühmte Constitutio de feudis, durch das zum ersten Male bestimmte lehnrechtliche Fragen reichsgesetzlich geregelt wurden. Der Willkür des Lehnsherrn wird ein Riegel vorgeschoben durch die Bestimmung, daß keinem Vasallen, sei er nun Capitan oder Valvassor, sein Lehen ohne Urteilsspruch der *pares*, der

Lehnsgenossen, entzogen werden darf. Erkennt ein Vasall den Urteilsspruch der *pares* nicht an oder kann der Senior nicht die erforderliche Zahl von Lehnsgenossen des Beklagten zusammenbringen, dann wird das Königsgericht eingeschaltet – die oberste Gerichtsbarkeit des Königs steht also nicht in Frage. Auch den Untervasallen wird nun die Erblichkeit des Lehens im Mannesstamme verbrieft; selbst wenn der Erbe mit dem Lehnsherrn im Streit liegt, soll er unter der Voraussetzung, daß er dem Senior Genugtuung leistet, zur Nachfolge berechtigt sein. Zur Lehnsmaterie gehört auch die Bestimmung, daß Tauschhandlungen oder Libellarverträge über Lehnsgüter ohne Zustimmung des Vasallen verboten sein sollen. Schließlich werden dem Vasallen neben Allod und dem vom König urkundlich übertragenen Gut auch die Libellar- und Prekariegüter, also die Besitzungen aus Kirchengut, garantiert. Darüber hinaus verzichtete der Kaiser darauf, die neu erbauten Burgen des Adels mit dem Fodrum zu belasten und begnügte sich mit dem, was bereits seinen Vorgängern in dieser Hinsicht geleistet worden war. Es liegt auf der Hand, daß derartige Bestimmungen dem Ausbau der Adelsherrschaft zugutekommen mußten, und wenn das Gesetz noch differenziert zwischen *vasvassores maiores* und – als deren Vasallen – *vasvassores minores,* so blieben diese beiden ordines der Capitane und Valvassoren zwar innerhalb des Ritteradels noch geschieden, sie traten aber auf die Dauer als ein Interessenverband und ein Stand dem Volk gegenüber, und diese Abgrenzung nach außen wurde daher wichtiger als die abgestufte Position in der Lehnshierarchie. Was Konrad selbst mit dem Gesetz bezweckt hat, formuliert die Arenga deutlich genug: Es ging ihm um die Aussöhnung zwischen Senioren und Vasallen, damit diese ihren Lehnsherren und ihm selbst, dem Kaiser, künftig treue Dienste leisten würden; das militärische Potential der Vasallen, vor allem auch der Valvassoren, durfte der Zentralgewalt nicht verlorengehen. So entsprach dieses Gesetz, das natürlich zunächst italische Verhältnisse betrifft und regelt, durchaus den Grundlinien der Politik, die der Salier auch in Deutschland verfolgt hat: Heranziehung der unteren Schichten an den Staat durch Sicherung und Ausbau ihres Rechtsstatus.

Die Sommerhitze zwang den Kaiser, die Belagerung von Mailand abzubrechen; er nahm sie auch im folgenden Jahr nicht wieder auf, sondern stieß im Frühjahr nach Unteritalien vor, um hier erneut die kaiserlichen Hoheitsansprüche zur Geltung zu bringen. Das Osterfest feierte er in Spello, wo sich auch Benedikt IX. einfand. Der Tuskulanerpapst, der die Süditalienpolitik anders als sein Vorgänger Johannes XIX. wieder offensiver führte und daher auf die

Unterstützung Konrads II. angewiesen war, gab in der Sache Ariberts von Mailand seine bisher geübte Zurückhaltung auf und verhängte nach dem Urteilsspruch der versammelten Bischöfe die Strafe der Exkommunikation über den Metropoliten. Dies fiel ihm jetzt um so leichter, als Aribert sich durch sein Paktieren mit Odo von der Champagne offen auf den Weg des Hochverrats begeben hatte.

Die Neuordnung der politischen Verhältnisse in den langobardischen Fürstentümern erfolgte, nachdem der Kaiser im Mai Capua besetzt hatte und hier in der Residenz seines schärfsten Widersachers am Pfingstfest feierlich unter Krone gegangen war, auf Kosten des alten Unruhestifters Pandulf IV. Konrad übertrug das Fürstentum Capua Waimar IV. von Salerno, der seine Herrschaft auch über Amalfi, Gaeta und Sorrent ausdehnte; Pandulf wurde als Hochverräter mit der Strafe der Verbannung belegt. Auf Waimars Bitte hin investierte der Kaiser den Normannenführer Rainulf mit der von Salerno lehnsrührigen Grafschaft Aversa. Damit wurde zum ersten Male eine normannische Herrschaft, wenn auch nur als Afterlehen und nicht reichsunmittelbar, vom westlichen Imperium anerkannt. Mit Hilfe des Lehnrechts schuf der Kaiser im langobardischen Unteritalien feste Zuordnungen: Die Fürstentümer Benevent, Capua und Salerno standen unter der Lehnsoberhoheit des Reiches; einbezogen in dieses System waren jetzt indirekt auch die Normannen, deren Einfluß und Stärke unaufhaltsam wuchsen. In Monte Cassino, das unter Pandulfs Übergriffen schwer gelitten hatte, wurde der Abt Basilius, ein Geschöpf des Capuaner Fürsten, vertrieben. Konrad setzte in dieser wichtigen Reichsabtei mit Zustimmung der Mönche als neuen Abt Richer ein, einen Professen von Niederaltaich, der bereits die Abtei Leno leitete. Mit diesem deutschen Reformabt begann für das ehrwürdige Mutterkloster des benediktinischen Mönchtums eine neue Blütezeit.

Auf dem Rückmarsch nach Norden, den man im Juni antrat, wurde das deutsche Heer von einer Seuche dezimiert, der auch die Königin Gunhild und der Herzog Hermann von Schwaben zum Opfer fielen. Unter diesen Umständen konnte der Kaiser nicht an einen neuen Angriff auf Mailand denken; er mußte sich damit begnügen, die italischen Fürsten eidlich zu jährlichen Heerfahrten gegen die aufsässige Stadt zu verpflichten.

f) Die Kirchenpolitik Konrads II.

In der Ausübung der Herrschaft im Innern wie in der Außenpolitik bietet die Regierung des ersten Saliers im ganzen das Bild der Kontinuität zu der seines liudolfingischen Vorgängers Heinrich II. Die Kirchenpolitik erschien demgegenüber der älteren Forschung nicht im gleichen Licht. Für Harry Breßlau, der mit seiner großen Darstellung der Regierungszeit Konrads in den »Jahrbüchern der deutschen Geschichte« die wissenschaftliche Meinung entschieden bestimmt hat, hat »das deutsch-römische Kaiserthum nie zuvor und niemals nachher, solange es eine Wahrheit war, einen so durchaus weltlichen Charakter getragen, wie in den anderthalb Jahrzehnten, während welcher die Krone das hohe Haupt Konrads II. schmückte«. Der erste Salier erscheint in dieser Sicht als der »ungeistlichste aller deutschen Kaiser«. Sehr viel weiter noch ging der französische Kirchenhistoriker Augustin Fliche, der sich zu dem Urteil verstieg, der Kaiser sei ein »souverain sans foi« gewesen. Einmal abgesehen davon, daß eine solche Aussage ohnehin völlig unangemessene Kategorien bei der Charakterisierung eines mittelalterlichen Herrschers ins Spiel bringt, so ist inzwischen nachgewiesen worden, daß Fliche seine direkte Quelle falsch interpretiert hat. Bei seinem Bericht über die Königswahl von Kamba schildert der französische Chronist Rodulfus Glaber Konrad den Älteren, den einen der beiden Prätendenten, als stark, verwegen und überaus ehrgeizig und schränkt dann ein: *sed fide non multum firmus.* Der Context, in dem dieses Urteil zu lesen ist, macht aber deutlich, daß hier nicht fehlende Glaubensstärke oder gar Rechtgläubigkeit gemeint ist, sondern der Vorwurf mangelnder Zuverlässigkeit und Glaubwürdigkeit erhoben wird.

Gegenüber der älteren Forschung hat Theodor Schieffer eine Neuwertung der Persönlichkeit Konrads II. und seiner Kirchenpolitik vorgenommen und, indem er auch für diesen Bereich die Kontinuität zur Regierung Heinrichs II. aufwies, das Bild des Saliers von der »doppelten Übermalung durch das 11. und 19. Jahrhundert« gereinigt. Wenn sich der Persönlichkeit Heinrichs II. schon bald die Legende bemächtigte und ihn zum Heiligen stilisierte, so daß er schließlich 1146 sogar kanonisiert wurde, Konrad II. jedoch sehr viel kritischer beurteilt wurde, so ist das jener »Umprägung des Geschichtsbildes durch die jüngere Reformergeneration«, die nach 1039 zum Zuge kam, zuzuschreiben, einer Umprägung im Sinne der gegen das ottonisch-salische Reichskirchensystem gerichteten Reformvorstellungen, die sich auf die Regierungszeit des Saliers voll auswirkte, die zeitlich ferner liegende Heinrichs II.

aber nicht mehr erfaßte. Von der nationalliberalen Historiographie des 19. Jahrhunderts sind eben diese kritischen Urteile mit einer gewissen Sympathie aufgenommen worden, erschien ihr doch gerade die angebliche Unkirchlichkeit Konrads als ein Merkmal kraftvoller Herrschaft, zumal sie ohnehin leicht geneigt war, kirchenpolitische Maßnahmen immer unter dem Aspekt der Machtpolitik, die Kirche als Herrschaftsinstrument des Königs zu sehen, und ihr ein tieferes Verständnis für das Miteinander und Ineinander der weltlichen und geistlichen Gewalt in der vorgregorianischen Epoche nicht selten abging.

Bereits Heinrich II. hatte die königliche Kirchenhoheit strenger, energischer gehandhabt als die Ottonen. Unter dem letzten Liudolfinger wurde die Bischofswahl tatsächlich zur Formsache; entscheidend war der Wille des Herrschers, die Zustimmung von Klerus und Volk erfüllte nach den Vorstellungen der Zeit durchaus das Erfordernis der freien, kanonischen Wahl. Heinrich hat die Kirche auch stärker als die Ottonen zu wirtschaftlichen Leistungen herangezogen: Er verfügte über Abteien und Klostergut nach freiem Ermessen, verpflichtete die Reichsklöster zu festen Leistungen, bemühte sich aber zugleich um die innere Reform, die Besserung der sittlich-religiösen Verhältnisse in den Klöstern. Die übrigen Reichskirchen – in erster Linie also die Bischofskirchen – wurden mehr denn je zum *servitium regis*, zur Gastung und Beherbergung des Hofes herangezogen, und die von ihnen zu erbringenden, nicht genormten Leistungen wurden wesentlich erhöht, zumal sich jetzt die Praxis einspielte, über Herberge und Gastung hinaus von Zeit zu Zeit besondere *servitia* zu verlangen. Auch Abgaben aus Anlaß einer Bischofserhebung kommen vor – sozusagen die Gegenleistung für die Übertragung umfangreichen aus Reichsbesitz stammenden Reichskirchengutes. Kurz: der Liudolfinger hat, auf der Grundlage von theokratischer Königsidee, eigenkirchenrechtlichen Vorstellungen und Staatskirchentum, eine energische Königsherrschaft über die Reichskirche ausgeübt, und Konrad II. trat in diese Tradition ein. Schwierigkeiten hat es auch bei ihm nicht gegeben, und auch er hat die Reichskirche nicht einfach als königliches Machtinstrument betrachtet, sondern er war sich sehr wohl der religiös-moralischen Verpflichtungen bewußt, die sich für den Herrscher aus der Ausübung der Kirchenhoheit ergaben. Ein Mann von dem religiösen, geistigen und politischen Format eines Bruno von Egisheim ist mit seiner Förderung im Jahre 1026 zum Bischof von Toul gewählt worden; Konrad akzeptierte den Wunsch des Touler Klerus, obwohl er den mit ihm verwandten Bruno für höhere Ehren ausersehen hatte – die der Bischof mit seiner Erhebung auf die cathedra Petri 1049 ja tatsächlich auch erlangen sollte.

Nach dem Tode Aribos von Mainz im Jahre 1031 war der damals schon sehr angesehene Domscholaster und Dekan von Lüttich, Wazo, der kurz zuvor auf die Fürsprache Poppos von Stablo Mitglied der Hofkapelle geworden war, der Kandidat des Kaisers für den ersten Metropolitansitz des Reiches; daß dann doch der unbedeutendere Bardo diese Würde erhielt, ging auf die Intervention Giselas für ihren Verwandten zurück. Es ist nicht das einzige Mal gewesen, daß die Kaiserin bei kirchenpolitischen Entscheidungen ihren Einfluß geltend gemacht hat. Daß Konrad weiterhin Wazo sein besonderes Vertrauen schenkte, bewies er ihm 1037/38, als er ihm den vakanten Lütticher Bischofsstuhl anbot. Die Wahl in Lüttich war jedoch bereits auf Nithard gefallen, und Wazo verweigerte sich dem Wunsch des Kaisers. Erst nach Nithards Tod übernahm er 1042 die Leitung der Lütticher Kirche. Schließlich noch ein letztes Beispiel: Bald nach der Kaiserkrönung von 1027, bei der im Streit um den zeremoniellen Vorrang beim Kaisergeleit der Erzbischof Aribert von Mailand sich gegen seinen ravennatischen Rivalen durch Synodalbeschluß durchgesetzt hatte, erhob Konrad nach dem Tode Heriberts den Eichstätter Domkanoniker Gebhard zum Erzbischof von Ravenna (1027–1044). Zu Eichstätt hatte der Kaiser besondere persönliche Beziehungen, war er doch zusammen mit seiner Gemahlin Gisela in die Gebetsverbrüderung des Domstifts aufgenommen worden; Gebhard rühmt er in der Urkunde über die Verleihung der Grafschaft Faenza an Ravenna (D.K.II. 208, 1034) als einen seiner treuesten Gefolgsleute. Der deutsche Erzbischof wurde zu einem der Exponenten der beginnenden Reform im regnum Italiae; mit seinem Pontifikat sind die Anfänge des reformerischen Wirkens des Petrus Damiani verknüpft, sein Suffragan Johannes von Cesena hat mit der Reform seines Kathedralklerus im Jahre 1042 einen bedeutsamen Anstoß zur Erneuerung des Klerus gegeben.

Auf den deutschen Synoden, an denen der Kaiser teilnahm, wurden die bereits unter Heinrich II. angeschnittenen Probleme der Klerikerreform nicht weiter behandelt; hier ging es eher um besitzrechtliche Konflikte, disziplinarische Fragen oder – wie in Limburg 1038 – um den richtigen Beginn der Adventszeit, hinter welcher Diskussion freilich die prinzipielle Sorge um die Einheitlichkeit der Liturgie in der Reichskirche stand. Konrad hat nicht die Erziehung und Ausbildung genossen, die ihm einen Zugang zu den subtilen Problemen der Reform des priesterlichen Lebens und der sakramentalen Heilsvermittlung eröffnet hätte; diese Bemühungen sollten erst in der Regierungszeit und unter maßgeblicher Förderung seines Sohnes wiederaufgenommen werden, aber die unter dem Vorsitz des Kaisers tagende Synode von Tribur 1036 hat immerhin den Kauf und Verkauf von Altären sowie die Annahme von Geld für Chrisma, Taufe und Begräbnis unter Strafe des Anathems verboten und damit den Kampf gegen simonistische Praktiken aufgenommen.

Der Vorwurf der Simonie ist auch gegen den Kaiser selbst erhoben worden, und er wiegt um so schwerer, als in diesem Falle sein Biograph als Kronzeuge herangezogen werden kann. Wipo berichtet, daß Konrad das Bistum Basel an den Kleriker Ulrich gegen Zahlung einer beträchtlichen Geldsumme gegeben habe, fügt aber sogleich hinzu, der Kaiser habe sich später durch ein Gelübde reumütig verpflichtet, für kein Bistum und keine Abtei mehr Geld anzunehmen, was er auch so ziemlich – *pene bene* – eingehalten habe. Dagegen habe sein Sohn Heinrich sich eines solchen Mißbrauchs niemals schuldig gemacht. Der Sachverhalt dürfte klar sein: Konrad hat sich die bei der Neubesetzung eines Bischofsstuhles nicht unübliche und keineswegs illegale Abgabe leisten lassen. Sie mag im vorliegenden Falle ungewöhnlich hoch gewesen sein und daher Aufsehen erregt haben, auf Kritik gestoßen sein. Es ist natürlich nicht zu leugnen, daß die Praxis der nicht genormten Servitialleistungen die Gefahr des Mißbrauchs in sich barg, wenn der König seinen Handlungsspielraum großzügig bemaß. Im Baseler Fall mag Konrad tatsächlich – aus welchen Gründen auch immer – eine anfechtbare Entscheidung getroffen haben, im übrigen gilt aber auch hier, daß Wipo aus späterer Sicht mit geschärftem Rechtsbewußtsein urteilt. Auf dieser Ebene liegt auch die Behauptung des Petrus Damiani, daß in Italien vor den Zeiten Heinrichs III. nahezu kein Bistum ohne Geldzahlungen des ausersehenen Bewerbers besetzt worden sei.

Auch der monastischen Reform stand Konrad positiv gegenüber. Bei der Kaiserkrönung hatten Odilo von Cluny und Wilhelm von Dijon in seiner Umgebung geweilt. Dem Abte von Saint-Bénigne öffnete der Bischof Brun seine Diözese zur Durchführung der Reform; damit fand cluniazensisches Ideengut – freilich noch ohne institutionelle Verfestigung – Eingang im westlichen Reichsgebiet. An dem mit Bruns Unterstützung um 1030 begonnenen Neubau des durch Brand schwer beschädigten Klosters Saint-Evre, das der Bischof Berthold (996–1019) bereits zu Beginn seines Pontifikates Wilhelm unterstellt hatte, haben sich Konrad und seine Gemahlin neben dem Bischof Theoderich II. von Metz und den großen lothringischen Äbten Richard von Saint-Vannes, Norbert von Moyenmoutier, Siegfried von Gorze und Poppo von Stablo finanziell beteiligt.

Mit Poppo ist jener Mönchsführer genannt, der unter dem ersten Salier die größte Bedeutung erlangt hat. Aus Saint-Thierry bei Reims nach Saint-Vannes geholt, Schüler Richards, übernahm Poppo 1020 im Auftrag Heinrichs II. Stablo-Malmedy. Die heftigen, von Gewalttätigkeiten begleiteten Widerstände in der Doppelabtei konnte er überwinden, und wenig später, wohl gegen Ende des Jahres 1023, setzte ihn der Kaiser unter Umgehung des Wahlrechts des Konvents auch zum Abt von St. Maximin ein. Daß Poppo den ihm feindlich gesonnenen Konvent sehr bald in Ordnung gebracht hat, wird durch nichts besser verdeutlicht als durch die Tatsache, daß er in einige der ihm von Heinrich II. und Konrad II. zur Reform übergebenen Klöster, so auch in die Saliergründung Limburg, Maximiner Mönche als Äbte entsandte.

Es wäre falsch zu sagen, daß Konrad die Reformer ohne eigene innere Anteilnahme lediglich habe gewähren lassen; das würde dem Regierungsstil dieses Herrschers widersprechen. Die tatkräftige Förderung der Reform entsprang einer echten Sympathie für die führenden Kirchenmänner. Dabei verdient besondere Beachtung, daß der Salier, anders als Heinrich II., der Klosterreform in ihrer westlichen, auf straffere Organisation bedachten Ausprägung Eingang in die Reichskirche verschaffte, mit Richer von Niederaltaich andererseits aber auch einem Zögling des bayerischen Reformkreises eine verantwortungsvolle Aufgabe übertrug. Die Unterstützung der Reform aus einer im Sakralcharakter der königlichen Gewalt wurzelnden religiösen Verpflichtung schloß natürlich nicht aus, daß auch politische Gesichtspunkte die positive Haltung mitbestimmen konnten. Mit der inneren Erneuerung der Klöster ging die Ordnung und Sicherung der Besitzverhältnisse einher. Das bedeutete für das Königtum – zumindest bei den Königsklöstern und Reichsabteien – eine Garantie für die ordnungsgemäße Leistung des servitium regis. Beinahe ebenso wichtig war, daß die von der lothringischen Reform geprägten und dem König wegen seiner Reformhilfe nahestehenden Klöster, die ihre libertas auch vom König geschützt sahen, Träger einer religiös begründeten Reichsgesinnung wurden.

In der straffen Ausübung der Kirchenhoheit stand der erste Salier also durchaus in der Tradition seines Vorgängers. Wenn er in Einzelfällen die aus dieser Kirchenherrschaft resultierenden Kompetenzen bedenklich weit auslegte – das gilt etwa für das Vorgehen gegen Aribert von Mailand und die mit ihm verschworenen lombardischen Bischöfe oder die Maßnahmen gegen den Erzbischof

Burchard von Lyon, den er 1036 absetzte und wie einen Schwerverbrecher behandelte –, dann war das sein persönlicher Regierungsstil, erklärt sich aus jener unerbittlichen Härte, mit der Konrad seine Gegner – auch weltliche Große – verfolgte und die ohne Zweifel einer seiner hervorstechenden Charakterzüge war. Daß der Thronfolger solchen Maßnahmen kritisch gegenüberstand und die Betroffenen nach seinem Regierungsantritt rehabilitierte, ist auch ein Zeichen jenes Wandels, der sich unter dem Einfluß der Reformer vollzog und der neuen Generation das Gepräge gab.

Mit der Darstellung der Kirchenpolitik des ersten Saliers ist bereits das Problem einer Gesamtwürdigung seiner Regierungszeit angesprochen worden. Konrad II. ist am 4. Juni 1039 in Utrecht gestorben. Das Pfingstfest am Tage zuvor hatte er feierlich begangen, indem er mit seiner Gemahlin und dem Sohne Heinrich in der Kathedrale unter der Krone ging. Doch bereits bei der Tafel quälte ihn ein schwerer Gichtanfall, und am folgenden Tage überfiel ihn die Krankheit mit solcher Wucht, daß er sich nicht mehr erholte. Seine Eingeweide wurden in Utrecht beigesetzt; Heinrich III. hat der bischöflichen Kirche und dem Domkapitel am 21. Mai 1040 eine bedeutende Stiftung zum Seelenheil seines Vaters gemacht (DD. H.III. 43–45). Der übrige Leichnam des Kaisers wurde in einem prächtigen Trauerkondukt über Köln, Mainz und Worms nach Speyer überführt und hier am 3. Juli in der noch unvollendeten Marienkathedrale vor der Abschlußwand der Vorkrypta beigesetzt. Der Thronfolger hatte in allen Kirchen, in denen man Station machte, selbst die Bahre mitgetragen und damit »nicht nur alle Pflichten echter Kindesliebe gegenüber dem Vater, sondern auch die fromme Ehrfurcht des Dieners gegenüber seinem Herrn« (Wipo) erfüllt. Der Ausblick, den der Biograph des Kaisers in die Zukunft gibt, ist voller Hoffnung und Zuversicht: Die Thronfolge ist gesichert. Hier schließt sich der Kreis der Darstellung der Gesta Chuonradi II.: Der letzte Liudolfinger hatte das Reich im Zustand des Friedens und der Sicherheit hinterlassen, sein kinderloser Tod aber hatte die Gefahr von Unfrieden und Chaos heraufbeschworen. Konrad hatte diese Gefahr gebannt und dem Reich zu neuem Ansehen verholfen – *rem publicam honestavit,* so heißt es in Wipos Totenklage. Und auf dem Thronfolger ruht nun die Hoffnung des Reiches, er ist *spes imperii.*

So sieht auch Wipo die Kontinuität zwischen Heinrich II. und Konrad II., die wir betont haben, eine Kontinuität, die über den Liudolfinger jedoch weit hinausgeht, wenn der Biograph das Andenken Karls des Großen beschwört und seinen Helden zu dessen geistigem Erben macht. Die Herrschaft des Saliers steht in karolingischer Tradition; es ist die Kontinuität der frühmittelalterlichen Monarchie überhaupt, die in Konrads II. Regierung verkörpert ist. Das wird in dem engen Bündnis zwischen Königtum und Reichskirche, im Zusammenwirken von weltlicher und geistlicher Gewalt deutlich; das erweist sich ebenso im Verhältnis des Königs zu den Zwischengewalten, das wesentlich durch den Amtsgedanken und die Betonung der herrschaftlichen Komponente bestimmt ist. Indem zeitweise drei Herzogtümer von der herrschenden Dynastie kontrolliert wurden und sogar in unmittelbarer Verfügungsgewalt des Königtums standen, lebte die ottonische Familienpolitik wieder auf. Und wenn in einem Diplom des Kaisers eine Anweisung an Herzog Bernhard von Sachsen, den Grafen Siegfried und den Markgrafen Bernhard *sub dei nostreque gratie obtentu* – um Gottes und der kaiserlichen Huld willen – erteilt wird (D.K.II. 130), so werden in der Verbindung von göttlicher und kaiserlicher Herrschaft Vorstellungen wieder lebendig, die an die *fideles Dei et regis* – die Getreuen Gottes und des Königs – karolingischer Zeit erinnern. Die karolingisch-ottonische Tradition lebt schließlich auch in der imperialen Politik des ersten Saliers fort. Wipo nennt den Herrscher in der Totenklage *caput mundi*, das Haupt der Welt, und bringt damit den Hegemonialanspruch des deutschen Königs, der Grundlage seines abendländischen Kaisertums war, zum Ausdruck. Konrad hat diese Hegemonialstellung durch den Erwerb Burgunds noch ausgebaut und gesichert; er vollendet, was die Ottonen begannen – das Reich wird endgültig zum Imperium Romanum.

Wenn seit Heinrich II. und dem Beginn der salischen Herrschaft die Kirche stärker als zuvor zu Leistungen für das Reich herangezogen wurde, so blieb daneben der Grundbesitz, das Königsgut mit allen daran haftenden Rechten und Nutzungen, die wichtigste Machtgrundlage des frühmittelalterlichen Königtums. Die Zentralgewalt war darauf angewiesen, die Leistungsfähigkeit des Reichsgutes zu erhalten, und gerade Konrad II. dürfte schon von seinem persönlichen Schicksal her für die sich daraus ergebenden Probleme besonders sensibel gewesen sein. Wo immer sich ihm eine Gelegenheit bot, hat er den Besitz des Reiches zu mehren gesucht; Konfiskationen als Ergebnis politischer Prozesse waren dafür nicht das einzige, aber ein sehr wirksames Mittel. Bei der Neubesetzung des bayerischen Herzogtums im Jahre 1027 ließ er das Reichsgut in einem Inquisitionsverfahren feststellen und brachte damit wieder Ordnung in die seit 1002 unübersichtlich gewordenen Besitzverhältnisse. Im Falle der Verfügungen der Kaiserinwitwe Kunigunde über ihr Wittum erklärte er ausdrücklich, daß er daran nicht gebunden sei (D.K.II. 191), und reklamierte den vom Reich stammenden Besitz für die Krone. Hier wird auch etwas von jener transpersonalen Staatsauffassung erkennbar, die er nach Wipos Bericht so energisch gegenüber den Pavesen vertreten hat.

Wenn sich alles, was bisher angesprochen worden ist, unter das Stichwort Kontinuität einordnen läßt und lediglich in Nuancen den persönlichen Regierungsstil verrät, dann ist andererseits danach zu fragen, in welcher Weise die Regierungszeit des ersten Saliers den Anstoß zu neuen Entwicklungen gegeben hat. Die besondere Bedeutung der Constitutio de feudis von 1037 ist bereits herausgestellt worden: Mit ihr nahm Konrad II. als erster deutscher Herrscher eine aktive Lehnspolitik auf. Daß sich diese nicht auf Italien beschränkte, sondern ein wesentliches Element seiner Herrschaft auch in Deutschland darstellte, bezeugt Wipo mit der allgemeinen Feststellung, der König habe die Vasallen dadurch für sich gewonnen, daß er nicht duldete, daß irgendeinem die überkommenen Lehen seiner Vorfahren entzogen wurden. Wie weit die Lehnserblichkeit im Einzelfall reichen konnte, zeigt das Privileg für den Grafen Udo von Katlenburg und seine Gemahlin Beatrix, das unter den Nachkommen – und zwar in männlicher und weiblicher Deszendenz – dem jeweiligen Besitzer des Gutes Einbeck auch den Anfall der vom Kaiser übertragenen Lehen, einer Grafschaft im Lisgau und eines Forstes im Harz, gewährt – die Reichslehen also faktisch unter Allodialerbrecht stellt. Der mit der Durchsetzung der Erblichkeit der Lehen verstärkt vorangetriebene Feudalisierungsprozeß hatte natürlich einen doppelten Aspekt: Positiv bedeutete er für Konrad, daß er sich der Treue der Untervasallen sicher sein konnte, und die Haltung der schwäbischen Vasallen in seinem Konflikt mit seinem Stiefsohn bewies die Richtigkeit dieser Politik; auf die Dauer mußte sich allerdings nachteilig auswirken, daß die Kronvasallen ihre Machtpositionen festigen konnten und sich damit die zentrifugalen Kräfte des Lehnswesens verstärkten. Konrad selbst hat die Großen freilich – auch mit den Mitteln des Amtsrechts – noch eng an die Zentralgewalt binden können.

Mögen bei der Begünstigung der Untervasallen bittere persönliche Erfahrungen aus der Zeit vor der Erlangung der Königswürde eine gewisse Rolle gespielt haben, entscheidend für seine Haltung war wohl eher das Gespür für die politischen Möglichkeiten, die sich hier boten. Das gilt in ähnlicher Weise für seine Stellung zu dem Strukturwandel, der sich mit der Differenzierung innerhalb der Schicht der unfreien, hofrechtlich gebundenen Dienstleute – in den lateinischen Quellen als *servientes, servi, famuli* erscheinend – und dem damit verbundenen Aufstieg jener Gruppe von Dienstmannen anbahnte, für die sich allmählich der Begriff »Ministerialen« durchsetzte. Wie das Beispiel des von Bischof Burchard um 1024/25 erlassenen Wormser Hofrechts zeigt, hat die Entwicklung der kirchlichen Verwaltung in gewisser Weise bahnbrechend gewirkt. Der gehobene Dienst – die Bekleidung der Hofämter, die Übernahme von Funktionen in der lokalen Verwaltung und Gerichtsbarkeit sowie der Waffendienst – begründete das besondere soziale Prestige und die Vorrechte, die die Ministerialen gegenüber den übrigen *servientes* der Grundherrschaft auszeichneten und die in Richtung auf die Abschließung als Berufsstand wiesen. Für die auf den an das Kloster Limburg geschenkten Besitzungen lebenden Eigenleute hat der Kaiser 1035 selbst ein Dienstrecht erlassen – im Interesse des Abtes, um die Leistungen zu sichern, aber auch im Interesse der *servientes,* »damit nicht einer der zukünftigen Äbte von den Leuten der Kirche mehr fordern könne, als ihm zustehe« (D.K.II. 216). Die privilegierten Dienstleute können bereits über ein Dienstlehen verfügen, bleiben aber durchweg »zu Besthaupt und Bestkleid«, also zur Ablieferung des besten Stücks Vieh und des besten Kleides im Todesfall, verpflichtet; ihre ständische Qualität hat sich trotz des sozialen Aufstiegs nicht geändert. Auch die Weißenburger Dienstmannen haben, als der Hof aus dem Besitz des Herzogs Ernst in den des Reiches überging und sie damit zu Reichsdienstmannen wurden, eine Absicherung ihrer Rechte erhalten; die echte Vorlage schimmert durch die spätere Fälschung des Diploms Konrads II. (D.K.II. 140) noch durch. Daß der Reichsdienst auch auf die Dienstmannen eine besondere Anziehungskraft auszuüben begann, beweist das Beispiel der Mainzer *servientes,* die aus dem Dienst ihres Herrn, des machtlosen Erzbischofs Bardo, in den des Königs übertraten. Im übrigen bleiben die Zeugnisse aus Konrads Zeit noch spärlich. Unter den beim Aufstand der Bürger von Parma an Weihnachten 1037 Gefallenen werden einige Dienstleute des Kaisers, *clientes,* namentlich genannt, darunter sein Truchseß Konrad; an anderer Stelle wird einmal ein Kämmerer Liudolf erwähnt. Wer aber sonst in der von Wipo so gerühmten Hofhaltung Konrads eine führende Rolle spielte, ist nicht zu erkennen. Es liegt auf der Hand, daß diese *servientes,* die ihrem Herrn unbedingt zur Verfügung standen und in den übertragenen Ämtern jederzeit absetzbar oder versetzbar waren, für die Verwaltung des Reichsgutes und als Besatzungen der königlichen Burgen wie auf den Feldzügen von unschätzbarem Wert waren, eine Quasibeamtenschaft darstellten, die das Königtum für seine Ziele wirkungsvoller einsetzen konnte als die Vasallität.

Während sich mit dem beginnenden Differenzierungsprozeß innerhalb der Schicht der unfreien Dienstleute ein tiefgreifender Strukturwandel ankündigt, dessen Konsequenzen freilich erst die Nachfolger Konrads II. stärker in ihre politischen Konzeptionen einzubeziehen hatten, bewegt sich die Städtepolitik – der andere Bereich sozialer und wirtschaftlicher Entwicklung, in dem in salischer Zeit zukunftsweisende Entscheidungen fallen sollten – unter dem ersten Salier noch in traditionellen Bahnen. Auf seinen Italienzügen hatte Konrad die Bedeutung des Städtewesens kennengelernt, in Einzelfällen, wie in Mailand, Cremona, Ravenna, Parma und Pavia, auch erfahren müssen, daß das städtische Bürgertum ein gefährlicher Unruhefaktor, ja sogar ein ernstzunehmender Gegner sein konnte. Die Verhältnisse in Deutschland lagen aber noch anders; die Stadtentwicklung stand in der vorkommunalen Phase immer im Zeichen der Herrschaft der Bischöfe. Sie waren in der Regel die Partner des Königs, wenn es um das Verhältnis zu den Städten ging, und Städtepolitik bedeutete hier, daß der König Marktrecht verlieh, Münz- und Zollfreiheit verbriefte oder bestätigte und den Kaufleuten Verkehrsfreiheit garantierte. Das alles bleibt ohne schärfere Konturen; erst in der zweiten Hälfte des Jahrhunderts sollte auch in Deutschland das Bürgertum an Bedeutung gewinnen.

Die Stärkung der königlichen Autorität nach innen und die Festigung des Ansehens des Reiches nach außen ist die große Leistung des ersten Saliers, der seine Kräfte in rastlosem Einsatz für die Erfüllung dieser Aufgaben früh verbrauchte. Seine Energie war gepaart mit einer Härte, der Züge der Maßlosigkeit – vor allem in der Verfolgung der Widersacher königlicher Majestät – nicht fehlen.

2. Die Regierungszeit Heinrichs III. 1039 bis 1050: Höhepunkt des frühmittelalterlichen Kaisertums

a) Herrschaft in Deutschland

Daß sich ein Regierungswechsel ohne Schwierigkeiten und in dynastischer Kontinuität vollzog, hatte es im Reich zuletzt beim Übergang der Herrschaft von Otto dem Großen auf Otto II. gegeben. Danach – 983, 1002 und 1024 – war die Regelung der Nachfolge stets von Unsicherheit überschattet gewesen und nicht ohne Unruhen oder auch schwerere Auseinandersetzungen vonstatten gegangen. Für das Jahr 1039 wird dagegen lediglich von Herzog Gozelo von Lothringen berichtet, daß er – aus welchen Gründen auch immer – zunächst mit dem Gedanken gespielt habe, die Huldigung zu verweigern; seine Haltung führte jedoch nicht zu ernsteren Verwicklungen, er hat sich sehr bald eines besseren besonnen.

Heinrich III., am 28. Oktober 1017 geboren, war nicht ganz 22 Jahre alt, als er die Herrschaft antrat. Zu Recht ist immer wieder betont worden, daß er, anders als sein Vater Konrad, umsichtig auf seine Aufgaben vorbereitet worden ist und eine Ausbildung genossen hat, die seiner zukünftigen Stellung angemessen war. Die Etappen seines Aufstiegs von der Designation und der Erhebung zum Herzog von Bayern über die Aachener Königskrönung, die Übertragung des Herzogtums Schwaben bis hin zum Erwerb der burgundischen Krone haben wir bereits verfolgt. Dieser Weg verlief geradlinig, allerdings überschattet durch den frühen Tod seiner dänischen Gemahlin Gunhild. Nachdem sich die ehrgeizigen byzantinischen Pläne Konrads II. nicht hatten realisieren lassen, waren freilich auch die mit der dänischen Heirat seines Sohnes verknüpften politischen Ambitionen durch die Umgestaltung der Machtverhältnisse im Reiche Knuts des Großen schon vor Gunhilds Tod zunichte geworden.

Der junge König, programmatisch als *spes imperii,* »Hoffnung des Reiches«, apostrophiert, war früh an Regierungshandlungen des Vaters beteiligt worden, als Intervenient in den Urkunden wie als Teilnehmer an Hoftagen und Heerfahrten. Er hatte im Jahre 1031 selbständig einen Frieden mit den Ungarn geschlossen und zwei Jahre später erfolgreich ein militärisches Unternehmen gegen Udalrich von Böhmen geleitet. Daß er dem übermächtigen Willen des Vaters gegenüber eine eigenständige Position zu behaupten versuchte, zeigt sein Verhalten im Verfahren gegen den Herzog Adalbero von Kärnten – mehr noch seine, wenn auch nicht offen geäußerte Kritik am Vorgehen des Kaisers gegen den Erzbischof Aribert von Mailand und die auf dessen Seite stehenden lombardischen Bischöfe. Gerade diese Affäre erscheint für den späteren Betrachter aufschlußreich und kennzeichnend für Unterschiede im Regierungsstil der beiden Salier: Der Sohn ließ sich von einem sensiblen Rechtsbewußtsein leiten und bewies mehr Gespür für die Würde des priesterlichen Amtes, die die unbesonnen harte Reaktion des Kaisers tief verletzt hatte. Hierhin gehört auch, daß

er – peinlichst auch nur den Anschein simonistischer Praktiken vermeidend – auf jede Abgabe oder Gegenleistung bei der Erhebung eines Bischofs verzichtete. Dabei stand er dem Vater an ausgeprägtem Herrscherbewußtsein sicherlich nicht nach. Die zeitgenössischen Quellen geben unmittelbar für die Frage nach seinem Selbstverständnis nicht viel her; es fehlt weitgehend an programmatischen Äußerungen aus seinem eigenen Munde. Aber seine Regierungspraxis, sein Umgang mit den Fürsten und sein Verhalten gegenüber Reichskirche und Papsttum werden uns genügend Aufschluß darüber geben, wie sehr er durchdrungen war vom Bewußtsein seiner herrscherlichen Macht und Würde; daß er dieser Überzeugung in schroffer und herrischer Form Ausdruck verleihen konnte, ist ein Wesenszug, der ihm wie allen Saliern eigen war. Er gründete sich bei Heinrich letztlich auf seiner Gewißheit, in einer stolzen Ahnenreihe großer Herrscher zu stehen. Nicht er selbst, sondern der Abt Bern von Reichenau (1008–1048) hat dies in einem Widmungsschreiben deutlich ausgesprochen, das, wenn es auch von Berns Seite vielleicht eine verdeckte Kritik an der wegen zu naher Verwandtschaft anfechtbaren Ehe des Königs mit Agnes von Poitou enthält, in der laus maiorum sicher Heinrichs eigenen Vorstellungen entspricht. Von einer auf Isidors Etymologien beruhenden Betrachtung über Tyrann und gerechten König ausgehend, reiht der Briefautor den Salier unter die unzweifelhaft durch Gott regierenden Herrscher ein: Er entstamme einem ebenso religiösen wie edlen Geschlecht, führe über seine Mutter Gisela seine Herkunft zurück auf Ansgisus, den Sohn des heiligen Arnulf von Metz, und Begga, die Schwester der heiligen Gertrud. Über die Vorfahren des Vaters Konrad brauche man nichts weiter zu sagen, da es jedem bekannt sei, daß Heinrich seine Abstammung herleite aus dem Geschlecht des Kaisers Otto. Karolinger und Ottonen – die Größe und Erhabenheit dieser beiden ruhmreichen Dynastien vergegenwärtigt der Salier nach Berns Auffassung ständig in seinem Leben und seinem Charakter. Auch Wipo hat in seinem Tetralog, den er dem König Weihnachten 1041 überreichte, Gisela direkt auf Karl den Großen zurückgeführt, was Otto von Freising später in seiner Chronik (VI, 32) zu der Deutung veranlaßte, in Giselas Sohn Heinrich III. sei die kaiserliche Würde wieder an das alte, edle Geschlecht Karls zurückgefallen. Die Kaiserkrönung Konrads II. 1027 war eine der glanzvollsten des Mittelalters – sie wird ihren tiefen und anhaltenden Eindruck auf den Knaben Heinrich, der ihr beiwohnte, nicht verfehlt haben.
Von den Erziehern des Thronfolgers sind uns die Bischöfe Bruno von Augsburg, ein Bruder Kaiser Heinrichs II., und Egilbert von

Freising bekannt. Sicherlich ist darüber hinaus der Einfluß der Mutter, die wohl auch den Kapellan Wipo hinzugezogen hat, groß gewesen. In seinen Proverbia und dem Tetralogus hat Wipo seinem Zögling die Aufgaben des Herrschers vor Augen gestellt und die Grundzüge einer Königsethik entwickelt. Bildung, Wissenschaft und Weisheit erscheinen hier als Voraussetzung für gerechtes Regieren. Der König hat das Recht zu wahren, aber die Strenge des Gesetzes durch die Gnade zu mildern. Das wesentliche Kriterium christlicher Herrschaft jedoch ist die Friedenswahrung; in der Verwirklichung des Friedens erweist sich der Herrscher tatsächlich als der Stellvertreter Gottes auf Erden, als der *secundus post dominum caeli*. Der Friedensfreund, *amicus pacis*, ist zugleich der Freund Christi, *amicus Christi*. In der Verknüpfung von Gesetz *(lex)*, Gnade *(gratia, misericordia)* und Frieden *(pax)* wird hier ein Programm aufgestellt, dem Heinrich III. sich tief verpflichtet gefühlt, das er in seinen Indulgenzen buchstäblich zu verwirklichen gesucht hat.

In den Briefen Berns von Reichenau ist von den theologischen Interessen des Königs zu lesen, der sich immer wieder der Lektüre der Kirchenväter und der Heiligen Schrift widme. Mit der theologischen Unterweisung Heinrichs wird wenigstens zeitweise jener wegen seiner Kenntnisse angesehene Mönch Almerich betraut gewesen sein, der um 1040 Abt von Farfa wurde. Wenn Bern dem König also seine Traktate und Predigten übersandte, konnte er der Aufgeschlossenheit Heinrichs für die hier behandelten Themen gewiß sein; der Abt sah im Herrscher geradezu einen geistesverwandten Gesprächspartner. Daher ist der panegyrische Ton seiner Widmungsschreiben, in denen Heinrich als unbesiegbarer Friedensbringer, als gütigster und gerechtester Weltherrscher, als glorreicher Ausbreiter des Glaubens und Ruhm der Könige apostrophiert wird, mehr als höfische Schmeichelei; von der Herrschaft des Saliers erhoffte sich der Abt der Reichenau den Anbruch eines neuen Zeitalters der Eintracht und des Friedens.

Die theologischen Interessen Heinrichs waren in einer tiefen Frömmigkeit verwurzelt, in deren Zentrum die Verehrung der Gottesmutter stand. Auch das bezeugt Bern in einem Widmungsschreiben, das die Übersendung zweier Predigten zum Weihnachtsfest und zum Fest Mariä Himmelfahrt an den König begleitete. Eines der Dedikationsbilder des Goldenen Evangelienbuches (Codex aureus), das der Salier 1045/46 als Geschenk für den Speyerer Dom hat anfertigen lassen (heute im Escorial), stellt den König zusammen mit seiner Gemahlin Agnes kniend vor der unter der Baldachinarchitektur des Domes thronenden Gottesmutter dar; in diese Widmungsszenerie sind die Eltern Konrad II. und Gisela einbezogen, die das andere Dedikationsbild zu Füßen des Pantokrators Christus zeigt – Maria und Christus als die Patrone der Herrscherdynastie. Daß diese Frömmigkeit – wohl auch unter dem Eindruck eines Wiederaufblühens eremitischer Ideale und Daseinsformen – asketischer Züge nicht entbehrte, wird durch jene berühmte Szene bei der Hochzeitsfeier des Jahres 1043 belegt, als der König die Spielleute und Komödianten, die in der Erwartung großen Lohnes nach Ingelheim geströmt waren, unbeschenkt vom Hofe verwies. Auch die Selbstdemütigung im Trauergeleit für den Vater oder die öffentliche Buße beim Begräbnis der Mutter 1043 in Speyer, als Heinrich den königlichen Ornat ablegte, mit nackten Füßen und in härenem Büßergewande, mit ausgebreiteten Armen in der Form des Kreuzes hingestreckt, seine Schuld bekannte, ordnen sich in dieses Bild des frommen Herrschers ein, und es kommt nicht von ungefähr, daß Bern bei der Schilderung dieser Szene die berühmten Gelasiusworte vom Priester, der auch für das Seelenheil des Herrschers Rechenschaft ablegen muß, aufnimmt.

Der Thronwechsel von 1039 setzte für viele ein Zeichen der Hoffnung: Nun schickte sich eine neue Generation an, die Wirklichkeit zu gestalten; der junge König, der von der sakralen Würde seines König- und Kaisertums durchdrungen und sich zugleich der damit verbundenen besonderen Verantwortung für Kirche und Welt ganz bewußt war, schien die Gewähr dafür zu bieten, daß die Reform, die sich im Schoße der Kirche vorbereitete, voll zur Entfaltung kommen werde. Der Glanz seiner Tugenden, so sah es Wipo, schien die Taten des Vaters in den Schatten zu stellen.

Trotz der Stellung Heinrichs als Mitkönig hat man bei seiner Regierungsübernahme nach dem Tod des Vaters auf gewisse Formalakte nicht ganz verzichten wollen. So fand eine Thronsetzung in Aachen – vielleicht auch in Maastricht – statt, und auch von Huldigungen wird berichtet. Ein Umritt im eigentlichen Sinne, als Herrschaftsgewinnung und Herrschaftsantritt, war jedoch nicht mehr nötig; der König hat allerdings 1039/40 alle Reichslande aufgesucht und hier jeweils Regierungshandlungen vorgenommen. Als Herzog Konrad der Jüngere von Kärnten am 20. Juli 1039 starb, ohne einen nachfolgefähigen Sohn zu hinterlassen, hat Heinrich auch dieses Herzogtum zunächst nicht wieder besetzt. Die Mark Krain wurde von Kärnten abgetrennt und erneut einem Markgrafen unterstellt. Die drei süddeutschen Herzogtümer standen damit in unmittelbarer Verfügungsgewalt des Königs; nie zuvor hatte ein deutscher Herrscher bei Regierungsantritt eine

derartig breite Machtbasis besessen. Freilich war dies nicht das Ergebnis einer zielstrebigen Politik; der dynastische Zufall – söhneloser Tod des Inhabers der Herzogswürde – hatte hier mitgespielt. Es gab zwar ein den König bindendes Erbrecht bei der Vergabe der Herzogtümer nicht, aber in der Regel wurde ein mündiger Sohn bei der Neubesetzung nicht übergangen. Und daß Heinrich III. nicht daran dachte oder daran denken konnte, die Herzogtümer ganz zu beseitigen, bedarf keiner besonderen Betonung: Sie blieben als Zwischengewalten notwendige Bestandteile des Reiches, mit Aufgaben betraut, die die Zentralgewalt selbst nicht wahrnehmen konnte. Entscheidend für die Autorität des Königs war, daß der Amtscharakter der Herzogtümer gewahrt blieb, er selbst also die amtsrechtliche Verfügungsgewalt über sie behauptete. Die Praxis der Neubesetzungen macht nun deutlich, daß Heinrichs Position hier unangefochten war.
Im Jahre 1042 verlieh er das Herzogtum Bayern an den Lützelburger Heinrich (VII.); die unruhige Lage an der Grenze zu Ungarn mag ein Grund für diese Maßnahme gewesen sein. Die Übertragung fand statt in Basel – also nicht auf bayerischem Stammesboden. Von einer Beteiligung der bayerischen Großen, also einer Wahl, ist nicht die Rede; der König entschied nach eigenem Ermessen. Dabei verdient eine Erwähnung die Tatsache, daß der neue Herzog ein Neffe des Lützelburgers Heinrich (V.) war, der vor dem Salier die bayerische Herzogswürde innegehabt hatte.
Das Herzogtum Schwaben übertrug der König im April 1045 dem lothringischen Pfalzgrafen Otto aus dem Hause der Ezzonen; die Pfalzgrafschaft kam an Ottos Vetter, den Hezeliniden Heinrich. Der Salier hat bei dieser Gelegenheit die Stellung des Reiches am Niederrhein ausbauen können; denn Otto überließ ihm die Suitbertinsel (Kaiserswerth) und Duisburg – sein aus altem Reichsgut stammendes Erbteil. Die mit den Ottonen versippte Familie der Ezzonen hatte sich als Stütze der Reichsgewalt bewährt. Ottos Bruder, der Erzbischof Hermann II. von Köln (1036–1056), zählte zu den bedeutendsten Vertretern der Reichskirche, die in den Auseinandersetzungen um Gottfried den Bärtigen loyal zur Zentralgewalt stand. Die führende Rolle der Ezzonen in der Reichspolitik wird auch bei anderer Gelegenheit deutlich: Als Heinrich III. im Herbst 1045 so schwer erkrankte, daß man mit dem Schlimmsten rechnen mußte, wurde der Pfalzgraf Heinrich von einer Fürstengruppe als möglicher Nachfolger ins Gespräch gebracht. Wenn es richtig ist, daß der König mit der Erhebung Ottos zum schwäbischen Herzog die Nebenabsicht verfolgt hat, eine ezzonische Machtbildung am Niederrhein, die Bildung eines pfalzgräflichen

Großterritoriums, für die die Voraussetzungen nicht ungünstig waren, zu verhindern, dann war das eine nicht unbedenkliche Politik: Sie leistete der fortschreitenden politischen Zersplitterung des westlichen Grenzraumes Vorschub.

Schließlich wurde Mitte des Jahres 1047 auch das Herzogtum Kärnten wieder ausgegeben. Heinrich ernannte den schwäbischen Grafen Welf III. zum Herzog; auch diese Maßnahme stand im Zusammenhang mit der Ungarnpolitik. Durch seine Mutter Imiza, eine Lützelburgerin, war der Welfe ein Neffe der Herzöge Heinrich von Bayern und Friedrich von Niederlothringen sowie des Bischofs Adalbero III. von Metz, der um eben diese Zeit seinem Oheim Dietrich II. auf dem wichtigen lothringischen Bischofsstuhl gefolgt war.

Den Entscheidungen Heinrichs III. war zunächst eines gemeinsam: Die neu ernannten Herzöge waren Landfremde, sehr vornehme Stammesfremde zwar, aber ohne nennenswerten Besitz in ihren Amtssprengeln. Das aber hatte zur Folge, daß sie auf Anlehnung an die Zentralgewalt angewiesen waren; der König konnte sich also der süddeutschen Herzogtümer sicher sein, auch nachdem er sie aus der unmittelbaren eigenen Verfügungsgewalt entlassen hatte. Der Amtscharakter dieser Zwischengewalten blieb gewahrt. Zugleich hatte sich der Salier drei bedeutende Adelsdynastien – Ezzonen, Lützelburger und Welfen – verpflichtet, was um so wichtiger war, als die königliche Politik in dem Maße an Effektivität gewann, wie sie vom Adel unterstützt und mitgetragen wurde. Die neuen Herzöge von Bayern und Schwaben starben freilich bereits 1047. Schwaben übertrug Heinrich Anfang 1048 auf einem Landtag im Stammesvorort Ulm an Otto (III.) von Schweinfurt (1048–57) aus der fränkischen Linie der Babenberger und Bayern – nach längerem Zögern – im Februar 1049 an den Ezzonen Konrad.

Standen die süddeutschen Herzogtümer in enger Verbindung mit der Zentralgewalt, so waren die Verhältnisse in Sachsen und Lothringen anders gelagert. Die Sonderstellung des sächsischen Stammes dokumentierte sich in der Erblichkeit der Herzogswürde, wiewohl die Herzogsgewalt beim Übergang von den zum Königtum aufgestiegenen Liudolfingern auf die Billunger eine Einschränkung erfahren hatte und nun nicht mehr als einen Ehrenvorrang im Stamm darstellte. Der herrschaftsbildende Adel hatte seine Positionen gegenüber dem Herzogtum – und damit in letzter Konsequenz auch gegenüber dem Reich – ausbauen können. Die Salier verfügten nicht über Hausgut in Sachsen, sie waren auf das im wesentlichen aus Liudolfingerbesitz stammende Reichsgut ange-

wiesen, und alle Versuche, dieses zu erweitern oder straffer zu organisieren, stießen zwangsläufig auf das Mißtrauen der sächsischen Aristokratie. Ohnehin hatte der Übergang der Königswürde auf eine nichtsächsische Dynastie, nachdem der Sachsenstamm fast ein Jahrhundert lang das Königshaus gestellt und Heinrich II. zumindest noch einer liudolfingischen Nebenlinie angehört hatte, zu einer Entfremdung zwischen dem sächsischen Adel und der Reichsgewalt geführt. Von der salischen Dynastie konnte man eine besondere Berücksichtigung spezifisch sächsischer Stammesinteressen nicht so ohne weiteres erwarten; die ganze Entwicklung traf den Adel in seinem Selbstbewußtsein und Selbstverständnis und bedeutete zweifellos eine Einbuße an Prestige und Einfluß.
Schon unter Heinrich II. hatte es lokal begrenzte Auseinandersetzungen zwischen einzelnen Repräsentanten der Reichskirche und Vertretern des Hochadels gegeben, die sich in den Jahren 1019 und 1020 zu einem offenen Aufstand der Grafen von Werl und der Billunger ausweiteten, an dem sich auch der Herzog Bernhard II. beteiligte. Unter Konrad II. und Heinrich III. herrschte im wesentlichen Ruhe, aber der Zwischenfall von Lesum im Jahre 1047 bewies, daß unter einer scheinbar ruhigen Oberfläche der Brand einer latenten Opposition weiterschwelte. Als der Kaiser sich im Herbst auf diesem Königshof aufhielt, wurde ein Anschlag auf ihn vorbereitet, der gerade noch rechtzeitig durch den Bischof Adalbert von Bremen vereitelt werden konnte. Für diese Untat machte man den Grafen Thietmar, den Bruder des Herzogs Bernhard II., der schon 1019/20 zu den Unruhestiftern gehört hatte, verantwortlich. Der Prozeß gegen den verhinderten Attentäter im folgenden Jahre und sein Tod im gerichtlichen Zweikampf, der weitere Übergriffe von seiten der Billunger und erneute Strafmaßnahmen des Kaisers zur Folge hatte, waren nicht dazu angetan, die herzogliche Familie und ihren Anhang in der Loyalität gegenüber dem Salier zu bestärken. Daß die Billunger durch die Heirat Ordulfs, Bernhards II. Sohn und voraussichtlicher Nachfolger, mit Wulfhild, einer Schwester des Königs Magnus, in eine enge Verbindung mit dem norwegischen Königshaus getreten waren, hatte zunächst nichts Bedrohliches an sich, konnte aber bei einem offenen Konflikt gefährlich werden, wenn der Sachsenherzog Rückhalt an seinem königlichen Verwandten suchen und finden sollte, zumal Magnus auch Dänemark unter seine Herrschaft gebracht hatte.
Der energische Ausbau des Reichsgutes durch die ersten beiden Salier erzeugte Mißstimmung; daß gerade der sächsische Besitz für den Unterhalt des königlichen Hofes intensiv genutzt wurde, macht

die plastische Charakterisierung des Landes als *coquina imperatoris*, Küche des Kaisers, durch einen süddeutschen Chronisten zur Genüge deutlich. Bereits Heinrich II. hatte die Königspfalz von Werla, dem alten Stammesvorort, nach Goslar verlegt, was sicher als ein Zeichen für die zunehmende Verschlechterung der Beziehungen des Sachsenstammes, oder zumindest seines vom billungischen Herzogtum repräsentierten Teiles, zur Zentralgewalt gedeutet werden darf. Heinrich III. förderte den aufblühenden Ort, der dem Königtum mit seinen Silbergruben großen wirtschaftlichen Nutzen erbrachte, mit allen Mitteln. Er errichtete hier eine neue Pfalz und verband damit die Gründung des Stiftes St. Simon und Judas, dem als Ausbildungsstätte zukünftiger Reichsbischöfe im Rahmen der Hofkapelle eine zentrale Funktion in der Reichsverwaltung zugedacht war und das damit neben das Aachener Marienstift, die traditionsreichste unter den deutschen Königskirchen, trat.

Auf der gleichen Linie lag die intensive Förderung der Reichskirche, insbesondere der Bistümer Hildesheim und Halberstadt. In den Jahren 1049 bis 1052 erhielten der Bischof und das Domkapitel von Hildesheim sechs größere Schenkungen, darunter die sich über sechs Gaue erstreckende Grafschaft der Brunonen (D.H.III. 279) und konfiszierten Besitz des geächteten Thiemo (D.H.III. 310.311), der wohl als ein Sohn des Billungers Thietmar zu identifizieren ist; an Halberstadt gingen im gleichen Zeitraum drei Schenkungen, unter anderem zwei Grafschaften (D.H.III. 280.281). Das Bestreben Heinrichs III., die königlichen Machtpositionen im Harzraum um das Zentrum Goslar auszubauen, ist nicht zu verkennen. Das spiegelt auch die personelle Verklammerung des Bischofssitzes von Hildesheim mit dem »Pfalzstift« St. Simon und Judas wider: Der 1054 zum Bischof erhobene Hezilo war vorher – seit 1051 – Propst des Goslarer Stiftes gewesen; gelegentlich rühmt der Kaiser seinen treuen Dienst und gewissenhaften Rat. Pröpste von St. Simon und Judas waren auch der Erzbischof Anno II. von Köln und die Bischöfe Gunther von Bamberg und Burchard II. von Halberstadt – wir werden ihren Namen an hervorragender Stelle wiederbegegnen.

Schließlich sollte auch dem Metropolitansitz Hamburg-Bremen eine wichtige Rolle in der sächsischen Politik zukommen, seit im Jahre 1043 Adalbert aus dem Hause der Grafen von Goseck, dem auch die sächsischen Pfalzgrafen Dedo (1042/44–1056) und Friedrich II. (1056–1088), Adalberts Brüder, entstammten, auf den Erzstuhl erhoben worden war; er war vorher Dompropst in Halberstadt gewesen. Seine Ernennung hat die Kluft zu den Billungern vertieft. Der Herzog betrachtete den Erzbischof von vorneherein als seinen Gegenspieler, der – so gibt Adam von Bremen seine eigenen Worte wieder – zu seiner Überwachung und als Spion in diese Gebiete geschickt worden sei »um Fremden und dem Kaiser die Schwächen des Landes zu verraten« (III,5) – daß Adalbert eine Kontrollfunktion übernehmen sollte, hat der Billunger sicherlich zu Recht angenommen. Der Einfluß, den der Erzbischof beim Kaiser zu gewinnen vermochte, erklärt sich aber nicht allein von daher, sondern eher aus der Übereinstimmung zwischen beiden Männern in grundsätzlichen Fragen. Adalbert hatte hochfliegende, den engen Rahmen seines Metropolitansitzes weit sprengende Pläne; mit seiner Konzeption eines nordischen Patriarchates, das seiner Kirche die führende Rolle in der Mission und kirchlichen Organisation des europäischen Nordens sichern und erhalten sollte, entsprach er gewiß den hohen Ansprüchen, die der Salier an sich selbst stellte, und seinen Auffassungen von der universalen Geltung und der religiösen Führungsrolle seines Kaisertums und des Reiches. Hier jedoch tat sich die Gefahr auf, daß sich kaiserliche Idealvorstellungen und handfeste politische Interessen des sächsischen Stammesadels nicht mehr zur Deckung bringen ließen – oder, um es mit den Worten Adams von Bremen, bezogen auf Adalberts Vorgänger Bezelin, zu formulieren (II,71): Herzog und Erzbischof nahmen den Wenden gegenüber eine unterschiedliche Haltung ein – diesem ging es um die Mission, jenem allein um die Tribute.

Die Stärke des Königtums hat es verhindert, daß sich in der Regierungszeit Heinrichs III. die in Sachsen latent vorhandenen Spannungen in offenem Konflikt lösten; dagegen wurde Lothringen über mehrere Jahre hin zum Schauplatz schwerer Auseinandersetzungen, die vordergründig als ein persönlicher Streit zwischen Heinrich III. und dem Herzog Gottfried dem Bärtigen erscheinen konnten, in denen es tatsächlich aber um grundsätzliche Fragen der Gestaltung des Verhältnisses von Zentral- und Partikulargewalt ging. Der Anlaß war ein persönlich-dynastischer: die Nachfolgeregelung nach dem Tode Gozelos I. (19. April 1044). Schon seit 1040 war Gottfried neben seinen Vater als Mitherzog getreten; spätestens seit 1026 verfügte er zudem über das eigentliche Machtzentrum der Familie, die Grafschaft Verdun, und war Vogt der Abtei Saint-Vanne. Einen Versuch des Bischofs Rambert (1025–1039), durch die Übertragung der Grafschaft an Ludwig von Chiny den beherrschenden Einfluß des Ardennergrafenhauses in seiner Stadt zu brechen, hatte Gozelo I. brutal zunichte gemacht, indem er Ludwig hatte ermorden lassen. Alles deutet darauf hin, daß er Gottfried für die Nachfolge in den beiden seit 1033 verei-

nigten Herzogtümern vorgesehen hatte; dennoch verfügte er kurz vor seinem Tode eine Aufteilung und wies Niederlothringen seinem jüngeren Sohne Gozelo (II.) zu, den Heinrich III. dann auch belehnte – obwohl er für diese Aufgabe nicht geeignet war. Offensichtlich hat sich der alte Herzog dem Druck des Königs gebeugt. Für den Salier nämlich waren die Voraussetzungen, unter denen die Vereinigung der beiden Herzogtümer erfolgt war, durch die seit dem Tode Odos von der Champagne eingetretene Stabilisierung der politischen Situation an der Westgrenze des Reiches entfallen, zumal er im Vorjahre 1043 auch engere Beziehungen zu Heinrich I. von Frankreich geknüpft hatte. Es bedurfte also einer solchen Machtkonzentration in Lothringen nicht mehr, eher war zu befürchten, daß der Herzog künftig gegenüber der Zentralgewalt stärker eigenständige Interessen zur Geltung bringen würde, was sich mit Gozelos I. Haltung beim Regierungswechsel von 1039 schon angedeutet hatte. Heinrich hat daher die günstige Gelegenheit zu nutzen gesucht, um den großen lothringischen Machtkomplex zu zerschlagen. Zwar erkannte er die Erbansprüche des Hauses Verdun insoweit an, als er die Söhne des verstorbenen Herzogs nicht überging, aber er behielt sich die Entscheidung im Sinne der amtsrechtlichen Verfügungsgewalt vor.
Demgegenüber betrachtete Gottfried der Bärtige die Wiedervereinigung der beiden Lothringen im Rahmen des alten karolingischen regnum Hlotharii als eine grundsätzliche Entscheidung, die nicht wieder aufgehoben werden konnte; sein Anspruch richtete sich auf das Gesamtherzogtum. Die Teilung schien ihm durch nichts gerechtfertigt, und er war bereit, für ein entsprechendes Zugeständnis des Königs jede gewünschte Gegenleistung zu erbringen. Daß er zur Erreichung seines Zieles sogar mit dem französischen König konspiriert habe, wie die Annalen von Niederaltaich behaupten, ist unwahrscheinlich. Bei notorischem Landesverrat hätte er der Vorladung vor das Hofgericht sicher nicht Folge geleistet. So aber erschien er – wahrscheinlich in Aachen im September 1044 – vor dem König und erwartete ohne Zweifel, daß es zu einer Einigung kommen werde. Der Salier aber folgte einer anderen Rechtsauffassung; dem Erbanspruch des Lothringers stellte er seine Auffassung vom Amtscharakter des Herzogtums gegenüber, und die Auflehnung gegen seine Entscheidung einer erneuten Teilung Lothringens erfüllte in seinen Augen bereits den Tatbestand des Hochverrats. Er ließ Gottfried daher durch Fürstenspruch seine Reichslehen aberkennen.
Nun suchte der abgesetzte Herzog sein Recht in der Fehde. Doch blieb er weitgehend auf sich selbst gestellt, als Heinrich III. Ende

des Jahres 1044 von Speyer aus den Feldzug gegen ihn eröffnete. Die bereits vorher in Burgund ausgebrochenen Unruhen brachten ihm keine Entlastung; ein Zusammenhang mit den lothringischen Wirren ist ohnehin nicht zu erkennen, und im übrigen erledigte sich die burgundische Empörung ohne besonderes Zutun Heinrichs III., als sein Hauptgegner, der Graf Reginold, Oheim der Königin Agnes, bei der Belagerung von Mömpelgard gegen den Grafen Ludwig eine schwere Niederlage einstecken mußte. Bereits im Januar 1045 konnte Heinrich III. in Solothurn die Unterwerfung der burgundischen Rebellen entgegennehmen.

Eine nicht ganz unbedenkliche Maßnahme des Saliers stand zweifellos im Zusammenhang mit der lothringischen Empörung. Auf dem Osterhoftag zu Goslar nahm er 1045 die Huldigung Balduins, des Sohnes Balduins V. von Flandern, entgegen und übertrug ihm einen Flandern benachbarten Grenzstreifen zwischen Schelde und Dender und um Valenciennes, ein Gebiet, auf das Gottfried der Bärtige Anspruch erhoben hatte, vom Reich zu Lehen. Damit entzog er zwar dem Rebellen einen möglichen Rückhalt und gewann Balduins Neutralität oder Bündnishilfe, leistete aber der flandrischen Expansion ins Reich Vorschub, die bereits 1033 mit der Eroberung und Schleifung der Grenzfeste Eename durch Balduin V. einen großen Erfolg erzielt hatte.

Der Krieg zog sich noch längere Zeit hin; Lothringen wurde schwer heimgesucht. Erst im Juli 1045 – der König hatte zwischenzeitlich auch in Ungarn eingegriffen – unterwarf sich Gottfried; Heinrich ließ ihn auf den Giebichenstein in Gewahrsam bringen. Mit der Neuregelung der lothringischen Verhältnisse ließ sich der König – wohl auch wegen seiner schweren Erkrankung im Herbst 1045 – viel Zeit. Erst im Mai 1046 wurde auf einem Aachener Hoftag die Entscheidung getroffen. Gottfried erhielt nach seiner Entlassung aus der Haft das Herzogtum Oberlothringen; als Garantie für künftiges Wohlverhalten stellte er seinen Sohn als Geisel. Niederlothringen wurde dem Lützelburger Friedrich, einem Bruder des Herzogs Heinrich von Bayern, übertragen. Über Gozelo (II.) verlautet nichts weiter. Heinrich ließ ihn einfach fallen. Der Bruder Gottfrieds hat ohnehin in dem ihm übertragenen Amtsbereich keine Anerkennung gefunden und dem König lediglich für eine gewisse Zeit als Figur in dem politischen Kalkül gedient, das auf eine Eindämmung der Macht des Ardennergrafenhauses angelegt war. Diese Rechnung war zunächst aufgegangen. Gottfried hat der Lösung, die sich als ein Kompromiß zwischen dem von ihm erhobenen Erbanspruch und dem vom König vertretenen Amtsgedanken darstellt, zugestimmt; die eigentlichen Nutznießer waren die

Lützelburger, die nun über zwei Herzogtümer verfügten und überdies mit dem Bistum Metz eine Schlüsselstellung in Oberlothringen behaupteten.

Der Friedensschluß mit Gottfried ist auch vor dem Hintergrund neuer Unruhen am Niederrhein zu sehen. Die ungeklärte Lage in Lothringen weckte die Begehrlichkeit kleinerer Herren. So hatte sich der Graf Dietrich IV. von Holland widerrechtlich Reichsgut angeeignet. Eine königliche Strafexpedition, im April 1046 von Utrecht aus unternommen, stellte die Ordnung rasch wieder her: Dietrich gab die annektierten Gebiete wieder heraus. Aus diesen Ereignissen und den Erfahrungen, die er während seines Feldzuges gegen Gottfried hatte machen können, als die lothringische Reichskirche loyal zu ihm stand, zog der Salier die Konsequenz, auch in dieser Region – wie er es im übrigen auch in Sachsen praktizierte – die Reichskirche zu stärken, um so ein Gegengewicht gegen die an Macht gewinnenden weltlichen Feudalgewalten aufzubauen. So übertrug er dem Bischof Bernold von Utrecht die Grafschaft Drenthe (D.H.III. 152), die im Besitz des Herzogs Gozelo gewesen war, und eine Grafschaft im Hamaland (D.H.III. 164), nachdem er dem Bistum auch schon vorher durch größere Schenkungen sein Wohlwollen erwiesen hatte.

Trotz des Friedensschlusses blieb der Salier mit den lothringischen Problemen weiter befaßt. Gottfried hat sich über seine Unterwerfung hinaus offenbar intensiv um eine endgültige und wirkliche Aussöhnung mit Heinrich III. bemüht und wurde dabei durch die Fürsprache anderer Fürsten unterstützt. Um so schwerer mußte ihn daher die Brüskierung treffen, als der Salier ihn ausdrücklich aus der in Rom – wohl aus Anlaß der Kaiserkrönung – verkündeten Indulgenz ausschloß. Abgesehen davon, daß diese Geste der Verweigerung und Unversöhnlichkeit der den Indulgenzen zugrundeliegenden Friedensidee zutiefst widersprach, ist die spektakuläre Maßnahme des Kaisers auch sonst schwer verständlich, da er Gottfried durch die Wiedereinsetzung als Herzog von Oberlothringen in seine Huld wiederaufgenommen hatte. Sie läßt immerhin ahnen, wie stark emotional das Verhältnis des Saliers zu seinem Widersacher bestimmt war – und nicht nur zu ihm persönlich, sondern dem ganzen Hause Verdun gegenüber, wie das spätere Verhalten Heinrichs gegenüber Gottfrieds Bruder, dem Kardinal Friedrich, beweist, der vor seinen Nachstellungen Schutz hinter den Klostermauern von Monte Cassino suchen mußte.

Während Gottfried noch verhandelte, was der Chronist Hermann von der Reichenau freilich – im Lichte der späteren Ereignisse vielleicht nicht ohne Grund – als Täuschungsmanöver hinstellt, und

Heinrich III. seine Aufmerksamkeit vornehmlich der für das Reich ungünstigen Entwicklung in Ungarn zuwandte, schlug bald nach dem im Juni 1047 abgehaltenen Hoftag von Speyer Dietrich von Holland los. Sein Angriff richtete sich gegen die benachbarten Bistümer, in erster Linie Utrecht. Die Spannungen im Reich riefen auch die Kapetinger auf den Plan. In Lüttich wußte man von französischen Invasionsplänen, die auf eine Annexion Lothringens hinausliefen. Gottfried hatte damit nichts zu tun; er griff erst offen in das Geschehen ein, als die Abwehrmaßnahmen des Kaisers gegen Dietrich Anfang September mit einem völligen Fehlschlag endeten. Unter dem Eindruck der Niederlage Heinrichs fanden sich – mehr zufällig als bewußt geplant – Gottfried, Dietrich von Holland, Balduin V. von Flandern und der Graf Hermann vom Hennegau, ein Sohn Reginars V., zu einer Koalition zusammen, die nun tatsächlich eine ernsthafte Bedrohung der kaiserlichen Herrschaft im Westen des Reiches darstellte. Die Kaiserpfalz Nimwegen wurde eingeäschert, Reichsburgen kapitulierten, Verdun wurde genommen und fiel den Flammen zum Opfer. Lüttich wurde von Bischof Wazo verteidigt; aber ohne Hilfe von außen sah sich der Bischof gezwungen, mit dem Herzog in Verbindung zu treten und einen für das Bistum vorteilhaften Frieden abzuschließen, was ihm freilich vom kaiserlichen Hof den Vorwurf des Verrats einbrachte.

Heinrich III. verzichtete zunächst auf militärische Aktionen; er begnügte sich mit der Absetzung Gottfrieds und ernannte an seiner Stelle einen Grafen Adalbert, nach der Verduner Bistumsgeschichte des Laurentius von Lüttich Herr von Longwy, zum Herzog, dem er die Bekämpfung der Rebellen überließ. Als Adalbert bereits um die Mitte des folgenden Jahres 1048 in einem Gefecht den Tod fand, gab ihm Heinrich seinen Bruder Gerhard zum Nachfolger. Das Machtzentrum des neuen Herzogs war die südlich von Toul gelegene Burg Châtenois. Mit seiner Ernennung war die Frage der Besetzung des oberlothringischen Herzogtums endgültig und, was freilich 1048 nicht vorauszusehen war, für Jahrhunderte zugunsten des Hauses Châtenois, das sich im Mannesstamm des Hauses Habsburg bis in die Gegenwart fortsetzt, entschieden.

Die Annäherung des Kaisers an Heinrich I. von Frankreich, besiegelt auf einer von Bischof Bruno von Toul vermittelten Zusammenkunft in Ivois im Oktober 1048, und der Tod Dietrichs von Holland 1049 bereiteten die Wende vor. Der Salier gewann die Initiative zurück und verschaffte sich angelsächsische und dänische Flottenhilfe zur Niederringung seines gefährlichsten Gegners, des Grafen von Flandern. Von größter Bedeutung aber war schließlich die moralische Unterstützung, die ihm der Papst Leo IX. dadurch gewährte, daß er über Gottfried und Balduin den Bann verhängte. Dem doppelten Druck – der militärischen Bedrohung durch den Kaiser und der moralischen Verurteilung durch den Papst – hielt der abgesetzte Herzog nicht stand; er unterwarf sich im Juli 1049 in Aachen dem Kaiser. Heinrich ließ ein förmliches Gerichtsverfahren gegen den Rebellen, der selbst jetzt noch Fürsprecher unter den Fürsten fand, durchführen und unterstellte ihn dann der Obhut des Erzbischofs Eberhard von Trier (1047–1066). Wenig später streckte auch Balduin von Flandern die Waffen.

Der Salier hatte die bisher schwerste Gefährdung seiner Herrschaft erfolgreich überstanden und sein Ziel erreicht, ein übergroßes Herzogtum zu zerschlagen und damit einer besseren Kontrolle durch die Zentralgewalt zu unterwerfen. Das Haus Verdun war in seinen Machtansprüchen erheblich beschnitten worden, Gottfried der Bärtige hatte seine hochfliegenden Pläne nicht verwirklichen können. Letztlich entsprach die Aufteilung Lothringens wohl auch besser der geographischen Differenzierung des Raumes. Freilich dürfen die negativen Folgen dieser Regelung für das Reich nicht übersehen werden. Wenn Gottfried die Einheit des Herzogtums verteidigte, dann ging er von der Sonderstellung des alten regnum Hlotharii im Verfassungsgefüge des Reiches aus, einer Sonderstellung der *inclita Lotharingia,* die im Bewußtsein der lothringischen Führungsschichten auch im 11. Jahrhundert noch lebendig war. In dieser Sicht erschien das Vorgehen des Kaisers als Willkür, Mißachtung alter Rechte. Aber auch unter einem real- und machtpolitischen Aspekt war die jetzt durchgesetzte Lösung nicht unproblematisch: Die unmittelbaren Nachfolger Gottfrieds im geteilten Herzogtum haben keine Machtbasis gehabt, von der aus sie die Interessen des Reiches kraftvoll vertreten konnten. Die beginnende politische Zersplitterung des westlichen Grenzraumes mußte auf die Dauer zu einer Machteinbuße des Reiches führen und seine Sicherheit gefährden; schon jetzt war es nur mit Mühe gelungen, den Expansionsdrang Flanderns einzudämmen.

Die unterschiedliche Behandlung der süddeutschen Herzogtümer, die vornehmen Stammesfremden übertragen wurden, und der in sich weniger geschlossenen Herzogtümer Sachsen und Lothringen, in denen die Herzogswürde einheimischen Familien überlassen oder gar das Prinzip der Erblichkeit anerkannt wurde, folgte den jeweiligen besonderen historischen Voraussetzungen; in beiden Fällen aber setzte das Königtum seine Auffassung von der amtsrechtlich begründeten Verfügungsgewalt durch und sicherte sich damit die Kontrolle über die Partikulargewalten. Auf der

Grundlage einer so gefestigten Herrschaft konnte sich Heinrich III. nun im Verein mit Papst Leo IX. den großen Aufgaben der Kirchenreform wieder zuwenden. Die Mainzer Synode vom Oktober 1049 bot der Welt das erhebende Schauspiel eines engen Zusammenwirkens der beiden höchsten Gewalten der Christenheit.
Die Reichskirche hatte sich in den Auseinandersetzungen als eine verläßliche Stütze des Königtums erwiesen. Das von den Ottonen auf karolingischen Grundlagen geschaffene System hatte sich bewährt; Heinrich III. hat es, der Regierungspraxis seiner Vorgänger folgend, durch Verleihung und Bestätigung von Immunitäten, Forsten, finanziell nutzbaren Hoheitsrechten und Grafschaften weiter ausgeformt. Auf dieser Basis war die Kirche in der Lage, den Reichsdienst, das servitium regis, wirkungsvoll zu leisten. Der königliche Schutz, unter dem sie stand, hatte sein Korrelat in der königlichen Herrschaft, die unbestritten war. Die Verfügungsgewalt des Herrschers gewährleistete das Funktionieren des Systems. So hat auch Heinrich III. wie seine Vorgänger selbstverständlich einen maßgeblichen Einfluß auf die Erhebung der Bischöfe und der Vorsteher der Reichsabteien und Reichsstifter ausgeübt, und für das vorgregorianische Zeitalter stand die königliche Entscheidung durchaus im Einklang mit dem kanonischen Erfordernis der freien Wahl, wenn Klerus und Volk oder Konvent in irgendeiner Form – sei es durch Vorschlag, sei es durch Zustimmung – die Möglichkeit der Mitwirkung eingeräumt worden war. Die Verklammerung von Hofkapelle und Reichskirche ist unter ihm noch intensiver durchgeführt worden; Hofkapelläne wurden häufiger als zuvor an wichtigen Domkapiteln mit Pfründen ausgestattet. Ihrem Selbstverständnis nach gab ihnen die Zugehörigkeit zu dieser Institution geradezu einen Anspruch auf das Amt des Bischofs. Bei der Regelung der Nachfolge in Lüttich 1042 machten sie gegen den von Klerus und Volk der Lütticher Kirche gewählten Dompropst Wazo geltend, daß er nie am Hof gedient habe, ein Bischof aber aus der Kapelle hervorgehen müsse. Heinrich folgte schließlich aber dem Rat des Erzbischofs Hermann von Köln und des Bischofs Bruno von Würzburg und investierte Wazo, der sich 1028/1029 einige Monate am Hof Konrads II. aufgehalten hatte und von diesem schon 1031 für den Mainzer Erzstuhl vorgesehen war.
Daß der Salier die Kapelle als zentrales Herrschaftsinstrument straffer seiner Verfügungsgewalt unterzuordnen suchte, macht die von ihm vorgenommene Neuorganisation deutlich. Das Amt des Erzkapellans wurde von dem des Erzkanzlers getrennt und ver-

schwand schließlich ganz; damit entfiel aber auch die – mit einigen Schwankungen – seit über einem Jahrhundert bestehende Bindung der Kapelle an den Erzbischof von Mainz. Ihre Leitung wurde nun einem Hofgeistlichen unter dem Titel eines obersten Kapellans oder auch *capellarius* übertragen. Das Amt hatte damit zweifellos an Ansehen verloren, aber sicher auch an Effizienz gewonnen. Dem Mainzer Erzbischof verblieb die Erzkanzlerwürde für Deutschland, ein Ehrenamt; die faktische Leitung der Kanzlei aber lag in den Händen des Kanzlers, der nun mehr und mehr auch an politischem Einfluß gewann. Mit der Übernahme der Herrschaft in Burgund wurde auch die Einrichtung einer burgundischen Kanzlei nötig, die die Gleichberechtigung dieses Königreiches mit den beiden anderen regna im Verbund des Imperiums dokumentieren sollte. Zum burgundischen Erzkanzler ernannte Heinrich den Erzbischof Hugo von Besançon († 1066), dem er mit dieser Ehrung seine Loyalität vergalt.

Auch im Zeremoniell der Bischofseinsetzung führte der Salier eine bedeutungsschwere Neuerung ein. Als erster Herrscher verwandte er bei der Investitur neben dem Stab den Ring, vollzog damit jene – um ein später formuliertes Schlagwort aufzunehmen – *investitura per anulum et baculum,* die unter seinem Sohne zum Gegenstand einer erbitterten Auseinandersetzung mit den Vertretern der gregorianischen Reform werden sollte. Der Ring war ein geistliches Zeichen, das die geistliche Vermählung des Bischofs mit seiner Kirche symbolisierte. Für Heinrich, der sein Herrschertum fest im theokratischen Amtsgedanken verwurzelt sah, konnte die Verwendung eines geistlichen Symbols als Rechtssymbol und die damit gegebene Nähe der Investitur zum geistlichen Akt der Bischofsweihe nichts Anstößiges an sich haben; sie war im Grunde eine Selbstverständlichkeit und bedurfte daher auch keiner besonderen Begründung oder Rechtfertigung.

In dem zweiten Herrscher aus der salischen Dynastie erreicht das ottonisch-salische System eine letzte Aufgipfelung und Sublimierung. Für ihn war die Reichskirche nicht lediglich Herrschaftsinstrument. Wie keiner seiner Vorgänger hat er die sakrale Würde seines Königtums, seine Stellung als vicarius Christi und »Gesalbter des Herrn« auch als Verpflichtung gesehen. Gelegentlich bringen die Arengen seiner Urkunden programmatisch zum Ausdruck, daß er nach dem Recht der Herrschaft, die er übernommen hat, für alle Kirchen des Reiches Sorge zu tragen und jede einzelne in ihrer Aufgabe, dem Dienst für Gott, zu fördern habe. Für die besondere Würde des Priestertums entwickelte er ein feineres Gespür als der Vater. Das zeigt etwa die schnelle Rehabilitierung des Erzbischofs

Aribert von Mailand, nachdem dieser sich 1040 auf einem Hoftag in Ingelheim unterworfen und ihm gehuldigt hatte. Daß er bei der Nachfolgeregelung in Eichstätt 1042 den ihm von seinem Oheim, dem Bischof Gebhard von Regensburg, vorgeschlagenen Kandidaten, den Regensburger Dompropst Konrad, nicht akzeptierte, weil dieser der Sohn eines Priesters war, verrät vielleicht schon die ersten Auswirkungen einer Reformströmung, die von einem neuen Verständnis des Priesteramtes und seiner besonderen Aufgabe der Heilsvermittlung getragen war. Auf Abgaben bei der Erhebung von Bischöfen und Äbten, die als Simonie gedeutet werden konnten, hat er verzichtet. Es kommt nicht von ungefähr, daß der Episkopat des Reiches in der Regierungszeit Heinrichs das Bild einer gewissen Homogenität bietet und der Betrachter den Eindruck gewinnt, daß gerade die bedeutenden Vertreter der Reichskirche den Dienst für König und Reich und die Erfüllung der kirchlichen Aufgaben in ein ausgewogenes Verhältnis zu bringen vermochten. Die Förderung der Reform durch den Herrscher gab Impulse, die die Bischöfe aufnahmen; unter diesen Umständen dürfte den meisten von ihnen die Einbindung in staatliche Angelegenheiten nicht als eine gefährliche Verstrickung, sondern eher als die günstigste Voraussetzung für die Durchführung des großen Werkes der Verchristlichung der Welt erschienen sein. Dabei stand für Heinrich gar nicht in Frage, daß der weltlichen Gewalt, dem regnum, im irdischen Bereich die Führung zukomme.

Das hatte freilich auch zur Folge, daß er auf eine wirkliche oder vermeintliche Mißachtung seiner Majestät mit äußerster Empfindlichkeit reagierte. Als die Mönche von Farfa 1039 mit Suppo ein durch Herkunft und theologische Kenntnisse bestens ausgewiesenes Mitglied ihres Konventes zum Nachfolger des verstorbenen Abtes Hugo wählten und dem König dies durch eine Gesandtschaft mitteilten, kassierte dieser die Wahl: Die Eigenmächtigkeit des Konventes und die Tatsache, daß Suppo es nicht für nötig erachtet hatte, sich selbst bei Hofe einzufinden, nahm er nicht hin. Oder ein anderes Beispiel: In der Auseinandersetzung zwischen Johann, dem Vogt von Arras, und dem Bischof Lietbert von Cambrai um das Burggrafenamt der Stadt schreckte er vor Gewaltanwendung nicht zurück, um Lietbert seinen Willen aufzuzwingen. Für einen politischen Augenblicksvorteil nahm er in Kauf, daß sein selbstherrliches Vorgehen in der Kirche von Cambrai tiefe Verbitterung hinterließ.

Noch immer erhielt die Reformbewegung ihre entscheidenden Impulse aus dem Mönchtum. Auch unter Heinrich III. spielten Richard von St. Vannes und Poppo von Stablo eine hervorragende

Rolle. Allerdings hat der Salier fast ganz darauf verzichtet, Mönche auf die Bischofsstühle seines Reiches zu erheben; er respektierte die Auffassungen der monastischen Reformer, die dem Mönchtum andere Aufgaben als dem Weltklerus zuwiesen. Ein wesentlicher Aspekt der Förderung der Klosterreform war die Verleihung oder Sicherung der Reichsunmittelbarkeit. Die vom König garantierte Freiheit bedeutete Schutz vor Eingriffen des Laienadels und der Diözesanbischöfe. Die Gewährung der libertas fand ihr Korrelat in der Begründung eines neuen Herrschaftsverhältnisses: der Unterstellung unter die Reichsgewalt. Auch in diesem Bereich bleiben Freiheit und Dienst aufeinander bezogen. Die engere Beziehung zum Mönchtum ist zweifellos durch die zweite Ehe Heinrichs III. noch gefördert worden. Diese Ehe mit Agnes von Poitou hatte natürlich auch einen politischen Aspekt, über den noch zu sprechen sein wird; darüber hinaus aber brachte die Tochter Wilhelms V., des Großen, den Gemahl in Verbindung mit Cluny, der Abtei, zu der ihre Familie, ihr Vater (†1029/1030) wie ihr Halbbruder, Herzog Wilhelm VI. (†1038), engere Beziehungen unterhalten hatte. Den Abt Hugo von Cluny gewann der Kaiser 1051 als Taufpaten für seinen Sohn Heinrich. Der Salier hat mit den bedeutendsten Führern des Mönchtums seiner Zeit in Verbindung gestanden; seine größte Leistung für die kirchliche Reformbewegung aber erbrachte er dadurch, daß er den entscheidenden Anstoß für die Reform des Papsttums gab.

Das zentrale Motiv der Regierungstätigkeit Heinrichs III. ist die Sorge um die Friedenserlangung und die Friedenswahrung. Es läge nahe, auch hier eine Verbindungslinie zu Aquitanien und Cluny zu ziehen, jedenfalls an entscheidende Impulse und Einflüsse von dorther zu denken, war doch Südfrankreich die Wiege der Gottesfriedensbewegung, an der Herzog Wilhelm V. einen wesentlichen Anteil genommen hat, und war die burgundische Abtei unter Odilo (994–1049) eine eifrige Förderin der Treuga Dei. Wir müssen etwas weiter ausholen, um die Besonderheit der Friedenspolitik Heinrichs III. zu verdeutlichen.

Der Gottesfrieden im engeren Sinne, die pax Dei als Teil der großen, vom 10. bis zum 13. Jahrhundert verlaufenden abendländischen Friedensbewegung, war eine bestimmte Form des Friedens, durch die einzelne Örtlichkeiten und Personengruppen – Kirchen, Geistliche und die *inermes pauperes,* die Mittel- und Machtlosen, zu denen auch Bauern und Kaufleute gezählt wurden, Personen also, die nicht in der Lage waren, für ihren eigenen Schutz zu sorgen – geschützt werden sollten. Die Initiative zum Abschluß solcher Friedensvereinbarungen, solcher *pacta pacis,* ging von der Kirche, vom Episkopat aus, und erwuchs aus den besonderen politischen Gegebenheiten Aquitaniens: dem Zusammenbruch der staatlichen Ordnung in der Spätkarolingerzeit, der Auflösung der Grafschaftsverfassung und dem damit im Zusammenhang stehenden Aufstieg kleiner seigneurs. Die Folgen dieser Entwicklung hatte vor allem die Kirche zu tragen, die den Übergriffen auf ihren Besitz und den durch die Privatfehden des Adels verursachten Zerstörungen und Verwüstungen schutzlos preisgegeben war. So griffen Episkopat und Äbte zur Selbsthilfe, die sie mit der Sorgepflicht für die ihnen anvertrauten Gläubigen rechtfertigen konnten. Auf Synoden – beginnend mit Le Puy 975 und 994, Charroux um 989 und Limoges 994 – wurden Schutzbestimmungen für die gefährdeten Orte und Personengruppen erlassen, und der Adel wurde durch Eid – abgelegt auf wirkkräftige Heiligenreliquien – darauf verpflichtet. Dem Eidbrecher drohten also schwere Kirchenstrafen, Exkommunikation und Interdikt. Seit Ende der zwanziger Jahre intensivierte sich die Friedensbewegung gerade in Aquitanien, und Herzog Wilhelm V. hielt die Zügel in seiner Hand. Auf den Friedenskonzilien konnte die Kirche die Massen mobilisieren; von dem moralischen Druck, den sie so auf die Großen ausüben konnte, versprach sie sich eine Durchsetzung der Schutzbestimmungen. So sind hier ohne Frage Ansätze zu einer religiösen Volksbewegung zu sehen – aber sozialrevolutionäre Ziele sind nicht zu erkennen: Das bestehende Herrschaftssystem wurde nicht in Frage gestellt. Im Gegenteil: Der Hochadel, die regierenden Fürsten, machte sich die Bewegung, die sich natürlich vor allem gegen den fehdelustigen, auf Ausbau seiner Macht bedachten niederen Adel auswirken mußte, zur Festigung der eigenen Herrschaft zunutze.

Seit dem zweiten Viertel des 11. Jahrhunderts erhielt die Friedensbewegung – wieder in Frankreich – neuen Auftrieb durch die Gotteswaffenruhe, die Treuga Dei. Erste Zeugnisse stammen aus Katalonien und dem Roussillon, sehr bald griff die Bewegung auf Frankreich und Burgund über, und nun tritt auch Cluny hervor. Die Gottesfrieden hatten nur bestimmte Orte und Personengruppen aus der Fehde ausgenommen, mit der Treuga aber wurde ein völliges Fehdeverbot für die durch das Leiden und die Auferstehung des Herrn ausgezeichneten Wochentage – von Mittwochabend bis Montagmorgen also – und darüber hinaus für besondere Kirchenfeste angestrebt. Die programmatische Formulierung der Treuga Dei von Narbonne 1054 »Wer einen Christen tötet, vergießt ohne Zweifel Christi Blut« *(qui christianum occidit, sine dubio Christi sanguinem fundit)* hebt den religiös-theologischen Charakter der Bewegung unübersehbar ins Bewußtsein.

Wenn man davon ausgeht, daß es in jenen ersten Jahrzehnten des 11. Jahrhunderts offenbar starke Strömungen gab, die ein völliges Fehdeverbot durchsetzen und alle Streitfälle durch Gerichte entschieden sehen wollten, dann stellte die Treuga Dei ohne Zweifel ein Zurückweichen, einen Kompromiß dar. Bedenkt man jedoch, daß durch ausgedehntere Treugavereinbarungen, die auch wieder durch Schwureinungen abgesichert wurden, erreicht wurde, daß unter Umständen für Dreiviertel des Jahres die Waffen ruhen sollten, dann ist ein Fortschritt unverkennbar. Die Frage war allerdings, wie die Einhaltung der Treuga gegenüber einem an die Fehde gewöhnten Adel zu erzwingen war. Auch in diesem Falle stellten die Kirchenstrafen ein Zwangsmittel dar; darüber hinaus gelang es der Kirche mancherorts sogar, eigene militärische Verbände, Volksmilizen im Rahmen der Diözese oder sogar der Pfarrei oder auch adelige Aufgebote, zu mobilisieren, die zumeist unter geistlicher Führung – mit den Kirchenfahnen – gegen Unruhestifter ins Feld zogen – freilich im Ernstfalle den Berufskriegern des Adels nicht gewachsen waren. Diese Unternehmungen gegen Rechtsbrecher haben sicherlich der Vorstellung vom heiligen Krieg, den letzten Endes Gott selbst führt, und damit auch der Kreuzzugsbegeisterung vorgearbeitet. Wenn dem Adel, den *milites*, die Fehde, der Kampf innerhalb der Christenheit verboten war, dann war immer noch die Ablenkung nach außen möglich – der Kampf gegen die äußeren Feinde der Christenheit.

Die Treuga Dei hat nicht alle französischen Landschaften in gleichem Maße erfaßt; in der Normandie zum Beispiel lag die Friedenswahrung in den Händen der starken Herzöge. Ob sie in das linksrheinische Deutschland ausstrahlte – und wenn ja, in welchem Ausmaße – ist schwer zu sagen. Die Verhältnisse im Reich waren mit denen Frankreichs eben nicht zu vergleichen; das belegt am besten das viel zitierte Beispiel des Bischofs Gerhard I. von Cambrai (1012–1051), der als Suffragan von Reims und Reichsbischof zwischen den beiden politischen Systemen eine Zwischenstellung einnahm. Mehrfach in den zwanziger und dreißiger Jahren sah er sich genötigt, in die Diskussion um die Friedensbewegung einzugreifen und sein Verhältnis zu ihr offen darzulegen. Den Forderungen von jenseits der Grenze, einer Treuga beizutreten, widersetzte er sich zunächst und bediente sich dabei zu verschiedenen Zeiten verschiedener Argumente. In seiner Stellungnahme von 1023 vertrat er eine »gelasianische« Position, indem er die Aufgaben des Bischofs und des Königs gegeneinander abgrenzte, diesem das Kämpfen und damit die Sorge um den Frieden, jenem aber das Gebet zuwies. Im übrigen sah er gerade in den

Schwureinungen eine große Gefahr: Der einzelne sei gar nicht in der Lage, die mit dem Eid übernommenen Verpflichtungen zu erfüllen, und daher stets von der Sünde des Meineids bedroht. Schließlich berief er sich auch auf das Schema der funktionalen Dreiteilung der Gesellschaft, um seine Position zu verteidigen: Er sah die Aufgaben im Zusammenleben der Menschen aufgeteilt auf die drei Stände der Männer des Gebets (*oratores*), der Krieger (*pugnatores*) und der Bauern (*agricultores*), die, jeweils aufeinander bezogen und angewiesen, ihren je eigenen Pflichtenkreis hatten. In dieser Sicht kam es also den Bischöfen nicht zu, in die Aufgabenbereiche des Königs überzugreifen. Sicherlich hatte Gerhards Abneigung gegen die Friedenseinungen auch handfeste politische Gründe. Er selbst war fest im Reichskirchensystem verankert; Heinrich II. hatte der bischöflichen Kirche von Cambrai im Jahre 1007 die Grafschaftsrechte im Cambrésis verliehen (D.H.II. 142) – bei einem Anschluß an die Treuga mußte der Bischof mit einem Verlust an Selbständigkeit rechnen, was ihm gerade in der Auseinandersetzung mit den Kastellanen gefährlich erschien. Aber es wäre falsch, seine Argumentation lediglich als Schutzbehauptung, als ideologische Verschleierung von Machtinteressen abzuwerten, sie spiegelte die tatsächlichen Verhältnisse im Reich wider, in dem ein starkes Königtum die Aufgabe der Friedenswahrung noch selbst zu erfüllen vermochte. Allerdings hat sich Gerhard dem auf ihn ausgeübten moralischen Druck nicht entziehen können; sein Beitritt zum Gottesfrieden – vielleicht hat er um 1041 sogar selbst eine Pax-Konstitution erlassen – dokumentiert ohne Frage die Stärke der Friedensbewegung um diese Zeit.

Die Friedensmaßnahmen Heinrichs III. fallen in die Jahre 1043 bis 1046. Schon für seinen Aufenthalt in Burgund 1042 berichten die Chronisten, daß er hier den Frieden gesichert habe, ohne allerdings nähere Aufschlüsse über die Art seines Vorgehens zu geben. Deutlicher werden uns die Vorgänge auf der Konstanzer Synode im Oktober 1043, wenige Wochen nach einem siegreichen Ungarnfeldzug, geschildert. Der König trat zum Ambo oder Altar des Domes, ermahnte in einer »Predigt« das Volk zum Frieden, gewährte allen seinen Gegnern Verzeihung und forderte die Anwesenden – hier zunächst die Schwaben – mit Bitten, Ermahnungen und kraft seiner königlichen Gewalt auf, seinem Beispiel zu folgen. Hermann von der Reichenau fügt in seinem Bericht ausdrücklich hinzu, daß Heinrich sich bemüht habe, dies auch in den anderen Regionen des Reiches durchzusetzen. Bezeugt ist ähnliches für den Weihnachtsaufenthalt in Trier in demselben Jahre, als der Salier – nach der Erzählung Lamperts von Hersfeld – jeden, der sich gegen die königliche Majestät vergangen hatte, begnadigte und für das ganze Reich verordnete, daß alle sich gegenseitig ihre Vergehen vergeben sollten. Diese Szenen wiederholten sich in ähnlicher Form bei der Siegesfeier auf dem Schlachtfeld von Menfö an der Raab im Juli des folgenden Jahres: Barfuß und in härenem Gewande kniete der König vor einer Reliquie des heiligen Kreuzes nieder; die Fürsten und das Volk taten das gleiche. Dann wurde das »Kyrie eleison« angestimmt, und der König gewährte seinen Widersachern – *solito more,* in gewohnter Weise, wie Bern von Reichenau berichtet, – Indulgenz; alle Anwesenden schlossen sich seinem Beispiel an. Und schließlich hören wir noch zu 1046 – wohl aus Anlaß der Kaiserkrönung – von einem solchen Versöhnungsakt, von dem freilich der einstige Rebell Gottfried der Bärtige ausgenommen war.

Es ist nicht ganz leicht, den Rechtscharakter der hier geschilderten Maßnahmen zu bestimmen. Im Vordergrund stehen das religiöse Zeremoniell und der moralische Appell: Der König betet, bittet, ermahnt. Aber die Quellen benutzen auch Begriffe aus der Sphäre des Rechts und der Administration: Es ist die Rede von der königlichen Gewalt *(potestas),* die die Durchführung der Indulgenz erzwingt, von Edikt und Gesetz *(lex)* und von *foedera pacis,* Sühneverträgen. Den Kern der Friedenspolitik bilden also diese Sühneverträge, aber hinter allem steht das königliche Gebot, das den Maßnahmen ihren unbedingt verpflichtenden Charakter verleiht. Die Verträge sind regional begrenzt, aber sie erfassen das ganze Reich. Daher heißt es in den Annales Augustani, daß der Salier eine große Befriedung – *magna pacificatio* – des Reiches durchgeführt habe, und ähnlich lautet es bei Hermann und Bern von Reichenau geradezu hymnisch, daß der König einen seit vielen Jahrhunderten nicht gekannten Frieden bewirkt und durch sein Gebot befestigt habe. Die Verbindung von Gnade und Recht, die die Erzieher dem Thronfolger als Herrscheraufgabe vor Augen geführt hatten, ist hier verwirklicht. Es war ein geradezu revolutionärer Versuch der Verchristlichung der Welt, der Umsetzung des christlichen Gebotes zur Versöhnung in die politische Wirklichkeit, und dieser Versuch konnte nur gewagt werden, weil der Herrscher über eine gewaltige Autorität verfügte und sich dieser Autorität sicher war.

Hier wird der Unterschied zu den Verhältnissen im westlichen Nachbarland deutlich. Heinrich III. mag aus der Friedensbewegung des französisch-burgundischen Raumes Impulse empfangen haben, übernommen hat er die Treuga Dei nicht. Er ging einen eigenen Weg im Bewußtsein, daß die Friedenswahrung seine, des

Königs Aufgabe sei. Gleichzeitig erweist sich gerade in der strikten religiösen Ausrichtung noch einmal, wie sehr für seine Herrschaft geistlicher und weltlicher Bereich eine Einheit bildeten und wie sehr das theokratische Königtum seine Herrschaft auch als eine religiöse Aufgabe verstand. Die Schwäche der Konzeption ist die Schwäche aller derartigen Entwürfe, die die Wirklichkeit von der Idee und dem moralischen Appell her und nicht allein mit den Mitteln der Machtpolitik zu gestalten suchen: Ihre Überzeugungskraft hing wesentlich ab von der Autorität der Persönlichkeit, die sie vertrat, und die Gefahr, daß die emotionale Wirkung, die religiöse Ergriffenheit der Massen, sich durch ständige Wiederholung abnutzen werde, war groß.

b) Die Beziehungen zu den Nachbarstaaten

Der schwere Konflikt Heinrichs III. mit Gottfried dem Bärtigen hatte in den westlichen Grenzregionen zeitweise eine unsichere Lage geschaffen. Wenn auch die Darstellung der Annalen von Niederaltaich, daß der Herzog mit dem französischen König Heinrich I. (1031–1060) konspiriert habe, den Tatsachen nicht entspricht, so war die Befürchtung, der Kapetinger könne eine Schwäche des Reiches ausnutzen, um die alten westfränkisch-französischen Ansprüche auf Lothringen wiederaufleben zu lassen, nicht so ohne weiteres als haltlos abzutun. Die französischen Invasionspläne von 1047 sollten das deutlich erweisen. Zunächst war freilich nicht damit zu rechnen, daß Heinrich I. so verwegen sein würde, sich in ein ungewisses außenpolitisches Abenteuer zu stürzen. Nach einem Jahrzehnt äußerster Gefährdung seiner Herrschaft durch Auseinandersetzungen innerhalb der Dynastie und mit den Vasallen der Krondomäne sowie die auf eine Einschnürung seiner eigentlichen Machtbasis hinauslaufende expansive Politik des Hauses Blois-Champagne bahnte sich in den Jahren 1043/44 eine Wende durch einen Sieg des mit ihm verbündeten Gottfried Martell von Anjou gegen die Grafen Theobald und Stephan von Blois-Champagne an.

Um diese Zeit wurde das deutsch-aquitanische Eheprojekt verwirklicht, nachdem Heinrich III. Ende 1042 das Angebot des Großfürsten Jaroslaw von Kiew, ihm eine seiner Töchter zur Gemahlin zu geben, abgeschlagen hatte. Die Ehe des Saliers mit Agnes von Poitou ist häufig als ein politischer Schachzug auch gegen den französischen König gedeutet worden, der eine Verbindung des Reiches mit einem der mächtigsten Vasallen des Kapetingers, Gottfried Martell, dem Grafen von Anjou und Stiefvater der Agnes, herbeigeführt und Heinrich III. Rückendeckung nicht nur gegen Theobald und Stephan von Blois-Champagne, Odos II. Söhne, sondern auch gegen mögliche Ansprüche Heinrichs I. auf lothringische Gebiete eingebracht habe. Das aber trifft die Absichten Heinrichs III. nicht. Die poitevinische Ehe des Königs ist in den Zusammenhang seiner burgundischen Politik zu stellen: Agnes war über ihre gleichnamige Mutter eine Enkelin des Grafen Otto-Wilhelm von Burgund, des einstmals aktivsten Gegenspielers Rudolfs III. bei dessen Bemühungen, das Königreich Heinrich II. als Erbe zuzubringen, und Otto-Wilhelms Sohn Rainald, Oheim der Agnes, hat noch 1044 einen Aufstand gegen Heinrich III. unternommen; durch seine Heirat hat Heinrich III. offenbar die burgundischen Verwandten seiner Gemahlin gewinnen wollen. Ob Gottfried Martell von Anjou an dem Projekt in irgendeiner Weise beteiligt war, erscheint sehr zweifelhaft – die treibende Kraft auf der aquitanischen Seite war Agnes, seine herrschgewaltige und ehrgeizige Gemahlin. Im April 1043 traf Heinrich III. mit dem französischen König in Ivois am Chiers zusammen. Was dort im einzelnen verhandelt worden ist, entzieht sich unserer Kenntnis. Aber man wird sicher nicht fehlgehen in der Vermutung, daß der Salier hier die Zustimmung Heinrichs I., des Lehnsherrn der Agnes, zu seiner Werbung eingeholt hat. Die Hochzeit, der die Krönung der Agnes zu Mainz vorausging, fand Ende November 1043 in Ingelheim statt. Der Protest des Abtes Siegfried von Gorze gegen die kanonisch anfechtbare Ehe enthält jene viel zitierten Ausfälle gegen die Modetorheiten der *Francisci*, durch die die ehrenwerten heimischen Sitten beseitigt würden, und der bejahrte Abt, der selbst übrigens wohl romanischer Zunge war, hält seine Klagen und Warnungen für um so berechtigter, als auch am Hofe, beim König und bei manchen Fürsten, diese Neuerungen durchaus gern gesehen würden.

Wenn also für die Anfangsjahre der Regierung Heinrichs III. die Beziehungen zu Frankreich normal und gut waren, so kommt der französische Invasionsplan, von dem Anselm in seiner Lütticher Bistumsgeschichte zum Jahre 1047 berichtet, einigermaßen überraschend. Der Chronist gibt den Ratgebern Heinrichs I. die Schuld an den Verwicklungen: Sie hätten, als sie erkannten, daß die Grenzgebiete des Reiches durch Heinrichs III. Italienzug von Truppen entblößt waren, und sie daher glauben konnten, leichtes Spiel zu haben, ihren König für einen Vorstoß auf Aachen gewonnen; dabei sei man davon ausgegangen, daß die Eroberung des Hauptortes Heinrich I. dann schnell das ganze Lothringen einbringen werde. Die offizielle Rechtfertigung des Unternehmens sollte der Erbanspruch des Kapetingers auf die Gebiete sein, die seinem Vorgänger mit List entrissen worden seien. Dem Eingreifen seines Bischofs Wazo schreibt Anselm das Hauptverdienst daran zu, daß der drohende französische Einmarsch verhindert werden konnte. Zweimal habe er sich brieflich an Heinrich I. gewandt, ihn an die alten freundschaftlichen Beziehungen zwischen beiden Reichen erinnert und, als dies nichts fruchtete, den König bei seiner Ehre ermahnt, das Land des Gegners nicht in dessen Abwesenheit anzugreifen; er habe ihn darüber hinaus für all das Leid verantwortlich gemacht, das aus diesem Vorhaben entstehen werde. Der moralische Appell hatte Erfolg: Heinrich I. gab seinen Plan auf.

Nicht in allen Einzelheiten wirkt der Bericht des Lütticher Chronisten glaubwürdig; die Rolle des Bischofs hat er ohne Frage in panegyrischer Absicht überzeichnet. Wie ernst der französische Invasionsplan tatsächlich gewesen ist, läßt sich daher nur schwer abschätzen. Immerhin könnte die allgemeine politische Lage eine Erklärung für die deutsch-französischen Spannungen liefern. Für Heinrich I. wurde die ausgreifende angiovinische Machtpolitik allmählich zu einer Bedrohung seiner eigenen Stellung, und so vollzog er in seiner Politik der Ausspielung der großen Vasallen gegeneinander eine Schwenkung weg von Gottfried Martell hin zu Herzog Wilhelm von der Normandie. Gerade in dieser Zeit entwickelten sich die Beziehungen zwischen dem deutschen Hofe und Aquitanien und Anjou besonders günstig; die Herzogin Agnes hatte, begleitet von aquitanischen Großen, Ende 1045 ihren Schwiegersohn aufgesucht und das Weihnachtsfest mit ihm zusammen in Goslar gefeiert; während Heinrichs III. Romzug befanden sich Agnes und Gottfried Martell ebenfalls in Italien, eine Fühlungnahme mit dem Kaiser ist anzunehmen. Die Intensivierung der Beziehungen zwischen Heinrich III. und seinen französischen Verwandten mußte den Kapetinger mit Mißtrauen erfüllen, und das könnte ihn durchaus auf den Gedanken gebracht haben, dem Salier im Gegenzug Schwierigkeiten in dem ohnehin unruhigen Lothringen zu bereiten. Daß er seine Pläne dann doch nicht in die Tat umsetzte, überrascht letzten Endes nicht allzu sehr. Die Reaktion Wazos machte ihm klar, daß er mit Widerstand zu rechnen hatte und sich auf ein ungewisses Abenteuer einließ; und da Gottfried Martell bereits Anfang März 1047 aus Italien zurückkehrte, ließen die Angelegenheiten seines eigenen Reiches alle anderen Pläne und Ambitionen in den Hintergrund treten. Eine erneute, von dem Bischof Bruno von Toul vermittelte Zusammenkunft beider Monarchen in Ivois im Oktober 1048 setzte den Irritationen ein Ende. Beide Seiten waren an einem Ausgleich interessiert, der ihren mächtigen Vasallen bei möglichen Empörungsversuchen die Aussicht auf Rückhalt im Ausland nahm. So erfolgte nun der Abschluß eines Freundschaftsvertrages, der im wesentlichen die Verpflichtung zur Nichteinmischung in die inneren Angelegenheiten im Herrschaftsbereich des Vertragspartners zum Gegenstand gehabt haben dürfte.

Stärker als die Probleme der Westgrenze hat die Frage der Gestaltung des Verhältnisses zu den jungen ostmitteleuropäischen Staaten die Regierungszeit des dritten Heinrich bestimmt. Die Einbeziehung Polens, Böhmens und Ungarns in die Machtsphäre des Reiches war ein wesentliches Element der imperialen Erneuerungspolitik Ottos III. gewesen. Das war auch für den Salier verpflichtendes Programm. Der polnische Staat war nach Mieszkos II. Tod in Anarchie versunken. Mit Hilfe Heinrichs III. und Jaroslaws von Kiew konnte der zeitweilig vertriebene Thronfolger Kasimir I. (1039–1058) in sein Heimatland zurückkehren und hier den Neuaufbau des Staates in die Wege leiten. Diese Leistung hat ihm den Ehrennamen des »Erneuerers« eingetragen, aber Polen gewann die alte Machtstellung, die es unter Boleslaw Chrobry innegehabt hatte, nicht zurück. Pommern war verloren; Schlesien, unter böhmische Herrschaft gekommen, konnte erst 1050/54 zurückgewonnen werden. Kasimir I. war für die Durchführung seiner Aufbauarbeit ganz auf gute Beziehungen zum Reich angewiesen.

Das zeitweilig bestehende Machtvakuum hat Bretislaw I. von Böhmen (1034–1058) auszufüllen gesucht. Im Jahre 1039 fiel er in Polen ein. Nach der Einnahme Gnesens ließ er die Reliquien des hl. Adalbert nach Prag überführen – eine unmißverständliche Geste politischer Religiosität, die seinen Anspruch auf das Erbe Boleslaw Chrobrys untermauern sollte. Gleichzeitig bemühte sich der Bischof Severus von Prag bei Papst Benedikt IX. um eine Erhebung seiner Kirche zum Metropolitansitz. Was Polen und Ungarn um die Jahrhundertwende erreicht hatten – die Schaffung einer eigenen Landeskirche –, das sollte nun für Böhmen nachgeholt, Prag sollte aus der Reichskirche und der Zugehörigkeit zur Kirchenprovinz Mainz gelöst werden. Der Tuskulanerpapst hat sich freilich für diesen Plan nicht gewinnen lassen.

Da Polen unter deutscher Lehnsoberhoheit stand, bedeutete der Überfall Bretislaws auch eine Herausforderung an den deutschen König, der überdies die Bildung eines die Vormachtstellung des Reiches im Osten bedrohenden westslawischen Großstaates nicht hinnehmen konnte. Heinrich III. reagierte sofort und bereitete einen Feldzug nach Böhmen vor. Doch kam der Herzog diesem Unternehmen zuvor, versprach, sich Heinrichs Forderungen zu beugen und stellte seinen Sohn Spitignew als Geisel. Erst, als im Laufe des folgenden Jahres offenbar wurde, daß der Böhme den übernommenen Verpflichtungen nicht nachkommen werde, sondern sich für die Verteidigung seines Landes rüstete und dabei ungarischer Hilfe versicherte, suchte Heinrich die Entscheidung mit den Waffen herbeizuführen. Der Augustfeldzug endete jedoch mit einer schweren Niederlage des deutschen Heeres. Die Totenannalen des Klosters Fulda werfen ein Streiflicht auf Einzelschicksale. Die meisten Krieger des fuldischen Aufgebotes – an ihrer Spitze der Bannerträger Graf Reginhard – fanden bei diesem Unternehmen den Tod. Dennoch mußte die Abtei beim Feldzug des nächsten Jahres erneut ein Aufgebot stellen – hier wird noch einmal die ganze aus dem servitium regis sich ergebende Belastung einer Reichskirche konkret faßbar. Es ist daher nicht eine leere Floskel, wenn Heinrich III. die wenig später vorgenommene Schenkung einer Grafschaft in der Wetterau an das Kloster mit dessen »unermüdlichem Dienst« begründet (D.H.III. 101).

Das Verhandlungsangebot, das der Böhmenherzog im folgenden Jahre unterbreitete, beantwortete Heinrich III. mit der Forderung nach bedingungsloser Unterwerfung. Mitte August 1041 wurden die Feindseligkeiten wiederaufgenommen; das deutsche Heer stieß in zwei Säulen auf Prag vor, und Liutpold, der Sohn des Markgrafen Adalbert von der Ostmark, fiel in Mähren ein. Diesmal war Bretislaw auf sich allein gestellt, da sein Bundesgenosse, König Peter von Ungarn, inzwischen gestürzt worden war. So blieb ihm, um weitere Verwüstungen seines Landes zu verhindern, nur die Unterwerfung, die er nach der Rückkehr des deutschen Heeres im Oktober in Regensburg vollzog. Den Frieden hatten deutsche Fürsten vermittelt, aber die Demütigung des öffentlichen Unterwerfungsaktes ersparte ihm der Salier, der die Niederlage des Vorjahres geradezu als persönliche Schmach und Beleidigung seiner königlichen Majestät empfunden hatte, nicht. Bretislaw verzichtete auf seine polnischen Eroberungen, behielt aber Schlesien; er zahlte den rückständigen Tribut und erkannte die deutsche Lehnsoberhoheit an. Der Traum von einer westslawischen Großmacht unter przemyslidischer Führung war ausgeträumt; der Friedensschluß stellte einen wichtigen Schritt auf dem Wege der Integration Böhmens ins Reich dar, die gerade auch von benachbarten Fürsten wie Otto von Schweinfurt, Bretislaws Schwager, und Markgraf Ekkehard von Meißen befürwortet wurde, an deren Verwirklichung aber auch Persönlichkeiten wie jener Eremit Gunther teilhatten, der – aus der thüringischen Adelsdynastie der Grafen von Schwarzburg und Käfernburg stammend – in der Einöde des Böhmerwaldes die Zelle Rinchnach gegründet hatte und enge Beziehungen zum böhmischen Herzog unterhielt.

In den Zusammenhang der Auseinandersetzung mit Böhmen scheint eine straffere Organisation der Grenzlande zur Grenzsicherung und Schaffung von Aufmarschräumen zu gehören. Allerdings läßt sich über die Marken Cham, Nabburg sowie die böhmische Mark – an der Thaya, gegen Mähren ausgerichtet – nur wenig aussagen. Längeren Bestand haben sie, wenn sie überhaupt territorial zu deuten sind, nicht gehabt. Im Hinterland wurde um diese Zeit das Königsgut um Nürnberg mit der Errichtung der Reichsburg administrativ zusammengefaßt. Der Raum um Eger war zwar noch kaum erschlossen, aber in den Grundzügen wird hier schon die Ausformung jener Reichslande erkennbar, die in staufischer Zeit ein Zentrum königlicher Macht darstellen sollten. Und bereits Heinrich III. hat offenbar in erheblichem Umfange in diesen Regionen Dienstmannen, Ministerialen also, für Verwaltung und militärische Aufgaben angesetzt.

Die gleiche Funktion sollte gegenüber Ungarn die Neumark oder Ungarnmark an Leitha und March mit der Hainburg als militärischem Mittelpunkt übernehmen, die freilich als selbständiger Amtssprengel ebenfalls nicht lange Bestand hatte. Mit ihrer Leitung war zunächst der Babenberger Liutpold betraut worden, nach dessen frühem Tod erscheint hier ein Markgraf Siegfried, wahrscheinlich jener Spanheimer, den Konrad II. in Kärnten eingesetzt hatte. Doch schon um 1050 wird die Neumark den Babenbergern unterstellt, die durch diesen Gebietserwerb ihre Machtposition im Grenzland an der Donau bedeutend ausbauen konnten.

Ungarn war mehr und mehr in das Zentrum der ostpolitischen Aktionen Heinrichs III. gerückt. Noch 1039/1040 hatte der König Peter auf seiten Bretislaws gestanden und war selbst in die Ostmark eingefallen; auf dem Regensburger Reichstag von 1041 aber, auf dem der Böhmenherzog sich unterwerfen mußte, fand er sich als Flüchtling bei Heinrich ein. Die Hintergründe für seinen Sturz lassen sich nur schwer erhellen. Es scheint, daß die Nachfolgeregelung Stephans, der den venetianischen Neffen dem arpadischen Mannesstamm vorgezogen hatte, sich nicht bewährt hat, Peter sein ausländisches Gefolge gegenüber den ungarischen Magnaten allzu sehr begünstigte und auch entgegen dem Stephan geleisteten Eide der Königin Gisela ihre Rechte vorenthielt. Der Salier nahm den Vertriebenen gastlich auf, ohne ihn seine früheren Feindseligkeiten entgelten zu lassen, bewies damit den Edelmut, der einem Herrscher gut ansteht, gewann aber auch ein Druckmittel, das sich im weiteren Verlauf des Konfliktes mit Ungarn möglicherweise vorteilhaft würde einsetzen lassen.

Der Umsturz hatte Samuel-Aba, einen Schwager Stephans, auf den Thron gebracht. Er nahm sofort Verbindung zu Heinrich III. auf, konnte aber eine vertragliche Regelung nicht erreichen. Seine Einfälle in Kärnten und die Ostmark Anfang 1042 provozierten deutsche Gegenaktionen, die 1043 zum Rückgewinn der im Frieden von 1031 an Stephan abgetretenen Gebiete zwischen Fischa, Leitha und March, aus denen die schon erwähnte Neumark gebildet wurde, führten und am 5. Juli 1044 in dem großen Sieg bei Menfö an der Raab gipfelten. In Stuhlweißenburg wurde Peter erneut inthronisiert; er leistete Heinrich den Treueid und erkannte die Lehnsoberhoheit des Reiches an. Samuel-Aba wurde nach seiner Gefangennahme als Hochverräter verurteilt und hingerichtet. Am Pfingstfest des folgenden Jahres weilte der Salier erneut in Ungarn und nahm in einer feierlichen Zeremonie die Lehnsauftragung des Königreiches entgegen; die ungarische Königslanze, die er in der Schlacht von Menfö erbeutet hatte und nun als Investitursymbol verwandte, schickte Heinrich zusammen mit einer Krone als Trophäen des Sieges als Geschenk an den heiligen Petrus nach Rom. Zu Unrecht hat Papst Gregor VII. diesen Akt der Pietät später als eine die Lehnsauftragung Ungarns an den Heiligen Stuhl symbolisierende Insignienübersendung zu deuten versucht.

Heinrich III. schien am Ziel: Die Einbeziehung der ostmitteleuropäischen Staaten in das Reich in den Formen lehnrechtlicher Bindung war verwirklicht; die przemyslidischen Selbständigkeitsbestrebungen waren gescheitert, Kasimir von Polen und Peter von Ungarn auf eine enge Anlehnung an das Reich angewiesen, wenn sie ihre Herrschaft behaupten wollten. Doch wendete sich das Blatt schnell. Als Heinrich III. seinen Romzug antrat, waren die Erfolge der Vorjahre zum Teil schon zunichte gemacht: In Ungarn war Peter durch den aus der Verbannung in Kiew heimgerufenen Andreas, einen Neffen Stephans I., gestürzt worden; die Verhältnisse an der Südostgrenze des Reiches waren damit erneut unsicher geworden, die ostpolitische Konzeption des Saliers war in Frage gestellt.

c) Italien und das Papsttum

Anders als 1024 hatte es beim Herrscherwechsel von 1039 keine Opposition und keine Unruhen in Italien gegeben; der Konflikt mit Aribert von Mailand, den Heinrich als Hypothek aus der Regierungszeit seines Vaters übernommen hatte, war schnell beigelegt worden. Im übrigen bediente sich der zweite Salier der Herrschaftsmethoden, die auch seine Vorgänger angewandt hatten: Er stützte sich auf die Reichskirche und setzte verstärkt Königsboten, Missi, ein, mit welcher Aufgabe er Bischöfe und Grafen, interessanterweise mehrfach auch seine Kanzler, betraute. Daß Mailand seit 1042 für fast drei Jahre erneut zu einem Unruheherd wurde, hing nicht mit Fragen der Reichspolitik zusammen, sondern ergab sich aus lokalen Auseinandersetzungen. Der Anlaß erscheint vergleichsweise harmlos: In einem privaten Streit wurde ein Mann aus dem Volke – als *plebeius* kennzeichnet ihn der Chronist Arnulf – von einem Ritter schwer verletzt. Völlig überraschend für die führenden Gruppen der Stadt entwickelte sich aus diesem Vorfall ein Aufstand, der den Adel in schwerste Bedrängnis brachte und Capitane und Valvassoren, die sich gegenüber dem Druck von unten zusammengeschlossen hatten, zwang, die Stadthäuser zu verlassen und sich auf ihre Sitze im Contado zurückzuziehen. Der Erzbischof Aribert folgte ihrem Beispiel, und aus dem Umland kam ihnen Hilfe zu, als sie nun mit der Belagerung der Stadt begannen. An der Spitze des aufständischen Volkes stand mit dem Königsrichter Lanzo, der in späteren Jahren in Mailand auch als Königsbote bezeugt ist, ein Mann aus der Schicht der Capitane, ein Angehöriger des hohen Adels also. Anscheinend hat er Verbindung zu Heinrich III. aufgenommen und dann, als der König die Zusicherung gegeben hatte, durch ein Reichsaufgebot den Frieden wiederherzustellen, mit seinen Standesgenossen verhandelt; er konnte sie von der Notwendigkeit überzeugen, in die Stadt zurückzukehren, wenn man größeren Schaden verhindern wollte, und so kam es zum Friedensschluß auf der Grundlage einer allgemeinen Amnestie. An dieser Einung von 1044, die in den Grundzügen den Indulgenzen Heinrichs III. nahesteht und die im folgenden Jahre erneuert wurde, haben Gesandte des deutschen Königs – wahrscheinlich der Kanzler Adalger als Königsbote – vermittelnden Anteil genommen, ohne daß Einzelheiten ihrer Aktivität deutlicher zu erkennen wären.

Ob die Ereignisse mit der gerade in diesen Jahren nach Italien übergreifenden Treuga Dei in Zusammenhang stehen, etwa in dem Sinne, daß die Erhebung des Volkes als die Mobilisierung der Friedensmiliz gegen einen adeligen Friedbrecher zu deuten ist, muß offenbleiben. Von größerer historischer Bedeutung war ohne Zweifel, daß die städtischen Gegensätze sich in politischen Gruppierungen ausprägten und mit der Einung von 1044 ein erster Anstoß zur

Gestaltung der städtischen Verfassung, zur Ausformung der Kommune, gegeben wurde. Das Volk kämpfte gegen die adelige Führungsschicht um seine Freiheit. Nach der Auflösung der königlichen Herrschaftsorganisation waren die Dinge noch im Fluß, aber die Mailänder Vorgänge hatten gezeigt, daß das nichtadelige Volk hier den Anspruch seiner adeligen Mitbürger, die Herrschaft an sich zu ziehen, nicht akzeptieren werde. Entscheidende Voraussetzungen für seinen Erfolg lagen in der zunehmenden wirtschaftlichen Stärke und im demographischen Wachstum; wenig später sollte darüber hinaus offenbar werden, welche Bedeutung den geistig-religiösen Auseinandersetzungen in diesem Prozeß zukam.

Heinrich III. ist mit der Entwicklung in Mailand weiter in Berührung geblieben. Nach dem Tode Ariberts (16. Januar 1045) erbat eine Gesandtschaft der Bürger – ob zu dieser Abordnung bereits Vertreter der plebs gehörten, ist nicht sicher – vom König die Bestimmung eines Nachfolgers. Wenn die Mailänder selbst tatsächlich ein Mitglied des aristokratischen Domklerus gewünscht haben sollten, so versagte sich der Salier diesem Begehren. Seine Wahl fiel auf Wido, der – wenn auch widerstrebend – vom Domklerus akzeptiert wurde. An dem neuen Erzbischof hatte man auszusetzen, daß er vom Lande kam und ohne besondere theologische Bildung war, aber er gehörte immerhin einer Capitanenfamilie – der der Herren von Velate – an; einen Mann geringerer Herkunft hätte Heinrich der stolzen Kirche des heiligen Ambrosius sicherlich nicht zumuten können.

Die Mailänder Vorgänge dürften dem deutschen König eine erste Ahnung davon vermittelt haben, daß das Regnum jenseits der Alpen sich in einem Zustand geistiger Gärung und wirtschaftlich-sozialen Umbruchs befand. Hier kündigte sich Neues an. In Deutschland ahnte man davon noch nichts; die Städte waren als politischer Faktor noch nicht in Erscheinung getreten, und soziale Umwälzungen bahnten sich allenfalls und noch kaum bemerkt mit dem beginnenden Aufstieg der unfreien Dienstmannen an.

Auch in der Kirche Italiens gab es manche Anzeichen für einen Neubeginn. Die Situation in Rom war noch undurchschaubar, aber nicht zu übersehen waren wesentliche Reformansätze in einzelnen Bischofskirchen und Klöstern des Landes. Das Königtum war an dieser Entwicklung nicht unbeteiligt; man erinnere sich nur der Übertragung der Abtei Monte Cassino durch Konrad II. an den Niederaltaicher Professen Richer, der das Benediktinerkloster nach Zeiten des Niedergangs und der Zerstörung einer neuen Blüte zuzuführen sich bemühte. In der Toskana hat der Hochadel seit der Jahrhundertwende den Kampf gegen die Simonie aufge-

nommen; in den Gründungsurkunden adeliger Eigenklöster erscheinen immer wieder Verbotsklauseln gegen simonistische Praktiken, und hier und da wird auch schon die Priesterehe offen als Übel gebrandmarkt. Zentrum der tuszischen Frühreform aber wurde Vallombrosa bei Florenz, wo Johannes Gualbertus, aus der Florentiner Abtei San Miniato kommend, im Jahre 1036 eine zönobitische Gemeinschaft begründete, die zutiefst von eremitischer Strenge geprägt wurde. Johannes hatte vorher die Simonie seines Abtes bekämpft und öffentlich gegen das gleiche Vergehen des Bischofs Atto gepredigt. Heinrich III. ist noch zu Lebzeiten seines Vaters dem Kloster schon in der Gründungsphase nähergetreten und hat das erste Oratorium durch den Bischof Rudolf von Paderborn weihen lassen. Sehr schnell gewannen die Vallombrosaner mit ihrer Predigt gegen die Simonie eine große Breitenwirkung im Volk.
Auch zu den Ravennater Reformkreisen unterhielt das deutsche Königtum engere Beziehungen. Der Erzbischof Gebhard, der aus der Eichstätter Kirche hervorgegangen und von Konrad II. auf den Ravennater Erzstuhl erhoben worden war, hatte die pastorale Erneuerung in die Wege geleitet. Sein Suffragan Johannes von Cesena reformierte im Jahre 1042 das gemeinsame Leben seines Kathedralklerus nach dem Vorbild der vita apostolica; zu ihm fand 1044 Petrus Damiani, seit kurzem Prior des eremitisch geformten Fonte Avellana, persönlichen Kontakt. Seine Reformvorstellungen sind in ihrer Betonung der seelsorgerischen Aufgaben der Geistlichkeit und der Forderung nach Verwirklichung der apostolischen Norm stark von der Cesenater Klerikerreform beeinflußt worden. In diesen Kreis gehörten weiter die Äbte Wido von Pomposa und Lambert von San Apollinare in Classe. Als Heinrich III. seinen Italienzug vorbereitete, schickte er zu Wido, um seinen Rat zu erfragen; der greise Abt machte sich tatsächlich auf den Weg zu einer vorgesehenen Zusammenkunft mit Gesandten des Königs, erkrankte aber unterwegs und starb am 31. März 1046. Heinrich hat seine Gebeine im folgenden Jahre nach Speyer überführen und im Johannesstift, das dann das Patrozinium des Abtes annahm, beisetzen lassen. Der Abt Lambert weilte 1045 in Bodfeld am Hofe des Saliers und erhielt eine Schutzurkunde für sein Kloster; an demselben Tage gewährte Heinrich auch dem Kloster Pomposa ein Privileg des gleichen Inhalts (DD.H.III. 144. 145). Nach dem Tode Gebhards im Februar 1044 bestimmte der König den vornehmen Kölner Domherrn Widger zu seinem Nachfolger. Diese Entscheidung erwies sich jedoch als ein Fehlgriff, der auch die Ravennater Reform zum Stillstand brachte. Widger amtierte als Erzbischof, ohne sich die Bischofsweihe erteilen zu lassen. Gegen seine Mißwirtschaft

nahm Petrus Damiani den Kampf auf. Tatsächlich hat Heinrich III. Widger auf einer Aachener Synode im Mai 1046 absetzen lassen – der Prior von Fonte Avellana feierte diese Entscheidung in einem Schreiben an den König selbst als eine Großtat der Reform, vergleichbar der Tempelreinigung durch Christus, und rühmte sie, antike Vorstellungen vom Goldenen Zeitalter und das traditionelle Leitbild des davidischen Königtums miteinander verknüpfend, als Erneuerung des *aureum David saeculum,* des Goldenen Zeitalters Davids. Für ihn war der sakrale Charakter des Königtums eine Selbstverständlichkeit, Heinrich hatte als *vicarius Christi* gehandelt, und sein Eingreifen in Ravenna legitimierte ihn auch für die große Aufgabe der Erneuerung der Kirche an ihrer Spitze.

Die endgültige Entscheidung über Erfolg oder Scheitern der Reform mußte in Rom fallen. Wir haben gesehen, daß Konrad II. hier das tuskulanische System nicht angetastet hatte, was bedeutete, daß die Stadtherrschaft in den Händen der Tuskulaner Grafen lag und diese gleichzeitig über das Papsttum als eine Art Familienbesitz verfügten. Im Jahre 1032 hatte Graf Alberich III., das Haupt des Tuskulanerhauses, seinen Sohn Theophylakt, der zu diesem Zeitpunkt noch Laie war, zum Papst erheben lassen; er nannte sich Benedikt IX., ohne jedoch, wie Desiderius von Monte Cassino später meinte, mit dem Namen auch seinen Lebenswandel wesentlich zu ändern. Rodulfus Glaber schreibt, der neue Papst sei bei seinem Amtsantritt ein Knabe von ungefähr zehn bis zwölf Jahren gewesen – eine Behauptung, die ebenso übertrieben und unglaubwürdig ist wie die in den Quellen der zweiten Jahrhunderthälfte erhobenen Vorwürfe über die angeblichen Laster und Verbrechen Benedikts. Das Urteil über die Tuskulaner Päpste ist natürlich wesentlich geprägt worden durch die spätere Entwicklung des Papsttums nach der Wende von 1046; daß hier eine Umdeutung des Geschichtsbildes durch die Reformergeneration stattgefunden hat, die der unterschiedlichen Beurteilung Heinrichs II. und Konrads II. in der späteren Geschichtsschreibung weitgehend entspricht, hat die jüngere Forschung deutlich machen können. Freilich besagt das nicht, daß Benedikt IX. damit völlig rehabilitiert und gleichsam zu einem mustergültigen Repräsentanten des Papsttums umgeformt worden ist, aber unsere Bewertung seines Pontifikates wird vorsichtiger ausfallen müssen. Immerhin hat Petrus Damiani ihn in einem zu 1042 zu datierenden Schreiben ehrerbietig – vielleicht aber auch aus Ehrfurcht vor dem Amt – als *sanctissimus apostolicus dominus meus* apostrophiert, schon im folgenden Jahre dann allerdings in verdeckter Kritik unter die »Räuber« *(latrones)* eingereiht, die im Kampf um die Reform versagt haben.

Länger als ein Jahrzehnt hat Benedikt IX., gestützt auf die politische Macht seines Bruders, des Grafen Gregor II. von Tuskulum, die römische Kirche anscheinend ohne größere Schwierigkeiten regiert. Daß er nicht einfach als Handlanger des deutschen Königs zu betrachten ist, beweist seine bemerkenswert selbständige Entscheidung im Streit zwischen Aquileja und Grado, durch die er nach dem Tode Poppos von Aquileja auf einer römischen Synode vom April 1044 das Privileg seines Oheims Johannes XIX. von 1027 kassierte und die Gradenser Patriarchatsansprüche anerkannte. Auf die Habenseite seines Pontifikats gehören sicher auch die Bemühungen um eine straffere Organisation der päpstlichen Bürokratie. Im Herbst 1044 aber erhoben sich die Römer gegen die tuskulanische Herrschaft und vertrieben Benedikt IX. Die Hintergründe des Umsturzes sind – wie schon bei den häufigen Unruhen der ottonischen Epoche – in den Auseinandersetzungen der römischen Adelsfaktionen um die Stadtherrschaft zu suchen, in die das Papsttum unheilvoll verstrickt war. Folgerichtig suchte die zunächst obsiegende Partei ihren Erfolg durch Okkupation der cathedra Petri zu sichern, obwohl der Machtwechsel durch eine erfolgreiche Gegenoffensive der Tuskulaner bereits in Frage gestellt war. Zu Beginn des Jahres 1045 wurde, wohl unter dem Einfluß der Stephanier, einer Nebenlinie des weit verzweigten Hauses der Creszentier, der Bischof Johannes von Sabina zum Papst erwählt; er nannte sich Silvester III. Auch in diesem Falle werden Bestechung und äußerer Druck im Spiele gewesen sein. Wenn die Römer aber gehofft hatten, durch die Wahl eines Gegenpapstes den Tuskulanern die Rückkehr in die Heilige Stadt endgültig verwehren zu können, so ging diese Rechnung nicht auf. Im März gelang es Benedikt IX., seinen Gegenspieler, den er zuvor exkommuniziert hatte, wieder aus Rom zu vertreiben. Freilich mußte er es hinnehmen, daß Johannes unter dem Schutz der Stephanier in sein Bistum zurückkehren konnte und anscheinend auch seine Ansprüche auf die päpstliche Würde nicht sofort aufgab – ein deutliches Indiz dafür, wie labil die politische Lage in Rom inzwischen geworden war.
Schon bald nach seiner Restitution scheint Benedikt daher zu der Einsicht gelangt zu sein, daß er seine Stellung auf die Dauer nur schwer werde behaupten können, und so kam es zu jenem seltsamen Handel, durch den er am 1. Mai 1045 dem Erzpriester Johannes Gratianus von St. Johann an der Porta Latina, seinem Taufpaten, seine Würde abtrat. Wieder haben zeitgenössische Beobachter und spätere Chronisten in anklägerischer und apologetischer Absicht das Geschehen ins Zwielicht gerückt und damit ein unvor-

eingenommenes Urteil erschwert. Sicher ist, daß Benedikt IX. seinen Verzicht freiwillig vollzogen hat und an der Erhebung seines Nachfolgers die Römer irgendwie – wohl durch ordnungsgemäße Wahl – beteiligt worden sind; vielleicht haben sie auch Johannes seinen Papstnamen – Gregor VI. – gegeben. Daß der Tuskulaner seine Abdankung in der feierlichen Form der Selbstverdammung und Selbstdeposition vorgenommen habe – diese Darstellung des Gregorianers Bonizo von Sutri mag man mit einiger Skepsis als tendenziös abtun. Was aber war Inhalt jener *cartula*, die Benedikt dem Nachfolger aushändigte? War es die einfache Verzichterklärung? War es gar ein Kaufvertrag? Ohne Zweifel hat auch bei diesem Ereignis das Geld eine entscheidende Rolle gespielt; manche Berichterstatter nennen sogar genaue Summen. Wurde damit Benedikt IX. selbst ausbezahlt oder abgefunden, wurden die Tuskulaner auf diese Weise entschädigt und die Römer bestochen? Man braucht seine Phantasie nicht allzu sehr anzustrengen, um sich die verschiedensten Verwendungsmöglichkeiten vorstellen zu können; jedenfalls war die Erhebung des Johannes Gratianus nicht frei von Simonie. Daß aber außerhalb Roms die Vorgänge so klar nicht zu durchschauen waren, dafür ist wiederum Petrus Damiani ein unverdächtiger Zeuge. Er hat den neuen Papst begeistert begrüßt, von ihm die Wiederherstellung des Goldenen Zeitalters der Apostel, des *aureum apostolorum saeculum*, erwartet und ihn im gleichen Atemzug zum Kampf gegen die Simonie aufgefordert – so hätte der Prior von Fonte Avellana sicher nicht geschrieben, wenn für ihn über dem Pontifikatsbeginn Gregors VI. auch nur der Schatten eines Verdachts simonistischer Verfehlungen gelegen hätte. Wie sehr in seiner Sicht die Erneuerung der Kirche vom Zusammenwirken der beiden höchsten Gewalten der Christenheit abhing, wird im übrigen schon daran deutlich, daß er das mythische Leitbild vom Goldenen Zeitalter beiden Bereichen zuordnet, hier mit der Epoche der Urkirche, dort mit dem davidischen Königtum des Alten Testaments verknüpft.

Wenn aber schon in nächster Nähe der Geschehnisse nicht alle Umstände bekannt geworden waren, um wieviel schwerer mußte sich dann Heinrich III. tun, wenn er sich über die verworrenen Verhältnisse in der Heiligen Stadt Klarheit verschaffen wollte. Damit ist die viel diskutierte Frage erneut gestellt, welche Motive den König – über die Absicht der Gewinnung der Kaiserkrone hinaus – bei seinem Italienzug leiteten, oder, anders formuliert: ob er von vornehrein ein Eingreifen in die römische Kirchenleitung geplant hat. Aber vielleicht enthüllt sich diese Frage lediglich als ein Scheinproblem. Natürlich war der Salier über die römischen

Vorgänge im allgemeinen unterrichtet, es hatte ja nach dem Mai 1045 genügend Kontakte mit Italien gegeben – beispielsweise durch den Abt Lambert von San Apollinare in Classe oder auch im Zusammenhang mit dem Verfahren gegen Widger von Ravenna. Wenn sich spätere Nachrichten, daß der König von gewissen Kreisen Roms direkt zum Eingreifen aufgefordert worden sei, als tendenziöse Umdeutung der Tatsachen erweisen ließen – und es spricht sehr viel für eine solche Beurteilung –, dann mußte Heinrich im Sommer 1046 eigentlich davon ausgehen, daß in Rom leidlich geordnete Verhältnisse herrschten. Den Italienzug unternahm er also der Kaiserkrönung wegen.

Als erster deutscher Herrscher konnte er den Boden Italiens betreten, ohne auf Widerstand zu stoßen. Am 25. Oktober versammelte er eine Synode in Pavia; ob hier tatsächlich jenes Edikt gegen die Simonie erlassen worden ist, von dem Rodulf Glaber berichtet, kann nicht mit Sicherheit gesagt werden. Bald nach Abschluß der Synode kam es im November in Piacenza zu einer Begegnung zwischen dem König und Gregor VI. Der Papst wurde von Heinrich ehrenvoll empfangen, damit also offensichtlich als rechtmäßiger Pontifex behandelt, was durch die gemeinsame Aufnahme in einen damals geschlossenen oder erneuerten größeren Gebetsbund noch unterstrichen wurde. Es ist müßig, über die Themen des Gedankenaustausches oder der Verhandlungen Vermutungen anzustellen – wir wissen nichts darüber. Der nächste Fixpunkt ist die Synode von Sutri, die am 20. Dezember zusammentrat. In der Zwischenzeit hatte der König in den Regionen, die er durchzog, Gericht gehalten und Privilegien gewährt; in diesen Wochen aber muß er sich auch über sein weiteres Vorgehen klargeworden sein. Die Geschehnisse von Sutri werden, sieht man die Begegnung von Piacenza als Ausgangspunkt der Ereigniskette, am ehesten verständlich, wenn man annimmt, daß dem Salier neue Informationen über die Erhebung Gregors VI. zugebracht worden waren, die dessen Pontifikat nun in anderem Licht erscheinen ließen. Vielleicht ist in eben diesen Tagen in seiner Umgebung jenes Gedicht abgefaßt worden, das den »König Heinrich« als den Stellvertreter des Allmächtigen auffordert, das dreiköpfige, aus der Habsucht entstandene Schisma zu beseitigen, damit nicht dem Kaisertum Schaden entstehe. Für Heinrich war es in der Tat eine Frage von existentieller Bedeutung – vor allem, wenn man seine Auffassung von der Würde seiner Stellung gebührend berücksichtigt –, einen Papst als Coronator zu erhalten, an dessen rechtmäßiger Erhebung nicht der geringste Zweifel bestand, sollte nicht die Krone für immer mit einem schweren Makel behaftet bleiben.

Es versteht sich von selbst, daß die Entscheidungen der Synode von Sutri noch mehr als die vorhergehenden Ereignisse in den Meinungsstreit der folgenden Jahrzehnte geraten sind, so daß Wahres von Falschem kaum mehr wirklich zu sondern ist. Die Einladung zur Kirchenversammlung hat Heinrich III. ergehen lassen, und es kann keinen Zweifel geben, daß er den entscheidenden Einfluß ausgeübt hat. Gregor VI. und Silvester III. fanden sich in Sutri ein, Benedikt IX. entzog sich einer Stellungnahme durch die Flucht. In der causa Silvestri bereitete die Urteilsfindung keine Schwierigkeiten. Johannes von Sabina wurde nach einem förmlichen Verfahren als Eindringling, *invasor*, verurteilt. Offenbar erschien er dem König als ungefährlich, so daß er ihn in sein Bistum zurückkehren ließ, in dem er wenig später wieder als Bischof amtierte. Im ersten Teil der Verhandlungen hat vielleicht sogar Gregor VI. noch den Vorsitz geführt; dann aber wurde er selbst zum Angeklagten. Von den Synodalen aufgefordert, über die Umstände seiner eigenen Erhebung zu berichten, sah er sich schnell dem Vorwurf der Simonie ausgesetzt. Die späteren Apologeten der päpstlichen Nichtjudizierbarkeit haben die Schwere seines Vergehens mit seinem naiven Glauben, nur dem Wohle der Kirche gedient zu haben, zu entschuldigen gesucht und ihn selbst die Konsequenzen durch Selbstdeposition ziehen lassen. Das mag sich in den äußeren Formen annähernd so abgespielt haben – in der wissenschaftlichen Literatur werden die Vorgänge nach wie vor kontrovers diskutiert –, aber es ist sicherlich nur die halbe Wahrheit. Ganz so freiwillig ist dieser Verzicht nicht vor sich gegangen. Man wird im Gegenteil davon ausgehen dürfen, daß Gregor VI. einem erheblichen Druck ausgesetzt war. Der kurz nach den Ereignissen schreibende Anonymus, auf den noch zurückzukommen ist, spricht ganz eindeutig, freilich in antiheinrizianischer Tendenz davon, daß der Papst zu seinem Geständnis gezwungen worden sei. Den meisten Berichterstattern erschien der Sachverhalt jedenfalls als Absetzung. Heinrich III. hat daran ohne Zweifel einen erheblichen, vielleicht den entscheidenden Anteil gehabt; er war der Herr der Synode, und er setzte den Schlußpunkt, indem er Johannes Gratianus mit der Strafe der Verbannung belegte und dem Erzbischof Hermann von Köln in Obhut gab.

Gegen Benedikt IX. ist anscheinend schon in Sutri in Abwesenheit verhandelt worden. Das endgültige Absetzungsurteil, das schließlich nur sanktionierte, was längst entschieden war, erschien dem Salier gleichwohl notwendig, um eine Wiederherstellung der tuskulanischen Macht unmöglich zu machen; es erging kurz vor Weihnachten in Rom, wohin Heinrich zum 23. Dezember die letzte Synode dieses Jahres einberufen hatte.

Nach der Beseitigung des Schismas schritt man zur Neuwahl. Sie fiel, da der Wunschkandidat des Königs, der Erzbischof Adalbert von Hamburg-Bremen, sich entschieden weigerte, auf den Bischof Suidger von Bamberg, der am Weihnachtsfeste selbst inthronisiert wurde und sich Clemens II. nannte. Die Namenswahl kam einer programmatischen Aussage über die Ziele des Pontifikates gleich: Rückbesinnung auf die Epoche der Urkirche. Die erste Amtshandlung des neuen Papstes am Tage seiner Erhebung war die Vornahme der Kaiserkrönung an Heinrich III. und seiner Gemahlin Agnes. Überdies ließ sich der Salier an diesem Tage von den Römern die Würde eines Patricius übertragen; aus ihren Händen nahm er die patrizialen Insignien, Mantel, Ring und goldenen Zirkel, entgegen.

Das Ereignis von Sutri stellt die größte Reformtat Heinrichs III., den Höhepunkt der Kirchenhoheit des deutschen Königtums, dar und bedeutet für das Papsttum – und in der letzten Konsequenz auch für das Verhältnis von weltlicher und geistlicher Gewalt, von regnum und sacerdotium, – eine epochale Wende. Bereits bei den Zeitgenossen ist die Beurteilung umstritten, und die moderne Forschung hat erst allmählich zu einem ausgewogeneren Urteil über die Motive Heinrichs III. gefunden. Der Bischof Wazo von Lüttich und der anonyme Verfasser des unter dem Titel *De ordinando pontifice* bekannten Traktates haben das Vorgehen des Saliers in zum Teil äußerst scharfer Form kritisiert, dagegen rühmte Petrus Damiani Heinrich als einen Vorkämpfer gegen die simonistische Häresie, und Humbert von Silva Candida setzt ihn ausdrücklich von seinen Vorgängern ab, unter denen der Wahnsinn der Simonie in Deutschland, Gallien und Italien grassiert habe; selbst Hildebrand, der damals Gregor VI. in das Exil begleitete, hat niemals ein Wort der Kritik geäußert – die Reformer in Italien haben das Eingreifen des Königs offenkundig als eine für die Kirche förderliche Maßnahme akzeptiert. Moderne Urteile, die die Absetzung der schismatischen Päpste entweder als königlichen Gewaltakt verdammt oder aber dem König vorgeworfen haben, er habe kurzsichtig eine Reform entfesselt, die der weltlichen Gewalt und dem ottonisch-salischen Herrschaftssystem sehr bald gefährlich werden mußte, werden sämtlich der Wirklichkeit nicht gerecht. Der Schlüssel zum richtigen Verständnis der Vorgänge von 1046 liegt im Selbst- und Herrschaftsverständnis Heinrichs III., ihn bestimmten bei seinem Eingreifen in Rom die aus der theokratischen Auffassung des König- und Kaisertums sich ergebenden Verpflichtungen. Er sah seine Aufgabe darin, das Papsttum aus der Verstrickung in die lokalrömischen Auseinandersetzungen zu lösen, aus der Abhängigkeit von den römischen Adelsparteien zu befreien. Tatsächlich begann jetzt der Wiederaufstieg des Papsttums zu universaler Geltung; jetzt erst wurde es in die Lage versetzt, die Führung der Kirchenreform zu übernehmen. Für Heinrich war es selbstverständlich, daß die beiden höchsten Gewalten eng zusammenwirken würden, und für seine Person war am Übergewicht des regnum nicht zu zweifeln.

Eine politische Nebenabsicht mag bei seinem Vorgehen eine gewisse Rolle gespielt haben. In ihrer Abhängigkeit vom römischen Adel waren die Päpste nicht immer zuverlässige Stützen der kaiserlichen Herrschaft gewesen. Das änderte sich nun mit der Erhebung deutscher Bischöfe auf die cathedra Petri. So war die Neuorientierung von Sutri auch in politischer Hinsicht ein Erfolg für das Reich; sie bedeutete Sicherung der Herrschaft für Rom – aber nicht so, wie etwa Paul Kehr es verstanden hat. Er war der Auffassung, daß Heinrich III. auch Rom in die Reichskirche habe eingliedern wollen und führte als Beweis dafür unter anderem an, daß die deutschen Päpste entgegen den kanonischen Bestimmungen ihre Bistümer behielten, also Mitglieder der Reichskirche blieben. Diese Praxis läßt sich freilich eher aus der besonderen Situation der deutschen Päpste in Rom verstehen: Sie waren Fremde in einer Stadt, in der immer wieder mit Widerstand zu rechnen war, und daher auf einen Rückhalt und eine materielle Sicherung von anderer Seite angewiesen. Trotz dieser personellen Verklammerung von Papsttum und Reichskirchensystem aber hat der Kaiser den Reformpäpsten weitgehende Handlungsfreiheit gelassen. Daß – anders als etwa zu ottonischer Zeit – an dieser Praxis keine Kritik geübt wurde, läßt sich vielleicht als Indiz für eine Neuwertung des Papsttums deuten. Seit 1046 trat im Papstamt die Funktion des stadtrömischen Bischofs hinter dem Anspruch der universalen Kirchenleitung mehr und mehr zurück; die Erhebung zum Papst unterlag damit anderen Kriterien als die einfache Translation von einem Bischofssitz auf einen anderen, weshalb auch das alte Translationsverbot auf sie nicht mehr anwendbar war. Daß diese Praxis dann aber doch wieder aufgegeben wurde, erklärte sich am ehesten daraus, daß die gewaltige Aufgabenfülle des päpstlichen Amtes die gleichzeitige Betreuung eines Bistums nicht mehr zuließ.

Einer Erklärung bedarf auch die Annahme des Patriziates, weil es eigenartig anmutet, daß nach Erlangung der Kaiserwürde noch irgendein anderer Titel für Heinrich von Bedeutung hätte sein können oder ein anderes Amt ihm zusätzliche Funktionen oder Vorrechte, die nicht schon im Kaisertum enthalten waren, hätte einbringen sollen. Was Inhalt des Patriziates war, ist nicht so einfach zu sagen, weil in diesem Amt verschiedene Traditionsströme – karolingische Schutzherrschaft über Rom und die römische Kirche, adelige Stadtherrschaft, kaiserliche Stellvertretung – zusammenflossen. Es kam also immer darauf an, wie die den Titel interpretiert wissen wollten, die ihn vergaben, und was der, der das Amt innehatte, daraus machte. Begriffliche Präzision und eindeutige funktionale Bestimmung wird man dabei – zumal in einer Zeit des Umbruchs – nicht voraussetzen dürfen. In den letzten Tagen des Jahres 1046 stand die Frage der Papstwahl im Vordergrund; die Römer haben durch die Übertragung des Patriziates auf Heinrich ihren Anspruch auf Mitwirkung in irgendeiner Form dokumentiert – das lassen die Annales Romani bei aller Ungenauigkeit der Darstellung erkennen. Bezeichnend ist allerdings auch, daß der Salier sich den Reif des Patrizius selbst aufgesetzt hat. Er hat zu diesem Zeitpunkt vielleicht gar nicht alle Konsequenzen der Handlung und möglichen Ausdeutungen des Amtes überschaut, sondern in dieser Würde eine nicht unbedingt notwendige, aber auch nicht unwillkommene zusätzliche Absicherung seiner Stellung in Rom – vielleicht im Sinne jener späteren Definition des Petrus Damiani, daß der Patriziat die Führungsrolle in der Papstwahl, *principatus in electione pontificis*, bedeute – gesehen. Daß er, wie jüngst behauptet worden ist, in Kenntnis des Constitutum Constantini, nach dem der Kaiser in Rom keine Gewalt ausüben dürfe, bewußt einer Loslösung seiner Mitspracherechte bei der Papstwahl vom Kaisertum zugestimmt und den Patriziat sozusagen als Ersatzfunktion akzeptiert habe, erscheint uns undenkbar.

Nach Klärung der römischen Angelegenheiten wandte sich Heinrich den Problemen zu, mit denen ein deutscher Herrscher beim Zug über die Alpen zwangsläufig befaßt wurde: der politischen Lage in den langobardischen Fürstentümern. Noch im Januar stieß er, begleitet von Clemens II., nach Süditalien vor. Die Situation war hier gekennzeichnet durch den raschen Aufstieg der unter der Führung mehrerer Brüder aus der Familie des Tancred de Hauteville stehenden Normannen, mit deren Hilfe Waimar V. von Salerno sich eine Vormachtstellung in diesem Raume geschaffen hatte; er führte seit 1043 – sicherlich nicht ohne Zustimmung des Kaisers – auch den Titel eines Herzogs von Apulien und Kalabrien. Die Tatsache, daß er in engerer Verbindung mit den Tuskulanern stand, seine Macht jetzt also Rom und dem Kirchenstaat gefährlich werden konnte, wird der Hauptgrund dafür gewesen sein, daß Heinrich III. ihm Capua nun wieder entzog und das Fürstentum seinem ehemaligen Herrn, dem von Konrad II. abgesetzten und

exilierten Pandulf IV., zurückgab. Gleichzeitig belehnte er die Normannenführer Rainulf II. mit Aversa und Drogo von Hauteville mit dessen apulischen Besitzungen, vermehrt um solche des Fürstentums Benevent, dessen Herren ihm die Huldigung verweigert hatten. Damit traten nun die Normannen zum ersten Male in unmittelbare Lehnsbindung zum Reich und erlangten auf diese Weise eine Legalisierung ihrer Eroberungen durch den Kaiser selbst. Offenbar hat Heinrich III. versucht, ein Gleichgewicht zwischen den einheimischen Fürsten und den normannischen Führern herzustellen; doch überdauerte diese Ordnung seine Anwesenheit nicht lange. Bald nach seinem Abzug erscheint Waimar erneut als Lehnsherr der Normannen.
Im Mai 1047 betrat der Kaiser wieder deutschen Boden. Auf dieser Romfahrt war ihm eine zweite Tochter geboren worden, die den Namen Gisela erhielt. Sie ist früh gestorben.
Der neue Papst Clemens II. hat seine Würde kaum zehn Monate innegehabt; er starb bereits am 9. Oktober 1047 – angeblich fiel er einem Giftanschlag zum Opfer. Daß ein solches Gerücht überhaupt aufkommen konnte, macht bereits deutlich, welchen Schwierigkeiten er in Rom im Laufe seines kurzen Pontifikates ausgesetzt gewesen ist. Sein Tod – außerhalb der Heiligen Stadt, in Pesaro – war für die Tuskulaner das Signal zur Offensive. Es gelang ihnen, gegen die kaiserliche Partei, die durch eine Gesandtschaft von Heinrich III. die Nominierung eines Nachfolgers erbat, die Restitution Benedikts IX. durchzusetzen, der seit den ersten Tagen des November wieder unangefochten in Rom regierte. Am deutschen Hofe war man sich zunächst über das weitere Vorgehen offenbar nicht völlig im klaren; Heinrich III. forderte nämlich ein Gutachten Wazos von Lüttich an. Dieser plädierte für die Wiedereinsetzung Gregors VI., dessen Absetzung er nach dem Grundsatz der Nichtjudizierbarkeit des Papstes für illegitim erachtete. Aber der Kaiser entschied sich anders: An Weihnachten 1047 nominierte er den Bischof Poppo von Brixen zum Nachfolger des Clemens. Von der römischen Gesandtschaft sofort akzeptiert, hatte der Prätendent dennoch zunächst große Schwierigkeiten, überhaupt nach Rom zu gelangen. Selbst Bonifaz von Canossa-Tuszien stellte sich jetzt auf die Seite der Tuskulaner – es scheint, daß der bisher unbedingt loyale Markgraf einer zu starken Verankerung der deutschen Herrschaft in Italien, die mit der Papstpolitik Heinrichs III. ja deutliche Konturen gewann, mit Mißtrauen begegnete. Erst eine energische Mahnung des Kaisers zwang ihn zum Einlenken und eröffnete dem Bischof von Brixen den Weg nach Rom. Am 17. Juli bestieg Poppo unter dem Namen Damasus II. die cathedra Petri.

Sein Pontifikat dauerte nicht einmal einen Monat; der Tod ereilte ihn am 9. August 1048.

Die beiden ersten deutschen Päpste waren nicht recht zum Zuge gekommen, aber schon die Namenswahl gab die Zielsetzung ihrer Pontifikate zu erkennen: Die Rückkehr zur reinen Kirche der Frühzeit war das Programm, das als moralische Reform zunächst im Kampf gegen die Simonie und die mit den Praktiken der frühchristlichen libertinistischen Sekte der Nikolaiten gleichgesetzte Priesterehe verwirklicht werden sollte. Diesen Kampf hatte bereits Clemens II. mit der römischen Synode vom Januar 1047, an der auch der Kaiser teilnahm, eröffnet. Jede Form des simonistischen Handels mit kirchlichen Ämtern, Weihen und Gütern wurde hier strikt untersagt. Und es ist darüber hinaus bereits eine Frage erörtert worden, die unter den Reformern noch zu manchen Auseinandersetzungen führen sollte: das Problem der Gültigkeit der von Simonisten gespendeten Weihen. Clemens II. wird von Petrus Damiani als der Urheber jenes Dekrets zitiert, daß ein jeder, der sich von einem Simonisten in Kenntnis dieses Sachverhaltes habe weihen lassen, sich einer vierzigtägigen Kirchenbuße unterwerfen müsse, im übrigen aber sein Amt behalten dürfe.

Was hier jedoch nur Ansatz blieb, das sollte der nächste Papst mit aller Energie ein gutes Stück voranbringen. Die an den Kaiser abgeordnete römische Gesandtschaft hatte zunächst den Erzbischof Halinard von Lyon als Nachfolger vorgeschlagen; als dieser nicht zu gewinnen war, nominierte Heinrich auf einem Hoftag in Worms im Dezember 1048 den Bischof Bruno von Toul aus dem Hause der mit den Saliern verwandten Grafen von Egisheim. Bruno nahm unter dem Vorbehalt an, daß Klerus und Volk von Rom ihn in einer Wahl bestätigen würden, eine Bedingung, die Heinrich akzeptierte. Brunos Verhalten ist nicht als ein gegen den Kaiser gerichteter, revolutionärer Schritt mißzuverstehen. Er wollte sich der Zustimmung der Römer versichern, um nicht als Eindringling, als *intrusus,* zu erscheinen; immerhin war ein solcher Vorbehalt auch nicht selbstverständlich. Er ist zweifellos Ausdruck eines geschärften Rechtsempfindens, dem die Erfüllung bestimmter, vom kanonischen Recht gesetzter Normen eben nicht gleichgültig erschienen – und das entsprach einer Haltung, die auch für andere Vertreter der lothringischen Geistlichkeit dieser Zeit charakteristisch erscheint.

Am 12. Februar wurde der Bischof von Toul nach einmütiger Wahl durch Klerus und Volk von Rom als Papst Leo IX. inthronisiert. In rastloser Aktivität hat er in den wenigen Jahren seiner Regierung seinem Amt neue Geltung in der abendländischen Kirche verliehen und der Reform in Rom zum Durchbruch verholfen. Er gehört zweifellos zu den großen Gestalten der Papstgeschichte. Sein lothringisches Bistum behielt er noch bis 1051 bei, und aus dem lothringischen Raum holte er sich auch seine wichtigsten Mitarbeiter: Humbert aus dem Kloster Moyenmoutier, später Kardinalbischof von Silva Candida, Hugo Candidus aus Remiremont, den Lütticher Archidiakon Friedrich, einen Bruder Gottfrieds des Bärtigen, sowie den Primicerius der Touler Kirche, Udo, der sein Kanzler und 1051 sein Nachfolger auf dem Bischofsstuhl in Toul wurde; in seinem Gefolge kehrte auch Hildebrand nach Rom zurück und stellte die Verbindung zum römischen Reformerkreis her.

Die Beziehungen zur alten Heimat, zum lothringisch-südwestdeutschen Raum, spiegeln sich auch in der Klosterpolitik des Papstes wider, die in einer überraschend großen Zahl von Privilegien ihren Niederschlag gefunden hat. Sein Eigenkloster Heiligkreuz-Woffenheim hat er im November 1049 dem apostolischen Stuhl aufgetragen und damit anderen Dynasten ein Beispiel gegeben; auch Heinrich III. hat seine Goslarer Gründung St. Simon und Judas dem Heiligen Petrus und damit dem päpstlichen Schutz unterstellt. Die Papstprivilegien hatten die Sicherstellung der Klöster vor Übergriffen, von welcher Seite, kirchlicher oder weltlicher, sie auch kommen sollten, die Besitzsicherung, die Regelung der Abtswahl, die Verleihung des Papstschutzes zum Ziele; die Rechte der ehemaligen Eigenkirchenherrn wurden dabei nicht völlig beseitigt, sondern mit der Anerkennung der Stiftervogtei neu interpretiert, wobei besonderer Wert auf eine Kontrolle der Amtsführung der Vögte und eine genaue Abgrenzung ihrer Befugnisse gelegt wurde. Das war nicht der Versuch, durch päpstliche Privilegierung den Rahmen der Reichskirche zu sprengen und dieser eine Papstkirche entgegenzustellen, sondern Fortführung jener Klosterreform, die die Bischöfe Lothringens ja schon seit der Mitte des 10. Jahrhunderts unterstützt und mitgetragen hatten. Diese Politik war in ihren Grundzügen konservativ; sie richtete sich nicht gegen den Kaiser, sondern war gerade auf ein Zusammenwirken beider Gewalten angelegt.

Von den in seinem Pontifikat in Italien, Deutschland und Frankreich tagenden Synoden hat Leo mindestens zwölf selbst geleitet. Er bereiste die Länder von Süditalien bis Frankreich und Deutschland und suchte selbst die Grenzregionen Ungarns auf. Auch das ist typisch für seinen Regierungsstil, daß er den Kontakt mit den Landeskirchen enger knüpfte und dabei den universalen Anspruch des Papsttums unmittelbar zur Geltung brachte. Der päpstliche

Jurisdiktionsprimat gewann eine bis dahin ungeahnte Realität und wurde gleichzeitig theoretisch untermauert. Schon auf seinem ersten römischen Konzil hat Leo programmatisch verkündet, daß »die Erlasse aller seiner päpstlichen Vorgänger zu befolgen« seien. Das schloß natürlich auch die unter dem Namen Isidor Mercator laufenden falschen Dekretalen ein. Pseudo-Isidor hat nicht erst unter Leo IX. seinen Einzug oder Wiedereinzug in Rom gehalten, aber mit der steigenden Bedeutung der juridischen Funktion des Papstes haben auch die falschen Dekretalen, nun in papalistischer Ausdeutung, zunehmend an Gewicht gewonnen. Dahinter wird ein neues Selbstverständnis deutlich, das die Aufgabe des Bischofs von Rom als eine universale Verantwortung begriff.

Die Reimser Synode, die in den ersten Tagen des Oktober 1049 stattfand, veranschaulicht diesen Wandel sehr gut. Unter dem Vorwand oder dem willkommenen Anlaß eines Feldzuges gegen Gottfried Martell von Anjou war König Heinrich I. der Kirchenversammlung ferngeblieben, und so war auch der französische Episkopat nur sehr spärlich vertreten. Der Kapetinger stand natürlich einem Ausgreifen des päpstlichen Einflusses auf die Kirche seines Königreiches, auf deren Machtmittel er gerade auch im Kampf mit den großen Vasallen angewiesen war, sehr reserviert gegenüber. Sein Mißtrauen wurde von seinen Ratgebern eifrig geschürt, die ihm mit deutlicher Abneigung gegenüber dem päpstlichen Vorgehen die Bemühungen um die Kirchenreform als eine zusätzliche Belastung und eine Beeinträchtigung der dringendsten politischen Probleme, nämlich der Festigung der Königsgewalt gegenüber der ausgreifenden Macht der Großen vor Augen stellten. Von Heinrich III. war dabei nicht die Rede, aber es liegt nahe zu vermuten, daß die Furcht vor einer möglichen Einflußnahme auch des Kaisers die Räte in ihrer ablehnenden Haltung bestärkte. Das enge Zusammenwirken des Saliers mit Leo IX. war eben erst offen zutage getreten, als der Papst die Aufrührer gegen den Kaiser mit dem Kirchenbann belegt und damit zur Unterwerfung gezwungen hatte. Überdies besaß der Kapetinger unter den Reformern in der Umgebung Leos IX. den denkbar schlechtesten Ruf, was am Königshof sicher nicht verborgen geblieben war und daher der Furcht vor einem gemeinsamen, aufeinander abgestimmten päpstlich-kaiserlichen Vorgehen weitere Nahrung geben konnte. Die Synode ging gegen simonistische Bischöfe vor, sprach Absetzungen aus, und der Papst nahm Neubesetzungen vor; die Bischöfe, die ohne rechtmäßige Entschuldigung fehlten oder sich aus Furcht vor päpstlicher Strafe dem königlichen Heer angeschlossen hatten, wurden exkommuniziert. An die Spitze der von der Synode verkündeten Kanones ließ der Papst die Bestimmung setzen, daß niemand ein höheres Kirchenamt ohne die Wahl durch Klerus und Volk erlangen solle – das war im Sinne der vorgregorianischen Vorstellung von der kanonischen Wahl nicht ein Angriff auf das königliche Mitwirkungsrecht, sondern eine Garantie gegen die Ausschließung der Betroffenen. Heinrich I. hat auf die päpstlichen Maßnahmen nicht reagiert; er verfolgte dabei eine Taktik, der sich dann auch sein Nachfolger bedienen sollte: sich zurückzuhalten, solange sein Anspruch auf Kirchenhoheit nicht grundsätzlich in Frage gestellt war.

Zwei Wochen später hielt der Papst zusammen mit dem Kaiser eine große Synode in Mainz ab. Fast der gesamte deutsche Episkopat war hier versammelt, und zahlreiche Äbte hatten sich eingefunden. Der Kampf gegen die Mißstände im Klerus wurde hier fortgesetzt, und in der gemeinsamen Leitung der Synode durch Heinrich III. und Leo IX. wurde das Miteinander von regnum und sacerdotium, die gemeinsame Verantwortung für die Reform eindrucksvoll dokumentiert.

In der grundsätzlichen Frage der Gültigkeit der von unwürdigen, simonistischen oder nikolaitischen Geistlichen gespendeten Sakramente, im besonderen der von Simonisten gratis vorgenommenen Weihen, neigte Leo IX. der radikalen Auffassung zu und vertrat damit einen Standpunkt, den Humbert von Silva Candida mit dem ganzen Rigorismus eines unerbittlichen Reformers teilte: Für Humbert war der Simonist ein Ketzer, eine von ihm vorgenommene Ordination ungültig, ein Nichts. Ein solcher Rigorismus hatte natürlich enorme Konsequenzen. Die Forderung der absoluten Makellosigkeit des rechtgläubigen Priesters führte in letzter Konsequenz zu dem Anspruch einer höheren Geltung über den religiös-moralischen Bereich hinaus und barg die Gefahr des Umschlags in einen Anspruch auf Herrschaft in sich. Das Problem der simonistischen Weihen war nicht eine akademische Frage, die lediglich einige Theologen und Kanonisten interessierte, hier war das gesamte Kirchenvolk in seinen Heilserwartungen betroffen. Gab es eigentlich unter den von Humbert und anderen Theologen postulierten Voraussetzungen noch genügend Priester, die die heilsnotwendigen Sakramente spenden konnten? Die Unsicherheit in der Kirche war groß, die radikale Forderung unerfüllbar. Petrus Damiani hat den Humbert entgegengesetzten Standpunkt von der unbedingten Objektivität des formrichtig vollzogenen Sakramentes und damit der Unabhängigkeit von der persönlichen Würdigkeit des spendenden Geistlichen vertreten. Leo IX. ist schließlich auf diese gemäßigte Linie eingeschwenkt und hat auf der Synode von Vercelli 1050 das Dekret seines Vorgängers Clemens II., die Verhängung einer vierzigtägigen Buße für gratis Geweihte, erneuert.

In diese Zusammenhänge des Ringens um eine gesicherte Sakramentstheologie gehört auch der zweite Abendmahlsstreit, in dem sich als Hauptkontrahenten zunächst Berengar, Archidiakon von Angers und Scholaster in Tours, und Lanfranc, Prior von Bec, später Abt von Caen und Erzbischof von Canterbury, gegenüberstanden. Die Eucharistielehre der abendländischen Kirche hatte eine eindeutige Klärung zwischen einer realistischen, die reale Verwandlung der Elemente Brot und Wein in den Leib und das Blut Christi vertretenden Richtung und einer symbolisch-spiritualistischen, auf Augustinus sich berufenden Deutungsweise noch nicht gefunden. Allerdings hatte sich seit den Auseinandersetzungen der Karolingerzeit die mit dem Namen des Paschasius Radbertus verknüpfte realistische Auffasssung mehr und mehr durchgesetzt. Berengar freilich, dem sich die orthodoxe Lehre vordringlich offenbar nicht anders denn als eine grobsinnliche Deutung des Abendmahls darstellte, bewegte sich auf der Linie einer augustinisch bestimmten, im 9. Jahrhundert durch Rathramnus von Corbie und Johannes Scotus Eriugena repräsentierten Opposition. Nun schaltete sich auch die offizielle Kirche ein. Leo IX. ließ Berengars Lehren auf den Synoden von Rom und Vercelli 1050 verurteilen, französische Kirchenversammlungen in Paris (1050) und Tours (1054), diese geleitet von Hildebrand, befaßten sich weiter mit den Problemen, und die Diskussion ging auch nach Leos Pontifikat bis zum endgültigen Widerruf Berengars auf einer römischen Synode 1079 weiter. Sie gewann über den konkreten Gegenstand hinaus grundsätzliche Bedeutung durch den gesteigerten Einsatz der Dialektik in der Definition theologischer Begriffe und Formeln. Die Schulung des begrifflichen Denkens hat schließlich auch erst die Beilegung des großen Konfliktes um die Investitur möglich gemacht, und zugleich begann in der Verbindung von Logik und metaphysischer Spekulation jener geistesgeschichtliche Prozeß, der die Scholastik des Hochmittelalters heraufführte. Daß das Papsttum sich mit großer Autorität an der Diskussion beteiligte, kennzeichnet deutlich den mit der Wende von Sutri eingeleiteten Aufstieg.

Daß sich Leo IX. bei seiner weit ausgreifenden Regierungstätigkeit nichtrömischer Helfer bediente, die er mit der Kardinalswürde auszeichnete, hat Konsequenzen gehabt, die, zunächst noch nicht erkennbar, die weitere Entwicklung des Reformpapsttums wesentlich mitbestimmten. Hier wurden die Voraussetzungen dafür geschaffen, daß die liturgischen, mit dem päpstlichen Gottesdienst an den Hauptkirchen Roms verknüpften Funktionen der Kardinäle mehr und mehr zurücktraten hinter den Aufgaben der Kirchenpolitik und Kirchenleitung, die drei ordines der Kardinalbischöfe, -presbyter und -diakone zu einem Kollegium zusammenwuchsen, das gleichsam als ein Senat neben den Papst trat und ihm mit seinem gesammelten Sachverstand für die Regierung der Kirche zur Verfügung stand.

Klosterpolitik, Synodaltätigkeit, Reform des Säkularklerus, Durchsetzung des Jurisdiktionsprimates, autoritative Entscheidung theologischer Konflikte, Neuorganisation der römischen Kirche – das sind die Themen, die den Pontifikat Leos IX. bestimmen. Aber dieser Papst hatte sich auch mit aktuellen politischen Fragen zu befassen, die seine Stellung als Herr des Patrimonium Petri betrafen – er hatte das Verhältnis zu den Normannen zu klären, und das wurde die Schicksalsfrage seines Pontifikates. Die Expansion der normannischen Macht auf Kosten der langobardischen Fürstentümer und der Byzantiner hatte bedrohliche Formen angenommen; Apulien und Kalabrien waren bereits gefährdet, und die Erfolge in Italien trugen dazu bei, daß der Zuzug aus der Normandie nicht versiegte. Die zeitgenössischen Quellen fällen harte Urteile über die fremden Krieger, die man einst als Befreier von Griechen und Sarazenen begrüßt hatte und die man nun den Sarazenen gleichsetzte. Ihre Grausamkeit war gefürchtet, der Haß auf sie groß – aber man war ihnen militärisch klar unterlegen. Leo IX. hat aber offenbar noch bestimmte Hoffnungen in sie gesetzt: Ihre Eroberungen boten die Chance, den im achten Jahrhundert im Bilderstreit verlorengegangenen Süden Italiens und Sizilien wieder der römischen Kirche zu unterstellen. So wurde Humbert zum Erzbischof von Sizilien ernannt. Die Aktivität des Papstes beschränkte sich vorläufig noch auf die Durchsetzung der Reform in diesen Gebieten, aber sehr bald trat auch ein politisches Motiv in den Vordergrund. Die Beneventaner hatten im August 1050 ihren Fürsten Pandulf III. vertrieben und Verbindung zu Leo IX. aufgenommen. Sie leisteten ihm den Treueid und unterstellten sich damit seiner Herrschaft. Damit schien ein von den Päpsten lange erstrebtes Ziel endlich erreicht zu sein: der Erwerb Benevents. Im Dezember 1052 gewann Leo IX. in Worms auch das Einverständnis des Kaisers: Er verzichtete auf die Eigentumsrechte des apostolischen Stuhles am Bistum Bamberg, an Fulda sowie an anderen deutschen Klöstern, dafür übertrug der Kaiser ihm das Fürstentum Benevent und Reichsbesitz in Süditalien. Der Rechtscharakter des Tausches ist nicht eindeutig zu bestimmen, aber es ist schwer denkbar, daß der Salier ohne weiteres auf Reichsrechte verzichtet hätte. So dürfte die Chronik von Monte Cassino die Dinge richtig deuten, wenn sie die Stellung des Papstes als eine Art Reichsvikariat für die erwähnten Gebiete charakterisiert. Papst und Kaiser übten die Herrschaft gemeinsam als Kondominat aus; die Oberhoheit des Reiches war damit noch nicht in Frage gestellt. Die enge Verbindung mit Benevent führte nun aber eine Schwenkung der päpstlichen Politik herbei. Gerade dieses Fürstentum befand sich in einer prekären Lage und war dem normannischen Expansionsdruck besonders ausgesetzt. Leo IX. verwandte daher alle Energie auf eine militärische Abwehr der Normannen und eine Eindämmung ihrer Macht. Allerdings gelang es ihm in Worms nicht, hierfür die unmittelbare Unterstützung Heinrichs III. zu gewinnen; gegen ein militärisches Unternehmen erhob vor allem des Kaisers Kanzler und wichtigster Ratgeber, der Bischof Gebhard von Eichstätt, Einwände, und er setzte seine Auffassung durch.

Die deutschen Truppen, die den Papst dann doch nach Italien begleiteten, rekrutierten sich aus Freiwilligen; sie waren dem päpstlichen Aufruf zum Teil auch deshalb gefolgt, weil ihnen Straflosigkeit für ihre Verbrechen und Absolution ihrer Sünden versprochen worden waren. Dies und manches andere – so etwa auch die Rechtfertigung des Krieges als Feldzug zum Schutz der bedrängten Kirche Christi gegen die mit den Muslimen gleichgesetzten fremden Eindringlinge und die Stilisierung der in der Schlacht Gefallenen zu Märtyrern – lassen das päpstliche Unternehmen bereits als eine Art Kreuzzug erscheinen und stellen es in den Zusammenhang der »Entstehung des Kreuzzugsgedankens«. Es lag für Leo IX. nahe, Beziehungen zu den gleichfalls bedrohten Griechen aufzunehmen, und sowohl der griechische Statthalter in Unteritalien, Argyros, als auch der Basileus Konstantin IX. (1042–1055) waren zu einer Zusammenarbeit bereit. Im Juni 1053 stieß der Papst mit seinen deutschen und zusätzlich aufgebotenen italischen Truppen nach Süditalien vor, um sich mit dem griechischen Partner zu vereinigen. Bei Civitate in Apulien aber erlitt das päpstliche Heer am 18. Juni eine vernichtende Niederlage; Leo selbst geriet in normannische Gefangenschaft und war in den folgenden Monaten gezwungen, in Benevent zu residieren. Der Versuch einer militärischen Lösung des Normannenproblems war gescheitert; nun lag einer normannischen Staatsbildung nichts mehr im Wege. Daran änderte auch die Tatsache nichts, daß unter dem Eindruck der Niederlage die Bemühungen um eine Einigung mit den Griechen noch intensiviert wurden; denn die weiteren Verhandlungen standen unter einem ungünstigen Stern. Der Annäherung des Papstes an den byzantinischen Kaiser war der Patriarch von Konstantinopel, Michael Kerullarios (1043–1058), mit äußerstem Mißtrauen begegnet, weil er als Folge eine Beeinträchtigung seiner Selbständigkeit und den Verlust Süditaliens an den apostolischen Stuhl befürchtete. So hatte er versucht, durch Repressalien gegen die Lateiner in Byzanz und durch propagandistische Kritik an den Riten der abendländischen Kirche die sich anbahnende Versöhnung zu hintertreiben. Die römische Antwort, wahrscheinlich von Kardinal Humbert verfaßt, gab die Vorwürfe zurück, rechnete den Griechen ihre angeblichen Häresien vor und vermengte, unter Verwendung der Konstantinischen Schenkung, diese Aufstellung mit politischen Ansprüchen. Für die Lateiner war am Primat der römischen Kirche und ihres Bischofs nicht zu zweifeln. Diese Kontroverse, die den in Jahrhunderten entstandenen tiefen Riß zwischen lateinischem Westen und griechischem Osten offenbar werden ließ, fiel in die erste Hälfte des Jahres 1053. Die Niederlage von Civitate verdeutlichte den Ernst der Situation und zwang Byzanz zum Einlenken. Konstantin IX. zeigte sich bereit, den Kirchenfrieden wiederherzustellen, um so einer politischen Allianz zwischen den beiden Kaiserreichen den Weg zu ebnen. Rom ging auf diese Vorschläge ein, und im Januar 1054 begab sich eine von den Kardinälen Humbert von Silva Candida und Friedrich von Lothringen sowie dem Erzbischof Petrus von Amalfi geführte Gesandtschaft an den Bosporus. Damit traten sich in Humbert und Michael Kerullarios die beiden radikalen Verfechter des je eigenen Standpunktes unmittelbar gegenüber. Tatsächlich ist es auch in Byzanz nicht mehr zu echten Verhandlungen gekommen; Humbert stürzte sich in die politische Propaganda, der Patriarch aber machte Schwierigkeiten über Schwierigkeiten, und Konstantin IX. stand hilflos zwischen den Fronten. So kam das katastrophale Ergebnis fast zwangsläufig zustande: Am 16. Juli 1054 legten die Legaten eine Exkommunikationssentenz gegen Michael Kerullarios, die alle westlichen Vorwürfe gegen die griechische Kirche zusammenfaßte, auf den Altar der Hagia Sophia nieder. Auch ein letzter Vermittlungsversuch des Basileus schlug fehl, er scheiterte an der feindseligen Haltung des Patriarchen. So reisten die Legaten ab, und wenige Tage später, am 24. Juli, belegte Kerullarios sie und ihre Hintermänner seinerseits mit dem Bann, wobei er den Lateinern nun ihre Verfehlungen vorrechnete. Als dies geschah, war Leo IX. bereits tot. Er war im März krank von Benevent nach Rom zurückgekehrt und hier am 19. April gestorben. Ob die Legaten dies wußten, ist nicht sicher; die Rechtsfrage, ob der Bann überhaupt angesichts dieser Situation gültig war, ist umstritten. Formalrechtlich bezogen sich beide Bannsprüche nicht auf die römische oder griechische Kirche, sondern auf die Legaten beziehungsweise den Patriarchen. Der Bruch war also noch nicht unheilbar, noch nicht im eigentlichen Sinne eine Kirchenspaltung. Aber es war eine Atmosphäre der Feindseligkeit geschaffen, die eine Versöhnung schließlich unmöglich machte: So wurde das Schisma zwischen lateinischem Westen und griechischem Osten Wirklichkeit.

Das Scheitern der Normannenpolitik und der Bruch mit Konstantinopel überschatten den Pontifikat Leos IX.; für den Reformaufbruch des Papsttums aber sind die wenigen Regierungsjahre des lothringischen Papstes richtungsweisend gewesen. Der Kaiser hat an dem Aufstieg des Papsttums zu universaler Geltung seinen Anteil gehabt; ohne seine Reformhilfe ist dieser Durchbruch nicht denkbar. Im Reich aber hatte der Salier zunehmend mit Schwierigkeiten zu kämpfen; der Glanz der ersten Regierungsjahre begann zu verblassen. Unübersehbar war das ottonisch-salische Herrschaftssystem in eine Krise geraten.

III. Die Krise der salischen Monarchie

1. Der Ausgang Heinrichs III. (1050–1056)

a) Fürstliche und geistliche Opposition im Reich

Der Sturz Gottfrieds des Bärtigen löste die lothringischen Probleme nicht, wie sich sehr bald erweisen sollte. Niederlothringen blieb ein Krisenherd; der territorialpolitische Ehrgeiz der stets unruhigen Reginare und der Expansionsdrang der Grafen von Flandern ließen das Grenzland nicht zur Ruhe kommen. Schon in der ersten Hälfte des Jahres 1050 sah sich Heinrich III. erneut zu einem militärischen Unternehmen gegen Balduin V. gezwungen. Sein schneller Erfolg stabilisierte jedoch die politische Lage nicht wirklich. Auch Lambert II. von Löwen mußte die kaiserliche Überlegenheit anerkennen; er büßte einen Empörungsversuch mit der Schandstrafe des Hundetragens, zu der ihn ein Fürstengericht in Aachen verurteilte. Aber beide Erfolge Heinrichs wogen wenig gegenüber einem spektakulären Handstreich des flandrischen Grafen. Dieser konnte 1051 nach dem Tode des Grafen Hermann vom Hennegau seinen gleichnamigen Sohn und präsumptiven Nachfolger mit dessen Witwe Richilde verheiraten und damit die Voraussetzung für eine künftige Vereinigung des Hennegaus mit Flandern schaffen, der die wenige Jahre später erfolgte Ausschaltung der Kinder Richildes aus erster Ehe endgültig den Weg bahnen sollte. Daß dieser kühne Plan schließlich doch nicht realisiert wurde, war weniger das Verdienst des deutschen Königtums, als vielmehr das Ergebnis eines Machtkampfes innerhalb der flandrischen Grafendynastie. Nach dem frühen Tode Balduins VI. (1070) setzte sich in Flandern sein Bruder Robert der Friese durch, Richilde aber behauptete für ihren Sohn Balduin den Hennegau, nachdem sie die Grafschaft 1071 mit Zustimmung Heinrichs IV. an Bischof Dietwin von Lüttich übertragen und von diesem als Afterlehen der Lütticher Kirche zurückerhalten hatte.

Ohne Zweifel war der Salier von Balduins Vorstoß völlig überrascht worden. Nicht nur, daß dadurch sein Anspruch, als Lehnsherr den Konsens zu der Ehe erteilen zu müssen, mißachtet wurde, die beiden flandrischen Grafen waren zudem in den Hennegau eingerückt und hatten Mons besetzt – zu einem Zeitpunkt, als der Kaiser durch Vorbereitungen zu einem Ungarnfeldzug an militärischer Gegenwehr gehindert war. Das war ein eindeutiger Rechtsbruch. Heinrich hat offenbar zunächst versucht, mit den Mitteln des Kirchenrechtes und unter Einschaltung des Papstes Leo IX. gegen die angeblich durch zu nahe Verwandtschaft inkriminierte Ehe vorzugehen. Das wird in späteren, nicht immer zuverlässigen Quellen berichtet, erscheint aber um so glaubwürdiger, als das Reimser Konzil kurz zuvor Bestimmungen gegen unkanonische Ehen erlassen hatte. Erreicht hat der Kaiser mit diesem Vorgehen freilich nichts.

Andererseits war Balduin klug genug, den Bogen nicht zu überspannen. In Cambrai unterstützte er den zu Ostern investierten neuen Bischof Lietbert (1051–1076) gegen seinen eigenen Vasallen, den Vogt Johann von Arras, der das Burggrafenamt für sich beanspruchte. Erst sein Machtwort öffnete dem Bischof die Tore der Stadt. Wie schwierig freilich Lietberts Lage auf diesem Grenzposten des Reiches war, verdeutlicht die Tatsache, daß er Hugo, der als Neffe des 1041 ermordeten Kastellans Walter Erbansprüche geltend machte, das Burggrafenamt übertragen und damit die Rückkehr jener Familie in eine Schlüsselposition der Macht in Stadt und Bistum hinnehmen mußte, gegen die sein Vorgänger Gerhard stets einen schweren Stand gehabt hatte. Für Balduin aber bot eine solche Konstellation die Gewähr, auch künftig in dieser Region des Reiches, die er zu seinen besonderen Interessengebieten zählte, Einfluß ausüben zu können. Daß sein Ehrgeiz mit dem Erwerb des Hennegau noch keineswegs befriedigt war, machte sein nächstes Unternehmen deutlich. Im Jahre 1053 fiel er erneut ins Reich ein und verheerte Besitz der Lütticher Kirche. Sein Sohn Balduin kam ihm, vom Hennegau her operierend, bei diesem Vorstoß gegen das stärkste Bollwerk des Reiches in Niederlothringen zur Hilfe; die Einäscherung von Thuin und Huy markierte die Erfolge. Und wieder war der Zeitpunkt gut gewählt: Der Bischof Dietwin befand sich auf einer Romreise, der Kaiser aber war durch einen Aufstand des Herzogs Konrad von Bayern im Südosten des Reiches gebunden.

Erst im folgenden Jahre konnte sich der Salier dem lothringischen Unruheherd zuwenden. Die Energie, mit der er den Sommerfeldzug führte, läßt erkennen, daß er nun eine endgültige Lösung, eine dauerhafte Sicherung der Grenze, erreichen wollte. Aber alle militärischen Erfolge blieben vordergründig, da der Reichsfeind nicht wirklich ausgeschaltet werden konnte und sich im Besitz des Hennegaus behauptete. Überdies hatte der Feldzug ein unbeabsichtigtes, fatales Nebenergebnis. Mit dem Versprechen, ihm das Burggrafenamt von Cambrai zu übertragen, hatte der Kaiser Johann von Arras auf seine Seite ziehen können, der ihm dann auch wirksame Bündnishilfe leistete. Heinrich hatte dieses Zugeständnis in der sicheren Erwartung gemacht, Lietbert ohne Schwierigkeiten zur Zustimmung bewegen zu können. Aber der Bischof widersetzte sich und mußte schließlich unter Anwendung von Gewalt zum Nachgeben gezwungen werden. Der Geschichtsschreiber von Cambrai läßt keinen Zweifel daran, daß man in der Umgebung Lietberts das Vorgehen des Kaisers als Willkür und Verstoß gegen geltendes Recht des Territoriums verurteilte. Heinrich hatte gerade die Kreise gegen sich aufgebracht, auf deren Loyalität er zum Nutzen des Reiches angewiesen war.

Die vielfältigen Probleme der Verwaltung Niederlothringens haben den Kaiser schließlich auch veranlaßt, einer Rückkehr Gottfrieds des Bärtigen ins politische Geschäft zuzustimmen. Bereits 1051 ordnete er an, daß dem inzwischen aus der Haft entlassenen ehemaligen Herzog ein Kölner Kirchenlehen zurückerstattet werde, damit er Verteidigungsaufgaben gegen den jüngeren Balduin übernehmen könne. Diese – durch den Altaicher Annalisten glaubwürdig überlieferte – Begründung macht deutlich, daß Gottfried noch immer über einen beträchtlichen Anhang verfügte und damit einen Machtfaktor darstellte, mit dem man rechnen mußte. In dieses Bild paßt die eigenartige Nachricht bei Lampert von Hersfeld, daß Gottfried Weihnachten 1051 in Goslar die Hinrichtung zum Tode verurteilter Ketzer geleitet habe. Es werden Lothringer gewesen sein, mit deren Verhaftung Gottfried in einen nicht weiter zu erhellenden Zusammenhang gebracht wird. Bezeichnend ist jedenfalls, daß sowohl bei der Abwehr der flandrischen Expansion als auch bei einer inneren Angelegenheit des Herzogtums, dem Ketzerprozeß, nicht der niederlothringische Herzog Friedrich, sondern der ehemalige Rebell an hervorragender Stelle in Erscheinung tritt. Es bahnte sich offenkundig eine Aussöhnung zwischen dem Kaiser und dem abgesetzten Herzog an, für die vielleicht der Einfluß Leos IX. verantwortlich zu machen ist. Der Papst selbst hatte jedenfalls dadurch, daß er Gottfrieds Bruder, den Kardinal Friedrich, zu seinem Kanzler machte, sein besonderes Interesse am Hause Verdun bekundet.

Diese für die Stabilisierung der politischen Lage im Reich bedeutsamen Ansätze wurden jäh zunichte gemacht, als Gottfried um die Mitte des Jahres 1054 Beatrix, die Witwe des 1052 ermordeten Markgrafen Bonifaz von Canossa-Tuszien, heiratete. Dabei bekümmerte ihn weder das kanonische Ehehindernis zu naher Verwandtschaft, noch störte es ihn, daß sein heimliches Vorgehen geradezu zwangsläufig als Konspiration erscheinen mußte und nicht nur in dem Kaiser nahestehenden Kreisen tatsächlich auch so gedeutet wurde. Ob man für weitergehende Befürchtungen, daß er – im Besitz des canusinisch-tuszischen Machtbereichs – ein Bündnis mit den Normannen eingehen könne, reale Anhaltspunkte hatte, ist nicht zu entscheiden; Gottfried selbst scheint sich allerdings intensiv bemüht zu haben, den Kaiser von der Friedfertigkeit seiner Absichten zu überzeugen und seiner Loyalität zu versichern. Das alles aber änderte nichts an der Tatsache, daß sich Heinrich erneut, wie im Falle Balduins von Flandern, überspielt fühlen mußte. Zudem ließ es sich in seiner Sicht nicht mit den Reichsinteressen vereinbaren, daß eine Region, der für die Herrschaft über das regnum Italiae eine Schlüsselfunktion zukam, unter die Kontrolle eines unzuverlässigen Fürsten geriet. Seine kompromißlose Reaktion wird von daher verständlich. Er zögerte nicht, den Versuch einer neuen Machtbildung seines lothringischen Gegenspielers mit äußerster Härte im Keime zu ersticken. Noch von Deutschland aus mobilisierte er den Widerstand der einheimischen Großen, die Gottfried schließlich zur Flucht zwangen, und als er Ende 1055 von seinem zweiten Italienzug zurückkehrte, führte er die tuszischen Damen, Beatrix und ihre Tochter Mathilde, als seine Gefangenen mit sich über die Alpen. Selbst den Kardinal Friedrich, der mit den Umtrieben seines Bruders sicher nichts zu tun hatte, traf der Zorn der beleidigten Majestät – oder eher schon der Haß des Saliers auf das renitente Haus Verdun. Heinrich forderte von Viktor II. die Auslieferung des Kardinals, der sich dieser aber – seit Leos IX. Tod ohne einen mächtigen Schutzherrn – durch seinen Eintritt in das Kloster Monte Cassino entziehen konnte.

Anders als Lothringen blieb Sachsen von schweren Unruhen verschont; das bedeutete aber nicht, daß das Verhältnis des Stammes und der Großen zur Zentralgewalt frei von Spannungen war. Das Herzogshaus der Billunger stand dem Salier in latenter Opposition gegenüber; mit größtem Mißtrauen verfolgte Herzog Bernhard II. die großzügige Förderung der Reichskirche, vor allem der Hochstifter Hamburg-Bremen, Hildesheim und Halberstadt, und den energischen Ausbau des Werla-Goslarer Reichslandes. Zu den Nachwirkungen des Attentats von Lesum gehörte die Ächtung Thiemos, eines Neffen Herzog Bernhards, der den Tod seines Vaters Thietmar an dessen Duellgegner blutig gerächt hatte; den konfiszierten Besitz des Billungers im Ostfalengau und im Werlaer Bezirk übertrug der Kaiser 1053 der Kirche von Hildesheim.

An den fortdauernden Grenzkriegen mit den slawischen Stämmen war die Reichsgewalt nicht mehr beteiligt. Das Desinteresse, das sich hierin dokumentiert, hatte nachteilige Folgen auch für jene

Reichskirchen, die einst wesentlich zum Zweck der Abwehr und der missionarischen Gewinnung der benachbarten Slawen gegründet worden waren: Magdeburg, Brandenburg, Havelberg. Der politische Niedergang Magdeburgs hatte zwar schon früher eingesetzt, aber Heinrich III. tat nichts, ihn aufzuhalten; in Magdeburg ist er nicht nachweisbar. Von Brandenburg und Havelberg hört man kaum etwas. Die den sächsischen Adel unmittelbar bedrängenden Grenzprobleme haben den Salier in der Schlußphase seiner Regierung offenkundig wenig berührt, obwohl die zum Teil empfindlichen Rückschläge in den Slawenkriegen auch unmittelbare Folgen für die Stellung des Reiches im Osten haben mußten. Der absolute Tiefpunkt der Entwicklung war mit der vernichtenden Niederlage des sächsischen Heerbannes unweit der Havelmündung im September 1056, kurz vor Heinrichs Tod, erreicht.

Das alles sind Symptome einer fortschreitenden Entfremdung zwischen den Repräsentanten des sächsischen Stammes und dem salischen Königtum. Die Anfänge dieses Prozesses reichen in die Jahre 1002 und 1024 zurück, zu jenen Grundentscheidungen der deutschen Geschichte, als nach dem Aussterben der ottonischen Linie des Liudolfingerhauses und dessen durch Heinrich II. repräsentierten bayerischen Nebenlinie das Königtum vom sächsischen Stamm zurückfiel an die Franken, das Zentrum der Reichsgewalt sich vom Osten wieder in die alten Kernlandschaften am mittleren Rhein zurückverlagerte. Für den sächsischen Stammesadel bedeutete dies ohne Zweifel einen Prestigeverlust, der um so schwerer wiegen mußte, je mehr man den Eindruck gewann, daß von der neuen Dynastie eine Berücksichtigung spezifisch sächsischer Stammesinteressen nicht zu erwarten war. Nach Lampert von Hersfeld haben sächsische Große bereits 1057 den Sturz und die Ermordung des jungen Königs geplant und ihren Verrat mit Übergriffen und Ungerechtigkeiten des verstorbenen Kaisers zu rechtfertigen gesucht. Was man als Übergriffe Heinrichs III. ansah, wird nirgendwo näher erläutert; gleichsam vorbeugend sollte der Sohn und Nachfolger beseitigt werden, »weil er vermutlich in Charakter und Lebensart den Spuren seines Vater folgen« werde – hier artikuliert sich einfach ein allgemeines Mißtrauen, ein eher vages Gefühl, die Verbindung zur Reichsgewalt verloren zu haben. Es ist höchst aufschlußreich für eine Beurteilung der Lage des Reiches in der Schlußphase der Regierung Heinrichs III., daß die Kritik an seinem Regierungsstil, wie sie etwa bei Siegfried von Gorze, Anselm von Lüttich oder Gerhard von Cambrai – also in Lothringen – vernehmlich wird, in die gleiche Richtung zielt. Die seit der Regierung Heinrichs II. erkennbare fortschreitende Isolierung des

sächsischen Stammes erreichte in diesen Jahren einen vorläufigen Höhepunkt.
Nach einem eigenartigen Bericht in Brunos Buch vom Sachsenkrieg soll Heinrich IV. den Sachsen nach dem Tode des Gegenkönigs Rudolf von Rheinfelden 1080 das Angebot gemacht haben, nie mehr sächsischen Boden zu betreten; sie sollten seinen Sohn Konrad zu ihrem König wählen, wenn sie nicht ohne König sein wollten. War hier an eine Art Unterkönigtum gedacht, das dem Sonderbewußtsein des Stammes entgegenkommen sollte? Wie sich Heinrich die Lösung verfassungsrechtlich vorgestellt hat – wenn der Bericht überhaupt glaubwürdig ist – wird nicht klar. Otto von Northeim soll – nach seiner Gewohnheit mit einem Witzwort – darauf geantwortet haben, daß er zu oft gesehen habe, wie ein schlechtes Rind ein schlechtes Kalb geboren habe, und daher weder nach dem Vater noch dem Sohne Verlangen trage. In der Argumentation hat sich gegenüber den Positionen der Verschwörer von 1057 nichts grundsätzlich geändert.
Wenn die süddeutschen Herzogtümer bisher als eigentlicher Machtrückhalt des salischen Königtums gelten konnten und Bayern geradezu als Kronland erscheint, dann geriet seit 1050 auch diese Bastion völlig überraschend ins Wanken. Die Hintergründe der Ende 1052 in Bayern ausbrechenden Unruhen sind nicht völlig zu erhellen. Das Vertrauensverhältnis zwischen dem Kaiser und Herzog Konrad war offenbar schon seit längerem gestört. Der Autor der Gründungsgeschichte des Ezzonenklosters Brauweiler sieht den Grund für die Feindschaft Heinrichs gegen den Herzog darin, daß dieser die ihm angebotene Ehe mit einer Kaisertochter verweigert habe – das umgekehrte Verhältnis, nämlich daß der Herzog die gewünschte Kaisertochter nicht erhielt, wäre plausibel, so aber erscheint die Geschichte allzu abenteuerlich. Die Hintergründe für den Konflikt zwischen Herzog und Kaiser sind eher in unterschiedlichen Auffassungen über die Ungarnpolitik zu suchen, wie noch zu erläutern sein wird. Anscheinend hatte der Ezzone auch Schwierigkeiten im Lande selbst; mit Sicherheit war sein Hauptgegner in Bayern der Bischof Gebhard von Regensburg, ein Oheim des Kaisers, mit dem er in offener Fehde lag. Gebhard aber war der Exponent einer ungarnfeindlichen Politik in der Umgebung des Kaisers. Im April 1053 wurde Konrad auf einem Hoftag in Merseburg abgesetzt. Er beugte sich dem Urteil nicht, schlug sich nach Ungarn durch und setzte sich von hier aus mit der Rückendeckung des Königs Andreas zur Wehr. Auf einem Hoftag in Tribur wurde er wegen Kontumaz erneut verurteilt, fand aber offenbar auch im bayerischen Stammesadel Rückhalt – und dies

trotz seines angeblichen Mißregiments. An seiner Seite sehen wir die Grafen von Scheyern ebenso wie den Pfalzgrafen Aribo mit seiner Familie, und schließlich verbündete sich auch Herzog Welf III. von Kärnten, der die Annäherung des Kaisers an die Eppensteiner sicher mit Mißtrauen registrierte, mit dem Aufrührer. Der Kaiser übertrug das erledigte Herzogtum Bayern nacheinander seinen Söhnen Heinrich und, nach dessen Wahl zum König, Konrad, schließlich seiner Gemahlin Agnes, ohne auf das Wahlrecht der Großen Rücksicht zu nehmen. Verhandlungen mit den Ungarn, die den Rebellen den politisch-militärischen Rückhalt entziehen sollten, schlugen fehl, obwohl sogar Gebhard von Regensburg – wohl auch aus taktischen Erwägungen – für einen Friedensschluß eintrat. Die Probleme waren nicht gelöst, als sich der Kaiser auf seinen zweiten Italienzug begab. Sie verschärften sich im Jahre 1055 sogar noch, als sich nun auch Gebhard den Aufrührern anschloß. Seine Motive sind am wenigsten durchsichtig. Wenn man nicht einen Wandel seiner politischen Anschauungen annehmen will, wird man für seinen Frontwechsel am ehesten persönliche Gründe verantwortlich machen dürfen: gekränkte Eitelkeit, unbefriedigter Ehrgeiz – denn eigenartigerweise hatte der Kaiser nicht ihn, sondern Gebhard von Eichstätt für seinen unmündigen Sohn Heinrich zum Regenten in Bayern bestellt.

Die Empörer hatten sich den Sturz und die Ermordung Heinrichs III. zum Ziele gesetzt und für seine Nachfolge den abgesetzten Herzog Konrad vorgesehen. Es sei daran erinnert, daß schon einmal – im Jahre 1045 bei einer schweren Erkrankung Heinrichs III. – die Möglichkeit der Thronfolge eines Neffen Ezzos, des Pfalzgrafen Heinrich, erörtert worden war. Damals war die Situation freilich eine andere: Der Salier hatte noch keinen männlichen Erben. Jetzt machte sich ein Ezzone zum Bannerträger des Aufruhrs. Und es kam nicht von ungefähr, daß auch der Hezelinide Kuno, ein Bruder des Pfalzgrafen Heinrich, zu den Gegnern des Kaisers zählte. Die Verwandtschaft der Ezzonen mit der ottonischen Dynastie sicherte den Angehörigen dieses Hauses und ihrem Verwandtenkreis Königsnähe und eine führende Rolle im Reich. Das Verhalten Konrads und Kunos zeigt aber auch, welche Gefahren der salischen Monarchie aus der Begünstigung einer so mächtigen und selbstbewußten Hochadelsfamilie erwachsen konnten, deren Macht im übrigen auch nicht so leicht zu brechen war, wie das Beispiel Kunos verdeutlicht, der nach seiner Begnadigung seit Ende 1056 als Herzog von Kärnten erscheint.

Daß es im Jahre 1055 schließlich doch nicht zum offenen Ausbruch der Empörung gekommen ist, war nicht zuletzt dem Zufall zu verdanken: Der plötzliche Tod der Haupträdelsführer verschonte das Reich vor weiteren Wirren. Welf III. starb am 13. November auf der Burg Bodman am Bodensee; mit ihm erlosch die ältere Welfenlinie im Mannesstamme. Sein Vermächtnis, die Schenkung seines Besitzes an das Hauskloster Altdorf, blieb unerfüllt; denn seine Mutter Imiza ließ ihren Enkel Welf, den Sohn der Kuniza und des Markgrafen Azzo von Este, aus Italien holen und setzte seinen Eintritt in das Erbe durch – mit Welf IV. beginnt die jüngere Welfenlinie. Konrad folgte seinem Bundesgenossen noch vor Ende des Jahres – wahrscheinlich am 15. Dezember – ins Grab. Der Erzbischof Anno von Köln hat seinen Leichnam später aus Ungarn in das von ihm gegründete Mariengradenstift in Köln überführen lassen, in dem auch Ezzos Tochter, die polnische Königin Richeza, bestattet wurde. Gebhard von Regensburg aber wurde nach des Kaisers Rückkehr aus Italien der Prozeß als Majestätsverbrecher gemacht; die über ihn verhängte Haftstrafe verbüßte er im Gewahrsam des Grafen Kuno von Achalm, bis er Mitte des folgenden Jahres begnadigt wurde und auf seinen Bischofssitz zurückkehren konnte.

Daß der Kaiser der immensen internen Schwierigkeiten der letzten Jahre Herr geworden war, hatte er neben seiner Tatkraft wesentlich der Loyalität der geistlichen Fürsten zu verdanken. Gebhards von persönlichen Motiven, nicht von prinzipiellen Erwägungen bestimmte Opposition blieb eine Ausnahme. Im übrigen erwies sich die Reichskirche als eine zuverlässige Stütze der Monarchie, und Heinrich vergalt den Prälaten ihren unermüdlichen Königsdienst mit reicher Privilegierung. In Sachsen bildeten die Hochstifte Hamburg-Bremen und Hildesheim sowie das immer mehr in eine zentrale Funktion rückende Goslarer Pfalzstift St. Simon und Judas ein Gegengewicht gegen die Billunger. In Bayern wahrte der Bischof Gebhard I. von Eichstätt (1042–1057), selbst mit dem Kaiser weitläufig verwandt, die Interessen des Reiches mit starker Hand. Vor allem die Grafen von Scheyern bekamen in der Rebellion des Jahres 1053 seine Tatkraft zu spüren, und seine glänzenden Fähigkeiten verschafften ihm einen solchen Einfluß am Hofe, daß das Wort umging, der Kaiser überrage ihn eigentlich nur noch durch den Thron. Die Herausforderung durch Gottfried den Bärtigen, durch Holland und Flandern hatte der Salier nur mit der Unterstützung der Reichskirche zu bestehen vermocht, so daß der durch die Auseinandersetzungen bewirkte Schaden zunächst begrenzt werden konnte. Aber gerade in Lothringen werden auch die ersten Anzeichen eines sich langsam vollziehenden Wandels erkennbar. Für die zunehmenden Spannungen im Verhältnis des

Kaisers zur Kirche von Cambrai waren in erster Linie politische Fehlentscheidungen des Saliers verantwortlich zu machen. Die Bischöfe Gerhard und Lietbert fühlten sich in ihrem Dauerkonflikt mit den Kastellanen im Stich gelassen; daß ihnen Heinrich eine wirksame Unterstützung, die letztlich im Interesse des Reiches liegen mußte, versagte, stellte ihre Loyalität auf eine harte Probe. Die Gewaltanwendung gegen Lietbert im Streit mit Johann von Arras aber diskreditierte den Kaiser in seinen wichtigsten Aufgaben: der Rechtswahrung und dem Kirchenschutz. Ein solches Verhalten beschwor die Gefahr herauf, daß eine momentane Verbitterung schnell in prinzipielle Opposition umschlug. Ähnlich negative Erfahrungen machte Wazo von Lüttich. Im Konflikt mit Gottfried dem Bärtigen hatte der Bischof, der seine Diözese mit Umsicht gegen die Rebellen verteidigt hatte, in eigener Verantwortung einen Frieden geschlossen, der seiner hart bedrängten Kirche eine Ruhepause verschaffen sollte. Am kaiserlichen Hofe wurde ihm dies als Verrat ausgelegt, obwohl man in Lüttich den Vorwurf der Konspiration mit dem Reichsfeind empört zurückwies.
Derartige Irritationen, die offenkundig durch mangelnde Vertrautheit Heinrichs oder seiner Ratgeber mit den politischen Verhältnissen in Niederlothringen hervorgerufen wurden, blieben so lange ohne schwerwiegende Konsequenzen, wie die Grundlagen des Herrschaftssystems, zu dessen tragenden Pfeilern eben auch der Königsdienst der Reichskirchen gehörte, nicht in Frage gestellt wurden und Episkopat und Mönchtum sich in den essentiellen Fragen des Kirchenregimentes und der Reform, der sie selbst sich in ihren bedeutendsten Repräsentanten zutiefst verpflichtet sahen, mit dem Kaiser im Einklang fühlen konnten. Dann aber mußte bedenklich stimmen, daß hier und da bereits gegen den Heeresdienst des Klerus polemisiert wurde, daß das Reimser Reformkonzil von 1049 das spätkarolingische Verbot des kirchlichen Kriegsdienstes wiederaufnahm. Wenn sich hier ein Auseinanderrücken beider Bereiche, des weltlichen und des geistlichen, andeutete, so artikulierte sich dieses Umdenken in der grundsätzlichen Kritik Wazos an der Kirchenpolitik Heinrichs noch schärfer. Der Bischof von Lüttich bestritt Heinrich 1046 das Recht, den – noch nicht geweihten – Erzbischof Widger von Ravenna abzusetzen, mit dem Argument, daß die Bischöfe allein dem Papst zum Gehorsam, dem Kaiser lediglich in weltlichen Angelegenheiten zur Treue verpflichtet seien, der Kaiser also auch nur über die weltlichen Vergehen eines Geistlichen urteilen könne. Die Absetzung Gregors VI. in Sutri durch den Salier bedachte er mit scharfem Tadel, da ein Papst von niemandem als nur von Gott gerichtet werden könne –

hier stellte sich Wazo also in eine alte kanonistische Tradition –, weshalb er die Erhebung Clemens II. auch für illegitim hielt und für eine Rückkehr Gregors VI. auf die cathedra Petri plädierte. Schließlich ging er so weit, die Königsweihe gegenüber der Bischofssalbung abzuwerten, da diese den Geweihten befähige, Leben zu spenden, jene aber – eine Anspielung auf die richterliche Gewalt des Königs – zum Töten bestimmt sei. Wazos Gedanken waren nicht revolutionär, sie waren in patristischer und kanonistischer Tradition längst vorhanden – daß aber auf dem Höhepunkt sakral begründeter königlicher Kirchenhoheit aus dieser Tradition die Wesensverschiedenheit von weltlicher und geistlicher Gewalt in einem das regnum abwertenden Sinne ohne Umschweife klar formuliert wurde, das war das bestürzend Neue im Verhalten des im übrigen unbedingt loyalen Bischofs von Lüttich.

Radikaler noch als Wazo hat der anonyme Verfasser eines Rechtsgutachtens über die Synode von Sutri, das in der Literatur zumeist als Traktat unter dem Titel *De ordinando pontifice* zitiert wird, die Abwertung der königlichen Gewalt vorangetrieben. Er bestreitet dem König als einem Laien, der zudem als *infamis,* als Ehrloser, wegen seiner inzestuösen Ehe mit Agnes nicht einmal zur Aburteilung von Laien berechtigt sei, jegliche Kompetenz, über den Papst ein Urteil zu fällen, und gegenüber dem Laien Heinrich ist selbst noch der durch Simonie befleckte Gregor VI. legitimer Papst, *summus et universalis pontifex.* Der gottverhaßte Kaiser – *imperator iste Deo odibilis* – aber handelt nicht als Stellvertreter Christi, sondern verwaltet, indem er das Schwert führt und Blut vergießt, das Amt des Teufels. Schärfer konnte der Sakralcharakter des Königtums nicht verneint werden. In der Gedankenführung der Schrift lassen sich manche Anklänge an Wazos Argumentation aufdecken, freilich bleibt der Lütticher Bischof moderater. Ob der Anonymus ein Lothringer oder ein Franzose war, ist jedoch nicht eindeutig zu entscheiden.

Vor dem Hintergrund dieser prinzipiellen Infragestellung der sakralen Legitimierung der Monarchie gewinnen nun auch manche kritischen Positionen und Urteile zu Maßnahmen und Entscheidungen des Kaisers ein schärferes Profil und größeres Gewicht, die für sich genommen unverfänglicher erscheinen könnten. Die Weigerung des Abtes Halinard von Saint-Bénigne in Dijon, bei seiner Erhebung zum Erzbischof von Lyon im Jahre 1046 den von Heinrich III. geforderten üblichen Eid zu leisten, ist bei der Behandlung der Vorgeschichte des Investiturstreites immer wieder zitiert und ebenso häufig mit Halinards eigener Begründung, daß Bibel und Benediktregel das Schwören zur Vermeidung eines Meineides verbieten würden, in ihrer Bedeutung eingeschränkt worden. Tatsächlich hat sich der Kaiser ja nach einigem Zögern selbst damit zufrieden gegeben und die Investitur erteilt. Ob aber Halinards Haltung wirklich so unpolitisch war, wie sie gedeutet wird, erscheint fraglich. Immerhin rieten einige Bischöfe Heinrich, die Weigerung nicht zu akzeptieren, während die oberlothringischen Bischöfe sich auf die Seite des Abtes von Saint-Bénigne stellten – die Meinungsverschiedenheiten im Rate des Kaisers dokumentieren die Brisanz der Frage. Und immerhin gehörte in den Kontext der Begründung, daß die Benediktregel dem Mönch gebiete, sich von weltlichen Dingen fernzuhalten, was für einen Erzbischof von Lyon im Hinblick auf den Reichsdienst ohne Frage Komplikationen mit sich bringen mußte.

Auch die Widerstände gegen die nach strengen Maßstäben des kanonischen Rechtes unzulässige Ehe des Saliers mit Agnes von Poitou erscheinen in diesem Zusammenhang in den möglichen Konsequenzen gefährlicher, als die Sache selbst vermuten lassen könnte. Es war ja nicht nur der bereits zitierte Verfasser des Rechtsgutachtens zu Sutri, der hier Kritik übte, auf größere Resonanz im Reich ist sicher das auch von Poppo von Stablo unterstützte Bemühen des Abtes Siegfried von Gorze, diese Eheverbindung zu verhindern, gestoßen. Gründe politischer Opportunität läßt Siegfried in einem in dieser Angelegenheit an Poppo gerichteten Schreiben nicht gelten gegenüber der Autorität der Kanones, die das Gesetz Gottes selbst sind: Wer also gegen die Kanones handelt, verstößt gegen Gottes Gebot und kann damit keinen wahren Frieden gewinnen. Wenn aber ein Herrscher sich so verhält, macht er sich schuldig an seinem Volk, dem er Vorbild sein sollte. Dieser beschwörende Appell an das Verantwortungsbewußtsein des Herrschers gewinnt erst durch seinen unausgesprochenen, aber unüberhörbaren Bezug zu den im Eingang und Schlußteil des Schreibens vorgebrachten Klagen über den Niedergang der Sitten im Reich seine besondere Schärfe, und wie von ungefähr taucht auch der Gedanke an härteren Widerstand auf, wenn Mahnungen nichts fruchten sollten – hier noch verklausuliert, ohne Zurückhaltung dann jedoch in einem Schreiben an den Bischof Bruno von Toul, in dem Siegfried zu einer gemeinsamen Aktion des Episkopates aufruft und dabei an die berühmte Mailänder Kirchenbuße des Kaisers Theodosius erinnert. Es scheint, daß sich auch der Abt Bern von Reichenau vorsichtig der Kritik an Heinrichs Eheprojekt angeschlossen hat, die Opposition also nicht auf Lothringen begrenzt blieb. Daß die Ehefrage in einer so grundsätzlichen Weise diskutiert wurde macht deutlich, daß es für den Abt von Gorze und seine Gesinnungsgenossen auch in diesem Bereich um die Grundlagen des theokratischen Herrschaftssystems ging.

Charakteristisch für die gerade von lothringischen Kirchenmännern vorgetragenen Auffassungen zu den verschiedenen hier erörterten Problemen ist ein geschärftes Rechtsbewußtsein, das auch in Brunos von Toul Bedingung zum Ausdruck kommt, die kaiserliche Designation bei seiner Erhebung zum Papst durch Klerus und Volk von Rom billigen zu lassen, damit er nicht als Eindringling, als *intrusus*, erscheine. Die geheiligte Autorität der Kanones – und hier trifft sich Brunos Forderung mit den Rechtsauffassungen des Abtes von Gorze – verlangte eine solche Wahl, auch wenn der Begriff der kanonischen Wahl vor dem Investiturstreit dem König ein entscheidendes, ja ausschlaggebendes Mitspracherecht konzedierte. Man braucht nicht auf die überholte These von der Existenz besonderer lothringischer Rechtsschulen oder einer Lütticher Kanonistenschule zurückzugreifen, um eine Erklärung dafür zu finden, daß gerade hier die Diskussion über das rechte Verhältnis von regnum und sacerdotium in Gang gekommen war. Der unter dem Schutz der Ottonen und ersten Salier sich vollziehende Aufschwung der Kirche, ihre materielle Absicherung und die enge Verbindung des Episkopates zur Mönchsreform, die in Lothringen ein Zentrum hatte, boten die besten Voraussetzungen für ein Aufblühen auch des Geisteslebens in einer Region, die von jeher im Schnittpunkt zweier Kulturen lag.

Weniger grundsätzlich, aber in gleicher Weise symptomatisch für die Verschlechterung des politischen Klimas im Verhältnis von Reichskirche und salischer Herrschaft ist die wachsende Kritik am Regierungsstil Heinrichs III., bei der wiederum lothringische Beobachter der politischen Szenerie die Wortführer sind. Der Kaiser erscheint dabei in allzu großer und gefährlicher Abhängigkeit von seiner höfischen Umgebung. So äußert sich Siegfried von Gorze besorgt über den Einfluß von schmeichlerischen Ratgebern; mit ähnlichem Mißtrauen beurteilen Anselm bei Gelegenheit der umstrittenen Erhebung Wazos zum Bischof und Gerhard von Cambrai in einem Schreiben an Heinrich selbst das Treiben am Hofe. Der Lütticher Historiograph geht sogar so weit, die Intervention Hermanns von Köln und Brunos von Würzburg, zweier in höchstem Ansehen stehender Prälaten also, für den von der Lütticher Delegation gewünschten Wazo ein Wagnis zu nennen. Gerhard aber fordert Heinrich unverblümt auf, sich von denen beraten zu lassen, die Land und Leute kennen, seine Entscheidungen nach dem Gesichtspunkt des politischen Nutzens zu treffen und nicht den Einflüsterungen irgendwelcher Leute seiner Umgebung zu folgen. Der Kaiser war offenkundig in der Gefahr, den Kontakt zu jenen zu verlieren, die bisher die eigentlichen Stützen seiner Herrschaft gewesen waren.

Bereits unter Leo IX. beginnen sich – um 1052/53 – auch in Rom reichsfeindliche und gegen eine Vorrangstellung der Reichskirche gerichtete Tendenzen abzuzeichnen, die zum Teil wohl eine Reaktion auf mangelnde deutsche Unterstützung in der päpstlichen Normannenpolitik darstellten, zum Teil aber auch als Ausdruck eines neu erwachten römischen Selbstbewußtseins gedeutet werden können. Der Frontalangriff, den der Kardinalbischof Humbert von Silva Candida – aus dem Vogesenkloster Moyenmoutier hervorgegangen – mit seinen »Drei Büchern gegen die Simonisten« um 1058 gegen das Staatskirchentum führte, kam nicht so unmotiviert und überraschend, wie es zunächst scheinen möchte. Das Herrschaftssystem, das die Kirchen des Reiches, das salische Königtum und das Papsttum in einem den soziopolitischen Strukturen angemessen effizienten Beziehungsgeflecht zusammenfügte, war bereits zur Zeit Heinrichs III. besonderen Belastungen ausgesetzt, denen es auf die Dauer nicht gewachsen war.

b) Die außenpolitische Situation

Die inneren Auseinandersetzungen, die die letzten Regierungsjahre Heinrichs III. überschatteten, dürfen nicht isoliert gesehen werden. Sie erwiesen sich auch deshalb als so gefährlich, weil sie mit einer Verschlechterung der außenpolitischen Lage des Reiches zusammenfielen und teilweise sogar durch diese bedingt waren. Der Zusammenhang zwischen sächsischer Opposition und den schweren Rückschlägen in den Grenzkämpfen der Sachsen mit den slawischen Stämmen ist bereits aufgezeigt worden.

Das Verhältnis zu Frankreich hatte sich mit dem Abschluß des Freundschaftsvertrages im Jahre 1048 zwar zunächst entspannt, aber die Reimser Synode vom Oktober 1049, an der auch deutsche Prälaten teilgenommen hatten, sorgte für neue Irritationen, da der Kapetinger Heinrich I., dem die Forderungen der Kirchenreformer als Belastung seiner Politik der Konsolidierung der Königsgewalt erschienen, dem engen Zusammenwirken von Kaiser und Papst mit tiefem Mißtrauen begegnete. Der Streit um den Besitz der echten Reliquien des heiligen Dionysius zwischen Saint-Denis und St. Emmeram in Regensburg 1052/53 trug nicht wenig zur Abkühlung der Beziehungen bei. Zwar gehört der ausführliche Bericht über diese Angelegenheit aus der Feder des Mönches

Haymo von Saint-Denis in die Jahre um 1190 und spiegelt daher die französische Mentalität dieser Epoche – bei Haymo einen ausgeprägten Nationalstolz – wider, und damit dürften manche Details der Schilderung tendenziös gefärbt sein, aber die Tatsache des Konfliktes selbst wird damit nicht unglaubwürdig. Ihm kam um so größere Brisanz zu, als Dionysius damals bereits zum Hauptheiligen Frankreichs aufgestiegen war, die Behauptung der Regensburger Mönche also, den wahren Leib des Märtyrers, den Kaiser Arnulf einst bei einem Kriegszug aus Paris entführt und dem Kloster St. Emmeram geschenkt habe, zu besitzen, als eine Herausforderung und Beleidigung der ganzen Francia wirken mußte, implizierte sie doch zugleich die ungeheuerliche Unterstellung, daß die Verehrung des Heiligen zu Saint-Denis nichts als ein großer Irrtum sei. Angeblich hat Heinrich III. dem Protest einer französischen Gesandtschaft vor ihm und Leo IX. – der im Herbst 1052 tatsächlich anläßlich der Kanonisation des hl. Wolfgang und der Weihe der Krypta von St. Emmeram in Regensburg weilte – nachgegeben und das Ergebnis einer Öffnung des Dionysiusschreines in Saint-Denis, das den Wahrheitsbeweis für die Aufbewahrung der Reliquien in der französischen Abtei erbrachte, akzeptiert.

Von nachhaltigerer Negativwirkung als dieser Streit aber war der überraschende Frontwechsel des Grafen Theobald III. von Blois und Chartres, der 1054 dem Kaiser huldigte und Hilfe versprach. Die lapidare Notiz in der Chronik Hermanns von Reichenau läßt die Hintergründe im Dunkel. War ein Szenenwechsel auf der innenpolitischen Bühne Frankreichs der Anlaß für die zunächst unerklärliche Annäherung des Sohnes Odos von der Champagne an das Reich? Gottfried Martell von Anjou hatte 1052 mit dem Kapetinger Frieden geschlossen und stand nun auf dessen Seite im Kampf gegen Wilhelm von der Normandie; zwischen Gottfried und Theobald aber gab es Streit um die Grafschaft Vendôme. Der Graf von Blois hätte also durch eine Annäherung an den Kaiser das angevinisch-kapetingische Bündnis neutralisieren können. Oder lag die Initiative beim Salier, der sich für seinen bevorstehenden Flandernfeldzug Rückendeckung gegenüber dem französischen König zu verschaffen suchte? Vielleicht hat sogar Heinrichs Schwiegermutter Agnes von Poitou ihre Hand im Spiele gehabt. Für sie ist gerade um diese Zeit eine Reise zu dem Grafen Theobald bezeugt, über deren Zweck freilich nichts weiter verlautet. Grund für eine feindselige Haltung gegenüber ihrem ehemaligen Gemahl hatte Agnes genug, seit Gottfried sie im Jahre 1050 verstoßen hatte. Wie dem auch sei, der Kapetinger sah sich plötzlich der Gefahr gegenüber, daß sich jene unselige Konstellation der ottonischen Zeit wiederholen könnte, als das politische Doppel- und Wechselspiel der Kronvasallen die französische Monarchie in eine Dauerkrise stürzte.

Eine persönliche Begegnung der beiden Herrscher sollte den Sprengstoff, der sich in den deutsch-französischen Beziehungen angesammelt hatte, entschärfen. Sie fand bald nach dem Pfingstfest 1056 in Ivois statt und endete mit einem Eklat. Wieder stehen wir vor dem Dilemma, daß unsere Gewährsleute, der Annalist von Niederaltaich und Lampert von Hersfeld, sich über die Hintergründe des Geschehens wenig deutlich auslassen. Soviel jedenfalls ist aus beiden Berichten zu erschließen, daß eine unterschiedliche Beurteilung des Vertrages von 1048 der eigentliche Streitpunkt war. Wenn Heinrich I. aber dem Kaiser Vertragsbruch vorwirft, so dürfte es dabei nicht – wie Lampert meint – um die damals angeblich zugestandene Rückgabe eines großen Teiles des Reiches, also wohl Lothringens, an den Kapetinger gegangen sein, denn daß eine derartige Vereinbarung 1048 getroffen worden sein sollte, ist zweifellos reine Phantasie, eher dürfte die Lehnsnahme des Grafen von Blois der Anlaß für die Beschwerde Heinrichs I. gewesen sein. Der Salier wies die Vorwürfe zurück und erbot sich, ihre Haltlosigkeit im Zweikampf zu erweisen. Dem angebotenen Gottesurteil aber wich der französische König aus; mit seiner Flucht aus Ivois endete das Treffen in offenem Bruch.

Die Ereignisse von Ivois und ihre Vorgeschichte lassen einen bemerkenswerten Wandel im deutsch-französischen Verhältnis deutlich werden. Die Methoden der kaiserlichen Politik orientierten sich offenkundig noch am ottonischen Vorbild, aber das französische Königtum war, auch wenn sich seine Macht immer noch als relativ bescheiden darstellt, nicht mehr mit den Maßstäben des 10. Jahrhunderts zu messen, wie vor allem ein Blick auf seine Beziehungen zu den anderen europäischen Staaten lehrt. Im Jahre 1051 hatte Heinrich I. Anna, die Tochter des Großfürsten Jaroslaw von Kiew, geheiratet, offenbar jene russische Prinzessin, die der Großfürst Ende 1042 mit Heinrich III. zu vermählen gehofft, die dieser aber zurückgewiesen hatte. Diese Eheverbindung ist zweifellos in einen größeren politischen Zusammenhang zu stellen, denn eine Schwester Annas war mit Andreas von Ungarn, eine andere mit Harald III. Hårdråde von Norwegen verheiratet. Beide Könige standen dem Reich in erbitterter Feindschaft oder entschiedener Ablehnung gegenüber. Gerade im Jahre der russisch-kapetingischen Heirat deutete sich mit einer schweren Niederlage des Kaisers das endgültige Scheitern seiner Ungarnpolitik an;

Harald von Norwegen aber stand in näheren Beziehungen zu Frankreich und ließ hier seine Bischöfe weihen, um die Ansprüche Adalberts von Hamburg-Bremen auf Metropolitanrechte in seinem Königreich zu unterlaufen. Mit der norwegischen Herrscherdynastie waren auch die Billunger verschwägert, da Ordulf, Bernhards II. Sohn und Nachfolger im Herzogtum, mit einer Schwester des Königs Magnus vermählt war. Die Ehe Heinrichs I. mit Anna fügt die kapetingische Monarchie also ein in ein Beziehungsgeflecht von Gegnern des Reiches und des Kaisers. Diesem weitgespannten System persönlicher, auf Heiratspolitik gegründeter Verbindungen ist schließlich auch Kasimir von Polen einzuordnen, der eine Schwester des Großfürsten Jaroslaw zur Gemahlin hatte – bekanntlich gehörte auch der polnische Herzog nicht gerade zu den zuverlässigen Vasallen des Reiches. Vor dem Hintergrund dieser außenpolitischen Konstellationen bedeutete der in seinen Konsequenzen noch nicht zu übersehende Bruch mit Frankreich unter Umständen eine schwere Belastung der kaiserlichen Politik, zumal die Lage in Lothringen sich nicht endgültig stabilisiert hatte.

Bei der Darstellung der bayerischen Wirren war bereits mehrfach Gelegenheit gegeben, den Zusammenhang mit der Entwicklung im benachbarten Ungarn aufzuzeigen. Für König Andreas kam es vordringlich darauf an, nach Überwindung des heidnischen Aufruhrs normale Beziehungen zum Reich herzustellen, ohne die eine Konsolidierung seiner Herrschaft nicht möglich war. In dieser Lage war er zu überraschend weitgehenden Zugeständnissen bereit. Wenn man dem Bericht Hermanns von Reichenau Glauben schenken darf, dann hat er dem Kaiser Unterwerfung, jährlichen Tribut und ergebenen Dienst angeboten, »wenn er ihm erlaube, sein Reich zu behalten« – das war nichts anderes als die Anerkennung des Status quo: Lehnsoberhoheit des Reiches und Tributpflichtigkeit Ungarns. Heinrich III. hat jedoch die einmalige Chance, trotz des Machtwechsels im Arpadenreich die eben erst errungene Position zu behaupten, nicht genutzt. Sein vorrangiges Ziel war, Andreas militärisch zu bezwingen, um seinen Schützling Peter, der in den Wirren zwar geblendet worden war, aber wohl überlebt hatte, zu rächen. Von einem realpolitischen Standpunkt aus war eine solche Strategie eher unverständlich, sie entspricht aber durchaus dem Herrschafts- und Selbstverständnis des Saliers, dem diese Entscheidung aus der Treupflicht des Lehnsherrn moralisch geboten erscheinen mußte. Der geplante Feldzug mußte jedoch verschoben werden, da der Kaiser nun von dem erneuten Aufstand Gottfrieds des Bärtigen überrascht wurde.

Von jetzt an arbeitete die Zeit gegen den Salier. In den nächsten

Jahren waren seine Kräfte im Westen gebunden, was Andreas zur Konsolidierung seiner Herrschaft nutzte. Die von Bayern provozierten Grenzkonflikte leiteten über zu den Feldzügen der Jahre 1051 und 1052, in denen dem Kaiser der Erfolg versagt blieb. Die schwere Niederlage im August/September 1051 deckte die Schwächen der kaiserlichen Strategie schonungslos auf. Militärisch war eine dauerhafte, das Übergewicht des Reiches garantierende Lösung nicht durchzusetzen. Die Überlegenheit der ungarischen Kampfweise und des ungarischen Grenzschutzsystems gegenüber den durch ihre Unbeweglichkeit, die Ungunst des Geländes und die nicht zu bewältigenden Probleme der Proviantbeschaffung gehemmten deutschen Heere bereiteten der Kriegführung im Osten nahezu unüberwindbare Schwierigkeiten. Der Erfolg des Jahres 1044 war im Grunde nur dem Umstand zu verdanken gewesen, daß landeskundige Führer aus dem Kreise der ungarischen Emigranten den deutschen Truppen die Umgehung der Grenzschutzanlagen ermöglicht hatten.

Beim Feldzug von 1052 vermittelte Leo IX. einen Frieden, nachdem König Andreas ihn um eine Intervention gebeten hatte. Der Papst scheint zunächst die Konzeption Heinrichs III. unterstützt und einer Lehnsabhängigkeit Ungarns vom Reich positiv gegenübergestanden zu haben. Seine Vermittlungsaktion aber stieß in Deutschland auf Kritik, zumal sich Andreas seinen Verpflichtungen entzog; für den Annalisten von Niederaltaich entsprach das Ergebnis daher in keiner Weise dem, was die Ehre des Reiches, der *honor regni*, forderte. Andreas hat zwar 1053 noch einmal durch eine Gesandtschaft auf der Reichsversammlung von Tribur ein weitreichendes Angebot machen lassen, vertraute aber in der Folgezeit darauf, daß die Opposition des bayerischen Adels den Kaiser schließlich zum Einlenken zwingen würde. Bereits im Jahre 1051 hatte der Markgraf Adalbert von Österreich einen Separatfrieden mit Andreas geschlossen. Wie sehr die Vorrangstellung des Reiches im Osten gefährdet, wie weit der Kaiser von einer Verwirklichung seiner Konzeption, die jungen ostmitteleuropäischen Staaten Polen, Böhmen und Ungarn in lehnrechtlicher Abhängigkeit vom Reich zu halten, entfernt war, verdeutlicht am besten die Tatsache, daß er sich auch des böhmischen Vasallen nicht mehr sicher sein konnte, seit der 1055 erhobene Herzog Spitignew II. in engere Beziehungen zu Ungarn getreten war. Die Zukunft mußte entscheiden, ob das Reich seine Hegemonialstellung im Osten würde wiedergewinnen können.

Unsere tour d'horizon setzt den Schlußpunkt mit Italien. Hier hatte der unglückliche Normannenfeldzug Leos IX. in den langobardischen Fürstentümern und der Übergangszone vom regnum Italiae zum byzantinischen Machtbereich eine ungeklärte, höchst brisante Lage hinterlassen. Der zweite Italienzug Heinrichs III., der im Frühjahr 1055 begann, hat an dieser Situation nichts geändert. Das vordringliche Ziel des Kaisers war nicht die Eindämmung der steigenden Normannenflut, sondern die Verhinderung einer neuen Herrschaftsbildung durch Gottfried den Bärtigen in Mittelitalien. Dabei war ihm der kurz zuvor zum Nachfolger Leos IX. erhobene Gebhard von Eichstätt, der am Gründonnerstag in Rom als Viktor II. inthronisiert wurde, ein tatkräftiger Helfer. Gottfried hat die Ankunft Heinrichs gar nicht erst abgewartet, er setzte sich in seine lothringische Heimat ab; seine Gemahlin Beatrix und deren Tochter Mathilde ließ der Kaiser in Haft nehmen. In den nächsten Monaten durchzog der Salier den tuszischen Machtbereich, hielt Gericht und stiftete Frieden, unterstützte die Revindikationspolitik Viktors II. und versammelte gemeinsam mit dem Papst zum Pfingstfest zahlreiche Bischöfe zu einer Reformsynode in Florenz. Bei der Neuordnung der Herrschaftsverhältnisse wurde Viktor II. ein wichtiger Part zugedacht: Der Kaiser übertrug ihm das Herzogtum Spoleto und die Markgrafschaft Fermo und setzte damit die Politik einer Einbeziehung des Papsttums in die Administration Mittelitaliens fort, deren Nutznießer bereits Leo IX. gewesen war. Daß der Salier über diesen Maßnahmen die Probleme der normannischen Expansion nicht aus den Augen verlor, zeigt seine Kontaktnahme mit den langobardischen Fürsten, beweist aber vor allem die Aufnahme von Bündnisverhandlungen mit Byzanz, zu denen eine Gesandtschaft unter dem Bischof Otto von Novara nach Konstantinopel aufbrach. Im übrigen hatte er schon vor 1055 in Verbindung mit dem Statthalter des Basileus in Apulien, dem dux Argyrus, gestanden, der in Fortsetzung der Politik seines Vaters Ismael-Melus von Bari Rückhalt am deutschen Hof gesucht hatte. Wir wissen nichts über den Inhalt der Verhandlungen, die seine Gesandten im Mai 1054 mit Heinrich geführt hatten; lediglich die Tatsache von Kontakten wird in einem Diplom (D. H. III. 322) faßbar, durch das der Kaiser anordnete, daß das Grabmal, in dem Melus 1020 in Bamberg beigesetzt worden war, niemals für einen anderen benutzt werden dürfe. Immerhin wird Argyrus hier als *fidelis* bezeichnet, was, wenn der Begriff im technischen Sinne gedeutet werden darf, eine Lehnsnahme des Barensers voraussetzen würde. Als der Kaiser bereits im November nach Deutschland zurückkehrte, wo ihn die Aufgabe der Beilegung der bayerischen Unruhen erwartete, war das Hauptziel des Italienzuges, die Festigung der Herrschaft im regnum Italiae, zweifellos erreicht, die Normannenfrage aber harrte noch einer endgültigen Lösung.

c) *Die Thronfolgeregelung*

In dem rastlosen Bemühen um die Verteidigung und Konsolidierung der Herrschaft der salischen Monarchie, das den Kaiser seit 1050 quer durch das Reich vom Norden bis nach Tuszien, von Flandern bis hinein nach Ungarn geführt hatte, gewann die Regelung der Nachfolge zentrale Bedeutung. Aus seiner Ehe mit Gunhild hatte Heinrich eine Tochter Beatrix, die er schon 1044 zur Äbtissin von Quedlinburg gemacht hatte. Seine zweite Gemahlin hatte ihm bereits drei Töchter geschenkt, Adelheid (1045), Gisela (1047) und Mathilde (1048), ehe am 11. November 1050, vermutlich in Goslar, der Sohn Heinrich geboren wurde – »endlich« sagt Hermann von Reichenau, und in diesem Stoßseufzer wird die ganze Erleichterung spürbar, die man – und sicher nicht nur in dem Inselkloster – beim Erhalt der freudigen Nachricht empfand. Auch der Annalist von Niederaltaich fügt ein »Deo gratias« in seinen Vermerk ein. Wie lange man die Geburt des präsumptiven Thronfolgers herbeigesehnt hatte wird auch daran deutlich, daß der Erzbischof Hermann von Köln bereits 1047 dazu aufgefordert hatte, für die Geburt eines Kaisersohnes zu beten, damit Friede im Reich gestiftet werde. Für den Erstgeborenen wählten die Eltern den Namen des Großvaters Konrad. Unverzüglich hat der kränkelnde Vater dann die Anerkennung der Thronfolge des Sohnes betrieben. Schon am Weihnachtsfest in Pöhlde ließ er die am Hof versammelten Fürsten dem Knaben huldigen, obwohl dieser noch nicht einmal getauft war. Damit hatte nun schon die über einen längeren Zeitraum sich erstreckende Prozedur der Thronerhebung begonnen. Am 31. März 1051, am Osterfest, vollzog der Erzbischof Hermann in Köln die Taufe, und der Abt Hugo von Cluny übernahm auf die Bitte des Vaters die Patenschaft. Hugo war es offenbar auch, der den ursprünglich vorgesehenen Vornamen durch einen anderen, den des Vaters Heinrich, ersetzte oder zumindest mit Erfolg für den Namenswechsel plädierte. Bedeutet dies, daß dem Reformabt der Name des ersten Salierkaisers bereits zur negativen Erinnerung geworden war, der Name des Vaters aber, da er bei den Anhängern der Kirchenreform einen guten Klang hatte, als günstiges Omen gelten konnte? Hatte also der Umwertungsprozeß schon eingesetzt, der Konrad in der Sicht der Reformer ins Zwielicht rückte, seinen Vorgänger Heinrich II. aber zur Ehre der

Altäre aufsteigen ließ? Daß der Name des Begründers der Kaiserdynastie jedoch in der Familie selbst nicht in Verruf geraten war, beweist die Benennung des zweiten Kaisersohnes, der im September oder Oktober 1052 geboren wurde, nach dem Großvater. Die Wahl Hugos zum Taufpaten für den Thronfolger dokumentiert die enge Verbindung der kaiserlichen Familie zur machtvollsten religiösen Strömung der Zeit.

Anfang November 1053 ließ Heinrich III. den Sohn auf einer Reichsversammlung in Tribur zum König wählen, am 25. Dezember übertrug er ihm in der Pfalz Altötting das Herzogtum Bayern, das freilich schon bald – vermutlich bei der Königskrönung des Thronfolgers – an den jüngeren Bruder Konrad weitergegeben wurde. Die Weihe und Krönung vollzog der Erzbischof Hermann von Köln am 17. Juli 1054 in Aachen. Dabei erhob der Mainzer Erzbischof Liutpold noch einmal den traditionellen Anspruch seiner Kirche auf das Krönungsrecht, den der Kaiser aber mit dem Hinweis auf die vornehme Abkunft des Kölner Metropoliten – Hermann gehörte der Familie der Ezzonen an – und dem kirchenrechtlich eher durchschlagenden Argument, daß der Krönungsort im Kölner Sprengel liege, zurückwies. Mit den Formalakten von Tribur und Aachen hatte der Knabe die Stellung eines Mitkönigs erlangt und führte nun auch in den Urkunden des Vaters den Königstitel. Damit war nach menschlichem Ermessen alles Erforderliche zur Sicherung der Nachfolge geschehen.

Auf den ersten Blick hatte der Kaiser seinen Willen ohne Schwierigkeiten durchgesetzt. Aber der Schein trog. Bei der Triburer Wahl hatten die Fürsten einen Vorbehalt gemacht: Man werde dem Sohn als dem künftigen König gehorchen, wenn er sich als gerechter Herrscher erweise. Ein bisher einmaliger Vorgang in der Geschichte der deutschen Königswahl! Die Großen stimmten der Designation durch den Vater zu und legten sich so darauf fest, von der hier getroffenen Entscheidung nicht ohne Grund abzugehen; gleichzeitig machten sie mit der Kurbedingung unmißverständlich ein Recht auf Widerstand für den Fall geltend, daß der Gewählte den moralischen Anforderungen seines Amtes nicht entspreche – eine unüberhörbare Warnung nicht nur für den Nachfolger Heinrichs III.

Das Verhalten der Fürsten verlangt nach einer Erklärung. Man hat ihre hier latent wirksame, in den geschilderten Aufständen aber auch offen ausbrechende Opposition als Reaktion auf die um die Jahrhundertmitte allmählich einsetzenden sozialen und wirtschaftlichen Veränderungen gedeutet. Das Königtum habe den Widerstand des Adels dadurch herausgefordert, daß es die aufsteigende Ministerialität und das städtische Bürgertum für sich zu mobilisieren und damit die Reichsverfassung auf eine neue, den gewandelten ökonomischen Gegebenheiten entsprechende Grundlage zu stellen suchte. Nun ist nicht zu bezweifeln, daß die Salier dem sich ausformenden Stand der Ministerialität ihre besondere Aufmerksamkeit zukommen ließen und seinen Aufstieg gefördert haben – davon wird noch zu sprechen sein. Es kommt nicht von ungefähr, daß seit Heinrich III. Ministerialen sogar der Fürsorge des Herrschers im Gebetsgedenken zuteil werden. Auch für das entstehende städtische Bürgertum galt, daß es seine zunehmende wirtschaftliche Bedeutung in politischen Einfluß würde umsetzen können. Aber es ist auch keine Frage – wenn uns die spärlichen und wenig aussagekräftigen Quellen hier nicht täuschen –, daß der zweite Salier die Ministerialen noch nicht in einem die Positionen des Hochadels bedrohenden Ausmaße als Instrument der königlichen Politik eingesetzt hat, und die Städte standen ohnehin erst am Beginn ihres wirtschaftlichen und politischen Aufstiegs.

Die auch in Tribur sichtbar werdende Opposition des Adels ist eher symptomatisch für eine in allen Schichten des Volkes verbreitete und wachsende Mißstimmung, der der Chronist Hermann von Reichenau in seinem Jahresbericht zu 1053 Ausdruck verleiht: Die kaiserliche Regierung hatte die in sie gesetzten Erwartungen nicht erfüllt; dem hohen sittlichen Anspruch, unter dem sie angetreten, war sie nicht gerecht geworden. Die Wahrung von Gerechtigkeit und Frieden lag im argen, Resignation machte sich breit.

Der Kaiser hat auch nach der Aachener Krönung seine Bemühungen fortgesetzt, der künftigen Herrschaft seines Sohnes ein solides Fundament zu schaffen. Am Weihnachtsfest des Jahres 1055 wurde der junge König in Zürich mit Bertha, der Tochter des Markgrafen Otto von Turin und Savoyen und seiner Gemahlin Adelheid, verlobt. Zunächst mag der Verzicht auf eine glanzvolle Eheverbindung mit einer ausländischen Prinzessin zugunsten der Wahl eines Fürstenhauses aus dem Reich überraschen, aber der politische Vorteil dieser Entscheidung liegt auf der Hand: Das Haus Savoyen-Turin stellte ein starkes Gegengewicht gegen Canossa-Tuszien dar und kontrollierte die wichtigen westlichen Alpenpässe; eine Verbindung mit ihm diente der Festigung der kaiserlichen Herrschaft in Italien, zumal da die Heirat Gottfrieds des Bärtigen mit der Markgräfin Beatrix die Gefahr künftiger Verwicklungen, die auch durch das energische Einschreiten Heinrichs nicht endgültig ausgeschlossen waren, in sich barg. Nach der Rückkehr vom Italienzug wird die Intervention des jungen Königs in den Diplomen des Vaters fester Kanzleigebrauch. Neben ihm erscheint – mit der Ausnahme einer einmaligen Intervention des Papstes Viktor II. – nur noch die Kaiserin Agnes als Fürsprecherin in den kaiserlichen Urkunden. Diese Exklusivität als Ausdruck der Betonung des dynastischen Prinzips, die auf die Dauer die Vorstellung von der Teilhabe der Fürsten an der Herrschaft verdrängen mußte, hob den Thronfolger auch propagandistisch besonders heraus und dokumentierte in einem die Kontinuität der Herrschaft in der Dynastie.

Auch die Aussöhnung mit Gottfried dem Bärtigen ist in den Zusammenhang um die Sicherung der Nachfolge einzuordnen. Das wird trotz allen tendenziösen Beiwerks in dem Bericht, den der Gregorianer Bonizo von Sutri in seinem *Liber ad amicum* darüber gibt, deutlich: Heinrich habe Gottfried Beatrix und ihre Tochter Mathilde samt allen ihren Besitzungen übergeben und ihn um Unterstützung für seinen bereits designierten Sohn angefleht. Einzelheiten der Verhandlungen, auch der Zeitpunkt der Freilassung der tuszischen Damen, bleiben unbekannt; sicher ist, daß der Kaiser selbst den Ausgleich mit dem lothringischen Rebellen – wohl auch vor dem Hintergrund des Konfliktes mit dem Kapetinger – herbeigeführt hat. Ob dabei dem ehemaligen Herzog vielleicht sogar eine künftige Restitution in eines der lothringischen Herzogtümer, die dann im Jahre 1065 tatsächlich erfolgte, in Aussicht gestellt wurde, bleibt eine ansprechende, aber nicht beweisbare Vermutung.

Die Aktivität, die Heinrich gerade in dieser Frage der Vorbereitung des künftigen Thronwechsels entfaltete, erweckt fast den Eindruck, als habe ihn die Ahnung getrieben, nicht mehr viel Zeit zur Verfügung zu haben. Wie wenig er sich jedoch trotz aller dieser Bemühungen seiner Sache sicher war, das erweist sein Verhalten angesichts des Todes. In der Pfalz Bodfeld am Harz auf das Sterbelager niedergeworfen, ließ er die am Hofe versammelten geistlichen und weltlichen Fürsten erneut eine Wahl vornehmen und empfahl den Sohn dem Schutz des Papstes Viktor II., der seit September in seiner Umgebung weilte. Am 5. Oktober 1056 starb der Kaiser, erst neununddreißigjährig, nachdem er gebeichtet, alle, denen gegenüber er schuldig geworden war, um Verzeihung gebeten, selbst Vergebung gewährt und entfremdetes Gut zurückerstattet hatte. Sein Leichnam wurde nach Speyer überführt und hier am 28. Oktober, dem Tage der Heiligen Simon und Judas, im Dom an der Seite seines Vaters beigesetzt; das Herz und die Eingeweide aber waren nach seinem eigenen Wunsche im Stift zu Goslar bestattet worden. Beide Kirchen hatten zu seinen Lebzeiten seine besondere Fürsorge erfahren. Er hatte sie mit Evangeliaren ausgestattet, Prunkhandschriften aus Echternach, dem führenden Skriptorium der Zeit. Die großen Dedikationsbilder des Speyerer Evangeliars, das heute im Escorial aufbewahrt wird, zeigen ihn zusammen mit seiner Gemahlin Agnes vor der unter der Baldachinarchitektur des Salierdomes thronenden Gottesmutter und die Eltern, Konrad II. und Gisela, zu Füßen des Pantokrators Christus. Mit seiner Bestattung im Dom, dessen Bau er so sehr gefördert hatte, löste Speyer endgültig den Wormser Dom, die Grabstätte der Vorfahren, als neue Familiengrablege des Königsgeschlechtes ab. In Speyer hat man sein Gedächtnis besonders gepflegt; ein späteres Nekrolog, in dem er als *Heinricus dictus niger tercius Romanorum imperator,* also als Heinrich der Schwarze, verzeichnet ist, hält seine wichtigsten Schenkungen an die Speyerer Kirche namentlich fest.

Sein früher Tod, den schon die Zeitgenossen als tiefe Zäsur empfanden, erschwert den Versuch einer Wertung seiner Herrscherleistung. Hätte er die Probleme in Reich und Kirche, an denen sein Sohn scheiterte, meistern können, wenn er länger gelebt hätte? Die Regierung des zweiten Saliers gehört fraglos zu den glanzvollsten Epochen der mittelalterlichen deutschen Geschichte. In seiner Herrschaft vollendete sich jene Ordnung des harmonischen Zusammenwirkens von weltlicher und geistlicher Gewalt, von regnum und sacerdotium, die von den Karolingern grundgelegt und von den Liudolfingern ausgestaltet worden war. Das sakrale Königtum gelangte auf einen Gipfel seiner Geltung und setzte, zum Kaisertum überhöht, die universale Tradition des römischen Imperiums in christlicher Ausprägung fort. Im Schutz der Reichskirche, die der königlichen Gewalt ihrerseits eine entscheidende Stütze war, in der Schirmvogtei über die römische Kirche und das Papsttum und in der Entfaltung der Kirchenreform, gefördert gemeinsam mit dem seit Sutri erneuerten Papsttum, gewann das Kaisertum Heinrichs III. höchstes Ansehen; in diesen Aufgaben fand der Salier selbst die überzeugendste Rechtfertigung seines Herrschafts- und Selbstverständnisses. Freilich lassen die mannigfachen Schwierigkeiten der letzten Regierungsjahre erkennen, daß sich die Gegenkräfte formierten, herausgefordert durch einen zunehmend autokratischen Regierungsstil des Saliers. Der Adel stellte dem königlichen Herrschaftsanspruch seine Forderung auf Teilhabe an der Herrschaft entgegen, verstand seine Opposition als legitime Verteidigung eigener Interessen und Rechte. In der Kirche setzte die Diskussion um das rechte Verhältnis beider Gewalten zueinander ein. Die Betonung der Wesensverschiedenheit von königlicher und priesterlicher Gewalt, die nach der im fünften Jahrhundert durch den Papst Gelasius I. formulierten Zweigewaltenlehre den religiös-metaphysischen Vorrang des Priestertums implizierte, mußte sich in letzter, radikaler Konsequenz zu einem Angriff auf die Grundlagen des theokratischen Königtums ausweiten. Die salische Monarchie war in ihrer Existenz bedroht, wenn fürstliche und geistliche Opposition sich zu gemeinsamem Widerstand zusammenfinden würden. Es macht die historische Größe des zweiten Saliers aus, daß er in unermüdlichem Einsatz im Innern und nach außen seine Konzeption von Königtum und Reich zu verwirklichen und gegen alle auseinanderstrebenden Interessen zu verteidigen gesucht hat. Seinem unmündigen Sohne aber hinterließ er ein schweres Erbe.

2. Die Regentschaft der Kaiserin Agnes und der Sieg des Reformpapsttums

a) Die Regentschaft der Kaiserin Agnes

Daß der Übergang der Herrschaft auf den Knaben Heinrich sich ohne Schwierigkeiten vollzog, war nicht zuletzt das Verdienst Viktors II., der mit der ganzen Autorität seines hohen Amtes, aber auch in seiner Funktion als Reichsfürst, der er als Bischof von Eichstätt ja immer noch war, die ihm vom sterbenden Kaiser übertragene Aufgabe wahrnahm. Er setzte die Ausgleichspolitik fort, die Heinrich III. durch seine Aussöhnung mit Gottfried dem Bärtigen noch selbst in die Wege geleitet hatte. So war es unstreitig ein Erfolg, daß auf einem Kölner Hoftag im Dezember 1056 die beiden flandrischen Grafen dem jungen König huldigten. Sie erhielten dafür eine Bestätigung ihrer Reichslehen – Balduin V. die Gebiete, die das sogenannte Reichsflandern ausmachten, sein Sohn Balduin VI. die Grafschaft Hennegau – und behaupteten damit, was sie in jahrelangen Kämpfen erworben hatten, aber die Reichsregierung hatte keine andere Wahl, wenn sie den durch die Fehden des letzten Jahrzehnts schwer getroffenen Landen am Niederrhein endlich Ruhe verschaffen wollte. Kurz zuvor waren führende Große des lothringischen Raumes, an ihrer Spitze der ehemalige Herzog Gottfried, der Erzbischof Eberhard von Trier, der zu Anfang des Jahres erhobene neue Kölner Erzbischof Anno und der Pfalzgraf Heinrich, in Andernach zusammengetroffen, um die durch den Tod des Kaisers veränderte politische Lage zu beraten. Man wird sicher nicht fehlgehen mit der Vermutung, daß Gottfried der Bärtige hier wesentlich zur Vermittlung des Friedensschlusses mit seinen einstigen flandrischen Verbündeten beigetragen hat. In Aachen setzte der Papst mit der feierlichen Erhebung des jungen Königs auf den Thron Karls des Großen den Schlußpunkt unter die Bemühungen um die Regelung der Thronfolge, die sich nun über mehrere Jahre hingezogen hatten.

Dann begab sich der Hof nach Bayern. Das Weihnachtsfest feierte man in Regensburg, und hier, am Vorort des bayerischen Stammes, wurden die noch offenen Angelegenheiten, die den Südosten des Reiches betrafen, geregelt: Jenen bayerischen Großen, die sich bisher nicht an der Thronerhebung Heinrichs beteiligt hatten, war Gelegenheit zur Anschlußwahl gegeben, die Kaiserin bestätigte der König im Besitz des Herzogtums Bayern, das durch den Tod Welfs III. erledigte Herzogtum Kärnten übertrug er dem Hezeliniden Kuno, dem Bruder des Pfalzgrafen Heinrich.

Zielstrebig und in nüchterner Einschätzung der Lage hatte der Papst an der Spitze der Reichsregierung die am meisten gefährdeten und in den Wirren der letzten Jahre als Unruheherde in Erscheinung getretenen Regionen des Reiches, Lothringen, Bayern und Kärnten, befriedet und den Adel zur Anerkennung der neuen Herrschaftsverhältnisse gebracht. Mit einem klugen Schachzug gelang es ihm überdies, die Stellung der Kaiserinwitwe Agnes zu stärken: die Fürsten räumten ihr eidlich das Recht ein, bei einer Thronvakanz eine Designation vorzunehmen. Nachdem der zweitgeborene Sohn Konrad bereits am 10. April 1055 gestorben war und die Dynastie nun nur noch auf zwei Augen ruhte, lag ein solcher Ernstfall durchaus im Bereich des Möglichen. Für die Kaiserin bedeutete der Eid, daß man ihr volle Regierungsfähigkeit zugestand. Das war nicht selbstverständlich. Zum Begriff des Königtums gehörte nach frühmittelalterlichem Denken notwendig die Fähigkeit zu tatsächlicher Ausübung der Herrschaft; auch der unmündige Knabe galt als vollgültiger Herrscher, der alle Regierungshandlungen selbst vollzog. Daher sah das Reichsrecht keine Regelung für eine Regentschaft vor, die es theoretisch gar nicht geben konnte. Natürlich verlangte die faktische Situation die stellvertretende Wahrnehmung der Regierungsgeschäfte für einen unmündigen Herrscher, und für diese Aufgabe bot die Vormundschaft, die privatrechtlich selbstverständlich geregelt war, den besten Ansatzpunkt. Wenn dabei ursprünglich die Mutter ganz zurücktrat, weil sie wesentliche Herrscherrechte – etwa die militärische Führungsgewalt oder die Funktion des Gerichtsherrn –

nicht wahrnehmen konnte, so hatte sich hier unter dem Einfluß hausrechtlicher Vorstellungen längst ein grundsätzlicher Wandel vollzogen. Die Vergangenheit hatte dafür bereits ein Beispiel geliefert, auf das man sich allerdings in salischer Zeit nicht ausdrücklich berufen hat: die Kaiserin Theophano, die für den unmündigen Otto III. die Regierungsgeschäfte geführt hatte. Auch Agnes erscheint von Anfang an in dieser Funktion; das Format einer Theophano ging ihr freilich ab, und ihrer Aufgabe hat sie sich zweifellos nur notgedrungen unterzogen. Viktor II. aber durfte, als er im Februar 1057 Deutschland verließ, die Gewißheit haben, zur Sicherung der salischen Monarchie alles getan zu haben, was in seinen Kräften stand. Bereits am 28. Juli ereilte den treuen Sachwalter von Kaiser und Reich in Arezzo der Tod. Sein Eichstätter Gefolge wollte den Leichnam in die Heimat, in seine Bischofsstadt an der Altmühl zurückbringen. Doch der Trauerzug kam nur bis Ravenna; mit Gewalt entriß man dem Gefolge hier die sterblichen Überreste des Papstes und setzte sie in der vor den Mauern gelegenen Kirche St. Maria, der Grabmalrotunde des Theoderich, bei. Irgendwann sind sie dann von hier verschwunden.

Die ersten Regierungsmaßnahmen des jungen Herrschers galten der Sorge um das Seelenheil des Vaters und dem salischen Totengedenken. Die bischöfliche Kirche von Speyer und das Domkapitel wurden mit reichen Schenkungen bedacht, aber auch der Kirche von Utrecht, in der die Eingeweide seines Großvaters beigesetzt worden waren, bestätigte Heinrich IV. in mehreren Diplomen ihren Besitz und ihre Privilegien. Die auf den Vater bezogene Seelenheilformel kehrt nun in zahlreichen Urkunden wieder, und die anfangs sich häufenden Restitutionen von Kirchen- und Klostergut sind ohne Zweifel als Erfüllung des väterlichen Vermächtnisses zu verstehen. Im übrigen aber versuchte die Kaiserin, sich mit ihren politischen Entscheidungen an die von ihrem Gemahl vorgezeichneten Leitlinien zu halten. Die von ihr ernannten Bischöfe gingen wie üblich in der Mehrzahl aus dem Kreis der Hofkapelläne hervor; die Investitur erteilte die Kaiserin mit Ring und Stab, ohne daß an dieser Praxis Kritik laut geworden wäre.

Wenn auch der Regierungswechsel sich, wie gesagt, ohne größere Probleme vollzog, so deuteten die Umsturzpläne sächsischer Fürsten doch auf latente Spannungen hin, für die auch die Vorgänge in Gandersheim als Indiz gelten können. Hier war es zu einer Auseinandersetzung zwischen den Kanonissen und der Äbtissin Beatrix gekommen, der vorgeworfen wurde, durch die Verlehnung von Stiftsgütern an *milites*, Ministerialen, den Lebensunterhalt der Stiftsdamen zu gefährden. Anscheinend hatte Beatrix den Papst

Viktor II. eingeschaltet und bei ihm Unterstützung gefunden, aber auf einem Hoftag in Sachsen Ende des Jahres 1057, auf dem auch Hildebrand als Legat Stephans IX. zugegen war und vielleicht sogar zugunsten der Kanonissen intervenierte, wurde der Klage gegen die Äbtissin stattgegeben. Unter Androhung der Absetzung wurde Beatrix die Restitution des Stiftsgutes befohlen. Die Querelen haben einen über die Klostermauern hinausreichenden eminent politischen Aspekt: Die salische Prinzessin, die sich offenkundig in Anpassung an die auf Goslar gerichteten Bemühungen ihres Vaters durch ihre Güterpolitik einen Rückhalt im Lande für ihre Aufgabe als Vertreterin des Reiches zu verschaffen suchte, mußte vor dem Widerstand ihrer aus dem sächsischen Adel stammenden Untergebenen zurückweichen, und der Hof schlug sich – wohl unter dem Druck der versammelten sächsischen Großen – auf die Seite der Opposition. Die Niederlage der Beatrix war damit zugleich ein Prestigeverlust der Zentralgewalt. Auf der gleichen Linie lag es, daß der Erzbischof Adalbert von Bremen in der zunehmenden Bedrängnis seiner Kirche durch Übergriffe der billungischen Brüder Hermann und Ordulf, der seinem Vater am 29. Juni 1059 im Herzogtum nachgefolgt war, vergeblich auf die Hilfe der Reichsregierung hoffte; mit Bitterkeit vermerkt der Bremer Chronist Magister Adam aus der Rückschau nach anderthalb Jahrzehnten, daß der sächsische Adel mit dem jungen König seinen Spott getrieben habe.

Diese atmosphärischen Spannungen gefährdeten freilich die Herrschaft des Saliers nicht ernsthaft; spätestens seit dem Merseburger Hoftag Ende Juni 1057 hatten sich auch die sächsischen Großen mit der neuen Regierung abgefunden, und die Lage beruhigte sich um so schneller, als ein Feldzug gegen die Liutizen erfolgreich verlief, die erneut für einige Zeit unter deutsche Botmäßigkeit zurückgezwungen werden konnten. Auch gegenüber Ungarn gewann das Reich die Initiative zurück. Dem König Andreas war es um einen dauerhaften Frieden zu tun, zumal seine Herrschaft in seiner eigenen Familie nicht unangefochten blieb. Gegen seinen Sohn Salomon, den er 1057 zum König hatte erheben lassen, machte sein Bruder Bela Ansprüche auf die ihm von Andreas offenbar selbst einst in Aussicht gestellte Nachfolge geltend. Von deutscher Seite kam man den ungarischen Bemühungen entgegen, und so wurde im September 1058 bei einem Treffen an der March ein Friede geschlossen, der durch das Verlöbnis des ungarischen Thronfolgers mit Judith, Heinrichs IV. Schwester, besiegelt wurde. Umstände und Inhalt der Vereinbarungen lassen erkennen, daß die Reichsregierung Andreas als gleichberechtigten Partner

akzeptierte; von einer irgendwie gearteten Abhängigkeit Ungarns vom Reich war keine Rede mehr.
Der Herzog Bela hat diesen Vertrag mißbilligt. In dem um 1060 ausbrechenden Bürgerkrieg verlor Andreas trotz deutscher Waffenhilfe Krone und Leben, seine Gemahlin aber konnte sich mit ihrem Sohne Salomon und dessen in Ungarn Sophia genannten Braut nach Bayern flüchten. Zum König erhoben, hat Bela sich sogleich um einen Friedensschluß mit dem Reich bemüht, aber ein Erfolg blieb ihm versagt, da die Reichsregierung sich entschlossen zeigte, Salomon auf den ungarischen Königsthron zurückzuführen. Für den jungen König war das sicher zunächst eine Prestigefrage, zugleich bot sich ihm hier aber die Möglichkeit, Interessen des bayerischen Stammesadels zu verfolgen. Gerade der neue Bayernherzog Otto setzte sich für ein militärisches Unternehmen gegen Bela ein. Nachdem Salomon 1063 in Stuhlweißenburg tatsächlich auf den ungarischen Thron restituiert worden war und mit Judith-Sophia Hochzeit gefeiert hatte, hat die Königinmutter Anastasia Otto ein kostbares Geschenk – einen Prunksäbel aus dem ungarischen Königshort, den Lampert von Hersfeld als »Schwert Attilas« bezeichnet, – überreichen lassen; sie wußte genau, wem sie die Rückkehr in die Heimat und zur Macht zuallererst zu verdanken hatte.
Die ungarischen Verwicklungen sind offenbar dafür verantwortlich zu machen, daß die Kaiserin Agnes zu Anfang des Jahres 1061 das Herzogtum Bayern wieder aus der Hand gegeben hatte. Der neue Herzog Otto war ein Stammesfremder, ein Sachse aus der mächtigen und reich begüterten Familie der Grafen von Northeim, der zwar in Bayern weder über Besitz noch über Rückhalt im Adel verfügte, aber als ein tatkräftiger Mann die Gewähr bieten mochte für eine erfolgreiche Politik im Dienste der Reichsregierung. Bereits im Herbst 1057 hatte die Kaiserin das Herzogtum Schwaben nach dem Tode des Babenbergers Otto an den aus einer Nebenlinie des ehemaligen burgundischen Königshauses stammenden Rudolf von Rheinfelden verliehen, dem gleichzeitig die Verwaltung Burgunds übertragen wurde. Durch seine Verlobung mit der Kaisertochter Mathilde, die bis zur Erlangung des heiratsfähigen Alters der Obhut des Bischofs Rumold von Konstanz anvertraut wurde, stieg der Herzog, der also keineswegs ein homo novus war, in die unmittelbare Königsnähe auf – wenn man der Erzählung des Mönches Frutolf aus dem Bamberger Kloster Michelsberg Glauben schenken darf, hat Rudolf bei diesen Entscheidungen selbst die maßgebliche Rolle gespielt, da er die Kaiserin durch die Entführung ihrer Tochter unter Druck setzte. Wie

dem auch sei, auf jeden Fall lief die Neubesetzung des schwäbischen Herzogtums nicht ohne Schwierigkeiten ab; denn der Graf Berthold von Zähringen erhob Ansprüche auf die Herzogswürde mit der Begründung, daß Heinrich III. ihm bereits eine Anwartschaft eingeräumt oder sogar – der lehnsrechtliche Sachverhalt gehört zu den frühesten quellenmäßig faßbaren Fällen dieser Art und ist daher nicht so eindeutig zu klären – eine Eventualbelehnung erteilt habe. Immerhin konnte der Zähringer einen Ring vorweisen, den der Kaiser wohl als Investitursymbol verwandt und ihm »gleichsam als Erinnerungszeichen« übergeben hatte. Agnes hätte sich an eine Expektanz nicht gebunden fühlen müssen, da sie nur zu Lebzeiten beider Vertragspartner gültig war; eine Eventualbelehnung war freilich eine weit stärkere Verpflichtung. Die Kaiserin hat diese Tatsache respektiert, indem sie Berthold das nächste freiwerdende Herzogtum versprach. Das war Kärnten, mit dem also der Zähringer nach dem Tode des Herzogs Konrad 1061 belehnt wurde. Der Ezzone hatte sich in dem fremden Lande nie durchsetzen, es wahrscheinlich nicht einmal betreten können. Auch Berthold mußte von vornherein mit der Opposition des einheimischen Adels, in erster Linie des Grafen Markwart, eines Sohnes des einst von Konrad II. gestürzten Herzogs Adalbero, rechnen, und es war sehr die Frage, ob er der Würde reale Autorität würde verleihen können. Rudolf von Schwaben hat Mathilde Ende 1059 geheiratet, doch starb die Kaisertochter bereits am 12. Mai 1060. Dem Rheinfeldener blieb das Ansehen des kaiserlichen Schwiegersohnes, das er zudem in kluger Berechnung durch eine erneute Verschwägerung mit dem Königshaus noch zu stärken vermochte: Er heiratete in zweiter Ehe Adelheid von Turin, die Schwester Berthas, der Verlobten und späteren Gemahlin Heinrichs IV. Im Hinblick auf die Ereignisse von 1077 erscheinen beide Eheverbindungen in besonderem Licht: Sie stellten zweifellos eine wichtige Voraussetzung für seine Wahl zum Gegenkönig dar.
Daß die drei von ihr eingesetzten Herzöge wenige Jahre später im Zentrum der Opposition gegen ihren Sohn standen, kann der Kaiserin schwerlich als Schuld oder Versagen angelastet werden. Aber es war nicht unbedenklich, daß mit dem Verzicht der Zentralgewalt auf die unmittelbare Verwaltung der Herzogtümer die Machtbasis des Königtums stark eingeengt wurde. Die Verlehnung an Dynasten ließ neue Adelsfamilien zum Zuge kommen: Zähringer, Rheinfeldener, Northeimer, denen das Herzogtum die Möglichkeit zum Ausbau ihrer Machtstellung gab. Bezeichnend für die Jahre der Regentschaft ist die Zurückdrängung der Zentralgewalt, die zu einem erheblichen Teil von ihr selbst durch Passivität ver-

schuldet war. Die Vorgänge bei der Besetzung der Herzogtümer Schwaben und Kärnten erscheinen dafür, auch wenn manches im Dunkel bleibt, symptomatisch; in Lothringen überließ es die Reichsregierung den Großen, die Angelegenheiten des Landes zu regeln, und nichts geschah zur Kontrolle oder Eindämmung der wachsenden Macht Gottfrieds des Bärtigen in Mittelitalien. Von Sachsen und der prekären Situation Adalberts von Hamburg-Bremen war bereits die Rede. Zwar hören wir nach 1057 nichts von gefährlichen Unruhen oder Aufständen, aber in wesentlichen Fragen der Reichspolitik reagierte die Regentschaft nur, statt den Kurs zu bestimmen. Die Gefahr wuchs, daß die Großen sich daran gewöhnten, ohne einen König auszukommen.

Agnes war sich bewußt, daß sie ohne den Rat und die Unterstützung geistlicher und weltlicher Großer ihre schwere Aufgabe nicht würde bewältigen können. Gleich beim Regierungswechsel hatte sie sich brieflich an den Abt Hugo von Cluny gewandt, um eine Aufnahme ihres verstorbenen Gemahls in das Totengedächtnis des burgundischen Klosters nachgesucht und Hugo um Unterstützung des Thronerben, seines Patensohnes, gebeten, wenn es in den benachbarten Regionen, also Burgund, zu Unruhen kommen sollte. Der Großabt von Cluny blieb mit dem Schicksal Heinrichs IV. auch weiterhin verbunden. Im Rate der geistlichen Fürsten kam von Anfang an dem Erzbischof Anno von Köln (1056–1075) eine größere Bedeutung zu, neben ihm trat seit seiner Erhebung auf den Mainzer Erzstuhl im Januar 1060 auch Siegfried, der vorher Abt von Fulda gewesen war, stärker in Erscheinung. Die entscheidende Rolle am Hofe aber spielte seit 1058 der Bischof Heinrich von Augsburg, der 1046/1047 bereits einmal für kurze Zeit italischer Kanzler Heinrichs III. gewesen war. Dieses Amt hatte in der Regierung der Kaiserin ebenfalls seit 1058 Wibert inne, der einer mit den Markgrafen von Canossa versippten kleineren Adelsfamilie entstammte und seine Karriere unter Bischof Cadalus in der Administration des Bistums Parma begonnen hatte. Er verdankte seine Stellung wohl der Protektion Heinrichs von Augsburg, doch blieb sein Einfluß zunächst begrenzt, da auch in Angelegenheiten des regnum Italiae Anno als italischer Erzkanzler ein gewisses Wort mitzusprechen hatte. Daß weltliche Große am Hofe weniger deutlich in Erscheinung treten, war eine Folge der bereits charakterisierten Passivität der Regentschaft gegenüber den regionalen Aktivitäten der Aristokratie. Dagegen scheinen jetzt bereits Ministeriale an Einfluß in der Umgebung der Kaiserin zu gewinnen. In der Erziehung des jungen Königs stand Agnes der *serviens* Kuno zur Seite, der als Ahnherr der später so bedeutenden

Familie der Hagen-Münzenberger gilt. Andere Ministerialen – wie etwa Salecho und Mazelin – sind uns namentlich durch die Gunsterweise, die ihnen der König auf Intervention seiner Mutter wegen ihres treuen Dienstes erteilte, bekannt. Der schon unter Heinrich III. in der Verwaltung und Sicherung des Königsgutes in Franken hervortretende Otnand erfreute sich auch in der Zeit der Regentschaft unvermindert der Gunst des Hofes; in der Bamberger Kirche aber erschien er ob seiner rücksichtslosen Wahrung königlicher Interessen als »Höllenrachen«, apostrophiert als *orcus ille Othnandus*. Den aus der Unfreiheit aufgestiegenen *servientes*, Dienstmannen, bot der Königsdienst die Chance, soziales Prestige und politischen Einfluß zu gewinnen; sie vergalten ihrem Herrn seine Gunst mit unbedingter Loyalität. Es war nur zu verständlich, daß die Kaiserin ihr Augenmerk gerade auf diese Gruppe richtete, wenn ihr im Hochadel immer wieder Eigennutz und Widerspruch begegneten.

Die Bevorzugung eines einzelnen Ratgebers, hier also des Bischofs Heinrich von Augsburg, erzeugte wie so oft in der Geschichte der mittelalterlichen Monarchie auch jetzt Mißstimmung und Kritik. Hinzu kamen weitere Querelen – etwa ein Konflikt der Kaiserin mit dem von ihr an sich sehr geschätzten Bischof Gunther von Bamberg, in dem man sich auf beiden Seiten in Verdächtigungen und Verleumdungen hineinsteigerte und die Kaiserin sogar im Bamberger Klerus als »rasende Furie« apostrophiert wurde. Agnes bewies hier einen eigentümlichen Starrsinn, vor dem der Bischof schließlich zurückwich. Alle diese Mißhelligkeiten und Auseinandersetzungen traten jedoch in den Schatten vor jenem Geschehen, das die Verhältnisse in Rom und Italien grundlegend wandeln und zur schicksalhaften Wende der salischen Monarchie werden sollte. Wir werden darauf noch zu sprechen kommen. Die römischen Ereignisse trafen die Reichsregierung nahezu unvorbereitet; hilflos manövrierte sie sich selbst in eine ausweglose Lage, und als die Situation völlig verfahren schien, schlug die Stunde Annos von Köln. Anfang April 1062 inszenierte er mit der Entführung des jungen Königs den Staatsstreich von Kaiserswerth.

Wie kam es zu diesem Ereignis, das in Deutschland ein politisches Erdbeben auslöste? Anno, der einer nach ihrem schwäbischen Wohnsitz Steußlingen genannten, nicht zum Hochadel zählenden Familie entstammte, hatte seit seiner Erhebung auf den Kölner Erzstuhl, wie wir gesehen haben, in mehr oder weniger engen Beziehungen zum Hofe gestanden, aber keineswegs die Politik der Reichsregierung bestimmt. Sein Hauptaugenmerk war zunächst auf den territorialen Ausbau seines Erzstiftes gerichtet, was ihn geradezu zwangsläufig in Konflikte mit der pfalzgräflichen Familie der Ezzonen verwickelte. Konsequent und mit Erfolg hatte er daran gearbeitet, das ezzonische Erbe für seine Kirche zu gewinnen, und um 1060 gelang es ihm, seinen schärfsten Gegner, den Pfalzgrafen Heinrich, aus dessen wichtigsten rheinischen Machtpositionen zu verdrängen. Damit erlangte er die nötige Bewegungsfreiheit, um sich nun stärker in die Reichspolitik einschalten zu können. Daß er sehr bald in eine führende Position aufgestiegen war, wird daran deutlich, daß Papst Nikolaus II. gerade ihn – aus nicht näher erkennbaren Gründen – maßregelte, was 1060/61 zu einem schweren Konflikt zwischen Rom und dem deutschen Episkopat führte. Im Zusammenhang mit dem nach dem Tode Nikolaus' II. ausbrechenden Schisma zog sich die Kaiserin aus der Regentschaft zurück und überließ die politischen Geschäfte ganz ihren Ratgebern. Für diese kam es also mehr denn je darauf an, den entscheidenden Einfluß auf den jungen König zu gewinnen. Das zähe Ringen um die Führung hat schließlich Anno durch einen Gewaltstreich zu seinen Gunsten entschieden. Die Gelegenheit zum Handeln ergab sich, als der Hof Anfang April auf der Rheininsel Kaiserswerth Aufenthalt genommen hatte. Die dramatische Szene der Entführung Heinrichs hat Lampert von Hersfeld geschildert: die Einladung des Knaben zur Schiffsbesichtigung, seine Umzingelung durch Annos Leute, das Ablegen des Schiffes, Heinrichs Sprung in den Fluß und seine Rettung durch den Grafen Ekbert, schließlich seine Überbringung nach Köln. Aus anderen Quellen geht hervor, daß Anno aus der Pfalzkapelle gleichzeitig das Reichskreuz und die Heilige Lanze, vielleicht auch weitere Reichsinsignien rauben ließ – an seiner Absicht, mit der Person des jungen Königs auch die beherrschende Position in der Reichsregierung zu erlangen, kann daher nicht der geringste Zweifel bestehen. Sicher hat Anno bei seinem Gewaltstreich Helfershelfer gehabt. Von den Mitverschworenen sind allerdings nur Ekbert von Braunschweig und Herzog Otto von Bayern sowie als Mitwisser Gunther von Bamberg, Markgraf Dedi, vielleicht noch Siegfried von Mainz und Gottfried der Bärtige deutlicher zu fassen; alle anderen bleiben anonym. Schon die Zeitgenossen haben als das entscheidende Motiv Annos seine Herrschsucht, seinen machtpolitischen Ehrgeiz herausgestellt. Über die Gründe für den Widerstand gegen das Regiment der Agnes äußern sie sich eher vage. Hier schwingen Emotionales und Persönliches mit: ein allgemeines Mißtrauen gegenüber den Führungsqualitäten einer Frau, Vorwürfe gegen Habsucht und Willkür der Höflinge, Sorge um die richtige Erziehung des Königs, Sorge auch um das Prestige des Reiches.

Die Kaiserin nahm die Schmach, die man ihr und der Monarchie mit dem Staatsstreich angetan hatte, ohne Gegenwehr hin. Bei Heinrich aber wird das Ereignis einen nachhaltigen Eindruck hinterlassen haben. Hier war ihm an der eigenen Person kraß vor Augen geführt worden, wie schnell die königliche Majestät zum Spielball fürstlichen Ehrgeizes werden konnte. Das Verhalten der Großen und des Hofes hat zweifellos sein angeborenes Gefühl für herrscherliche Würde tief verletzt.

Anno von Köln übernahm nun die Führung der Reichsgeschäfte. Nicht allein persönlicher Ehrgeiz, sondern auch die verfahrene kirchenpolitische Situation hatte ihn zum Einschreiten bewogen; auf diesem Felde entfaltete er in der Folgezeit seine größte Aktivität.

b) *Das lothringisch-tuszische Papsttum und das Schisma des Cadalus*

Die Regelung der Nachfolge auf der cathedra Petri nach dem Tode Leos IX. hat einige Zeit in Anspruch genommen. Der römischen Gesandtschaft, zu der auch der Subdiakon Hildebrand gehörte, nominierte Heinrich III. auf einem Mainzer Hoftag im November 1054 mit dem Bischof Gebhard von Eichstätt einen seiner wichtigsten Ratgeber, aber Gebhard selbst widerstrebte zunächst dieser ehrenvollen Berufung, und es dauerte bis in den März des folgenden Jahres, ehe er nachgab, nicht ohne zuvor Bedingungen zu stellen: Er forderte die Restitution des dem hl. Petrus entfremdeten Besitzes. Als die Entscheidung gefallen war, soll er – so legt es ihm der als Anonymus von Herrieden bezeichnete Eichstätter Historiograph in den Mund – beteuert haben: »Nun übergebe ich mich dem Heiligen Petrus, ganz, mit Leib und Seele.« Auch dieser Bischof, der in der Zeit Heinrichs III. sicher einer der bedeutendsten Repräsentanten jener Ordnung gewesen ist, die man das ottonisch-salische Reichskirchensystem nennt, er, der aus wohlverstandenem Reichsinteresse dem normannischen Abenteuer seines Vorgängers jegliche Unterstützung versagte, hat sich der Faszination der universalen Würde des Stellvertreters Petri nicht entziehen können. Bei seiner Inthronisation am 13. April 1055 wählte er den Namen Viktor II. – vielleicht weniger nach dem ersten Papst dieses Namens, sondern eher mit bewußtem Bezug auf den Märtyrer der thebäischen Legion, der im Reich eine große Verehrung genoß. Wir haben gesehen, daß der Papst dem Reiche und der salischen Dynastie auch nach Heinrichs III. Tode treu gedient hat. Er hat wie seine deutschen Vorgänger die Leitung seiner deutschen

Diözese beibehalten. Heinrich III. hat seine Stellung in Mittelitalien dadurch gestärkt, daß er ihm das Herzogtum Spoleto und die Markgrafschaft Fermo übertrug, aber dieser Papst hat sich gleichzeitig ohne Zögern nach dem Vorbilde seines Vorgängers an die Spitze der Reformbewegung gestellt. Davon zeugt eine sehr gut besuchte Reformsynode, die er gemeinsam mit dem Kaiser in Florenz abhielt, das belegt darüber hinaus seine Fühlungnahme mit dem bei Florenz gelegenen Kloster Vallombrosa. Ausgerechnet dieser »kaiserliche Papst« hat der Gründung des Johannes Gualberti Exemtion von der Gewalt des Diözesanbischofs und päpstlichen Schutz verbrieft und damit einer der radikalsten Gruppierungen der italischen Frühreform entscheidenden Rückhalt gewährt. Sein Pontifikat stellt einen letzten Höhepunkt des Miteinanders von regnum und sacerdotium dar.

Sein unerwartet plötzlicher Tod am 28. Juli 1057 schuf eine neue Situation. Die römische Reformpartei befand sich in einer Zwangslage: Der Tod Heinrichs III. hatte sie des kaiserlichen Rückhaltes beraubt gegenüber dem stadtrömischen Adel, der sich nach seiner Entmachtung von 1046 neu formiert hatte; zudem war die Normannenfrage ungelöst und hier Unterstützung von Byzanz nach dem Bruch von 1054 nicht mehr zu erwarten. Eile tat not, und Hilfe konnte allein der bieten, der über die beherrschende Machtstellung in Mittelitalien verfügte: Gottfried der Bärtige, Markgraf von Canossa-Tuszien und seit dem Ableben Viktors II. auch Markgraf von Fermo und Herzog von Spoleto. Vorderhand gab es keine Alternative, und so war es in der Tat ein Akt politischer Klugheit, daß die Reformer Gottfrieds Bruder Friedrich, Abt von Monte Cassino und Kardinalpriester von San Grisogono, auf die cathedra Petri erhoben. Die Wahl fand am 2. August statt, am darauffolgenden Tage wurde Friedrich ordiniert und inthronisiert; er nannte sich Stephan IX. Dies alles war ohne Absprache mit der Reichsregierung geschehen, aber keineswegs als Affront gedacht. Die politische Lage erklärt die Hast; angesichts der Unmündigkeit des Königs war es durchaus verständlich, daß den römischen Kirchenmännern die Einschaltung des Hofes und der Kaiserin nicht unbedingt vordringlich erschien. Das Versäumte holte man jedoch bald nach: Gegen Ende des Jahres 1057 begab sich eine Gesandtschaft unter Hildebrand und Bischof Anselm von Lucca nach Deutschland und holte nachträglich die Zustimmung der Regentschaft zur Wahl ein.

Der Pontifikat des lothringischen Papstes war nur von kurzer Dauer, gab aber dennoch der Reform Impulse. Nicht nur, daß Stephan den Kampf gegen die Priesterehe energisch fortsetzte, er zog

Petrus Damiani stärker an die Kurie heran, indem er ihn zum Kardinalbischof von Ostia erhob, er machte Humbert zum Bibliothecarius der römischen Kirche und ebnete Hildebrand den Weg zum weiteren Aufstieg. Eine besonders enge Beziehung entwickelte er in jenen Monaten zu Cluny und dem zeitweise in seiner Umgebung weilenden Abt Hugo, so daß seine Profeß für die burgundische Abtei auf dem Sterbebett nicht überraschen kann – ohne Zweifel hat das cluniazensische Totengedächtnis diese Entscheidung wesentlich mitbestimmt. Vor allem aber ist Stephans Pontifikat symptomatisch für die Umgestaltung der Machtverhältnisse in Italien, die Verschiebung des politischen Schwergewichts hin zur canusinisch-tuszischen Macht.

Hildebrand war noch nicht wieder aus Deutschland zurückgekehrt, als der Papst am 29. März 1058 starb – in Florenz, wohin er sich von Rom begeben hatte, offenbar um gegen die zunehmende Opposition in der Heiligen Stadt die Hilfe seines Bruders zu erbitten. Für den Fall seines Todes hatte er vorzusorgen versucht, als er Klerus und Volk von Rom eidlich verpflichtete, keine Neuwahl vorzunehmen, ehe nicht Hildebrand vom Hofe der Kaiserin zurückgekehrt sei. Fast möchte es scheinen, als habe er in diesem selbst seinen möglichen Nachfolger gesehen. Aber der römische Adel, beim Pontifikatswechsel des Vorjahres noch überspielt, riß jetzt die Initiative an sich. Ungeachtet des Stephan IX. geleisteten Eides wählte man unverzüglich den Kardinalbischof Johann von Velletri zum Papst. Nicht einem prinzipiellen Gegensatz gegen die Kirchenreform, sondern in erster Linie stadtrömischen Interessen verdankte dieser Pontifikat seine Existenz. Hinter der Wahl stand der Adel Roms und der Campagna, vertreten durch die Tuskulaner, denen sich die Crescentier und der Graf Girard von Galeria anschlossen. Johann entstammte dem Tuskulanergrafenhaus, aus dem vor 1046 bereits eine Reihe von Päpsten hervorgegangen war; er wählte den Namen Benedikt X. Mochte er vielleicht nicht völlig freiwillig dem Ruf der Römer Folge geleistet haben, mit dieser programmatischen Namenswahl stellte er sich bewußt in die Tradition des Adelspapsttums, das seit Sutri überwunden schien. Aber die Reformer setzten sich zur Wehr, Petrus Damiani verweigerte dem neuen Papst die Ordination, die er als Kardinalbischof von Ostia vorzunehmen hatte, und floh mit seinen Gesinnungsgenossen aus der Stadt. In Florenz versammelten sich die Anhänger der Reform unter dem Schutze Gottfrieds; hier stieß auch Hildebrand zu ihnen. Man einigte sich unter Mitwirkung des Herzogs darauf, Gerhard, den Bischof der tuszischen Metropole, zum Nachfolger Stephans zu erheben. Die offizielle Wahl fand jedoch erst einige

Zeit später, vielleicht am Nikolaustag, in Siena statt. In der Zwischenzeit nämlich hatte man eine Gesandtschaft an den deutschen Hof abgeordnet, die um eine förmliche Designation des Kandidaten nachsuchen sollte. Auf dem Pfingsthoftag in Augsburg erteilte die Reichsregierung ihre Zustimmung zum Vorgehen der Kardinäle. Der Form war also Genüge getan; mit der in der brisanten politischen Situation für notwendig erachteten Rücksichtnahme auf die Regentin hatten die Reformer den Anspruch des deutschen Königs auf eine wesentliche Mitwirkung bei der Papstwahl auch für den noch unmündigen Heinrich IV. anerkannt. Die Durchführung der Beschlüsse aber blieb Gottfried dem Bärtigen überlassen, der den Papst der Reformer zur Inthronisation nach Rom führte. Bei dieser Zeremonie in der Peterskirche nahm Gerhard von Florenz am 24. Januar 1059 den Namen Nikolaus II. an; Benedikt X. aber, dessen Oboedienz über Rom und die Adelsstützpunkte der Umgebung nicht hinausreichte, war bereits vorher auf einer Synode in Sutri exkommuniziert worden. Ein förmliches Absetzungsverfahren fand etwas mehr als ein Jahr später statt. Der königliche Hof hatte die Entwicklung der letzten Monate nicht aktiv gestaltet, aber seit dem Pfingsthoftag war zumindest der italische Kanzler Wibert an allen Entscheidungen beteiligt gewesen.

Der Sieg Nikolaus' II. war vor allem ein Erfolg der Reformer, und sie zögerten nicht, daraus die ihnen genehmen Konsequenzen zu ziehen. Die große Synode, die, ohne deutsche Beteiligung, zu Ostern 1059 im Lateran zusammentrat, hat sich mit vielen theologischen und pastoralen Themen, mit der Irrlehre Berengars ebenso wie mit der Simonie, dem Verbot der Klerikerehe oder der Kanonikerreform befaßt. Im Zentrum aber standen die Beratungen über die Ereignisse der letzten Monate und die Konsequenzen, die daraus zu ziehen waren. Das Ergebnis war das vieldiskutierte Papstwahldekret, das in apologetischer Absicht die gegenüber herkömmlichen Papstwahlen manche Unregelmäßigkeiten aufweisende Erhebung Nikolaus' II. nachträglich sanktionieren, gleichzeitig aber für die Zukunft eine Wiederholung der gefährlichen Vorgänge verhindern sollte. Mit der Grundsatzentscheidung, den Kardinälen – hier zunächst noch den Kardinalbischöfen – die ausschlaggebende Rolle bei der Papstwahl zuzugestehen, wurde eine Verfassungsnorm fixiert, die im Prinzip bis in unsere Gegenwart gültig geblieben ist. Dem übrigen Klerus und dem Volk von Rom wurde lediglich ein Akklamationsrecht eingeräumt, »damit sich nicht das Übel der Käuflichkeit einschleiche«. Der Gewählte mußte nicht unbedingt aus der römischen Kirche kommen – Gerhard war Bischof von Florenz, aber er war ja nicht der erste Nichtrömer auf der cathedra Petri. Wenn eine einwandfreie und nicht simonistische Wahl in Rom nicht möglich sein sollte, konnten sich die Kardinäle mit ihren Anhängern, auch wenn es nur wenige waren, an einem anderen Ort zusammenfinden – Gerhard war in Florenz und Siena gewählt worden. Schließlich konnte bereits der Erwählte – wie Gerhard dies in Sutri getan hatte – vor der Inthronisation päpstliche Befugnisse wahrnehmen.

Aus der Gesamtheit der nach dem kanonischen Recht zuständigen Wähler sonderte sich nun eine kleine Gruppe von Bevorrechtigten ab – eine Konsequenz aus der sich seit Leo IX. abzeichnenden Formierung eines Kollegiums der Kardinäle und zugleich ein Indiz für die allmähliche Durchsetzung des hierarchischen Prinzips. Welche Funktionen aber blieben in diesem System dem deutschen König und zukünftigen Kaiser?

Der sogenannte Königsparagraph formuliert im Anschluß an die Bestimmung über die Möglichkeit der Wahl außerhalb Roms, daß das Recht, der *honor*, des Königs Heinrich und die Ehrerbietung ihm gegenüber zu wahren seien, wie ihm das bereits – offenbar bei den Verhandlungen Wiberts mit der Reformpartei auf der Synode von Sutri – zugestanden worden sei, und daß seine Nachfolger dieses Recht jeweils persönlich vom apostolischen Stuhl einzufordern hätten. Mit dieser Vorbehaltsklausel konnte im Sinne gewohnheitsrechtlichen Denkens das Mitspracherecht des Kaisers bei der Besetzung der cathedra Petri als gesichert gelten, die vergleichsweise beiläufige Fassung dieses »Paragraphen« tat dem keinen Abbruch, denn für die Teilnehmer an der Synode war das Königsrecht kein Gegenstand prinzipieller Erwägungen. Freilich läßt die für die Zukunft vorgesehene Regelung, nach der der Herrscher sich seinen Anspruch jeweils persönlich bestätigen lassen mußte, doch eine dem Königsrecht gefährliche Tendenz, die Möglichkeit seiner Einschränkung erkennen. Im Grunde kam es jedoch darauf an, was der jeweilige Herrscher aus diesem Mitspracherecht machte; das schwächliche Verhalten der Regentschaft durfte dabei allerdings nicht den Maßstab abgeben. Sicher ist jedenfalls, daß das Papstwahldekret von 1059 nicht die Kampfansage der Reformer an das theokratische Königtum war.

Gleiches gilt für den in der Forschung ähnlich umstrittenen sechsten Kanon der Synode, der lapidar festsetzt, daß kein Kleriker oder Priester von einem Laien eine Kirche erhalten dürfe, weder gratis noch gegen Geld. Wenn man diese Bestimmung mit den Theorien Humberts von Silva Candida, der eben erst seine Kampfschrift gegen die Simonisten *(Libri tres adversus simoniacos)* abgeschlossen hatte und ohne Frage auf der Lateransynode eine hervorragende Rolle spielte, in Zusammenhang brachte, dann konnte sie leicht als eine prinzipielle Stellungnahme gegen die Laieninvestitur gedeutet werden, die auch den König als Herrn der Reichskirche einbezog. Doch ist der Kanon so allgemein und vage gefaßt, daß er einen Vergleich mit dem präzise argumentierenden und auf Details bis hin zur Problematik der geistlichen Investitursymbole eingehenden Traktat Humberts nicht zuläßt. In Deutschland ist er im übrigen gar nicht bekannt geworden. So spricht alles dafür, daß der – offensichtlich nur in verkürzt zusammenfassender Form überlieferte – Satz das Ergebnis der um die Zurückdrängung des Laieneinflusses im Bereich des Niederkirchenwesens kreisenden Synodalberatungen war. Der deutsche König war davon nicht berührt, von einem ersten Verbot der Laieninvestitur kann keine Rede sein.

Die Lateransynode von 1059 war also nicht eine Heerschau reichsfeindlicher Reformer, die auf den Bruch mit dem deutschen Königtum hinarbeiteten. Aber das Selbstbewußtsein der führenden Kirchenmänner war unleugbar gestiegen; es begann sich jenes Kirchenverständnis auszuformen, das Rom und das Papsttum in das Zentrum der universalen Kirche stellte, die Autorität des apostolischen Stuhles über alle Landeskirchen erhob. Der Archidiakon Hildebrand hat wenig später Petrus Damiani gebeten, aus Dekreten und Akten der Päpste zusammenzustellen, was diese Autorität belege. Und es kommt wohl nicht von ungefähr, daß bei der Diskussion um die Aachener Kanonikerregel auf der Synode von Ludwig dem Frommen zwar als gottergebenem Kaiser gesprochen, daß er in gleichem Atemzuge aber als Laie apostrophiert wurde.

Trotz der Niederlage vom Frühjahr blieb der stadtrömische Adel eine Bedrohung für das Reformpapsttum. Das erklärt den spektakulären Frontwechsel in der päpstlichen Normannenpolitik, den Hildebrand und der Abt Desiderius von Monte Cassino im Laufe des Jahres vorbereiteten und den Nikolaus II. im August auf einer in Melfi abgehaltenen Reformsynode vollzog, als er die Normannenführer Richard und Robert Guiscard mit ihren Eroberungen belehnte: den einen mit Capua, den anderen mit Apulien und Kalabrien sowie Sizilien, das freilich erst noch gewonnen werden mußte. Die Vorteile dieses Bündnisses waren ziemlich gleichmäßig verteilt. Die normannische Expansion schritt unaufhaltsam voran, aber den Führern der fremden Kriegerscharen fehlte die Legalisierung ihrer Eroberungen und ihrer usurpierten fürstlichen Stellung. Diese war weder von den Langobardenfürsten noch vom Basileus, auf deren Kosten der Aufbau der normannischen Macht erfolgt war, zu erhalten, und die Autorität des deutschen Königs und Kaisers schwand nach der Rückkehr Heinrichs III. von seinem zweiten Italienzug und dann in der Zeit der Regentschaft schnell dahin. Der gemeinsame Gegensatz gegen Byzanz und die Sarazenen und die Gewißheit, daß von der Reichsregierung eine tatkräftige Gegenwirkung nicht zu erwarten war, führten die Normannen an die Seite des Reformpapsttums, auf dessen moralische Autorität sich die mit den Waffen errungene Herrschaft gründen ließ. Das Papsttum aber gewann in den Eroberern einen Bundesgenossen, der sich über die vom Lehnrecht geschuldete Treue hinaus in vielfältiger Weise zur Hilfeleistung verpflichtete, wobei ausdrücklich auch die Unterstützung der besseren Kardinäle, das heißt also der Reformer, bei der Papstwahl, falls dies nötig sein sollte, vereinbart wurde. Für das Reformpapsttum eröffneten sich großartige Perspektiven: Es gewann die Lehnsoberhoheit über ganz Süditalien samt der Anwartschaft auf Sizilien, die geistliche Herrschaft über ehemals sarazenische und griechische Gebiete, und es konnte Unteritalien, das seit dem Bilderstreit des achten Jahrhunderts dem Patriarchen von Konstantinopel unterstanden hatte, nun in die römische Oboedienz zurückführen und dem römischen Metropolitansystem einordnen. Nicht zuletzt bedeuteten der normannische Lehnszins eine finanzielle Stärkung und die militärische Hilfe gegen wen auch immer – stadtrömischen Adel, Basileus oder deutschen König – eine wesentliche Voraussetzung für die Gewinnung der Unabhängigkeit.

Dabei war die Rechtsgrundlage für das Vorgehen der Kurie äußerst problematisch. Abgesehen davon, daß die Übernahme lehnrechtlicher Institutionen, die für das Papsttum bei der Regelung seiner Beziehungen zu den abendländischen Fürsten und Staaten zunehmend an Bedeutung gewannen, dem hohen Ideal der libertas, der Lösung der Kirche aus der Verstrickung in weltliche Angelegenheiten, entschieden zuwiderlief, waren im besonderen Falle Mittel- und Süditaliens direkt Rechte des Reiches tangiert, das die Lehnsoberhoheit über das ganze Gebiet des ehemals ungeteilten, in karolingischer Zeit fast das ganze kontinentale Süditalien umfassenden Herzogtums Benevent beanspruchte. Sicher war diese Oberhoheit meist nur theoretischer Natur, und die Normannenführer hatten die Lehnsauftragung an den Heiligen Petrus selbst betrieben – nach dem Recht des Eroberers, wie Robert Guiscard es wenig später Heinrich IV. gegenüber begründete, – aber das normannische Angebot allein wäre nicht ausreichend gewesen, denn als Eindringlinge und Usurpatoren konnten die fremden Abenteurer nicht rechtens über das Land verfügen. An der Kurie jedoch hat man keine rechtlichen Skrupel und – nachdem einmal der politische Kurswechsel vollzogen war – auch keine Mühe gehabt, die getroffenen Maßnahmen zu rechtfertigen: Man konnte die Konstantinische Schenkung ins Feld führen, die für jedermann ein echtes Dokument war; man konnte darüber hinaus die karolingischen und ottonischen Pakten vorweisen, die in der Nachfolge der Pippinischen Schenkung das Patrimonium Petri konstituierten und trotz aller päpstlichen Mahnungen von den Kaisern nie wirklich realisiert worden waren; man konnte schließlich auch als Argument verwenden, daß Heinrich III. einzelnen Reformpäpsten ein Reichsvikariat oder Kondominat in den betroffenen Gebieten zugestanden hatte. Wie aber, wenn der unersättliche Expansionsdrang des neuen Bundesgenossen vor den Grenzen des Patrimoriums nicht Halt machen würde? Dagegen glaubte man an der Kurie ein probates Mittel zu haben, indem die beiden Belehnungen die Rivalität zwischen den Normannenführern schüren würden und damit auch die Trennung der normannischen Machtkomplexe aufrechterhalten werden könne. Das ist auf die Dauer nicht geglückt. Die Normannen haben ihren Herrschaftsbereich auch auf Kosten des Papsttums zu erweitern gesucht, so daß es bereits unter Gregor VII. zeitweise zum offenen Bruch mit Robert Guiscard kam. Im Jahre 1059 aber erfüllte das Bündnis sogleich seinen Zweck: Richard von Capua brach den letzten Widerstand des Adelspapstes Benedikt X. mit Waffengewalt.

Auch der Pontifikat Nikolaus' II. war nur von kurzer Dauer, aber er setzte Zeichen im Prozeß der Emanzipation des Papsttums von der Bevormundung durch die weltliche Gewalt ebenso wie in der Verschärfung des Kampfes gegen Nikolaitismus und Simonie, in dem die Kurie nun in engere Verbindung auch mit radikalen Volksbewegungen wie der Pataria in Mailand trat. Freilich suchte der als Legat nach Mailand entsandte Petrus Damiani zwischen den Parteien zu vermitteln und den unter schwerem Druck stehenden Erzbischof Wido mit seinen Gegnern auszusöhnen. Solange der Eremitenkardinal an der Kurie über Einfluß verfügte, war die offizielle päpstliche Politik eher auf Ausgleich und maßvolle Aktionen abgestimmt. Noch hatte Hildebrand, Petrus Damianis »heiliger Satan«, die Zügel nicht alleine in seiner Hand.

Der deutsche Hof hat auf die dramatische Veränderung der politischen Verhältnisse in Italien kaum reagiert. Warum es um die Jahreswende 1060/61 zu einem schweren Konflikt zwischen der Reichsregierung und Papst Nikolaus II. kam, ist nicht zu erkennen. Es scheint, daß der Papst mit disziplinarischen Maßnahmen gegen den Kölner Metropoliten und andere Reichsbischöfe vorge-

gangen war. Für Mißstimmung im deutschen Episkopat dürfte auch das Verhalten der Kurie im Falle des Erzbischofs Siegfried von Mainz gesorgt haben, dem die von Agnes erbetene Übersendung des Palliums verweigert worden war, da dieses erzbischöfliche Rangzeichen nach altem Herkommen in Rom persönlich eingeholt werden müsse. Die Absender des von Petrus Damiani verfaßten Briefes, die Kardinalbischöfe Humbert und Bonifaz von Albano, hatten es sich nicht versagen können, einen Tadel über die Ignoranz der Ratgeber, die die Kaiserin selbst entschuldige, anzufügen – sicher nicht ein Beweis diplomatischer Zurückhaltung, zumal die persönliche Einholung des Palliums in Rom noch längst nicht die Regel war und jetzt erst allmählich im Zeichen eines sich verschärfenden päpstlichen Zentralismus durchgesetzt werden sollte. Die Auseinandersetzung mit der Kurie spitzte sich jedenfalls so zu, daß eine Reichssynode alle Verfügungen Nikolaus' II. für ungültig erklärte, den Papst exkommunizierte und absetzte – dies wiederum eine maßlos überzogene Reaktion, die dem Realitätssinn der beteiligten Bischöfe nicht das beste Zeugnis ausstellt. Der Notwendigkeit, aus dem Urteil nun auch die Konsequenzen zu ziehen, wurde die Regentschaft freilich bald enthoben, da Nikolaus II. am 20. Juli 1061 plötzlich verstarb. Immerhin verdeutlicht auch die Tatsache, daß man den in geheimer Mission an den deutschen Hof abgeordneten Legaten Stephan, Kardinalpriester von San Grisogono, nicht empfing, so daß er unverrichteter Dinge nach Rom zurückkehren mußte, auf welchem Tiefpunkt die Beziehungen angelangt waren – wahrhaftig die denkbar ungünstigste Voraussetzung für die Regelung der Nachfolge auf der cathedra Petri.
Während der plötzliche Tod Nikolaus' II. in der Reformergruppe um den Archidiakon Hildebrand offenbar eine gewisse Verwirrung und Unsicherheit über das nun notwendige Vorgehen verursachte, ergriff der stadtrömische Adel erneut die Initiative. Jetzt aber – und das war wohl doch schon ein Eingeständnis der Schwäche – sah man sich nach Bundesgenossen um. Unter Führung des Grafen Girard von Galeria ging eine Gesandtschaft an den deutschen Hof, die Heinrich IV. die Insignien des Patrizius überbringen und um die Nominierung eines neuen Papstes ersuchen sollte. Die lombardischen Bischöfe schlossen sich dem Schritt der Römer an; sie hatten sich, wohl weniger unter dem Einfluß des Kanzlers Wibert als vielmehr unter Führung der Bischöfe Dionysius von Piacenza und Gregor von Vercelli, darauf festgelegt, nur einen aus ihren eigenen Reihen hervorgehenden Kandidaten zu akzeptieren. Dem römischen Zentralismus der Reformer standen sie mit größtem Mißtrauen gegenüber.

Jetzt mußte auch die Gruppe um Hildebrand, in Zugzwang geraten, handeln. Am 30. September wählte man den Bischof Anselm von Lucca zum Nachfolger Nikolaus' II. und inthronisierte ihn in der Nacht zum 1. Oktober mit normannischer Waffenhilfe in der Kirche San Pietro in Vincoli. Die Wahl war ein geschickter Schachzug. Anselm von Baggio, mailändischem Adel entstammend, galt als ein Mann des Ausgleichs; den Reformern eng verbunden, hatte er gleichzeitig Beziehungen zum deutschen Hofe geknüpft. Als Bischof von Lucca, der bevorzugten Residenzstadt Gottfrieds des Bärtigen, war er ohne Zweifel auch dem mächtigsten Manne Mittelitaliens genehm. Anselm nannte sich Alexander II., ohne mit diesem Rückgriff auf den Märtyrerpapst des zweiten Jahrhunderts eine besondere Programmatik außer der nun schon üblichen Rückbesinnung des Reformpapsttums auf die Frühzeit der Kirche zu verbinden. Vier Wochen später, am 28. Oktober, nahm Heinrich IV. auf einer Reichsversammung in Basel, der sich allerdings, soweit erkennbar, der deutsche Episkopat in der überwiegenden Mehrheit oder nahezu vollständig fernhielt, die Insignien des Patrizius, Mantel, Ring und Goldreif, entgegen und nominierte – vermutlich auf Vorschlag des Dionysius von Piacenza – den Bischof Cadalus von Parma zum Papst. Cadalus legte sich den Namen Honorius II. bei. Am deutschen Hofe und vor allem für den in Basel weilenden Bischof Heinrich von Augsburg war er kein Unbekannter; darüber hinaus empfahlen ihn seine vornehme Abstammung und seine bedeutende Stellung im lombardischen Episkopat. Das alles aber konnte nicht verdecken, daß die Reichsregierung sich hatte überspielen und in einer verhängnisvollen Umkehrung der Fronten für die politischen Interessen derer gewinnen lassen, aus deren Einfluß der zweite Salier das Papsttum anderthalb Jahrzehnte zuvor befreit hatte.
Ein neues Schisma zerriß die Kirche, und die Reichsregierung trug in ihrer Hilflosigkeit eine nicht geringe Schuld daran. Die Entscheidung von Basel, die sicher nicht als eine programmatische Wendung gegen die Kirchenreform zu verstehen war, wurde ohne Zweifel von einem Teil des deutschen Episkopates mißbilligt, und sie widersprach im Grunde auch der inneren Überzeugung der Kaiserin selbst. Noch Ende des Jahres zog sie für sich die Konsequenzen aus der verfahrenen Situation und nahm den Schleier. Das bedeutete zunächst lediglich die Verpflichtung zu einem Leben der Frömmigkeit und Askese, noch nicht den Verzicht auf die Funktion der Regentin, aber tatsächlich überließ sie die politischen Geschäfte von nun an ganz ihren Ratgebern.
Cadalus versuchte noch im Frühjahr 1062 sich der Heiligen Stadt

mit Waffengewalt zu bemächtigen, doch konnte er den Lateran nicht gewinnen. Schon jetzt erwies sich, daß der römische Adel ihn nur halbherzig unterstützte. Der Gegenpapst blieb im wesentlichen auf seine eigenen Machtmittel angewiesen. In den wechselvollen Kämpfen um Rom konnte sich Alexander II. trotz gegnerischer Erfolge behaupten, bis Gottfried der Bärtige eingriff. Auf seine Veranlassung hin kehrten beide Prätendenten in ihre Bistümer zurück, um dort die Entscheidung des Königs und einer Reichsversammlung abzuwarten – für die Reformer offenkundig ein Prestigeverlust, da sie ihre Handlungen nun dem Urteil des deutschen Königs unterwerfen mußten, für die Reichsregierung aber noch einmal die Gelegenheit, verlorenen Boden zurückzugewinnen. Cadalus mochte davon ausgehen, daß der Hof eine von ihm selbst vorgenommene Erhebung nicht annullieren werde; aber die Situation hatte sich inzwischen gewandelt. Der Staatsstreich von Kaiserswerth hatte den der Reform nahestehenden Anno von Köln an die Spitze der Reichsregierung gebracht, der ein besonderes Interesse daran haben mußte, dem Hofe die Initiative zurückzugewinnen und damit seinem Verrat eine nachträgliche moralische Rechtfertigung zu geben. In Kenntnis dieser Entwicklung setzte Alexander II. sicher auf eine günstige Entscheidung für sich; und seine Rechnung ging auf. Eine im Oktober 1062 in Augsburg abgehaltene Synode traf bereits eine Vorentscheidung, indem sie Alexander die Wahrnehmung der päpstlichen Funktionen bis zu einem endgültigen Synodalentscheid zugestand. Als offizieller Gesandter sollte sich der Bischof Burchard von Halberstadt, ein Neffe Annos, in Rom über die Vorgänge bei der Erhebung Anselms orientieren – ein neutraler Schiedsrichter war Burchard sicher nicht; jedenfalls hat Alexander II. ihm bereits am 13. Januar 1063 seinen Dank durch die außerordentliche Ehrung der Verleihung des Palliums zum Ausdruck gebracht, was natürlich eine erregte Beschwerde des Erzbischofs Siegfried von Mainz zur Folge hatte. Auch Petrus Damiani hat sich eingeschaltet: Er bat den Kölner Erzbischof, den er für seine Kaiserswerther Aktion lobte, um die baldige Einberufung eines Konzils und forderte auch den jungen König zur Hilfe auf. Es leuchtet ohne weiteres ein, daß das Vorgehen des Kardinals, der zuvor schon mit seiner *Disceptatio synodalis* in die Diskussion um das Mitspracherecht des deutschen Königs bei der Papstwahl eingegriffen hatte, bei Hildebrand, aber auch bei Alexander II. selbst auf schärfste Kritik stieß, versetzte es das Papsttum doch sozusagen in die Situation von Sutri zurück, über die man längst hinausgewachsen sein wollte. Cadalus hat 1063 noch einmal einen Angriff auf Rom gewagt; aber auch jetzt reichten Augenblickserfolge nicht, als Gottfried der Bärtige und die Normannen Alexander zu Hilfe eilten. Auf der Synode, die Pfingsten 1064 in Mantua, also im Machtbereich Gottfrieds, zusammentrat, ist der Gegenpapst gar nicht mehr erschienen. Die endgültige Entscheidung war schon dadurch präjudiziert, daß Alexander, nicht Anno den Vorsitz der Kirchenversammlung übernahm; Cadalus hatte vergeblich die Leitung für sich gefordert. Um der Form zu genügen, trug Anno die auf simonistischen Erwerb der päpstlichen Würde und auf Abschluß eines Bündnisses mit den Reichsfeinden lautende Anklage vor. Den Vorwurf der Simonie erledigte Alexander durch einen Reinigungseid, nicht ohne unter Berufung auf Mt. 10, 24, daß der Jünger nicht über dem Meister stehe, dem Gerichtsverfahren generell die Legitimität zu bestreiten. Über den Anklagepunkt der Konspiration mit den Normannen wurde nicht weiter verhandelt. Der Papst erklärte, darüber dem König selbst Rede und Antwort stehen zu wollen, wenn dieser nach Rom zur Kaiserkrönung komme. Als am zweiten Verhandlungstage in Abwesenheit Annos die Anhänger des Cadalus tumultuarisch einen Vorstoß zugunsten ihres Kandidaten zu unternehmen wagten, stellte die Markgräfin Beatrix mit ihren Leuten die Ordnung wieder her. Mit dem Verdammungsurteil über den Gegenpapst endete die Synode. Cadalus hat das Urteil nicht akzeptiert, in der Folgezeit gegenüber Alexander jedoch keine Bedeutung mehr erlangt.

Angesichts der kirchenpolitischen Gesamtsituation war die Entscheidung für Alexander II. als den Exponenten der Reformbewegung die einzig mögliche Lösung; Anno und der deutsche Episkopat hatten damit die verfehlte Baseler Wahl von 1061, so gut es ging, korrigiert. Die negative Langzeitwirkung der Geschehnisse war damit freilich nicht aufgehoben: An der Kurie blieb Mißtrauen gegenüber dem deutschen Hofe zurück; das Königtum hatte nicht nur die Führung in der Reform abgegeben, es war darüber hinaus in die Gefahr geraten, überhaupt den Kontakt zu den Reformern zu verlieren.

In der Umgebung des jungen Königs war man im übrigen über das Ergebnis von Mantua nicht besonders glücklich; immerhin hatte man den eigenen Kandidaten preisgeben müssen. Die Schuld lastete man Anno an, dessen Regentschaft von Anfang an nicht unumstritten gewesen war und der sich nun gezwungen sah, die Macht mit seinem schärfsten Rivalen, dem Erzbischof Adalbert von Hamburg-Bremen, zu teilen. Auch die Kaiserin, die sich nach Kaiserswerth ganz ins Privatleben zurückgezogen hatte und wohl im Sommer/Herbst 1065 nach Rom ging, um für ihre Schuld am

Cadalus-Schisma Buße zu leisten, wird bei aller Zurückgezogenheit nicht ohne Einfluß geblieben sein, was nach Lage der Dinge nur heißen konnte, daß das Reformpapsttum in ihr eine überzeugte Sachwalterin in der Umgebung des Königs hatte. Heinrich hat Anno die Schmach der Entführung nicht verziehen; überdies stieß die strenge und schroffe Art seines Mentors ihn ab. Zu Adalbert, der ihm liebenswürdiger, großzügiger begegnete und offenbar auch bereit war, dem jungen König manche Leichtfertigkeit nachzusehen, fühlte er sich stärker hingezogen. So verlor Anno weiter an Einfluß. Am 29. März 1065 feierte der König in Worms, der Stadt seiner Ahnen, die Schwertleite, bei der Erzbischof Eberhard von Trier den kirchlichen Segen erteilte und Herzog Gottfried der Bärtige als Schildträger assistierte. Wenn die in diesem Zusammenhang von dem Hersfelder Mönch Lampert erzählte Geschichte mehr ist als eine gut erfundene Anekdote, dann hat die Kaiserin Agnes nur mit Mühe verhindern können, daß der Sohn die nun erworbenen Waffen unverzüglich gegen den Erzbischof von Köln richtete – blitzartig wird deutlich, wie tief der Stachel von Kaiserswerth saß. Mit der Mündigkeitserklärung trat der vierte Heinrich nun seine selbständige Regierung an.

IV. Heinrich IV. (1056–1106): Regnum und Sacerdotium im Streit um die rechte Ordnung in der Welt

1. Die Anfänge der selbständigen Regierung und der Sachsenaufstand

Mündig geworden, erhielt der junge König, der bislang lediglich Werkzeug seiner Berater gewesen war, die Möglichkeit zu eigener Bewährung. Aber die Ausgangslage war ungünstig genug. Seit dem Staatsstreich von Kaiserswerth hatten die Fürsten ihre Machtpositionen noch ausbauen können. Dabei taten sich gerade Anno von Köln und Adalbert von Hamburg-Bremen, die einander die führende Rolle in der Regentschaft streitig zu machen suchten, im rücksichtslosen Zugriff auf Reichsbesitz und Reichsrechte hervor. Der Bremer Historiograph Adam rechnet dem Kölner vor, daß seinem Nepotismus sein Vetter Burchard den Bischofsstuhl von Halberstadt und sein Bruder Werner den Erzstuhl von Magdeburg zu verdanken gehabt hätten, daß er seine Hand bei der Erhebung Eilberts von Minden, Wilhelms von Utrecht, Ravengers von Aquileja und nach des Cadalus Tode (1072) Eberhards von Parma im Spiele gehabt und schließlich – im Jahre 1066 – seinen Neffen Kuno auf den Trierer Erzstuhl zu bringen versucht habe, aber Adam ist ehrlich genug, die Günstlingswirtschaft auch seines eigenen Oberhirten zu tadeln, der den eitlen weltlichen Ruhm mit schwerem Schaden an Leib und Seele erkauft habe. Anno erhielt am 14. Juli 1063 unter anderem auf die Intervention seines Gegenspielers Adalbert hin von Heinrich IV. den neunten Teil aller fiskalischen Einkünfte zur Verteilung unter die Kölner Klöster (D.H.IV. 104) – und dies, obwohl sich der König des Nachteils einer solchen Verfügung für das Reich sicher bewußt war, hat er das doch sehr deutlich formuliert, als er wenig später eine entsprechende, von seinem Vater zugunsten des Goslarer Stiftes St. Simon und Judas getroffene Verfügung rückgängig machte (D.H.IV. 117). Sich selbst verschaffte Adalbert in der Zeit seines vorherrschenden Einflusses die alten Reichsabteien Korvey und Lorsch, den Königshof Duisburg, den Fiskus Sinzig und bedeutende Königsforsten, ließ aber auch seinen Rivalen an der Beute teilhaben, der sich aus königlichem Besitz die Klöster Vilich, Kornelimünster und Malmedy verschaffte. Der Ardennenabtei konnte sich Anno bemächtigen, obwohl der König kurz zuvor deren dauernde Vereinigung mit Stablo bestätigt hatte.

Und dies sind nur die spektakulärsten Fälle der Verschleuderung von Reichsgut. Nicht immer nahmen die Betroffenen jedoch ihr Schicksal ohne Gegenwehr hin: Der offene Widerstand der Lorscher Mönche und Ministerialen gegen die Übertragung ihres Klosters an die hamburgische Kirche, der auch durch Heinrichs strengen Befehl, zum Gehorsam zurückzukehren, nicht gebrochen werden konnte, hat nicht wenig zum Sturz Adalberts im Januar 1066 beigetragen. Der Abt Theoderich von Stablo und sein Konvent haben über Jahre um ihr Recht gekämpft, an den Papst Alexander II. appelliert, vor dem König protestiert und schließlich auf einem Lütticher Hoftag im Mai 1071, auf dem sie den Schrein mit den Gebeinen ihres Patrons, des heiligen Remaclus, vor den König trugen und diesen damit einem ungeheuren religiös-moralischen Druck aussetzten, Anno zum Verzicht auf Malmedy bewegen, ja zwingen können. Auch in Trier scheiterte der Kölner mit seinen Plänen. Er hatte seinen Neffen Konrad/Kuno von Pfullingen in Köln zum Dompropst gemacht und nach dem Tode des Erzbischofs Eberhard von Trier zu dessen Nachfolger ausersehen. Heinrich hatte die Investitur erteilt, aber Klerus und Volk von Trier, die nach den kanonischen Normen Wahlberechtigten, waren nicht gefragt worden – ein Affront, der um so schwerer wog, als sich die Kirche der Moselmetropole auf den heiligen Petrus und seine Schüler Eucharius, Valerius und Maternus zurückführte und diesen Anspruch ehrwürdigen Altersvorranges gerade gegen die beiden rheinischen Nachbarmetropoliten hochzuhalten versuchte. Kuno hat seine Bischofsstadt nicht einmal betreten können. Auf dem Wege dahin fiel er in die Hände der vom Domstiftsvogt und Burggrafen Theoderich geführten Trierer Dienstmannen und wurde nach kurzer Gefangenschaft am 1. Juni ermordet. Anno hat vergeblich versucht, den Papst, ja sogar seinen Rivalen Adalbert von Bremen für ein gemeinsames Vorgehen zur Bestrafung der Mörder und zur Verwerfung der von den Trierern ohne jede Mitwirkung des Hofes vollzogenen Wahl Udos von Nellenburg zu gewinnen. Der offenkundige Prestigeverlust hat seine Stellung am Hofe wenige Monate nach dem Sturze Adalberts empfindlich geschwächt.

Die ersten Jahre des selbständigen Regimentes Heinrichs IV. waren tatsächlich alles andere als eine Regierung in eigener Verantwortung. Machtkämpfe und Rivalitäten unter den Großen, die schon in der Zeit der Regentschaft das Heft in der Hand gehabt hatten, bestimmten die Szenerie am Hofe, Intrigen und Skandale wie die Ehescheidungsaffäre des jungen Königs und der Hochverratsprozeß gegen den Herzog Otto von Bayern untergruben das Ansehen der Monarchie. Heinrich schien überfordert bei dem

Bemühen, gegenüber der rückhaltlosen Habsucht und dem Machthunger der führenden Großen seiner Umgebung einen eigenen Herrschaftsstil und eine klare politische Linie zu finden. Wen wundert es, daß er jene Männer stärker zu den Regierungsgeschäften heranzuziehen versuchte, die ihm zu Gehorsam und unbedingter Loyalität verpflichtet waren und ihrerseits im Königsdienst die Möglichkeit zum sozialen Aufstieg sahen: die Ministerialen also, die nun steigende Bedeutung gewannen. Das wiederum hatte zur Folge, daß im Hochadel das Mißtrauen wuchs und Vorwürfe laut wurden, der König umgebe sich mit Männern niederer Geburt, *inferiores,* erweise ihnen seine besondere Gunst und ziehe ihren Rat dem der Fürsten vor. Der Altaicher Annalist vermerkt diese Kritik in seinem Bericht zum Jahre 1072, als der Salier mit Rudolf von Rheinfelden in offenem Streit lag, der schließlich nur durch die Vermittlung der mit großem Gefolge aus Italien herbeigeeilten Kaiserin Agnes beigelegt werden konnte. In einem Brief an Alexander II. hat Anno um diese Zeit ein ähnlich hartes Urteil über die Zustände am Hofe und im Reich gefällt. Von anderer Seite ergibt sich nun, freilich mit umgekehrten Vorzeichen, eine gewisse Bestätigung für den von den Fürsten beklagten Wandel der Verhältnisse. Am 30. Juli 1071 machte Heinrich der Abtei Hersfeld eine ansehnliche Schenkung zur Stiftung eines Jahresgedächtnisses für seinen »sehr getreuen und ihm sehr lieben miles« Liupold von Meersburg (D.H.IV. 243). Der Tod dieses Mannes, der in der Forschung als Ministeriale angesehen, neuerdings aber auch einer edelfreien Familie zugerechnet wird, bei einem Jagdunfall und seine feierliche Bestattung in der Hersfelder Klosterkirche haben offenbar großes Aufsehen erregt. Mehrere dem Salier kritisch gegenüberstehende Quellen beschäftigen sich mit ihm. Alle sind sich darin einig, daß er als Ratgeber des Königs einen verderblichen Einfluß ausgeübt habe; sein Tod erscheint daher geradezu als ein Gottesurteil. Dem Salier aber war er lieb und wert, und die Tatsache, daß in dem Diplom für Hersfeld neben dem Bischof Werner von Straßburg auch Liupolds Brüder Arnold und Berthold als Vertraute, *familiares,* des Königs intervenieren, läßt auf einen beträchtlichen Einfluß dieser schwäbischen Familie schließen. Ganz allgemein belegt auch die steigende Zahl von königlichen Gedenkstiftungen für *milites* die zunehmende Bedeutung dieses Berufsstandes.

Die widersprüchlichen und von den erbitterten Parteikämpfen auch der folgenden Jahre geprägten zeitgenössischen Berichte erlauben es kaum, eine in allem verläßliche und nuancierte Schilderung der Verhältnisse im Umkreis des Herrschers zu geben; überdeutlich aber treten die Schwierigkeiten hervor, mit denen er nach 1065 zu kämpfen hatte. Nur schwer läßt sich eine klare Vorstellung vom Charakter des Saliers gewinnen. Die nach seinem Tode entstandene Vita ist eine außergewöhnliche literarische Leistung, aber in der Totenklage eines vom Schicksal des Herrschers tief berührten und betroffenen Anhängers, Freundes, erscheint das Bild Heinrichs in stark subjektiver Brechung. Und auch die Briefe, deren nomineller Absender der König ist, oder die Urkunden, die in seinem Namen ausgefertigt wurden und viel von seinen politischen Vorstellungen und seiner persönlichen Haltung verraten, sind in der Regel nicht von ihm selbst stilisiert, sondern das Werk derer, die ihm helfend zur Seite standen. Individuelle bildliche Darstellungen, die einen Zugang zu seiner Persönlichkeit eröffnen könnten, sind für diese Zeit nicht zu erwarten. Heinrich wird beschrieben als »von schönem Körper und von hohem Wuchs«. Er ist offenbar eine gewinnende, eindrucksvolle Erscheinung gewesen. Daß ihm stets ein königlicher Sinn, ein Bewußtsein seiner herrscherlichen Würde eignete, haben selbst seine Gegner nicht bestritten. Daß er durch die Kaiserin und seine geistliche Umgebung eine Erziehung genossen hat, die ihn auf sein hohes Amt vorbereitete, dürfen wir voraussetzen – wohl auch, daß ihm die Mutter jene echte Frömmigkeit vermittelte, die er in den entscheidenden Stunden seines Lebens bewies. Stets hat er sich ein gutes Verhältnis zu seinem Taufpaten Hugo von Cluny bewahrt, der ihm auch in der tiefsten Krise seiner persönlichen und politischen Existenz seine Hilfe nicht versagt hat. Der gewaltige Bau des Speyerer Domes, den er maßgeblich in seiner Konzeption mitbestimmte, ist ein beredter Ausdruck seines Herrscherbewußtseins wie seiner Religiosität. Neben seinem Vater hat gerade er im Totengedenken der Kathedralkirche eine besondere Rolle gespielt. Daß er das von seinen Vätern begonnene Werk als besondere Verpflichtung empfand und sich zu seiner Vollendung aufgerufen fühlte, hat er selbst in den Arengen der beiden Urkunden zum Ausdruck gebracht, durch die er im Jahre des Beginns seiner selbständigen Regierung der Speyerer Kirche die beiden Abteien Limburg und St. Lambert, Gründungen seines Hauses, schenkte (DD.H.IV. 165. 166). Der Bischof Einhard hat unmittelbar danach aus dem Limburger Schatz, der im wesentlichen von den Stiftern selbst zusammengetragen worden sein dürfte, wertvolle Kleinodien, Handschriften und liturgische Gewänder in seine Kirche überführt. Ob Heinrich mit dieser Aktion unbedingt einverstanden war, erscheint fraglich; auch Einhard hat offenbar – wie Anno und Adalbert – die Gunst der Stunde genutzt.

Nicht nur in Deutschland hatte Heinrich zurückzugewinnen, was in der Zeit der Regentschaft verspielt worden war; die Verhältnisse im regnum Italiae und in Rom erforderten mit größter Dringlichkeit seine Anwesenheit. Nach Lage der Dinge hätte nur eine schnelle Romfahrt mit dem Erwerb der Kaiserkrone den Prestigeverlust des deutschen Königtums wieder wettmachen können. Die Nachwehen des Schismas dauerten noch an. Zu Beginn des Jahres war der Bischof Benzo von Alba, der unermüdliche Parteigänger des Cadalus-Honorius II., am Hofe erschienen; er hatte der Reichsregierung die von den Normannen drohenden Gefahren vor Augen geführt und für einen Italienzug geworben, nicht ohne das seit langem vorliegende Bündnisangebot des Basileus Konstantin X. Dukas in Erinnerung zu rufen. Um die gleiche Zeit suchte der Kardinalbischof Mainard von Silva Candida als Legat Alexanders II. den König auf. Tatsächlich wurde die Romfahrt auch beschlossen, aber der bereits zum Mai geplante Aufbruch des Heeres dann überraschend auf den Herbst verschoben und schließlich erneut vertagt. Die Versicherung Annos in einem Schreiben an Alexander II., dies sei ohne sein Wissen geschehen, er selbst und Gottfried der Bärtige hätten sich mit ihren Truppenkontingenten schon auf den Weg durch Frankreich und Burgund vorbereitet, kennzeichnet die Verschiebung der Machtverhältnisse am Hofe. Offenkundig haben andere Ratgeber die Ausführung des Beschlusses hintertrieben – das heißt also in erster Linie Adalbert von Hamburg-Bremen, dem an einem solchen Unternehmen nichts gelegen sein konnte, weil es ohne Zweifel seinen schärfsten Rivalen, Anno als dem Erzkanzler für Italien und Gottfried als dem Herrn Mittelitaliens, einen erheblichen Zuwachs an Einfluß eingebracht hätte. Gottfried hat freilich noch im Laufe des Jahres seine Stellung im Reich stärken können, als er nach dem Tode des Lützelburgers Friedrich die Nachfolge im niederlothringischen Herzogtum antrat.

Die Verschiebung des Feldzuges hinterließ bei den Freunden der salischen Monarchie in Italien tiefe Enttäuschung. Ein beschwörender Appell des Petrus Damiani an den König, sich in der Tradition seines Vaters als wahrer Schirmvogt der römischen Kirche zu erweisen und das Schisma endgültig zu beenden, blieb ohne Echo am deutschen Hofe. Mit einer gewissen Resignation stellte sich der Kardinal selbst die Frage, ob der junge König der großen Aufgabe überhaupt gewachsen sei, schob aber dann alle Schuld an der verfehlten Politik den Ratgebern zu. Noch immer repräsentierte der ehemalige Prior von Fonte Avellana jene Kräfte in der Reformkirche, die auf Ausgleich bedacht waren und einem engen Zusammenwirken von Kaisertum und Papsttum zum Wohle der Christenheit das Wort redeten. Aber mehr und mehr geriet auch Petrus Damiani, der ohnehin an seinem Amt schwer trug, in die Isolation; die von Hildebrand bestimmte offizielle Politik der Kurie ging auf Distanz zum Königtum – zum Schaden der Monarchie hat der Salier, haben seine Ratgeber die Zeichen der Zeit nicht erkannt.

Die Lage Italiens und die Situation der römischen Kirche beschäftigten die Reichsregierung vordringlich auch im folgenden Jahre. Vor allem Anno von Köln bemühte sich um eine echte Aussöhnung des Hofes mit Alexander II., und neben ihm verfolgte der Erzbischof Siegfried von Mainz, der nach seiner Rückkehr von einer Pilgerfahrt ins Heilige Land im Spätsommer 1065 allmählich an Einfluß gewann, die gleiche politische Linie. Die Legation an Alexander wurde dann aber nicht Anno, sondern dem Herzog Otto von Bayern übertragen. Der Papst mußte seinerseits auf ein gutes Verhältnis zum deutschen König bedacht sein, da er auf dessen Hilfe gegen die auch das Patrimonium Petri in ihrem Expansionsdrang nicht verschonenden Normannen vielleicht einmal angewiesen sein würde. Vor allem aber war Mailand zu einem Unruheherd geworden. Gegenüber dem als Machtapparat des bischöflichen Stadtherrn allein bestimmenden Lehnsadel, den Kapitanen und Valvassoren, drängte hier eine durch Fernhandel und allgemeinen wirtschaftlichen Aufschwung reich gewordene, nichtadelige Bürgerschaft nach politischem Einfluß und Mitsprache bei der Gestaltung der Geschicke der Stadt. Die zwischen der Nobilität und den unteren Volksschichten ausgebrochenen schweren Konflikte waren durch Friedenseinungen beigelegt worden, durch die die Voraussetzungen für die Entwicklung der Kommune geschaffen wurden. Eine solche Einung war auch die Pataria. Der Name ist schon in den zeitgenössischen Quellen nicht eindeutig geklärt, wahrscheinlich leitet er sich vom Mailänder Stadtviertel der Lumpenhändler und vom Trödelmarkt her. Die ursprüngliche Bezeichnung aber – *placitum Dei*, also Gotteseinung, Gottesbund – bringt sehr deutlich den primär religiösen Charakter der Einung zum Ausdruck, den die marxistische Forschung allzusehr hinter ihrer angeblichen sozialrevolutionären Stoßrichtung hat zurücktreten lassen. Die Pataria hat den Kampf gegen Simonie und Priesterehe zu einem Bestandteil der städtischen Ordnung gemacht. Der aus dem Ritterstand hervorgegangene Diakon Ariald, neben dem der Capitanenschicht angehörenden Landulf Cotta der Initiator und Anführer der Bewegung, hatte 1057 mit römischer Unterstützung ein *iuramentum commune,* eine allgemeine eidliche Verpflichtung auf die Ziele der Kirchenreform durchgesetzt und damit einen tödlichen Schlag gegen das Stadtregiment des Erzbischofs Wido und den aristokratischen, im Lebensstil den weltlichen Standesgenossen ganz angepaßten Klerus geführt. Elemente der Friedensbewegung, Forderungen der Kirchenreform und Durchsetzung der städtischen Autonomie im Sinne der kommunalen Bewegung verbanden sich in der über die lombardische Metropole schon bald hinausgreifenden Pataria zu einem die überkommene Ordnung bedrohenden Aktionsbündnis von besonderer Stoßkraft.

Mit dem Boykott der Gottesdienste der Simonisten und nikolaitischen Priester, mit der Verwerfung der von ihnen gespendeten Sakramente, die leicht in häretische Auffassungen abgleiten konnte, und den Aufrufen zur Gewaltanwendung radikalisierte sich die Bewegung unaufhaltsam. Nur mit Mühe konnten Petrus Damiani und Anselm von Lucca, 1059 als päpstliche Legaten nach Mailand geschickt, eine gewisse Beruhigung der Lage herbeiführen. Die Untersuchungen ergaben, daß nahezu kein Priester ohne Simonie in sein Amt gelangt war. Der Kardinal ließ Erzbischof und Klerus den Übelständen abschwören, verurteilte sie zur Kirchenbuße, aber verjagte, wenn irgend möglich, niemanden aus seinem Amte – wie hätte sich dann auch Seelsorge überhaupt noch aufrechterhalten lassen? –, und er benutzte die Aktion, den Vorrang der römischen vor der Mailänder Kirche zu betonen. Auch das ist ein Aspekt der Auseinandersetzungen: Das Papsttum ergriff die willkommene Gelegenheit, die seit Jahrhunderten eifersüchtig behauptete Selbständigkeit der ambrosianischen Kirche zu beseitigen und auch hier der römischen Primatsidee zum Durchbruch zu verhelfen. Wohl aus diesem Grunde hat Hildebrand als treibende Kraft die Beziehungen zur Pataria intensiviert, obwohl man sich an der Kurie und obwohl auch der Archidiakon selbst sich der Problematik und Gefährlichkeit einer solchen Verbindung bewußt sein mußte. Das Reformpapsttum, das für die libertas ecclesiae kämpfte und daher den Einfluß der Laien und weltlichen Gewalten auf die Kirche, wo immer es möglich war, zu beseitigen suchte, ging in Mailand gegen Erzbischof und große Teile des Klerus ein Bündnis mit einer radikalen Laienbewegung ein und scheute sich auch nicht, die Laien gegen die – zugegebenermaßen in weiten Teilen moralisch anfechtbare – Priesterschaft zu mobilisieren.

Der Erzbischof Wido, der noch von Heinrich III. eingesetzt worden war, zeigte sich seiner Aufgabe in dem sich zuspitzenden Konflikt nicht gewachsen, naturgemäß konnte er allein vom deutschen König eine wirksame Unterstützung erwarten. Aber auch für die Kurie erschien gegen Ende des Jahres 1066 ein Romzug Heinrichs IV. angesichts normannischer Übergriffe auf den Kirchenstaat opportun. So ergingen entsprechende Aufforderungen an den König, denen offenbar durch eine Reise der Kaiserin Agnes an den königlichen Hof Nachdruck verliehen werden sollte. Tatsächlich traf man nun erneut Vorbereitungen für die Heerfahrt, aber als der König Ende Januar nach Augsburg ging, wo sich das Heer versammeln sollte, traf die Nachricht ein, daß Gottfried der Bärtige bereits aufgebrochen sei. Der König empfand diese Eigenmächtigkeit als Affront, und die Fürsten bestärkten ihn geflissentlich in dieser Haltung. Offenbar kam das Vorpreschen des Lothringers allen gelegen; nur allzu bereitwillig benutzte man es als Vorwand, das geplante beschwerliche Unternehmen erneut zu vertagen. Wiederum war eine Gelegenheit verpaßt, die königliche Gewalt in Italien endlich energisch zur Geltung zu bringen. Gottfrieds Feldzug gegen Richard von Capua brachte kein greifbares Ergebnis. Heinrich aber war in den nächsten Jahren fast ausschließlich mit Angelegenheiten des deutschen Reichsteiles befaßt, so daß ihm die Führung des italischen Königreiches zusehends entglitt.

Der Sturz Adalberts auf einer Reichsversammlung in Tribur im Januar 1066 hatte dem jungen König deutlich die Grenzen seiner Macht vor Augen geführt. Daß man ihn dabei vor die Alternative gestellt hatte, entweder selbst abzudanken oder den verhaßten Ratgeber, der sich unter dem Vorwand eines besonderen Vertrauensverhältnisses eine »tyrannische Herrschaft« angemaßt habe, zu entlassen, machte die Niederlage nur noch schmerzlicher. Über die unmittelbaren Folgen für das Reichsregiment hinaus hat Adalberts Entmachtung aber auch mittelbar für den Norden des Reiches gefährliche Konsequenzen gehabt. Die Schwächung der hamburgischen Kirche stärkte zwangsläufig die Stellung der Billunger, sie verursachte darüber hinaus schwere Rückschläge in der Mission der Elbslawen und beschwor damit für das sächsische Stammesgebiet neue Gefahren herauf, und sie warf schließlich zum Schaden des Reiches den weiteren Ausbau der skandinavischen Kirchenorganisation zurück. Im Sommer fegte ein Aufstand die Herrschaft des Obodritenfürsten Gottschalk und mit ihm die seit Jahren geschaffene Kirchenorganisation im Wendenland samt dem deutschen Einfluß hinweg; Gottschalk, der im Zusammenwirken mit Adalbert den Aufbau einer obodritischen Landeskirche angestrebt hatte, wurde erschlagen, in Ratzeburg wurden die Christen gesteinigt. Der Bischof Johann von Mecklenburg fand in Rhetra, dem Hauptheiligtum des Lutizenbundes, den Märtyrertod, Hamburg und Schleswig wurden von den Aufständischen eingeäschert. Zwar haben Feldzüge des Herzogs Ordulf und des Bischofs

Burchard von Halberstadt in den folgenden Jahren, im Winter 1069 auch des Königs selbst die Lage stabilisiert, aber der nun ausbrechende Sachsenaufstand verhinderte eine Rückgewinnung der verlorenen Positionen östlich der Elbe auf lange Zeit.
Wenn bisher Intrigen und Skandale vor allem die Umgebung des jungen Herrschers betroffen hatten, so änderte sich das schlagartig durch eine aufsehenerregende persönliche Affäre des Königs: Im Juni 1069 trat Heinrich auf einer Wormser Reichsversammlung mit dem Begehren vor die Fürsten, daß sie einer Auflösung seiner Verbindung mit Bertha von Savoyen zustimmen sollten. Die Ehe war Mitte des Jahres 1066 geschlossen worden, nachdem die Braut kurz zuvor in Würzburg die königliche Weihe erhalten hatte. Das Scheidungsbegehren rief in der Versammlung Bestürzung und Unruhe hervor. Der Erzbischof Siegfried, selbst zutiefst betroffen, hätte es in der Hand gehabt, dem König, gestützt auf die einhellige Mißbilligung der Großen, energisch entgegenzutreten, aber dazu fehlte ihm der Mut. Er vertagte die Entscheidung auf eine nach Mainz einberufene Synode und schaltete den Papst ein. Eine auch nur halbwegs stichhaltige Begründung für sein Ansinnen hatte der König nicht vorgebracht, sogar freimütig zugegeben, daß sich die Gemahlin eines nach kirchlichen Normen die Scheidung rechtfertigenden Vergehens nicht schuldig gemacht habe. Die Affäre gab zwangsläufig den verbreiteten Gerüchten und Klatschgeschichten über seinen zügellosen Lebenswandel Nahrung. Nicht nur das Reich schien in einem desolaten Zustand, sondern die königliche Familie selbst war zerrüttet – und eines bedingte das andere gemäß jener gängigen augustinischen Vorstellung, die die Familie als Keimzelle des Staates verstand und ihre Ordnung zu der des staatlichen Bereiches in Beziehung setzte. Den Anforderungen, die die Königsethik an den Herrscher stellte – nämlich Vorbild für das Volk zu sein –, wurde der Salier sicher nicht gerecht. Wahres und Falsches in Vorwürfen und Gerüchten zu sondern erscheint nicht möglich, zumal eine gehässige Propaganda in der Siedehitze des Investiturstreites manches übersteigert, vieles verzerrt hat; aber nicht alles ist als Verunglimpfung durch den Gegner abzutun, denn auch Heinrichs Biograph räumt ein, daß der junge König, freilich durch willfährige Höflinge verführt, durch Leichtsinn und Zügellosigkeit gefehlt habe.
Auf der Frankfurter Synode, die sich im Oktober mit der Scheidungsaffäre zu befassen hatte, erschien als römischer Legat Petrus Damiani. Mit ihm hatte Alexander II. eine ausgezeichnete Wahl getroffen; von ihm war auch jetzt zu erwarten, daß er auf eine Lösung hinarbeiten werde, die der Monarchie nicht einen irrepara-

blen Schaden zufügen werde. Tatsächlich ist der greise Eremitenkardinal, der in seiner Sittenstrenge einen tiefen Eindruck auf die Versammlung machte, seiner schwierigen Aufgabe voll gerecht geworden. Mahnend stellte er dem Salier seine Herrschaftsverpflichtung vor Augen, aber er ließ auch keinen Zweifel daran, daß der Papst mit den Mitteln der kirchlichen Strafgewalt gegen ihn vorgehen werde, wenn er von seinem Vorhaben nicht abstehe. Völlig auf sich allein gestellt, gab der König nach. Schlimmer hätte der Prestigeverlust für die salische Monarchie nicht sein können: Der Gesalbte des Herrn hatte sich der moralischen Autorität des Papstes beugen und eingestehen müssen, daß er mit seinem leichtfertigen Begehren seinem hohen Amt Schaden zugefügt hatte. Im persönlich-menschlichen Bereich hat diese Erfahrung offenkundig eine positive Wirkung gehabt; das Verhältnis Heinrichs zu seiner Gemahlin blieb künftig ungetrübt.

Das Reich aber kam nicht zur Ruhe. Bald nach dem Pfingstfest des Jahres 1070 trat ein gewisser – soweit erkennbar, übel beleumundeter – Egino mit einer ungeheuerlichen Anschuldigung gegen Otto von Northeim an die Öffentlichkeit: Der Herzog habe ihn zur Ermordung des Königs dingen wollen. Konnte man dem Ankläger Glauben schenken? Oder handelte es sich um eine Intrige von Höflingen gegen einen einflußreichen Fürsten, vielleicht sogar des Königs selbst gegen einen Mann, der ihm wegen seiner Mitwirkung am Kaiserswerther Staatsstreich verhaßt sein mußte, mehr aber noch als Angehöriger einer mächtigen sächsischen Adelssippe seiner Rekuperationspolitik im Harzraum im Wege stand? Die zeitgenössischen Quellen selbst sind sich in der Beurteilung nicht einig, die Hintergründe bleiben im dunkeln. Otto ließ sich zunächst auf ein Verfahren ein, verlegte sich dann aber auf Verhandlungen und stellte sich nicht zu dem bereits vereinbarten Gottesurteil des Zweikampfes, der in Goslar, also auf sächsischem Boden, stattfinden sollte. Das gab dem König die Möglichkeit, ein Urteil wegen schuldhafter Säumnis zu erwirken, das von einem aus sächsischen Fürsten zusammengesetzten Gericht am 2. August in Goslar gefällt wurde: Es lautete auf Friedloslegung, Entzug des Herzogtums Bayern und der anderen Lehen, Verlust des Allodialbesitzes. Mit Bayern wurde auf die Intervention Rudolfs von Rheinfelden an Weihnachten Welf IV. belehnt, der seine Ehe mit Ottos Tochter Ethelinde auflöste und sich von seinem Schwiegervater ohne Bedenken lossagte. Gegen die Reichsexekution setzte sich der Northeimer zur Wehr, nahm sogar Verbindung zu den Lutizen auf und erhielt auch Unterstützung von sächsischen Fürsten, unter anderem dem Herzogssohn Magnus. Den ganzen

Stamm aber hat er nicht auf seine Seite bringen können, und so unterwarf er sich mit seinen Bundesgenossen um die Mitte des Jahres 1071 dem König. Er blieb bis zum Mai des folgenden Jahres in Haft und wurde dann begnadigt; sein Eigengut erhielt er zurück, trat aber einen Teil an den König und die, die sich für seine Freilassung eingesetzt hatten, ab. Magnus wurde weiter in Haft gehalten, obwohl sein Vater im März 1072 gestorben war – die Nachfolge im billungischen Herzogtum blieb daher zunächst offen. Daß die Begnadigung Ottos nicht eine wirkliche Aussöhnung mit der mächtigen northeimischen Sippe bedeutete, sollte der König schon bald erfahren.

Vordergründig konnte der Sturz des Northeimers als Beweis königlicher Stärke erscheinen, aber unversehens spitzte sich die Lage in Sachsen zu, und nun geriet der Salier überraschend auch in einen Konflikt mit den süddeutschen Herzögen Rudolf von Schwaben und Berthold von Kärnten. In den Quellen ist von Verschwörung die Rede; die Rolle des Zähringers und des auch genannten Welf wird dabei nicht klar, allein zu Rudolf teilt Lampert von Hersfeld nähere Einzelheiten mit – dennoch sind die Hintergründe nur schwer zu erhellen. Auch Rudolf war am Hofe beschuldigt worden, einen Anschlag gegen König und Reich zu planen. Das Beispiel Ottos von Northeim vor Augen, entzog der Herzog sich zunächst einer Vorladung, stellte sich jedoch schließlich auf dem Wormser Hoftag im Juli 1072 seinen Anklägern. Aber er hatte Vorsichtsmaßnahmen getroffen, Anno von Köln, der im Frühjahr noch einmal an den Hof zurückgeholt und seitdem mit der Leitung des Hofgerichts betraut worden war, und Siegfried von Mainz als Bürgen für seine Sicherheit gewonnen und sich an Agnes mit der Bitte um Unterstützung und Vermittlung gewandt. Tatsächlich erschien die Kaiserinwitwe auf der Reichsversammlung, begleitet von Hugo von Cluny und einer großen Zahl von Äbten und Mönchen. Daß sie erneut den beschwerlichen Weg über die Alpen gemacht hatte, obwohl sie ihr Dasein seit langem allein dem Gebet und der Askese widmete, zeigt, welche Bedeutung man in Rom der Angelegenheit beimaß; der Papst selbst hatte sie zu dem Unternehmen aufgefordert. Die Zusammensetzung ihres Gefolges und gewisse Entwicklungen, die sich gerade um diese Zeit in der monastischen Landschaft des Reiches abzeichnen, erlauben vielleicht Rückschlüsse auf die Fragen, die in Worms zur Diskussion standen und daher wohl auch – wenigstens teilweise – Gegenstand des Konfliktes waren. Anno hatte im Jahre 1070 in seiner Stiftung Siegburg den aus der Reichsabtei St. Maximin geholten Gründungskonvent, der die Aufbauarbeit geleistet hatte, durch

Mönche aus dem cluniazensisch geprägten oberitalischen Reformkloster Fruttuaria ersetzt und in rascher Folge auch seine Klöster St. Pantaleon in Köln, Saalfeld in Thüringen und Grafschaft im Sauerland dieser Reformrichtung überantwortet. Die Lebensordnung dieser Mönche unterschied sich vom Reichsmönchtum entscheidend dadurch, daß ihnen die reichskirchlichen Verpflichtungen erlassen und auch die dem Eigenkirchenherrn, hier also dem Erzbischof, zu erbringenden Leistungen stark eingeschränkt wurden, damit sie sich, aus der Welt zurückgezogen, um so intensiver ihrer eigentlichen Aufgabe, dem Gebet und der Askese, widmen konnten. Diesen *ordo* aber wollte Rudolf von Rheinfelden auch in dem Schwarzwaldkloster St. Blasien einführen, dem er die Rolle eines Hausklosters seiner Familie zugedacht hatte. Es kommt wohl auch nicht von ungefähr, daß Lampert gerade zum Jahre 1071 vermerkte, die Reichsfürsten würden Mönche »von jenseits der Alpen zur Errichtung einer Schule des göttlichen Dienstes« herbeiholen – auf breiterer Front deutete sich also eine Abkehr von den Rechts- und Lebensformen des Reichsmönchtums an, und das war nun nicht eine rein kirchliche Angelegenheit, sondern hatte, gerade was den Reichsdienst anging, höchst brisante politische Konsequenzen. In der verzerrenden Darstellung seiner Ratgeber mochten Heinrich IV. die Absichten des Herzogs daher als Anschlag auf Interessen des Reiches, als Rebellion erscheinen. In Worms wurde ein Ausgleich erzielt; doch verließ der Herzog den Hof in dem Gefühl, daß der König nur für den Augenblick und notgedrungen eingelenkt habe. Daß der Konflikt mit den süddeutschen Herzögen weiterschwelte, wird auch daran deutlich, daß der König in Kärnten offenbar den Eppensteiner Markwart, den Sohn des vor Jahrzehnten gestürzten Herzogs Adalbero, gegen den Zähringer Berthold unterstützte; die Behauptung Lamperts, Berthold sei Weihnachten 1072 ohne ordnungsgemäßes Verfahren abgesetzt worden, scheint allerdings eine der bekannten tendenziösen Übertreibungen des Hersfelder Mönches zu sein. Am Palmsonntag des folgenden Jahres kam es dann in Eichstätt zu einer förmlichen Aussöhnung zwischen dem König und den beiden Herzögen; zu diesem Zeitpunkt hatte sich Anno freilich längst enttäuscht vom Hofe zurückgezogen.

Vielleicht war damit die letzte Chance vertan, einen grundlegenden Wandel herbeizuführen; denn nun überstürzten sich die Ereignisse. Zugleich spitzte sich die Lage in Mailand zu. Der Erzbischof Wido hatte, des ständigen Kampfes müde, 1070 resigniert und Ring und Stab an den König zurückgesandt, der sofort den vornehmen Kleriker Gottfried investierte. In Mailand aber traf der

Erzbischof des Königs auf den erbitterten Widerstand der Pataria, deren Führung nun in den Händen von Landulfs Bruder Erlembald lag. Alexander II. nahm eindeutig für die Opposition Partei, indem er Gottfried exkommunizierte. Nach Widos Tod setzte Erlembald Anfang 1072 im Beisein eines päpstlichen Legaten gegen den Widerstand eines großen Teiles von Klerus und Volk, der das Investiturrecht des deutschen Königs nicht so ohne weiteres übergehen wollte, die Wahl des Klerikers Atto zum Erzbischof durch. Damit war in Mailand ein lokaler Investiturstreit entbrannt, der die grundsätzliche Frage nach dem Königsrecht bei der Bischofserhebung aufwarf. Die Ereignisse hatten gezeigt, daß die lombardische Metropole alles andere als prinzipiell königsfeindlich war. Die Einwohner setzten sich in ihrer Mehrheit auch gegen Atto zur Wehr und zwangen ihn, durch einen Eid für immer auf das Erzbistum zu verzichten. Und obwohl man in Rom die erzwungene Resignation annullierte und Erlembald die Stadtherrschaft bis 1075 behauptete, hat der Kandidat der Pataria sein Amt nicht antreten können; der Papst hat ihm schließlich die Würde eines Kardinalpriesters von S. Marco übertragen. Heinrich aber veranlaßte durch einen Gesandten auf einer Synode der Mailänder Suffragane in Novara Anfang 1073 die Weihe Gottfrieds. Der Papst schlug zurück und bannte auf der Fastensynode fünf Ratgeber des Königs unter der Anklage der Simonie – eine deutliche Warnung an Heinrich selbst, die um so ernster war, als der Papst offenbar im Einvernehmen mit der Kaiserin Agnes handelte. Der Zufall verhinderte jedoch den Ausbruch des offenen Konfliktes schon zu diesem Zeitpunkt; denn am 21. April verstarb Alexander II., und der König wurde jetzt in jene Ereignisse verwickelt, die ihn vor die größte Bewährungsprobe seiner bisherigen Herrschaft stellten.

Die aufgespeicherte Unzufriedenheit der Sachsen entlud sich im Sommer 1073 im offenen Aufruhr, vorbereitet durch geheime Kontakte und Absprachen der führenden Großen des Stammes. Ende Juni waren die Fürsten, unter denen die Bischöfe Burchard II. von Halberstadt, Werner von Magdeburg, zeitweise auch Hezilo von Hildesheim, dazu Hermann Billung und – nach einigem Zögern – Otto von Northeim die Führungsrolle übernahmen, bei Heinrich IV. in Goslar vorstellig, aber vom König, der eben Vorbereitungen für einen Polenfeldzug traf, in beleidigender Form abgewiesen worden. Schon einen Monat später befand sich der ganze Stamm, auf einer Versammlung in Hoetensleben von Otto von Northeim geschickt dirigiert, im Aufruhr; die Fürstenverschwörung war zum Volksaufstand geworden. Ausführlich werden die Ereignisse aus königsfeindlicher Sicht bei Lampert von Hersfeld und im »Sachsenkrieg« *(Saxonicum bellum)* des zur Umgebung der Bischöfe Werner von Magdeburg und Werner von Merseburg gehörenden Klerikers Bruno geschildert; die gleiche Tendenz verfolgt der Gregorianer Berthold von der Reichenau, während die Niederaltaicher Annalen eher einen neutralen Standpunkt einnehmen und das 1075/76 entstandene »Lied vom Sachsenkrieg« *(Carmen de bello Saxonico),* das dem Verfasser der Biographie Heinrichs zugeschrieben wird, trotz seiner panegyrischen Haltung ein wertvolles Korrektiv zur antiheinrizianischen Propaganda darstellt. In diesem Falle sind wir also einmal über Ursachen und Hintergründe des Geschehens besser unterrichtet.

Einzelne Fürsten haben sicher auch persönliche Motive für ihre Auflehnung gehabt – Otto forderte das Herzogtum Bayern zurück, Burchard sah seine Kirche gegenüber Hildesheim vom König benachteiligt, die Billunger verlangten die Freilassung des Magnus, die dann im August im Austausch gegen die in sächsische Gefangenschaft geratene Besatzung der Lüneburg tatsächlich erfolgte, schließlich stieß auch der geplante Polenfeldzug auf Kritik – aber der Gesamtwiderstand war grundsätzlich motiviert; die Anklagen gipfelten im Vorwurf gegen den König, daß er gegen Gerechtigkeit und Billigkeit verstoße, das alte Recht des Stammes mißachte und seine Freiheit zu beseitigen suche. Belegt wurden diese Anschuldigungen mit den außerordentlichen wirtschaftlichen Belastungen des Stammes durch ausgedehnte Aufenthalte des Hofes im Lande, mit dem königlichen Burgenbau und den Übergriffen der ministerialischen Besatzungen. Es ging also in erster Linie um die königliche Territorialpolitik. Heinrich hat seit 1067 die zur Zeit der Regentschaft unterbrochene Politik seines Vaters, im sächsisch-thüringischen Raum eine geschlossene Königslandschaft zu schaffen, wiederaufgenommen. Dabei werden sich die königlichen Amtsträger nicht mit der Revindikation des entfremdeten Königsgutes begnügt, sondern auch um die Erweiterung der territorialen Basis der königlichen Herrschaft bemüht haben – und das ging nicht immer und überall ohne Übergriffe ab. Überdies erzeugte die Anwendung des den Sachsen unbekannten Inquisitionsverfahrens, bei dem die Rechte der Krone durch Zeugenbefragung festgestellt wurden, Unsicherheit und Mißtrauen, und leicht erschien in den Augen der Betroffenen als Rechtsbruch, was tatsächlich nur Wiederherstellung eines alten Rechtszustandes war. Der Burgenbau, zu dem die umliegenden Bewohner unter Verschärfung des geltenden Burgbannrechtes herangezogen wurden, traf nicht von Anfang an auf Widerstand, er konnte zunächst

durchaus als Verteidigungsmaßnahme gegen auswärtige Feinde, die Slawen, erscheinen, und im übrigen holte der König hier nur nach, was der Adel bereits seit längerem praktizierte. Aber als die Burgbesatzungen von diesen Stützpunkten aus die Eintreibung von Steuern und die Einforderung von Dienstleistungen verschärften, wurden die Befestigungen zu königlichen Zwingburgen, die die Freiheit des Adels und der Bauern bedrohten; selbst unter den Königsleuten machte sich Mißstimmung breit. Die Schleifung der Burgen ist daher die konsequente Forderung der Aufständischen an den König. Daß Heinrich ausgerechnet schwäbische Ministerialen mit der Durchführung der Revindikationspolitik betraute und deren Verwurzelung im Lande überdies dadurch zu sichern suchte, daß er ihre Verheiratung mit den Töchtern sächsischer Adelsfamilien und freier Bauern begünstigte, gab einer gehässigen und hysterischen Propaganda den Vorwand, von angeblichen Plänen zur Versklavung oder gar Ausrottung der Sachsen und Ansiedlung von Schwaben im sächsischen Stammesgebiet zu reden.
Die königlichen Maßnahmen stellen sich dar als eine zukunftsweisende Sicherung und Aktivierung der materiellen Machtmittel der Monarchie, des Reichsgutes und der Reichsrechte; in der Ministerialität hatte Heinrich zudem ein unbedingt loyales und leistungsfähiges Ausführungsorgan gefunden, das für die Verwirklichung dieses politischen Programms wie geschaffen war. Aber mit der allzu schroffen und in den Methoden mitunter auch fragwürdigen Umsetzung dieser Konzeption in die politische Wirklichkeit provozierten der König und seine Helfershelfer den Widerstand der anderen politischen Kräfte, vor allem des Hochadels; Druck erzeugte Gegendruck. Den Führern des Aufstandes aber gelang es, einen großen Teil der Stammesangehörigen davon zu überzeugen, daß man für das gute, alte Recht und die sächsische Freiheit in den Kampf gegen die tyrannische salische Monarchie ziehe. Es versteht sich fast von selbst, daß die Entlassung der schlechten Ratgeber, zumal derer aus niederem Stande und »fast ohne Ahnen«, zu den Forderungen der Aufrührer an den König gehörte; dieses Problem hatte im übrigen seit der Bannung königlicher Räte durch Alexander II. wenige Monate zuvor zusätzliche Brisanz erhalten und stellte in letzter Konsequenz eine bedrohliche Gefährdung der Herrschaft Heinrichs dar.
Von dem Ausmaß der Empörung ist der Salier überrascht worden. Auf der Harzburg eingeschlossen, machte er einen halbherzigen Versuch, mit den Aufständischen zu verhandeln, und suchte schließlich, als er die Unnachgiebigkeit seiner Gegner erkannte, sein Heil in der Flucht. Seine Hoffnung aber, das sich zum Polen-

feldzug sammelnde Reichsheer gegen die Sachsen, die sich inzwischen mit den Thüringern verbündet hatten, führen zu können, zerschlug sich. Er drohte völlig in die Isolierung zu geraten, als eine von Siegfried von Mainz geführte Gruppe von Reichsfürsten selbständig mit den Sachsen Verhandlungen aufnahm und eine neue Affäre die eben erst mit den süddeutschen Herzögen zumindest oberflächlich wiederhergestellten Beziehungen erneut schwer belastete. Ein gewisser Regenger, der zu Heinrichs vertrauten Räten gehörte, trat mit der ungeheuerlichen Anschuldigung an die Öffentlichkeit, der König habe ihn und andere Männer seiner Umgebung zu einem Mordanschlag gegen die Herzöge Rudolf und Berthold gewinnen wollen. Die Tatsache, daß Rudolf noch kurz zuvor mit dem neu erhobenen Papst Gregor VII. in der Frage der gebannten Räte für Heinrich zu vermitteln versucht hatte, nimmt der Anklage jede Glaubwürdigkeit. Allerdings erbot sich der Höfling, die Wahrheit seiner Aussage im Zweikampf zu erhärten. Die Anschuldigung erledigte sich jedoch von selbst durch Regengers plötzlichen und furchtbaren Tod – ein Gottesurteil, das für den hart bedrängten König sprach. Aber das offenbar von Heinrichs Gegnern inszenierte Komplott hatte seine Wirkung getan: Es gab anscheinend kein Verbrechen, das man diesem Herrscher nicht zutrauen konnte. Die tiefe Vertrauenskrise zwischen König und Fürsten, die zugleich eine Krise der königlichen Herrschaft signalisierte, wurde noch offenkundiger durch das von Heinrich selbst erbetene Eingreifen des Papstes, der Ende des Jahres die Sachsen an die dem König geschuldete Treue gemahnte und Frieden gebot – das angeschlagene Königtum suchte und fand Rückhalt in Rom; die Verlagerung des Schwergewichts im Verhältnis von weltlicher Gewalt und geistlicher Autorität wurde immer deutlicher erkennbar und ließ die Umkehrung der Konstellation von Sutri offenbar werden.

In der Auseinandersetzung mit seinen zahlreichen Gegnern fand Heinrich wirkliche Hilfe – freilich mehr moralische als materielle – nur bei den Bürgern von Worms, die ihren Bischof Adalbert Ende 1073 vertrieben hatten und den König in den Schutz ihrer Mauern aufnahmen. Der Salier dankte ihnen ihre »überaus große und besondere Treue« am 18. Januar 1074 mit einem bedeutenden Zollprivileg (D.H.IV. 267) – die Verbindung des Königtums mit dem aufstrebenden Bürgertum kam spontan zustande, sie war sicher nicht ein bewußtes Bündnis im Sinne eines in die Zukunft weisenden politischen Programms. Noch waren die deutschen Städte weit davon entfernt, ein Gegengewicht gegen den Hochadel zu bilden. Aber daß das Bürgertum an Selbstbewußtsein gewann und auf die Dauer auch daran gehen würde, wirtschaftliche Macht in politischen Einfluß umzumünzen, dafür setzten der wenig später – in der Osterwoche 1074 – gegen den Erzbischof Anno ausbrechende Kölner Aufstand und die blutigen Mainzer Unruhen bei der Krönung des Gegenkönigs Rudolf durch Siegfried von Mainz im März 1077 unübersehbare Zeichen. Freilich kehrte Anno als Sieger in die Stadt zurück, die er in schmählicher Flucht hatte verlassen müssen, und er hielt ein hartes Strafgericht: Mit entehrenden Strafen wie der sonst nur gegenüber Unfreien angewandten Auspeitschung, mit Blendung, Geldbußen und Exkommunikation erstickte er den Aufruhr, und König Heinrich konnte nicht helfen. Dennoch haben sich die Bürger auch in der Schlußphase seiner Regierung auf seine Seite gestellt und ihm Unterstützung gegen seinen rebellierenden Sohn gewährt.

In Worms hatte Heinrich wieder einige Bischöfe um sich scharen können, so wagte er den Feldzug nach Sachsen. Aber die offenkundige militärische Unterlegenheit bewog ihn zum Einlenken. Am 2. Februar wurde zu Gerstungen der Friede mit den Aufständischen geschlossen, der zwar die Schleifung der Reichsburgen und eine Amnestie vorsah, der Zentralgewalt sonst aber keine Beschränkungen auferlegte. Daß Otto von Northeim diesen Vertrag gegen den Widerstand eines großen Teiles der Aufständischen, die sich um die Früchte eines möglichen Sieges betrogen sahen, durchgesetzt hatte, konnte als ein gutes Omen für eine wirkliche Aussöhnung gelten. Die königliche Revindikationspolitik hatte einen schweren Rückschlag erlitten, aber ein günstiges Geschick spielte dem Salier nachträglich noch einen Trumpf in die Hand. Bei der Zerstörung der Harzburg ließen sich die Bauern dazu hinreißen, die Kirche zu verwüsten und die Gräber der königlichen Familie – des Bruders und eines bald nach der Geburt verstorbenen Sohnes Heinrichs – zu schänden. Zwar distanzierten sich die sächsischen Fürsten sofort von diesen Übergriffen und gaben ihre Bereitschaft zu einer gerichtlichen Untersuchung der Angelegenheit und – wenn nötig – zur Leistung von Schadensersatz zu erkennen, aber der Salier war nicht gewillt, einen so unvermutet erlangten Vorteil preiszugeben, zumal die Einheitsfront der Gegner nun abbröckelte, die Westfalen und Meißener sowie die Mehrzahl der Bischöfe von weiterer Opposition abstanden und die süddeutschen Fürsten die königliche Seite unterstützten. Es scheint, daß gerade Rudolf von Schwaben einen Ausgleich zu hintertreiben suchte; vermutlich war ihm daran gelegen, Otto von Northeim, der seinen Anspruch auf Bayern ja nicht aufgegeben hatte, nicht wieder zu Einfluß kommen zu lassen. Aber die sächsi-

schen Probleme traten zunächst zurück hinter einem auswärtigen Konflikt, in den Heinrich seit dem Frühjahr 1074 überraschend hineingezogen worden war. Die Rückführung Salomons auf den ungarischen Königsthron war von seinem Vetter Geza, dem der Sieger den Herzogstitel zugestanden hatte, akzeptiert worden, aber der Ausgleich zwischen den beiden Rivalen hielt nicht lange vor, zumal Salomon seine Stellung nicht konsolidieren konnte. Die seit längerem schwelende Mißstimmung gegen den König entlud sich jedenfalls in diesem Jahre in einem Aufstand, der Salomons Herrschaft hinwegfegte und Geza auf den Thron brachte. Salomon floh zu Heinrich IV. und sah sich erneut in die Zwangslage versetzt, den Schwager um Waffenhilfe bitten zu müssen. Für seine Restitution hat er dem Salier enorme Versprechungen gemacht: die Anerkennung der Tributpflicht Ungarns und der deutschen Oberhoheit sowie – offenbar als Unterpfand seiner Loyalität – die Übergabe von sechs befestigten Städten. Noch einmal schien sich dem deutschen Herrscher die Aussicht zu bieten, die ostpolitische Konzeption Heinrichs III. – Durchsetzung der Lehnsoberhoheit des Reiches – zu verwirklichen. Der für den Frühsommer geplante Feldzug aber wurde in den Vorbereitungen abgebrochen, als Heinrich die Nachricht von der Bedrohung der Westgrenze im Zusammenhang mit Machenschaften des Erzbischofs Anno hinterbracht wurde – zu spät stellte sich heraus, daß diese Nachricht falsch war. Damit aber war die für einen Gegenschlag vielleicht günstigste Gelegenheit verpaßt. Bei dem mit kleinem Heer im August 1074 durchgeführten Unternehmen wurden anfangs zwar Landgewinne erzielt, aber einen durchschlagenden Erfolg hat der Salier nicht erringen können. Salomons Herrschaft blieb in den folgenden Jahren auf die westlichen Grenzregionen Ungarns, die er von Heinrich IV. zu Lehen hatte nehmen müssen, beschränkt.
In der Zwischenzeit harrte die sächsische Frage der Lösung. Verhandlungen führten nicht zu einem Ergebnis. Die vom König geforderte bedingungslose Kapitulation lehnten die sächsischen Fürsten ab, und damit wurde eine militärische Auseinandersetzung unvermeidlich. Das Reichsheer, das sich Anfang Juni 1075 in der Nähe von Hersfeld sammelte, war nach dem Urteil aller Beobachter nach Umfang und Kampfkraft das bedeutendste Aufgebot, das ein deutscher König seit Menschengedenken unter seine Fahnen hatte rufen können – ein deutliches Zeichen für die Wiedererstarkung der königlichen Gewalt. Am 9. Juni traf es bei Homburg an der Unstrut auf das sächsisch-thüringische Bauernheer, das von Otto von Northeim geführt wurde. Der Tag endete mit einer ver-

nichtenden Niederlage der Aufständischen. Zwar zogen sich mit Ausnahme des Herzogs Gottfried von Niederlothringen die verbündeten Fürsten danach von den militärischen Unternehmungen zurück – an einer völligen Niederwerfung der Gegner des Saliers konnten sie nicht unbedingt interessiert sein –, aber Heinrich vollendete seinen Triumph auch ohne ihre Hilfe: Ende Oktober unterwarfen sich ihm die sächsischen und thüringischen Großen mit ihrem ganzen Volk bei Spier auf Gnade und Ungnade.
Den Akt der Kapitulation gestaltete der König im Vollgefühl des Triumphes nach vielen Demütigungen als großes Schauspiel: Waffenlos, gesenkten Hauptes und mit bloßen Füßen traten die jetzt vor ihn, die seine Macht herausgefordert hatten. Nun lag es an ihm, die Herrschertugenden der Milde und Mäßigung zu beweisen. Auch seine Anhänger haben eine solche Haltung von ihm erwartet; der Verfasser des Liedes vom Sachsenkrieg beendet seine Darstellung mit der Aufforderung: »Nun zeige denen, die jetzt zu dir flehen oder es in Zukunft noch tun, was sie von dir zu hoffen haben, wenn sie sich dir, milder König, ergeben!« Aber Mäßigung entsprach nicht dem Temperament des Saliers. Das hatte er bereits vor Spier bei der harten Bestrafung des Bischofs Benno von Meißen und des Markgrafen Ekbert II. bewiesen, obwohl beide Fürsten sich den militärischen Auseinandersetzungen ferngehalten hatten. Jetzt ließ er die Anführer des Aufstandes in Haft nehmen, übergab sie zuverlässigen Gefolgsleuten und konfiszierte ihren Besitz; unmittelbar nach dem Friedensschluß begann man mit dem Wiederaufbau der zerstörten Burgen.
Ende des Jahres konnte Heinrich einen weiteren Erfolg erzielen: Am Weihnachtsfeste verpflichteten sich die zu Goslar versammelten Großen eidlich, keinen anderen als seinen Sohn Konrad künftig zu seinem Nachfolger zu wählen. Damit war ein erster Schritt zur Sicherung der Dynastie getan. Konrad war am 12. Februar 1074 geboren worden. Er war nicht das erste Kind des königlichen Paares, vor ihm hatte Berta bereits zwei Töchtern, Adelheid und Agnes, und einem Sohn, der auf den Namen Heinrich getauft worden war, das Leben geschenkt. Adelheid und Heinrich waren jedoch kurz nach der Geburt gestorben – Adelheid an einem 4. Juni und Heinrich am 2. August 1071 – und auch um Konrads Überleben hatte man zunächst bangen müssen. Aber der Knabe hatte sich erholt, auf ihm ruhte nun die Hoffnung des Königs auf die Kontinuität der salischen Herrschaft im Reich.
Die Goslarer Reichsversammlung erlebte auch die Aussöhnung Heinrichs mit Otto von Northeim, den der König nun auf seine Seite zu ziehen versuchte. Offenbar hat er den Fürsten, der noch

immer über ein bedeutendes Ansehen in seinem Stamme verfügte, mit der Verwaltung der sächsischen Angelegenheiten betraut – der Herzog Magnus blieb ja weiterhin in Haft – und ihm geradezu eine Vertrauensstellung eingeräumt. Aber die sächsischen Quellen lassen keinen Zweifel daran, daß der innere Widerstand des Stammes nicht wirklich gebrochen war, sondern sich durch die Härte des Königs noch vertieft hatte. Heinrich hatte in Spier die einmalige Gelegenheit verpaßt, dem Reich einen dauerhaften Frieden zu schenken und so die salische Monarchie nach zwei Jahrzehnten der Anfechtung und Gefährdung wirklich zu konsolidieren. Der große Konflikt mit Gregor VII., der über sein persönliches Schicksal wie über die Zukunft des salischen Königtums entscheiden sollte, enthüllte die ganze Brüchigkeit seiner Herrschaft.

2. Heinrich IV. und Gregor VII.: Canossa – Brixen – Rom

Am 21. April 1073 war der Papst Alexander II. gestorben. Die Neubesetzung der cathedra Petri nahm einen überraschenden Verlauf, denn schon am folgenden Tage wurde der mit der Durchführung des Papstbegräbnisses und den Vorbereitungen der Neuwahl betraute Archidiakon Hildebrand in der Salvatorkirche des Lateran, als Alexander zu Grabe getragen wurde, vom Volk tumultuarisch zum Papst ausgerufen. Die Geistlichkeit, voran die Kardinäle, schloß sich mit einem besonderen Zustimmungsakt der vox populi bei der Inthronisation in der Kirche S. Pietro in Vincoli an. Der Pontifikatsname Gregor – ob vom Volk spontan schon bei der Akklamation verwandt oder erst in der folgenden Handlung mit Zustimmung, vielleicht gar auf Initiative Hildebrands ausgewählt, ist nicht zu entscheiden – beschwor die Erinnerung an den großen Mönchspapst Gregor I. herauf, der die Kirche in der Epoche des gewaltigen Umbruchs von der Völkerwanderung zum frühen Mittelalter regiert hatte. Die Bestimmungen des Papstwahldekrets Nikolaus' II. waren bei dieser Erhebung nicht beobachtet worden, was nichts für die Gültigkeit oder Ungültigkeit der Wahl besagt, sondern lediglich verdeutlicht, daß dieses Dekret – ganz entgegen modernem Gesetzesverständnis – nicht als absolut verbindliche Norm angesehen wurde; für den neuen Stellvertreter Petri konnte es gar keine bessere Legitimation geben als die Einmütigkeit und Spontaneität der Wähler, in deren Entscheidung sich der Wille

Gottes kundgetan hatte und unmittelbar das Wirken des Heiligen Geistes sichtbar wurde. Gregor selbst hat das Gewaltsame der Vorgänge geradezu als existentielle Bedrohung erfahren und diesem Erleben in der persönlichen Stellungnahme seiner Wahlanzeigen in Klageworten und Hilfebitten des Psalmisten Ausdruck verliehen. Schon jetzt und später immer wieder, als er sich gegen Vorwürfe, er habe sich aus übergroßem Ehrgeiz in dieses Amt gedrängt, zur Wehr setzen mußte, hat er versichert, daß ihm die Leitung der römischen Kirche gegen seinen Willen und trotz allen Widerstrebens aufgezwungen worden sei – er habe sich dem Willen Gottes und des Apostelfürsten Petrus gebeugt. Diese Begründung für die Annahme der Wahl führt in das Zentrum der Persönlichkeit des Papstes hinein, kennzeichnet den alles bestimmenden Wesenszug: seine Bereitschaft zu bedingungslosem Gehorsam gegenüber dem, was er als Gebot Gottes versteht, und zu einem auch den Einsatz des eigenen Lebens nicht scheuenden Dienst für die römische Kirche.

Anders als bei Heinrich IV. scheint die Fülle der erhaltenen Briefe, von denen der größte Teil in dem zwischen 1073 und 1084 in der päpstlichen Kanzlei entstandenen, im Original auf uns gekommenen Auslaufregister (Registrum Vaticanum 2) überliefert ist, im Falle Gregors die für die Persönlichkeitsschilderung von Menschen des Mittelalters seltene Möglichkeit zu bieten, ein individuelles Charakterbild des Papstes, an dem sich nicht nur die Geister der Zeitgenossen schieden, zu zeichnen, und in der Tat hat eine lange und intensive Forschung inzwischen zu einem gewissen Konsens gefunden in der Frage nach den grundlegenden Wesenszügen dieses Mannes und dem Urteil über die entscheidenden Motive und Triebkräfte seines Handelns, auch wenn in der Gesamtwertung manche Differenzen bestehenbleiben werden.

Wenig ist über Hildebrands frühen Lebensweg bekannt. Nur ungefähr ist sein Geburtsjahr – um 1020/25 – zu erschließen; er stammt aus der Toskana, kam als Knabe nach Rom und wurde hier Mönch, wahrscheinlich im Kloster St. Maria auf dem Aventin. Im Jahre 1047 begleitete er den abgesetzten Papst Gregor VI. in die Verbannung nach Köln, 1049 kehrte er mit Leo IX. nach Rom zurück, und nun beginnt der Aufstieg in der Hierarchie der römischen Kirche. Immer wieder ist uns sein Name begegnet, wenn es um wichtige Entscheidungen der inneren und äußeren Politik der Kurie, um Fragen der römischen Reform und der Papstwahl, um das Verhältnis zum deutschen Königshof und auch um die Beziehungen zu den Normannen, zur Pataria und dem lombardischen Episkopat ging. Wohl seit Mitte 1058 Archidiakon, hat Hildebrand mehr und mehr der päpstlichen Politik die Richtung gewiesen, so sehr, daß Petrus Damiani bissig übertreibend formulierte, in Rom habe man mehr dem Herrn des Papstes als dem Herrn Papst zu gehorchen; er selbst verehre den Papst, wie es sich gehöre, aber Hildebrand bete er in Demut an, denn Hildebrand habe den Papst zum Herrn, dieser aber Hildebrand zum Gott gemacht.

Der spätere Gregor VII. ist in der Tradition des Reformpapsttums groß geworden, aber er war nicht ein Programmatiker der Reform; er verfügte weder über eine tiefergehende kanonistische Ausbildung, noch war er ein gelehrter Theologe oder gar spekulativer Denker – sein ideell-theoretischer Beitrag zur Reform war gering. Es waren nicht seine Ideen, durch die Hildebrand-Gregor die frühmittelalterliche Welt verändert hat, sondern seine Taten, der unbeugsame Wille und die Radikalität, mit denen er die Reformforderungen und seine Vorstellungen von der Freiheit der Kirche, der *libertas ecclesiae,* in die Wirklichkeit umsetzte. Ob seine Zugehörigkeit zum Mönchsstande ihn tiefer geprägt hat, ist fraglich; es waren jedenfalls nicht die Kontemplation und die Beschaulichkeit monastischer Lebensweise, die er als Erfüllung seines Daseins gesehen hat – wenn auch die eine oder andere persönliche Äußerung diesen Anschein erwecken könnte. Ohne Frage aber waren sein Denken und Handeln in einer tiefen Frömmigkeit und einer unerschütterlichen Religiosität verwurzelt, in der – und hier trifft er sich mit seinem königlichen Gegenspieler – der Marienverehrung ein besonderer Platz zukam, die aber entscheidend bestimmt war durch ein ausgeprägt persönliches Verhältnis zum heiligen Petrus. Mit dem Begriff »Petrusmystik« ist diese Beziehung vielleicht sogar zu schwach charakterisiert, in gewissen Momenten emotionaler Erregung oder Hochstimmung scheint der Papst sich geradezu in eine Identifikation mit dem Apostelfürsten hineingesteigert zu haben. Durch Petrus hat Christus die römische Kirche gegründet und ihr damit eine unvergleichliche Stellung, den Vorrang vor allen anderen Kirchen gegeben. Daher geht von ihr eine einzigartige, heilspendende Wirkung aus. In den *Dictatus papae,* jenen auf Eigendiktat beruhenden Eintrag vom März 1075 in das Briefregister, der – gleich, wie Entstehung und Zweck dieses Dokumentes zu deuten sind – ohne Zweifel Gregors Leitvorstellungen von der Vollgewalt des Papsttums zum Ausdruck bringt, in diesen *Dictatus* also hat der Papst als 26. Satz aufnehmen lassen, daß »nicht als katholisch gelten kann, wer sich nicht in Übereinstimmung mit der römischen Kirche befindet«. Mit Berufung auf Ambrosius, bei dem die Sentenz freilich in dieser Formulierung nicht zu finden ist, hat Gregor an anderer Stelle betont, daß Häretiker sei, wer nicht mit der katholischen Kirche übereinstimme (»*Ereticum esse constat, qui Romanę ecclesię non concordat*« = Reg. VII, 24) – und dies ist so allgemein formuliert, daß es grundsätzlich und immer, nicht nur in Fragen des Glaubens gilt. Aus diesem Prinzip leitet sich die unbedingte Führungsstellung des römischen Bischofs ab, des Stellvertreters Petri, dem auf Grund der Verdienste des Apostelfürsten ein besonderes Charisma, eine im Amt begründete oder vielleicht sogar – der betreffende 23. Satz des *Dictatus papae* ist in der Deutung sehr umstritten – persönliche Heiligkeit zukommt. Der Anspruch auf unbedingten Gehorsam ist die notwendige und absolut einleuchtende Konsequenz derartiger Vorstellungen.

Die Durchsetzung des päpstlichen Primats war ein geradezu zwangsläufiges Ergebnis des Aufstiegs des Reformpapsttums. Gregor hat auch hier die Entwicklung vorangetrieben und intensiviert. Zwar lassen sich ohne Mühe Zitate beibringen, die die Hochschätzung des Bischofsamtes durch den Papst belegen, und man wird ihm nicht vorwerfen können, daß er die bestehende Kirchenverfassung hat umstoßen wollen, aber die bischöfliche Autorität war für ihn unantastbar nur, insoweit sie den päpstlichen Zentralismus nicht störte oder in Frage stellte. Petrus Damiani hat er aufgefordert, die Entscheidungen und die Geschichte der römischen Bischöfe durchzusehen, um sorgfältig aufzuschreiben, was im besonderen der Autorität des apostolischen Stuhles zukomme. Der Eremitenkardinal, bei dem – etwa in der Behandlung der Mailänder Kirche – selbst Ansätze zu einer römischen Primatspolitik zu finden sind, hat diesen Auftrag nicht erfüllt; andere haben es nach ihm getan. Die aus Gregors engerer Umgebung oder auch dem weiteren Umkreis hervorgegangenen, freilich nicht direkt von ihm veranlaßten, kirchenrechtlichen Sammlungen sind von dem Axiom des Vorranges der römischen Kirche bestimmt; auf der Grundlage der dem Papst und den Kanonisten gemeinsamen römisch zentrierten Ekklesiologie erfolgte die juristische Ausformung und systematische Darstellung des päpstlichen Primats. Gregor hat dabei durchaus die Ansicht vertreten, daß es ihm erlaubt, ja daß es im Notfall geboten sei, gegen alte Gewohnheit neue Gesetze zu erlassen – auch dieser Grundsatz ist in den *Dictatus papae* eingegangen. Er läßt sich mit einem anderen aus der Vätertradition überkommenen Leitwort des Papstes zusammenbringen: »Christus hat nicht gesagt, ich bin die Gewohnheit, sondern ich bin die Wahrheit«. Was Wahrheit sei, darüber mit der größten, nämlich von Gott gestifteten Autorität zu entscheiden, das nahm Gregor für den römischen Bischof in Anspruch. Sein

Urteilsspruch – wieder Zitat aus dem *Dictatus papae* – darf von niemandem widerrufen werden, er selbst als einziger aber kann die Urteile aller widerrufen. Die logische Konsequenz aus dieser Sentenz ist der Grundsatz der Nichtjudizierbarkeit des Papstes, im *Dictatus* als Satz 19 verankert, von päpstlicher Seite ein seit Beginn des sechsten Jahrhunderts verfochtener Rechtsanspruch, dem damals bereits in der Formulierung als Kanon: »*Prima sedes a nemine iudicatur*« (Der Papst kann von niemandem gerichtet werden) der Anschein uralten Rechtes gegeben worden war.

Gregor hat die zentralen Forderungen der Kirchenreform mit prophetischem Eifer, ja Fanatismus vertreten. In allen Fragen hat er die letzte Entscheidungsbefugnis für sich beansprucht und für sein Urteil aus der inneren Überzeugung der Übereinstimmung mit dem Willen Gottes unbedingten Gehorsam gefordert. Mit einem Zitat aus dem ersten Buche Samuel über Sauls Ungehorsam (1 Sam. 15, 23) – es gehört zu den von Gregor am häufigsten angeführten Bibelstellen – hat er die Widersetzlichkeit der Sünde der Wahrsagerei, Eigenmächtigkeit mit Götzendienst gleichgesetzt. In seinem Radikalismus scheute er nicht davor zurück, Emotionen zu entfesseln, zur offenen Gewaltanwendung aufzufordern. Er stellte sich auf die Seite der Vallombrosaner Mönche in ihrem Kampf gegen den der Simonie bezichtigten Bischof Petrus Mezzabarba von Florenz, während Petrus Damiani und der der Reform nahestehende Bischof Rainald von Como, der Vertraute der Kaiserin Agnes, die gewaltsamen Umtriebe der Fanatiker als eine Gefährdung der kirchlichen Hierarchie verurteilten; er hat schließlich als Papst mit dem sogenannten Aufruhrkanon die Laien zum Boykott der simonistischen und nikolaitischen Priester aufgerufen und die süddeutschen Fürsten ermahnt, solche Priester, gleich, wie das Urteil der Bischöfe laute, an der Ausübung ihres Dienstes zu hindern – notfalls mit Gewalt (»*etiam vi si oportuerit*« = Reg. II, 45). In Gregor VII. trat dem Salier ein Mann von ungeheurer Willensstärke und Durchsetzungskraft entgegen, der zudem über die unschätzbare Erfahrung von einem Vierteljahrhundert verantwortlicher politischer Tätigkeit an der Kurie verfügte.

Aber zunächst deutete nichts auf einen ernsten Konflikt hin. Die Vorstellung, daß mit dem Pontifikatsbeginn Gregors VII. gleichsam ein dramatisches Geschehen in Gang gesetzt worden wäre, das unausweichlich und mit elementarer Wucht zu jenem wenige Jahre später die Welt erschütternden Konflikt hindrängte, wäre unhistorisch und eine aus der Rückschau getroffene unzulässige Deutung der Ereignisse. Zwar waren Wahl und Inthronisation Gregors ohne Rücksicht auf ein königliches Konsensrecht erfolgt, und offenbar aus diesem Grunde, aber auch aus einem generellen Mißtrauen gegenüber dem neu erhobenen Papst hat eine von Gregor von Vercelli, dem italischen Kanzler Heinrichs IV., angeführte Gruppe von Bischöfen und Beratern den König aufgefordert, sich einzuschalten, womöglich die Wahl nicht anzuerkennen. Aber der Salier befand sich in einer prekären Situation. Die Exkommunikation seiner Ratgeber durch Alexander II. auf der Fastensynode von 1073 stellte ihn selbst, wenn er sich nicht von den Gebannten trennte, nach strengem Rechtsverständnis außerhalb der kirchlichen Gemeinschaft. Der sich wie ein Flächenbrand ausbreitende Aufruhr in Sachsen wuchs sich zu einer ernsthaften Bedrohung seiner Herrschaft aus. In dieser Lage richtete Heinrich Ende August, wohl nach der Flucht von der Harzburg, ein Schreiben an den neuen Papst, das in bewegten Worten seinem Wunsch nach Frieden und Eintracht zwischen regnum und sacerdotium Ausdruck verlieh. Zugleich klagte er sich an, diese Eintracht gestört zu haben, indem er sich an Kirchenbesitz vergriffen und Kirchen auf simonistische Weise vergeben habe. Die Verlockung der Jugend und die Verführung durch die Macht, aber auch die Einflüsterungen schlechter Ratgeber machte er für seine Verfehlungen verantwortlich, hoffte aber auf Vergebung und die Hilfe des Papstes bei der Bewältigung aller Probleme, vor allem bei der Durchführung der Reform und der Beilegung des Streites in der Mailänder Kirche. Das Eingeständnis der eigenen Schuld und der demütig-unterwürfige Ton des Briefes überraschen, wenn man sich in Erinnerung ruft, mit welcher Arroganz der König kurz zuvor den sächsischen Fürsten, die mit ihm über die Abstellung der Mißstände hatten reden wollen, eine Abfuhr erteilt hatte. Der Verdacht, daß er nun durch eine taktische Finesse das Wohlwollen des Papstes zu gewinnen suchte, um diesen von einem Bündnis mit der Opposition abzuhalten, drängt sich auf – aber das allein genügt nicht zur Erklärung. Die Ereignisse des Sommers hatten den jungen Herrscher zweifellos in seiner Selbstsicherheit erschüttert; in seiner politischen Stellung bedroht und in der Gefahr, aus der Heilsgemeinschaft der Kirche ausgeschlossen zu werden, wird er sich zum erstenmal selbst gefragt haben, ob er in allem richtig gehandelt, ob er sich wirklich von den richtigen Ratgebern hatte leiten lassen. Er reagiert auf die Krisensituation mit Sündenbekenntnis und Versprechen zur Umkehr – ein Akt religiöser Besinnung, der ohne Frage einem echten, starken Gefühl entspringt. Gregor VII. jedenfalls hat die Versicherungen des Königs ernstgenommen und als entscheidende Voraussetzung für eine fruchtbare Zusammenarbeit akzeptiert.

Der Papst hatte seinerseits bereits bald nach seiner Wahl und der am 30. Juni, dem Sonntag nach dem Feste des Apostelfürsten, vollzogenen Weihe in Schreiben an Herzog Gottfried von Niederlothringen, Beatrix und Mathilde von Tuszien und – am 1. September – an den Herzog Rudolf von Schwaben sowie den Bischof Rainald von Como seine Bereitschaft zur Klärung der strittigen Fragen und zu einem Ausgleich mit Heinrich bekundet. Damit tritt nun auch wieder jene Frau in unser Blickfeld, die wir als unschuldiges Opfer der Auseinandersetzungen Heinrichs III. mit Gottfried dem Bärtigen bereits kennengelernt haben und die von jetzt an in das Miteinander und Gegeneinander von Papst und König an entscheidender Stelle verstrickt bleiben sollte: Mathilde, die Tochter des Markgrafen Bonifaz und der Beatrix. Seit 1069 war sie mit Gottfried dem Buckligen vermählt, der in diesem Jahre die Nachfolge seines Vaters Gottfrieds des Bärtigen in Niederlothringen angetreten hatte. Aber der Ehe, die die Vereinigung des lothringischen mit dem canusinisch-tuszischen Machtkomplex für die Zukunft sichern sollte, war kein Glück beschieden. Der aus ihr hervorgegangene Sohn starb bald nach der Geburt, und Mathilde kehrte nach Italien zurück, ohne die eheliche Gemeinschaft mit Gottfried wiederaufzunehmen. Fortan widmete sie sich ganz dem Dienst des heiligen Petrus, und Gregor VII. hat in ihr wie in ihrer Mutter und der Kaiserin Agnes seine engsten Vertrauten und tatkräftigen Helferinnen gesehen.

Für den Papst gab es keinen Zweifel, daß der Sohn Heinrichs III. der Kaiserkrone würdig sei, wenn er sich besseren Ratgebern anvertraue, und er tat, nachdem er ein zweites Hilfegesuch des Königs erhalten hatte, ein übriges, indem er Ende des Jahres die sächsischen Fürsten zum Waffenstillstand aufforderte und gleichzeitig eine schiedsrichterliche Entscheidung im Streit mit dem Salier in Aussicht stellte. Damit waren die Voraussetzungen dafür gegeben, daß im April des folgenden Jahres die Legaten Hubert von Praeneste und Gerald von Ostia, die in Begleitung der Kaiserin Agnes und des Bischofs Rainald von Como nach Deutschland gekommen waren, auf einem Hoftag in Nürnberg den König – und vermutlich auch die gebannten Räte – nach vollzogener Bußleistung wieder in die kirchliche Gemeinschaft aufnahmen. Ihr weitergehender Auftrag, eine Reformsynode im Reich zu veranstalten, stieß jedoch auf Widerstand – nicht Heinrichs selbst, sondern des deutschen Episkopates, als dessen Wortführer Liemar, der Nachfolger Adalberts auf dem Erzstuhl von Hamburg-Bremen, auftrat. Eine überraschende Wendung, denn noch kurz zuvor hatte gerade Liemar auf dem Osterhoftag von Bamberg, den die päpstlichen Legaten wegen des Simonievorwurfs gegen den Bischof Hermann gemieden hatten, einen Skandal provoziert, weil er eben wegen dieser Anklage sich geweigert hatte, das von Hermann geweihte Salböl zu verwenden! Ein Reformgegner war Liemar also sicherlich nicht. In Nürnberg ging es um etwas anderes: Die Reichsbischöfe setzten sich gegen den Ausbau des päpstlichen Zentralismus zur Wehr; sie sahen sich durch den Anspruch des Papstes, durch Legaten in Angelegenheiten der Reichskirche hineinzuregieren, in ihrem Selbstbewußtsein und Selbstverständnis herausgefordert. Daß sie in der Lage waren, ihre Probleme selbst zu lösen, hatten sie ja eben erst in Bamberg eindrucksvoll dokumentiert. Der König hatte sich ganz zurückgehalten; für Gregor galt es nun, zunächst das Verhältnis zum deutschen Episkopat zu klären.

Seit den frühen sechziger Jahren hatten sich die päpstlichen Bemühungen, auf die Reichskirche Einfluß zu nehmen, verstärkt. Erinnert sei an den Konflikt mit Nikolaus II. und die Affäre um die Palliumsbitte Siegfrieds von Mainz. Mit Mißtrauen betrachtete man an der Kurie offenbar auch die von Heinrich IV. geübte Praxis der Besetzung der Bischofsstühle, die sich zunehmend weniger am Maßstab der kirchlichen Eignung des Kandidaten als seines Nutzens für das Reich und die königliche Politik ausrichtete. Die anstehenden Probleme dürften auch erörtert worden sein, als sich im Jahre 1070 die Erzbischöfe Anno und Siegfried und der Bischof Hermann von Bamberg aus unterschiedlichen Gründen an der Kurie einfanden – nach Lamperts unrichtiger, aber für die herrschende Atmosphäre doch auch wieder bezeichnender Darstellung sollen diese ad limina-Besuche auf päpstliche Vorladung hin erfolgt sein. Tatsächlich hat dann Alexander II. wohl zur Fastensynode 1073 eine Anzahl deutscher Bischöfe vorgeladen, die sich unter anderem wegen Simonie verantworten sollten; außer Werner von Straßburg hat freilich niemand Folge geleistet. Vor allem boten einige Simonieprozesse gegen hohe Prälaten, gegen die Bischöfe Karl von Konstanz, Hermann von Bamberg, Pibo von Toul und die Reichenauer Äbte Meinward und Rupert, der Kurie die Möglichkeit, die päpstliche Autorität ins Spiel zu bringen. Die Anlässe waren lokaler Natur; die Klagen gingen von den Kapiteln und vom Konvent aus und betrafen zunächst die Amtsführung der Bischöfe oder Äbte, ihre Vermögens- und Finanzpolitik. Mit der Appellation der Ankläger an den apostolischen Stuhl verschob sich aber der Gegenstand der Anklage: In den Vordergrund trat nun der Vorwurf der Simonie. Auffällig ist, daß es sich bei den beschuldigten Prälaten um Personen handelte, die sich bereits in

königlichen Diensten bewährt hatten, als unbedingt königstreu galten und keine Bedenken trugen, die materiellen Mittel ihrer Kirchen für den Reichsdienst zu aktivieren. Das stieß bei den betroffenen Untergebenen auf heftige Kritik, und die Simonieanklage wurde nun der Hebel, den mißliebigen Oberhirten loszuwerden. Ein bezeichnender Vorgang: Die Opposition der Kleriker und Mönche kleidete sich in eine zeitgemäße Form; die Reformbewegung hatte den Kampf gegen die Simonie so sehr popularisiert, daß schon der bloße Vorwurf dieses Deliktes den Beschuldigten in ernste Schwierigkeiten bringen konnte, zumal, wenn der Einsatz von Kirchen- und Klostergut jene Grauzone erreichte, die das traditionell geschuldete *servitium regis* nach subjektivem Empfinden oder dem geschärften Rechtsbewußtsein der Betroffenen als maßlos überzogen und als unzulässige Einlösung von Versprechungen erscheinen ließ. Natürlich geriet mit diesen Prozessen auch die königliche Personalpolitik ins Schußfeld öffentlicher Kritik.
Hermann von Bamberg, der noch 1070 in Rom das Pallium erhalten hatte, der eine erfolgreiche Klosterreformpolitik betrieben und daher das völlige Gegenteil eines rückständigen und verbohrten Reformgegners darstellt, hatte, als sich der Widerstand der Bamberger Kanoniker gegen die Umwandlung des von ihm gegründeten Kollegiatstiftes St. Jakob in ein Mönchskloster formierte, ganz auf seinen Rückhalt beim König, dem er in unbedingter Loyalität gedient hatte, vertraut. Aber in der politischen Konstellation der Monate um die Jahreswende 1073/74 konnte oder wollte Heinrich IV. ihm nicht helfen. Hermann wurde schließlich 1075 als Simonist abgesetzt. Ganz anders verlief der Prozeß gegen Pibo von Toul. Der Papst hatte Pibos Metropoliten Udo von Trier mit der Abwicklung des Verfahrens beauftragt, sich selbst allerdings das Urteil vorbehalten. Eine Untersuchung in Toul erbrachte keinerlei Beweise für die Vorwürfe der aktiven oder passiven Simonie und des Konkubinates. Zusätzlich bezeugte der vom König nach Toul gesandte Bischof Benno von Osnabrück, daß Pibos Erhebung zum Bischof auf völlig korrekte Weise erfolgt sei. Dem abschließenden Bericht fügte der Trierer Metropolit die Bitte hinzu, daß ihn Gregor in Zukunft mit solchen Aufträgen nicht mehr behelligen solle. Für die Stimmung im deutschen Episkopat besonders aufschlußreich aber ist die Reaktion der Straßburger Bischofsversammlung von Weihnachten 1074, auf der Udo das päpstliche Mandat vorgelesen hatte: Mit wütendem Protest wurde die vom Papst bereits vorgenommene Vorverurteilung Pibos, der in diesem Schreiben als »Exbischof« und »Wolf« apostrophiert worden war, aufgenommen, und entrüstet warf man Gregor vor, daß er neuerdings das

Kirchenvolk gegen seine Oberen aufstachele. Wenig später klagte der Erzbischof Liemar in einem Brief an seinen Amtsbruder Hezilo von Hildesheim, daß der Papst, »jener gefährliche Mensch«, den Bischöfen seinen Willen aufzwingen wolle wie seinen Gutsverwaltern.

Die Solidarität der Reichskirche hatte Pibo vor dem Schicksal Hermanns bewahrt. Gregor suchte den Widerstand der Bischöfe mit den Mitteln der kirchlichen Strafgewalt zu brechen; er lud Liemar und Siegfried sowie die Bischöfe von Straßburg, Speyer und Bamberg zur Fastensynode 1075 nach Rom vor und suspendierte mit Ausnahme Siegfrieds alle, da sie der Vorladung nicht Folge leisteten. Darüber hinaus verhängte er erneut den Bann über fünf königliche Räte, wenn sie nicht bis zum 1. Juni nach Rom kommen und Genugtuung leisten würden. Es hatte sich also so viel Sprengstoff angesammelt, daß der Ausbruch des offenen Konfliktes unvermeidbar schien. Der König selbst hatte sich allerdings in den vergangenen Monaten zurückgehalten, und daß der Papst noch immer darauf hoffte, seine Unterstützung für die Durchführung der Reformen zu gewinnen, zeigt jener eigentümliche Plan, den er Heinrich im Dezember 1074 unterbreitete: Er wollte an der Spitze eines großen Heeres gegen die Heiden im Heiligen Land ziehen und dabei auch griechische und orientalische Christen zur Eintracht mit dem apostolischen Stuhl zurückgewinnen; die römische Kirche aber sollte in der Zwischenzeit dem Schutz des Königs anvertraut bleiben – ein abenteuerliches, aber ernstgemeintes Projekt, das immerhin erkennen läßt, daß die traditionelle Ordnung des engen Miteinanders und Zusammenwirkens von regnum und sacerdotium in der Führung der Christenheit offenkundig auch für den Papst noch Gültigkeit besaß. Mit der Fastensynode des Jahres 1075 zeichnete sich jedoch insofern ein gewisser Wandel in seinem Verhalten ab, als er nun zunehmend die Gehorsamsforderung verschärfte: Gehorsam erwartete er von den Priestern und Laien, in letzter Konsequenz aber auch von den Bischöfen und Königen. Auch der unbußfertige Philipp I. von Frankreich wurde nun zum wiederholten Male mit dem Bann bedroht. Es kommt nicht von ungefähr, daß Gregor gerade jetzt, im *Dictatus papae* vom März, hierokratische Ansprüche formulierte. Jedoch konnte ein offener Ausbruch des Streites noch einmal vermieden werden, da Heinrich IV. Hermann von Bamberg endgültig fallenließ und die Erzbischöfe Siegfried und Liemar durch persönliche Verhandlungen in Rom eine gewisse Entspannung herbeiführten, ohne daß allerdings das Verhältnis des Papstes zur Reichskirche eine grundsätzliche Klärung erfahren hätte.

Noch im Juli 1075 sprach Gregor dem Salier, seinem »vortrefflichsten« und »liebsten Sohne«, ein hohes Lob wegen seines Reformeifers aus, die Eintracht schien ungetrübt. Wenige Monate später jedoch hatte sich die Szene völlig gewandelt. Sowohl in Deutschland als auch in Italien hatte sich die königliche Sache zum Besseren gewendet. Im Verhältnis zu den Fürsten waren die Weichen auf Ausgleich gestellt; Heinrich war seiner inneren Gegner Herr geworden. Der glänzende Sieg über die aufständischen Sachsen bei Homburg gewann an Bedeutung durch die gleichzeitige Niederlage der Mailänder Pataria. In der lombardischen Metropole hatte das gewaltsame Regiment Erlembalds wachsende Opposition erzeugt, die schließlich in offenen Aufruhr überging. In den heftigen Kämpfen fand Erlembald bald nach Ostern den Tod. Die führungslos gewordene Pataria schied als Machtfaktor aus, die Mailänder suchten Anlehnung am deutschen König. Alle Gegner der Pataria und des Papstes in der Lombardei erwarteten nun ein energisches Eingreifen Heinrichs, und dieser ergriff in der Tat ohne Zögern die Gelegenheit, die Königsherrschaft in Italien wieder voll zur Geltung zu bringen. Einer Mailänder Gesandtschaft bestimmte er den Subdiakon Tedald, ein Mitglied der Hofkapelle, zum Erzbischof und ließ damit ebenso den einst von ihm selbst erhobenen Gottfried fallen, wie er die Existenz Attos, des vom Papst und den Patarenern gestützten Prätendenten, nicht zur Kenntnis nahm. Wenig später ernannte er Bischöfe für Fermo und Spoleto, womit er direkt in den mittelitalischen Metropolitanbereich des Papstes eingriff – eine Maßnahme, die um so provozierender wirken mußte, als Gregor die Investierten, von denen zumindest einer, Bischof Wolfgang von Fermo, ein Deutscher gewesen sein dürfte, nach seiner eigenen Aussage unbekannt waren. Man tut sich schwer, eine Erklärung für die Unbekümmertheit und Anmaßung zu finden, mit der hier fern vom Schauplatz des Geschehens Entscheidungen getroffen wurden, die ein Höchstmaß an Vorsicht und politischer Klugheit erfordert hätten. War es leichtsinnige Überschätzung der eigenen Kräfte im Vollgefühl der eben errungenen Erfolge oder ging man am deutschen Hofe bewußt das Risiko ein, aus einer vermeintlichen Position der Stärke den Papst herauszufordern, um ihn endgültig in die Schranken zu verweisen? Wenn hinter den geschilderten Maßnahmen tatsächlich ein politisches Kalkül und nicht lediglich Arroganz der Macht zu suchen ist, dann hatten Heinrich und seine Berater sich in mehrfacher Weise verrechnet. Man war sich offenbar nicht darüber im klaren, daß sich die politischen Verhältnisse im Königreich Italien in den zwei Jahrzehnten königlicher Abwesenheit

erheblich gewandelt hatten, und man unterschätzte in geradezu sträflichem Leichtsinn die moralische Wirkung, die die Mißachtung der vor allem in der Mailänder Angelegenheit gemachten festen Zusagen auf den Papst und die der Reform nahestehenden Kreise haben mußte. Erneut geriet der König ins Zwielicht; an seiner Zuverlässigkeit und Aufrichtigkeit waren Zweifel angebracht. Gregor reagierte sofort und scharf. Er verbot Tedald die Annahme der Würde, den Mailänder Suffraganen die Vornahme seiner Weihe. Am 8. Dezember 1075 richtete er ein Schreiben an den Salier, das schon in der Adresse unmißverständlich die entscheidende Bedingung für die Fortsetzung des Dialogs formulierte: »König Heinrich Gruß und apostolischen Segen, wenn anders er dem apostolischen Stuhle gehorcht, wie es sich für einen christlichen König geziemt«. Das Thema des Gehorsams wird breit erörtert, und Heinrich muß sich die Frage gefallen lassen, wie es um die Glaubwürdigkeit seiner Ergebenheitsadressen und Versprechungen stehe. Natürlich kommen die Mailänder Angelegenheit und die Investituren in Fermo und Spoleto zur Sprache, aber größeres Gewicht noch scheint der Papst dem Vorwurf beizumessen, daß der König sich nicht von seinen gebannten Räten getrennt habe. Er hatte sich damit selbst erneut außerhalb der kirchlichen Gemeinschaft gestellt, das aber bedeutete, daß man durch Heinrichs eigene Schuld wieder auf die Ausgangssituation des Jahres 1074 zurückgeworfen war. In einer mündlich übermittelten, geheimen Botschaft hat der Papst offenbar gerade diesen Sachverhalt deutlich unterstrichen und den König über die Konsequenzen, nämlich die mögliche Verhängung der Exkommunikation, nicht im unklaren gelassen.
Der Dezemberbrief, der Heinrich am Neujahrstage 1076 in Goslar überreicht wurde, war eine klare Kampfansage, die freilich die Möglichkeit eines Ausgleichs nicht von vorneherein ausschloß. Gregor betonte seine Verhandlungsbereitschaft, wenn der König ihm »weise und kirchlich gesonnene Männer« schicke – in seiner Einschätzung der Verhältnisse am deutschen Hof war die Frage der Unterstützung der Reform durch Heinrich offenbar wesentlich mit dem Problem der Gesinnung und Vorstellungen seiner Ratgeber verknüpft. Aber auch im Reichsepiskopat bot sich angesichts der Konflikte der letzten Jahre und Monate keine Persönlichkeit an, die in der Lage und willens gewesen wäre, eine konsequente Politik des Ausgleichs zu betreiben. In dieser Situation kommt dem Tode Annos von Köln am 4. Dezember 1075 geradezu eine tiefere symbolische Bedeutung zu, auch wenn die Stimme des Mannes, der nach der Fehlentscheidung im Cadalus-Schisma das

Steuer der königlichen Politik noch einmal herumgeworfen hatte, in der letzten Zeit am Hofe kaum noch Gehör gefunden hatte. Der Schlußabschnitt des Gregorbriefes beschwor wieder einmal das Beispiel Sauls und seiner Selbstüberhebung im Augenblick des Triumphes herauf. Seine Ahnung sollte den Papst nicht trügen. Was er von Heinrich verlangte, widersprach so sehr dessen Charakter, Herrscherbewußtsein und augenblicklicher Hochstimmung, daß der warnende Hinweis auf die alttestamentliche Präfiguration seinen Zweck verfehlte. Aus der unheilvollen Verquickung von prinzipiellen Sachfragen und individuellen Entscheidungen, auch ganz persönlichen Unzulänglichkeiten erwuchs die große Auseinandersetzung, die die frühmittelalterliche Welt grundlegend verändern sollte. Am 24. Januar 1076 versammelte der König in Worms die Großen des Reiches um sich, um dem Papst die Antwort auf seine Forderungen zu geben. Der Reichsepiskopat war unter der Führung Siegfrieds von Mainz zahlreich vertreten, von den weltlichen Fürsten war allerdings nur Gottfried der Bucklige erschienen. Ob Heinrich von den Bischöfen gedrängt wurde, durch eine eigene Aktion der drohenden Exkommunikation zuvorzukommen, oder ob er seinerseits stärkeren Druck auf die Bischöfe ausüben mußte – wie also die Gewichte bei den Wormser Beratungen verteilt waren, ist schwer zu entscheiden. Man wird das dramatische Geschehen wohl richtig deuten, wenn man die Absageerklärung an Gregor als das Ergebnis zweier Initiativen, der königlichen und der bischöflichen, versteht, die sich von unterschiedlichen Voraussetzungen her in gemeinsamer Abwehr der päpstlichen Herausforderung trafen.

Die Oboedienzaufsage der Bischöfe gab der seit Jahren bestehenden Opposition gegen den papalen Zentralismus schärfsten Ausdruck. Gerichtet an den »Bruder Hildebrand«, dem man den Titel des *apostolicus* ausdrücklich verweigert, verurteilt das von sechsundzwanzig Bischöfen unterzeichnete Schreiben die päpstliche Amtsführung zunächst pauschal und radikal als Umsturz der bestehenden kirchlichen Ordnung. Gregor habe sich unter Mißachtung der kollegialen Rechte der Bischöfe in unerhörtem Übermut eine Macht angemaßt, wie sie bisher kein Papst für sich in Anspruch genommen habe, und er sei nicht davor zurückgeschreckt, zur Durchsetzung seiner Neuerungen das Volk aufzuwiegeln; so habe er Zwietracht gesät in der römischen Kirche und in allen Kirchen Italiens, Germaniens, Galliens und Spaniens und sei zum Bannerträger des Schismas geworden. Dann werden die Vorwürfe konkret. Wenn Gregor im Eingangssatz als *invasor*, als Eindringling, apostrophiert und sein Amtsantritt damit als illegal verworfen worden ist, so wird dieses Verdikt jetzt mit einem doppelten Eidbruch – daß er vor Kaiser Heinrich geschworen habe, ohne Zustimmung des Kaisers oder seines Sohnes niemals selbst Papst zu werden oder einen anderen als solchen anzuerkennen, und daß er vor Kardinälen einen eidlichen Verzicht auf die Papstwürde überhaupt geleistet habe – und seiner Unterfertigung des von ihm selbst veranlaßten Papstwahldekretes begründet; obendrein wird ihm der schwere Vorwurf gemacht, die Kirche durch seine Lebensführung der Schande preisgegeben zu haben und durch einen »Weibersenat« verwalten zu lassen.

Dem Vorgehen der Bischöfe schloß sich Heinrich in einem eigenen Absageschreiben an, das in zwei Fassungen konzipiert wurde, von denen die kürzere auf der römischen Fastensynode verlesen und in einen Brief an die Römer inseriert worden ist, die längere ein wenig später redigiert wurde und als Manifest zur Verbreitung in Deutschland bestimmt war. Die Argumentation weist in Nuancen gewisse Unterschiede auf. Beide Fassungen machen sich die Anklage des bischöflichen Absageschreibens zu eigen und beschwören damit die traditionelle Einheit von Königtum und Reichsepiskopat. Geschickt aber sind die den König selbst betreffenden Beschwerden auf die jeweiligen Empfänger abgestimmt. In der römischen Fassung klagt Heinrich den Papst an, daß er ihm seine erbliche Würde – hier ist wohl das im Papstwahldekret Nikolaus' II. verbriefte Mitspracherecht bei der Erhebung des Papstes gemeint – streitig gemacht und zugleich seine Herrschaftsrechte in Italien in Frage gestellt habe. Gestützt auf das Urteil der Bischöfe und seine Rechte als Patrizius, spricht er Gregor das Recht auf die päpstliche Würde, das er bisher nur scheinbar besessen habe, ab und fordert ihn auf, von der cathedra Petri herabzusteigen. Gerade die Berufung auf die Rechtsposition des »von Gott gewährten« und von den Römern übertragenen Patriziates mußte in Rom überzeugend wirken und gab dem Appell an die Treue der Römer wie der Aufforderung zur Empörung gegen den Papst und zur Neuwahl im Zusammenwirken mit dem König eine gewissermaßen staatsrechtliche Begründung. Das Manifest an die Deutschen wirkt in der Diktion erregter, emphatischer – verständlich, wenn es tatsächlich erst nach dem Eintreffen der Nachricht von der päpstlichen Gegenaktion abgefaßt worden ist. Schon die Adresse formuliert die scharfe Antithese von legitimer königlicher Herrschaft und angemaßter päpstlicher Autorität: »Heinrich nicht durch Anmaßung, sondern durch Gottes gerechte Anordnung König an Hildebrand, nicht mehr den Papst, sondern den falschen Mönch«. Der Vorwurf, daß Gregor die gottgewollte Ordnung der

Kirche zerstört habe, ist hier noch radikaler vorgetragen; der Papst verkörpert in seiner Person die Verwirrung aller Werte – durch Simonie und Gewalt ist er zu seiner Würde gekommen. Dem stellt Heinrich die Gottunmittelbarkeit und den sakralen Charakter seines Herrschertums gegenüber: Der König ist der Gesalbte des Herrn, von niemandem zu richten außer von Gott und keines anderen Verbrechens wegen abzusetzen als des Abfalls vom Glauben. Der Grundsatz von der Nichtjudizierbarkeit des Papstes, den Gregor in den *Dictatus papae* aufgenommen hatte, wird hier auf die weltliche Gewalt übertragen. Die Verurteilung Hildebrands gipfelt in der Aufforderung, seiner angemaßten Würde zu entsagen – rhetorisch überaus wirkungsvoll vorgetragen in den das Schreiben beendenden einhämmernden Imperativen: »Steige herab! Steige herab!« Wie kaum ein anderes Dokument verdeutlicht dieses Manifest, daß der Streit ins Grundsätzliche gehoben war. Vom Investiturproblem ist in den zitierten Verlautbarungen nicht die Rede – wir werden darauf zurückkommen. Es ging um mehr: Zur Diskussion standen die metaphysischen Grundlagen beider Gewalten, es ging um die rechte Ordnung in der Welt.

In Worms waren Reichsepiskopat und Herrscher ein Bündnis eingegangen, als dessen geistige Triebkräfte Episkopalismus und Gottesgnadentum, sakrales Herrschaftsverständnis erscheinen. Die Gehorsamsaufkündigung der Bischöfe war nicht ungeschickt begründet, indem sie genau jene beiden Beschwerdepunkte in das Zentrum der Anklage rückten, die Gregor selbst als Maßstab wählte, wenn es galt, Klagen gegen die Amtsführung eines Bischofs auf ihre Stichhaltigkeit hin zu untersuchen: nämlich Amtsantritt und Lebenswandel. Gerade die Reaktionen des Papstes auf den Vorwurf des Eidbruches beweisen im übrigen, daß die Wormser Anschuldigungen nicht völlig aus der Luft gegriffen waren. Es ist nicht zu bezweifeln, und Gregor selbst hat es auch nicht geleugnet, daß seine Erhebung unter Mißachtung früher einmal geleisteter Gelübde erfolgt sei. Aber er hat den Sachverhalt anders gedeutet als seine Gegner. Er hielt daran fest, daß er gegen seinen Willen Papst geworden sei, sich aber dem in der Inspirationswahl des 22. April 1073 an ihn ergangenen Anruf Gottes nicht habe entziehen können: Was er von anderen forderte, galt nicht minder für ihn selbst – unbedingter Gehorsam gegenüber Gottes Willen. Damit fiel jedenfalls die Anklage maßlosen Ehrgeizes für ihn in sich zusammen.

Auch die Vorwürfe gegen seinen Lebenswandel sind nicht einfach als wüste Verleumdungen des von ihm abgefallenen und inzwischen exkommunizierten Kardinals Hugo Candidus, der in

Worms gegen ihn agitierte, abzutun. Der vertraute Umgang mit der Kaiserin Agnes und den tuszischen Damen erschien auch manchen Wohlmeinenden nicht unbedenklich, er leistete vor allem jenem bösen Wort vom »Weibersenat«, durch den die Kirche regiert werde, Vorschub.

Wenn also die Gehorsamsaufkündigung des Episkopats formal nicht ungeschickt konzipiert und inhaltlich nicht einfach als absurde Propaganda abzutun war, so war die entscheidende Schwäche seiner Position doch nicht zu übersehen: Der Protest kam um einige Jahre zu spät. Man hatte den Papst bisher ohne Einschränkung anerkannt; der Behauptung, daß man zugewartet habe, um ihm die Möglichkeit der Bewährung zu geben, fehlte jegliche Überzeugungskraft, sie machte das Dilemma, in dem man sich befand, nur noch offenkundiger. Ähnliches galt für den König selbst: Er hatte bisher keinerlei Zweifel an der Legalität der ohne ihn zustandegekommenen Erhebung Gregors auf die cathedra Petri geäußert, jetzt führte er den Angriff zudem aus einer moralisch-kirchenrechtlich höchst anfechtbaren Position, da er sich durch seinen Umgang mit den gebannten Ratgebern außerhalb der kirchlichen Gemeinschaft gestellt hatte. Die Wormser Oboedienzaufsagen sind von einer eigentümlichen Halbherzigkeit. Zu einem eindeutigen Absetzungsurteil hatte man sich offenbar nicht durchringen können; man begnügte sich mit der Fiktion, daß Gregor nie rechtmäßiger Papst gewesen sei, und dennoch forderte der König Gregor zur Selbstdeposition auf, hatte aber andererseits wiederum so wenig Zutrauen zur Zwangswirkung dieses Befehls, daß er die Römer zum Aufstand, zur Absetzung des Papstes und Neuwahl aufrief. Er setzte also auf eine revolutionäre Entwicklung in Rom und täuschte sich dabei völlig über die tatsächliche politische Lage in der Heiligen Stadt. Zwar hatte ein römischer Adeliger, Cencius, der Sohn des früheren Präfekten Stephanus, ein politischer Abenteurer, an Weihnachten 1075 ein Attentat auf den Papst verübt, wovon man in Worms Kunde hatte, aber das war sicher kein Beweis für die Existenz einer starken Opposition; denn die Römer hatten keinen Augenblick gezögert, den Papst aus der Gewalt des Aufrührers zu befreien. Verhängnisvoller als die Fehleinschätzung der politischen Lage in Rom war jedoch die Selbsttäuschung, der sich der Salier hingab, wenn er glaubte, über die Besetzung der cathedra Petri mit einem Befehl von Deutschland aus entscheiden zu können. Daß sich mit dem Aufstieg des Reformpapsttums zu universaler Geltung in der römischen Kirche ein grundlegender Wandel vollzogen hatte war ihm anscheinend noch nicht zum Bewußtsein gekommen. Es hat in Worms nicht an warnenden

Stimmen gefehlt. Adalbero von Würzburg und Hermann von Metz hatten sich zunächst einer Verurteilung des Papstes widersetzt, schließlich aber doch die Absageerklärung, die jeder Bischof persönlich und in eigenem Namen vorzunehmen hatte, unterschrieben. Bei Burchard II. von Halberstadt wird man vermuten dürfen, daß er unter Druck gehandelt hat, Hezilo von Hildesheim soll sich so aus der Affäre gezogen haben, daß er das Zeichen eines liegendes Spießes unter seine Unterschrift setzte und sie auf diese Weise ungültig machte. Die auf der Nationalsynode demonstrierte Einmütigkeit scheint also nicht so unbedingt und eindeutig gewesen zu sein, wie das gemeinsame Schreiben an den »Bruder Hildebrand« glauben machen könnte. Unter dem Gegenschlag des Papstes bröckelte die Einheitsfront schnell ab.

Auf der Fastensynode, die am 14. Februar in der Salvatorkirche eröffnet wurde, nahm Gregor VII. die Botschaft des deutschen Königs und seiner Bischöfe, deren Aktion sich die lombardischen Bischöfe auf einer Versammlung in Piacenza angeschlossen hatten, entgegen. Die Verlesung der Schreiben entfesselte einen gewaltigen Tumult und brachte die königlichen Boten in Lebensgefahr – nichts hätte deutlicher dokumentieren können, wie die Stimmung in Rom tatsächlich war. Am folgenden Tage gab der Papst – in Anwesenheit der Kaiserin Agnes – seine Antwort. In einem feierlichen Gebet an den heiligen Petrus erhob er den Anspruch auf die Führung der Christenheit als Stellvertreter des Apostelfürsten und widersagte unter Berufung auf die Binde- und Lösegewalt dem König Heinrich, der sich in unerhörtem Übermut gegen die Kirche erhoben habe, die Leitung des deutschen und des italischen Reiches, löste alle Christen vom Eid, den sie ihm geleistet hatten oder noch leisten würden, und verhängte über ihn als einen ungehorsamen und unbußfertigen Sünder den Bann. Die Reihenfolge der Akte war ohne Zweifel mit Bedacht gewählt: Absetzung – Lösung vom Treueid – Bann; die Absetzung folgte also nicht aus der Exkommunikation, sondern wurde als eine selbständige von der Kirchenstrafe unabhängige Sanktion verhängt. Den Anspruch, Kaiser absetzen zu können, den er im *Dictatus papae* formuliert hatte, setzte er nun in die Wirklichkeit um – eine Tat, die ohne jedes Beispiel und von unerhörter historischer Tragweite war. Für diesen Papst war die hierokratische Überordnung über die weltliche Gewalt keine Theorie, sondern notwendige und durchsetzbare Konsequenz aus der Tatsache, daß Christus sein Volk dem heiligen Petrus anvertraut hatte, dessen Stellvertreter auf Erden er war. Es ist müßig, darüber zu diskutieren, ob Gregor tatsächlich an eine Absetzung Heinrichs oder eher an eine Suspendierung vom Amt gedacht hat, zumal Exkommunikation und Eidlösung in ihren Folgen eindeutig der Aberkennung der Herrschaft gleichkamen. Sicher hat er den Salier zunächst noch als König bezeichnet, aber wenig später spricht er im Schreiben an die deutschen Fürsten vom 3. September 1076 einschränkend von ihm als dem »sogenannten König« und von Absetzung, stellt jedoch den Ablauf des Geschehens nun so dar, daß Heinrich zunächst gebannt und dann der königlichen Würde entkleidet worden sei. Offenbar ließ sich das vor der Öffentlichkeit leichter rechtfertigen. Zugleich verlangte er, bei einer Neuwahl – wenn sie denn nicht zu vermeiden wäre – den Kandidaten auf seine Eignung überprüfen und auf die Zusicherung gerechter Herrschaft festlegen zu können. Allerdings hat er nach seiner ersten harten und unerhörten Reaktion zurückhaltender agiert. Er wollte das salische Königtum nicht unter allen Umständen beseitigen; eine irreparable Demütigung des Herrschers hatte notwendig negative Konsequenzen für das Reich und die Kirche. So ließ er die Möglichkeit einer Rekonziliation Heinrichs offen, für die es freilich eine unabdingbare Voraussetzung gab: die Rückkehr des Königs zum Gehorsam. Das schloß ein, daß er sich endlich von seinen gebannten Räten trennte.

»Als die Nachricht vom Bann über den König zu den Ohren des Volkes gelangte, da erzitterte unser ganzer römischer Erdkreis« – so erlebte der Gregorianer Bonizo von Sutri die ungeheure Wirkung des päpstlichen Strafurteils und gab dem Geschehen mit diesen Worten eine geradezu eschatologische Dimension. Die Aktionen von Worms und Rom entfesselten den Streit der Manifeste, in denen beide Seiten ihr Vorgehen zu rechtfertigen und ihre Vorstellungen über das Verhältnis beider Gewalten zueinander darzulegen suchten. In einem bis dahin nicht gekannten Ausmaße wurde die Öffentlichkeit in die Auseinandersetzung einbezogen. Die Hauptlast der »staatlichen Propaganda« trug dabei die königliche Kanzlei. Der Forschung ist es gelungen, unter den ansonsten anonym bleibenden Helfern des Königs einen der führenden Notare zu identifizieren und sein Werk zu erschließen: Es ist Gottschalk, der sich bis 1084 fast ständig, später noch sporadisch in der Umgebung Heinrichs aufhielt, vor 1087 Propst von St. Servatius/Maastricht und nach 1091 des Aachener Marienstiftes wurde. Er hat die schon analysierte Zweitfassung des Wormser Manifestes verfaßt und in den Einladungsschreiben Heinrichs IV. zum Wormser Pfingsthoftag zum erstenmal unter Berufung auf Lukas 22, 38 die Zwei-Schwerter-Theorie zur Verteidigung der gottgewollten Ordnung des gleichberechtigten Nebeneinanders der weltlichen und geistlichen Gewalt entwickelt: Durch das geistliche Schwert soll jeder zum Gehorsam gegenüber dem König, der an Gottes Statt regiert, gezwungen werden; das weltliche Schwert aber führt der König nach außen zur Vertreibung der Feinde Christi, im Innern zur Erzwingung des Gehorsams gegenüber der geistlichen Gewalt. Gottschalk hat auch das Diplom vom 21. April 1076 für das Aachener Marienstift (D. H. IV. 283) stilisiert, das Karls des Großen Sorge um die Kirche als beispielhaft für den Salier herausstellt und die Karlstradition damit zur Legitimation des Herrschertums Heinrichs einsetzt.

Inzwischen geriet der Salier mehr und mehr in die Defensive. Die Ermordung Gottfrieds des Buckligen am 26. Februar beraubte ihn eines seiner zuverlässigsten Gefolgsleute unter den weltlichen Großen. Er suchte die Gelegenheit zur Stärkung der königlichen Macht zu nutzen, indem er – in die traditionellen Bahnen salischer Politik zurücklenkend – die niederlothringische Herzogswürde seinem gerade zweijährigen Sohn und präsumptiven Thronfolger Konrad übertrug. Der Erbansprüche geltend machende Gottfried von Bouillon wurde mit der Mark Antwerpen abgefunden. Aber dieser Lösung war kein dauerhafter Erfolg beschieden. Des Königs Sachwalter in Niederlothringen, der Graf Albert III. von Namur, hat sich gegen den Enkel Gottfrieds des Bärtigen nie durchsetzen können, so daß Heinrich seine Entscheidung revidieren mußte und das Herzogtum 1087 Gottfried von Bouillon verlieh.

Dem Versuch, die Feier des Osterfestes in Utrecht zu einer machtvollen Demonstration gegen die Anmaßung Gregors zu gestalten, war kein wirklicher Erfolg beschieden. Am Vortag hatte man die Nachricht von den Geschehnissen der römischen Fastensynode erhalten. Um seine Mißachtung des päpstlichen Urteilsspruches zu zeigen, zog Heinrich in vollem Herrscherornat in die Kirche ein. Durch den Ortsbischof Wilhelm ließ er von der Kanzel die Exkommunikation Gregors verkünden. Das alles aber konnte nicht darüber hinwegtäuschen, daß sich in den Reihen seiner Anhänger Unsicherheit und Zweifel breitmachten. Der für die Verkündigung der Exkommunikation des Papstes zunächst vorgesehene Bischof Pibo von Toul hatte den Hof fluchtartig verlassen; Theoderich von Verdun und andere folgten seinem Beispiel. Als dann noch am Festtag selbst ein Blitzschlag die Kathedrale und die zum Empfang des Königs hergerichteten Gebäude einäscherte und wenige Wochen später der Bischof Wilhelm plötzlich verstarb, fiel es der antiköniglichen Propaganda leicht, von einem Gottesurteil gegen den Salier zu sprechen.

Die lombardischen Bischöfe hatten nach Ostern auf einer Synode in Pavia unter Wiberts Führung die Exkommunikation über Gre-

gor ausgesprochen. Dagegen scheiterte Heinrichs Versuch, auf einer zum Pfingstfest nach Worms ausgeschriebenen Versammlung Gericht über den Papst zu halten und eine Neuwahl vorzunehmen, völlig. Von den Männern, auf die der König seine Hoffnung gesetzt hatte, waren Wilhelm von Utrecht und Gottfried der Bucklige nicht mehr am Leben, der als Richter über Gregor vorgesehene Bischof Altwin von Brixen wurde von einem Gegner des Königs gefangengesetzt, die süddeutschen Herzöge waren ohnehin nicht erschienen. Schließlich wurde zwar auf einer Mainzer Versammlung am Feste der Apostelfürsten der über Heinrich verhängte Bann für ungültig erklärt und über Gregor erneut die Exkommunikation ausgesprochen, aber die Resonanz auf diese Beschlüsse war gering. Das Scheitern der königlichen Politik war offenkundig.
Nun taten auch die von Gregor auf der Fastensynode gegen die Teilnehmer der Wormser Synode und die lombardischen Bischöfe verhängten Strafen der Exkommunikation und Suspendierung vom Amt ihre Wirkung. Im Laufe dieser Wochen zeichnete sich im deutschen Episkopat eine Aufspaltung ab, bei der sich zwischen den beiden radikalen Flügeln der unbedingt loyalen Anhänger Heinrichs und seiner ebenso kompromißlosen Gegner eine breitere Gruppe herausbildete, die auf Ausgleich bedacht war, dabei allerdings in der Exkommunikation des Königs das entscheidende Hemmnis für eine weitere Anerkennung seiner Herrschaft sah. Die Rolle ihres Sprechers übernahm mehr und mehr der Erzbischof Udo von Trier, der in Rom die vom Papst geforderte Genugtuung geleistet, sich dabei aber ausbedungen hatte, unter weitgehender Wahrung des Verkehrsverbotes mit dem König wenigstens im Gespräch bleiben zu dürfen. Er lehnte daher auf der Mainzer Versammlung auch den Umgang mit dem Ortsbischof Siegfried, dem vor kurzem erhobenen Hildulf von Köln und den übrigen Heinrizianern ab, was zweifellos eine Vertiefung der Spaltung zur Folge hatte, aber hielt sich für eine Vermittlungstätigkeit zwischen königlichem Hof und Kurie zur Verfügung.
Die Stellung Heinrichs verschlechterte sich weiter, als der auch nach dem Frieden von Spier nie völlig erloschene und durch das harte Regiment der königlichen Amtsträger immer wieder entfachte Widerstand der Sachsen durch die Rückkehr zahlreicher Fürsten aus der Verbannung neue Nahrung erhielt. Manche dieser Großen hatten fliehen können, andere waren von ihren Bewachern, die sich nicht mehr an ihren dem König geleisteten Treueid gebunden fühlten, freigelassen oder auch von Heinrich selbst begnadigt worden. Als auch Otto von Northeim sich den Aufstän-

dischen anschloß und ein von Böhmen aus mit Unterstützung des Herzogs Wratislaw durchgeführtes militärisches Unternehmen Heinrichs gegen Sachsen fehlschlug, waren die Erfolge des Vorjahres zunichte gemacht. Sachsen war erneut verloren. Gleichzeitig gaben auch die süddeutschen Herzöge ihre abwartende Haltung auf. Im September trafen sie in Ulm mit einigen Bischöfen zusammen, vertagten aber eine Entscheidung auf eine weitere Reichsversammlung, die am Rheine stattfinden sollte. Schon jetzt aber tauchte sowohl hier als auch in Sachsen der Gedanke an die Wahl eines neuen Königs auf, der überdies in Gregors Septembermanifest zumindest als Alternative erörtert wurde. Die Auseinandersetzung trieb der Entscheidung zu, als sich sächsische und süddeutsche Opposition um die Mitte des folgenden Monates in Tribur zusammenschlossen. Auch der Erzbischof Siegfried trat nun in das Lager der Gegner des Königs über. Als päpstliche Legaten hatten sich der Patriarch Sigehard von Aquileja und der Bischof Altmann von Passau eingefunden. Auf der anderen Rheinseite war Heinrich mit einem immer noch stattlichen Aufgebot herangezogen und lagerte in Oppenheim. Wenn er aber zunächst vielleicht noch an eine militärische Lösung gedacht hatte, so erkannte er sehr bald die Aussichtslosigkeit eines solchen Unterfangens und verlegte sich auf Verhandlungen, die am 1. November zum Ziele führten.

Das Ergebnis ist in der Forschung heftig diskutiert worden, und die Urteile bewegen sich zwischen den Extremen »Kapitulation« und »großer Erfolg« des Königs. Vergegenwärtigen wir uns die Ausgangslage! Die Überlegungen und propagandistischen Äußerungen der oppositionellen Gruppen hatten das Problem in den Vorverhandlungen auf die Alternative zugespitzt: Neuwahl oder Festlegung der Bedingungen für eine Wiederanerkennung des Saliers. Einer Neuwahl widerstrebte die von Udo von Trier geführte Mehrheit der Bischöfe, und auch die Legaten des Papstes konnten, wenn sie sich an die Instruktionen des Septembermanifestes hielten, daran nicht interessiert sein. Die Königsgegner stellten zudem keine homogene Gruppe dar: Die Sachsen vertraten in Erinnerung an die Erfahrungen, die sie mit dem Salier gemacht hatten, einen radikaleren Standpunkt; zwischen einzelnen Fürsten gab es brisante Streitfragen, die auch durch demonstrative Versöhnungsgesten zu Beginn der Verhandlungen nicht aus der Welt geschafft waren: Wem stand die bayerische Herzogswürde zu? Wer würde der Nutznießer eines Sturzes Heinrichs IV. sein? Unter Ausnutzung dieser die Opposition lähmenden Gegensätze haben die auf Ausgleich bedachten Kräfte eine Neuwahl verhindern können. Andererseits hatte das Septembermanifest Gregors VII., indem es die Reihenfolge der auf der Fastensynode verhängten Strafmaßnahmen umkehrte und die Absetzung aus der Exkommunikation folgen ließ, gleichzeitig Versöhnungsbereitschaft signalisierte, wenn der König zum Gehorsam zurückkehre, bereits einen Weg zur Lösung des Konfliktes aufgewiesen. Heinrich hat diesen Weg beschritten und mit seiner Oboedienzerklärung die Voraussetzung zur Erlangung der Absolution geschaffen. Sein Versprechen, dem Papst in allem den schuldigen Gehorsam und für die dem apostolischen Stuhle zugefügte Minderung seines Rechts Genugtuung zu leisten, bedeutete den Widerruf der Wormser Absetzungserklärung. In einem Runderlaß gab er der Öffentlichkeit davon Kenntnis und forderte seine Getreuen auf, seinem Beispiel zu folgen und, wenn sie exkommuniziert seien, sich um eine Lösung vom Banne zu bemühen.

In einem Punkte bereitet die mit den Legaten Gregors ausgehandelte Promissio der Interpretation gewisse Schwierigkeiten: Seiner Gehorsamserklärung fügt der König im letzten Satz die Ermahnung an den Papst an, sich wegen der Dinge, die über ihn verbreitet worden seien, zu rechtfertigen und damit dieses Kirche und Reich beunruhigende Ärgernis aus der Welt zu schaffen. Das erscheint auf den ersten Blick als ein kluger Schachzug: Aus der Position des Richters wurde Gregor in den Stand des Angeklagten versetzt; wie der König sollte auch er sich vor der Öffentlichkeit verantworten müssen. Der königlichen Oboedienzerklärung war damit viel von ihrer fraglos negativen Wirkung genommen. Freilich ist es undenkbar, daß dieser Satz tatsächlich in der Fassung des Versprechens gestanden hat, die eine Delegation von Tribur nach Rom überbrachte. Wenn man sich den Zweck dieser Erklärung vergegenwärtigt – daß Heinrich die seine Königsherrschaft rettende Absolution erlangen mußte –, dann wäre eine Formulierung, die immerhin die Möglichkeit eines skandalösen Verhaltens des Papstes unterstellte, sicher die falsche Methode gewesen, Gregor von der Aufrichtigkeit der eigenen Bußgesinnung zu überzeugen und damit zum Einlenken zu bewegen. Es bleibt daher nur die Erklärung, daß der Schlußsatz einer Fassung angefügt wurde, die zu propagandistischen Zwecken hergestellt wurde und im Reich verbreitet werden sollte. Damit war für die königliche Seite zumindest eines erreicht: Man hatte eine Verteidigungsposition aufgebaut; wenn die von den radikalen Königsgegnern betriebene Reise Gregors nach Deutschland zustandekommen sollte, würde der Papst nicht umhin können, zu den bekannten Vorwürfen irgendwie Stellung zu nehmen.

Über die Promissio hinaus mußte Heinrich seinem Gegner weitere Zugeständnisse machen. Er verpflichtete sich, seine gebannten Räte zu entlassen und die Unterstützung der auf seiner Seite stehenden Stadt Worms aufzugeben. Den Abzug der königlichen Besatzung und die Rückkehr des Bischofs in die Stadt, die ihm so deutlich ihre Treue bewiesen hatte, muß Heinrich als eine tiefe Demütigung empfunden haben.

Die Fürsten gaben sich mit der Oboedienzerklärung noch nicht zufrieden. Sie verpflichteten sich untereinander durch Eid, Heinrich nicht mehr als König anzuerkennen, wenn er nicht bis zum Jahrestag seiner Exkommunikation vom Bann gelöst sei, sicherten sich gegenseitig Schutz zu und luden den Papst ein, zur Entscheidung des Streites nach Deutschland zu kommen; als Verhandlungsort wurde Augsburg, als Termin der 2. Februar vorgeschlagen. Gregor nahm – »gegen den Rat fast aller seiner Getreuen«, wie er selbst sagt – die Einladung an und erteilte gleichzeitig dem Wunsch Heinrichs, zur Rekonziliation nach Rom kommen zu dürfen, eine Absage. Die Deutschlandreise und das damit verbundene Schiedsgericht gewannen in der päpstlichen Politik nun absoluten Vorrang.

Die Promissio bedeutete dem Papst gegenüber zweifellos eine Kapitulation Heinrichs, die Verhinderung der von den radikalen Königsgegnern angestrebten Neuwahl aber stellte unstreitig einen Erfolg des Saliers dar, zumal er sich nicht ausdrücklich zum Besuch des Augsburger Tages verpflichtet hatte. Auf jeden Fall hatte er Zeit gewonnen, während die Gegner sich sicher wähnten, mit dem päpstlichen Schiedsgericht der salischen Monarchie eine empfindliche Demütigung, vielleicht den Sturz bereiten zu können. Die Kräftegruppierung in den Wochen um die Triburer Versammlung ist nicht leicht zu überschauen. Mit einigem Erstaunen nimmt man das schnelle Abbröckeln der Wormser Einheitsfront des Episkopates zur Kenntnis. Aber es ist bereits deutlich geworden, daß auf jener Synode nur eine augenblickliche Erregung und Solidarisierung gegenüber einer als aggressiv verstandenen päpstlichen Politik bereits bestehende Gegensätze notdürftig verdeckt hatte. Man hat sicher nicht zu Unrecht der königlichen Investiturpraxis, bei der in steigendem Maße Gesichtspunkte der politischen Zuverlässigkeit des Kandidaten das Erfordernis der moralisch-religiösen Eignung für das kirchliche Amt in den Hintergrund drängten, die Schuld daran gegeben, daß es eine Reihe umstrittener Persönlichkeiten im Episkopat gab. Derartige Erhebungen, die im übrigen auch auf Widerstand in den betroffenen Kirchen stießen, haben Heinrich ohne Frage gerade die der Reform zuneigenden

Bischöfe entfremdet. Sie gingen entweder – wie etwa Altmann von Passau, Gebhard von Salzburg, Adalbero von Würzburg, dann auch Hermann von Metz – ganz in das Lager Gregors über oder wahrten zumindest kritische Distanz, wobei Opposition gegen den König, gegen dessen Lebenswandel in der Vergangenheit sowohl wie seine Regierung man vieles einwenden konnte, nicht schon gleichbedeutend mit Verrat am Reich war. Natürlich taten Bann und kirchliche Strafmaßnahmen ebenso wie die päpstliche Propaganda, die die Entscheidungen Gregors aus der Heiligen Schrift zu begründen und mit historischen Präzedenzfällen zu rechtfertigen suchte, gerade in der Geistlichkeit ihre Wirkung. Und schließlich hat Heinrich ja seine Getreuen selbst zur Unterwerfung unter das päpstliche Gebot aufgefordert.

Es blieb nicht aus, daß die Krise der salischen Monarchie auch eine Schwächung des Reiches nach außen zur Folge hatte – nicht so sehr gegenüber Frankreich, dessen König und Episkopat selbst mit Gregor im Konflikt lagen, als vielmehr gegenüber den östlichen Nachbarstaaten. Ungarn hatte sich weitgehend dem deutschen Einfluß entzogen; bezeichnenderweise nahmen die beiden Kontrahenten im Thronstreit, Salomon und Geza I., von sich aus Verbindung mit Rom auf, und Gregor versuchte die Gunst der Stunde zu nutzen, um seine Vorstellungen, daß das ungarische Königreich mit der Übertragung durch den heiligen Stephan und der Insignienschenkung Heinrichs III. von 1046 Eigentum des heiligen Petrus geworden sei, gegenüber beiden Prätendenten durchzusetzen. Die historische Begründung der päpstlichen Konzeption tat den tatsächlichen Gegebenheiten Gewalt an, sie ist aber für Gregor, der sich auch im Streit mit Heinrich IV. ähnlicher Argumentationsmuster – in seinem Sinne interpretierter angeblicher historischer Präzedenzfälle – bediente, charakteristisch. Der Papst hat mit seinen Bemühungen ebensowenig Erfolg gehabt wie der byzantinische Kaiser, der die Beziehungen zu Ungarn zu intensivieren suchte. Keine der großen Mächte hat das Arpadenreich in seine Botmäßigkeit zwingen können. Der Tod Gezas I. am 24. April 1077 brachte Salomon keinen Vorteil; Gezas Nachfolge trat nach dem Willen der Magnaten sein Bruder Ladislaus I. (1077–1095) an. Ohne Hoffnung auf deutsche Unterstützung verzichtete der Schwager Heinrichs IV. 1081 auf den Thron. Ähnlich ungünstig für das Reich verlief die Entwicklung in Polen. Der Herzog Boleslaw II. hatte sich bereits seit dem Beginn der siebziger Jahre aus der Abhängigkeit vom Reich zu lösen begonnen; am Weihnachtsfest 1076 nahm er den Königstitel an und ließ sich nach einer Selbstkrönung von seinen Bischöfen die Weihe erteilen – für

Lampert von Hersfeld eine unverschämte Anmaßung, die den Prestigeverlust des deutschen Reiches im Osten nicht eindringlicher hätte dokumentieren können. Unter diesen Umständen blieb dem Herzog Wratislaw von Böhmen keine andere Wahl als eine enge Anlehnung an den Salier, dessen zuverlässigster Gefolgsmann er in den nächsten Jahren wurde.

Nach der Triburer Versammlung hatte sich Heinrich nach Speyer zurückgezogen, um sich hier durch Bußübungen auf die Absolution vorzubereiten. Als er die Gewißheit erhielt, daß der Papst ihm die Lossprechung nicht in Rom erteilen werde, sah er keine andere Möglichkeit, die drohende Vereinigung Gregors mit den Fürsten auf deutschem Boden zu verhindern, als den Papst durch einen Italienzug vor vollendete Tatsachen zu stellen. Wenige Tage vor Weihnachten verließ er Speyer, feierte das Hochfest in Besançon und überschritt in Begleitung seiner Gemahlin und seines Söhnchens Konrad die Alpen über den Mont Cenis. Seine Schwiegermutter Adelheid, Markgräfin von Turin, gewährte ihm – gegen eine offenbar nicht geringe Gegenleistung – Geleit; die anderen Alpenpässe hatten die süddeutschen Fürsten gesperrt. Der Winter war ungewöhnlich streng; die Strapazen, die der König und sein Gefolge auf sich nahmen, waren unbeschreiblich. Mit Windeseile verbreitete sich die Kunde von seiner Ankunft in der Lombardei, und bald scharten sich seine Anhänger um ihn in der Gewißheit, daß man den Papst nun in die Schranken verweisen werde. Wer aber einen Gewaltstreich erwartet oder erhofft hatte, sah sich bald enttäuscht: Heinrich war nicht gekommen, den Konflikt mit den Waffen zu entscheiden.

Gregor war Anfang Januar von Rom zu der geplanten Deutschlandreise aufgebrochen. Als man ihm die Nachricht von Heinrichs Unternehmen überbrachte, glaubte auch er nichts anderes, als daß der Salier eine gewaltsame Lösung versuchen wolle. So zog er sich in den Schutz der Burg Canossa zurück, der Bergfeste am Nordhang des Apennin, die der Markgräfin Mathilde gehörte. Aber Heinrich kam als Büßer, und er setzte auf Verhandlungen. Schon in Speyer hatte – sehr zum Unwillen des Papstes – der Abt Hugo von Cluny Kontakt zu ihm aufgenommen; er weilte jetzt in der Umgebung Gregors und arbeitete ebenso wie die Markgräfinnen Mathilde von Tuszien und Adelheid von Turin auf einen Ausgleich hin. Heinrich, in dessen Begleitung sich unter anderem Liemar von Bremen, Benno von Osnabrück und Gregor von Vercelli befanden, hatte seinen Aufenthalt auf Bianello, einer bei Reggio gelegenen Burg Mathildes, genommen, die Vorverhandlungen mit der Markgräfin fanden in der Nikolauskapelle der ihr gehörenden Burg

Montezane statt. Am 25. Januar stand Heinrich vor dem inneren Burgtor von Canossa – barfuß, im härenen Gewande des Büßers – und bat unter Tränen um Einlaß. Der Zeitpunkt, zu dem der König seine öffentliche Buße begann, war sicher nicht ohne Bedacht gewählt, feierte die Kirche doch an diesem Tage die Conversio S. Pauli, die Bekehrung des Saulus zum Paulus. Die Bußszene wiederholte sich an den beiden darauffolgenden Tagen; Gregor zögerte. Zu sehr hatte der König ihn enttäuscht, als daß er jetzt so ohne weiteres von der Ernsthaftigkeit der Selbstdemütigung hätte überzeugt sein können. Wenig später hat er in einem Schreiben an die deutschen Fürsten das dramatische Geschehen selbst so geschildert (Reg. IV, 12): »Dort – in Canossa – harrte er während dreier Tage vor dem Tor der Burg ohne jedes königliche Gepränge auf Mitleid erregende Weise aus, nämlich unbeschuht und in wollener Kleidung, und ließ nicht eher ab, unter zahlreichen Tränen Hilfe und Trost des apostolischen Erbarmens zu erflehen, als bis er alle Anwesenden und alle, zu denen diese Kunde gelangte, zu solcher Barmherzigkeit und zu solchem barmherzigen Mitleid bewog, daß sich alle unter vielen Bitten und Tränen für ihn verwandten und sich fürwahr über die ungewohnte Härte unserer Gesinnung wunderten; einige aber klagten, in uns sei nicht die Festigkeit apostolischer Strenge, sondern gewissermaßen die Grausamkeit tyrannischer Wildheit. Schließlich wurden wir durch seine ständige Zerknirschung und solches Bitten aller Anwesenden besiegt ...«. Gregor löste den Sohn Heinrichs III. vom Anathem, gewährte dem Büßer, der sich vor ihm niedergeworfen hatte, den Friedenskuß und nahm ihn zusammen mit den Männern seiner Begleitung wieder in die Gemeinschaft der Kirche auf. In der Kapelle der Burg feierte man gemeinsam die heilige Messe.

Man hat gemeint, daß der Priester in Gregor den Politiker besiegt habe. Das ist sicherlich nicht die richtige Sicht. Gregors Denken und Handeln ist nicht aufzuspalten in Religiosität und politisches Kalkül, weil Politik für ihn in der religiösen Überzeugung wurzelt, immer gleichsam *sub specie aeternitatis* geschieht. In Canossa entschied er sich, es noch einmal mit Heinrich zu wagen, seine Vorstellung von einer Reform der Reichskirche in Zusammenarbeit mit dem Salier zu verwirklichen. Aber er ließ sich – und hier wird deutlich, daß er sein Mißtrauen nicht völlig überwunden hatte, – einen Sicherheitseid leisten: Heinrich beschwor, daß er sich innerhalb eines vom Papst zu bestimmenden Zeitraumes im Konflikt mit den Fürsten seinem Urteil unterwerfe oder nach seinem Rat einen Ausgleich herbeiführen werde, »sofern nicht ein eindeutiges Hindernis entgegenstehe«, und ihm oder seinem Legaten darüber hinaus für die Reise über Berg oder in andere Länder freies Geleit gewähren werde. Damit hatte sich Gregor die entscheidende Voraussetzung für die Durchführung seiner Deutschlandreise und des Schiedsgerichts geschaffen, für deren Scheitern im ersten Anlauf er die deutschen Fürsten verantwortlich machte, da sie ihm nicht rechtzeitig ein Geleit entgegengeschickt hätten.

Die Frage, ob der Papst mit der Absolution auch die Wiedereinsetzung Heinrichs in die königliche Herrschaft verbunden habe, stand in Canossa nicht zur Diskussion. Daß sie überhaupt ein Gegenstand wissenschaftlicher Kontroversen werden konnte, hat Gregor selbst durch seine bei der erneuten Bannung Heinrichs im Jahre 1080, also im nachhinein, aufgestellte Behauptung, die Absetzungssentenz 1077 nicht aufgehoben zu haben, provoziert. Es mag ferner eine Rolle gespielt haben, daß die sächsischen Aufständischen zur Rechtfertigung ihres fortdauernden Widerstandes und des Gegenkönigtums den Standpunkt vertraten, der Papst habe die Lösung der Untertanen vom Treueid nicht zurückgenommen, die Königsfrage bleibe von der Absolution Heinrichs unberührt. Für den Salier und seine Anhänger stellte sich das Problem jedoch gar nicht. Nach ihren Vorstellungen über das Verhältnis der beiden Gewalten zueinander und die Gottunmittelbarkeit auch der königlichen Gewalt konnte es ein päpstliches Absetzungsrecht gar nicht geben. Die Absolution hatte die aus dem Verkehrsverbot sich ergebenden negativen Folgen der Exkommunikation für die Herrschaftsausübung beseitigt; Heinrich war in die kirchliche Gemeinschaft wiederaufgenommen und damit stand einer vollgültigen Wahrnehmung der königlichen Rechte nichts mehr im Wege. Tatsächlich hat er den Sicherheitseid ja auch ohne Beanstandung von päpstlicher Seite als »König Heinrich« geleistet, und daß sich der Papst überhaupt freies Geleit von ihm zusichern ließ, schloß ohne Frage die Anerkennung seines Königtums ein. Gregor hat ihn in Briefen nach dem Ereignis von Canossa auch ohne Einschränkung als »König« tituliert, und wenn es hier und da Äußerungen gibt, die weniger klar und eindeutig ausfallen, so ist das aus dem Bestreben des Papstes zu erklären, nach der Erhebung eines Gegenkönigs zwischen den Fronten zu lavieren und die Fäden in der Hand zu halten.

Die Königsfrage berührt natürlich schon die grundsätzliche Wertung des dramatischen Geschehens von Canossa, das wie kaum ein anderes Ereignis in der mittelalterlichen Geschichte über Wissenschaft und Geschichtsschreibung hinaus im allgemeinen Geschichtsbewußtsein der Deutschen einen besonderen Platz einnimmt und je nach unterschiedlichen weltanschaulichen und politischen Voraussetzungen eine unterschiedliche Beurteilung erfahren hat. Auch hier bewegt sich die Wertung wieder zwischen den Extremen: »Symbol der Kapitulation staatlicher Macht vor kirchlichen Herrschaftsansprüchen« und »diplomatischer Erfolg« des Königs. Daß es dem Salier gelungen war, die Vereinigung Gregors mit der deutschen Fürstenopposition und damit eine Reichsversammlung, auf der der Papst als Schiedsrichter auftreten konnte, zu verhindern, daß er durch seine Absolution der auf Ausgleich bedachten Gruppe der Bischöfe den Weg zu seiner Wiederanerkennung geebnet und gleichzeitig den radikalen, auf Absetzung drängenden Kräften die religiös-moralische Rechtfertigung ihres Widerstandes genommen hatte, das alles kann tatsächlich als taktischer Erfolg erscheinen. Eine über den Augenblick und die Tagespolitik hinausgehende Bewertung aber wird diesen Erfolg gering veranschlagen vor der tiefgreifenden, die Grundlagen der Monarchie berührenden Folgewirkung des öffentlichen Bußaktes von Canossa. Die Kirchenbuße war auch für einen König nichts Ehrenrühriges, keine Schande, aber Heinrich hatte sich ihr in der Form unterworfen, wie sie für die Laien vorgeschrieben war, und das Demütigende des Aktes ist von den Zeitgenossen offenbar sehr stark empfunden worden, was nicht nur Lamperts gehässig überzeichnende Darstellung, sondern auch der heftige Unwille der lombardischen Heinrizianer erkennen läßt. Dieser Eindruck mußte um so stärker sein, als der König noch kurz zuvor den Anspruch erhoben hatte, als Gesalbter des Herrn von keinem irdischen Richter gerichtet werden zu können. Verglichen mit Heinrichs III. Auftreten auf den Synoden von Sutri und Rom, hatte sich offenkundig ein gewaltiger Wandel vollzogen – die Führung der Christenheit, anders war die Rollenverteilung von Canossa nicht zu deuten, war an den Papst übergegangen, und die päpstlichen Verlautbarungen und Manifeste unterstrichen diesen Sachverhalt noch. Schon im Sommer 1076 hatte Gregor in einem Schreiben an Hermann von Metz, der ihn in seiner Gewissensnot nach der Rechtmäßigkeit der Exkommunikation und Absetzung Heinrichs gefragt hatte, den Wesensunterschied zwischen bischöflicher und königlicher Gewalt betont und das Königtum aus der *humana superbia*, der menschlichen Hoffart und sündhaften Überheblichkeit, abgeleitet. Damit war die Entsakralisierung der Herrscherwürde in der Theorie durchgeführt, der theokratische Dualismus war zerbrochen. Dem hatte die königliche Propaganda, in ihren Mitteln und den Möglichkeiten der Verbreitung der päpstlichen ohnehin schon von den äußeren Voraussetzungen her unterlegen, nicht viel mehr entgegenzusetzen als die traditionelle Auffassung vom Gewaltendualismus und von der Gottunmittelbarkeit der

Monarchie. Im literarischen Kampf geriet das Königtum schnell in die Defensive.

Und noch etwas ist kennzeichnend für die Propaganda der Kurie: Gregor hat den Kampf ganz bewußt gegen Heinrich als den *deutschen* König geführt. Entgegen den bisherigen Gepflogenheiten der päpstlichen Kanzlei verwandten er und seine Kanzlei einen spezifisch deutschen Königs- und Reichsbegriff; in den Briefen und Manifesten ist in der Regel die Rede vom deutschen Reich, *regnum Teutonicum/Teutonicorum*, und vom deutschen König, *rex Teutonicus/Teutonicorum*, wenn es um Fragen der Reform und des Verhältnisses zur weltlichen Gewalt in dem Lande jenseits der Alpen geht. Damit wurde das Reich in »nationaler« Beschränkung den übrigen europäischen Ländern gleichgestellt, sein in der Hegemonialstellung der ottonisch-frühsalischen Zeit begründeter imperial-supragentiler Charakter geleugnet, womit zugleich der Anspruch des deutschen Königs auf die universale Würde des Kaisertums negiert wurde. In der Sicht des Papstes gab es eben nur eine universale Würde: die des Stellvertreters Petri.

Die Ereignisse der Jahre 1076/1077 – die römische Fastensynode und die Königsbuße von Canossa – bedeuteten in der Tat eine entscheidende Wende in der Geschichte der mittelalterlichen Monarchie. Wenn es dem Salier nicht gelang, den Frontalangriff Gregors auf die Grundlagen seines Königtums abzuwehren, wenn eine Rückkehr zum alten *ordo* nicht mehr möglich war – wie war dann der königlichen Gewalt eine neue Legitimation zu geben?

Gregor VII. hat unmittelbar nach der Einigung mit Heinrich seine Bemühungen um die Durchsetzung der Reform in den lombardischen Städten wiederaufgenommen – zunächst mit einiger Aussicht auf Erfolg, da die Mailänder Bürgerschaft sich von dem heinrizianischen Erzbischof Tedald abwandte und Rückhalt am Papst suchte. Gegenüber der Opposition der Bischöfe, die durch die Reform auch ihre Stadtherrschaft bedroht sahen, richteten seine Legaten aber nicht viel aus; der Bischof Dionysius von Piacenza schreckte nicht einmal davor zurück, die römischen Abgesandten einkerkern zu lassen. Dieser Vorfall stellte natürlich auch das in Canossa Erreichte wiederum in Frage. Heinrich seinerseits hatte nach seiner Absolution nicht gezögert, die Regierungsgeschäfte im *regnum Italiae* wiederaufzunehmen. Als er aber den Papst um Zustimmung zu einer besonderen italischen Königskrönung ersuchte, lehnte dieser ab. Die Gefangennahme der Legaten lieferte ihm dafür den gewünschten Vorwand, anscheinend ließ er sich aber auch hier von dem Bestreben leiten, Heinrichs Herrschaft auf Deutschland zu beschränken.

Der Salier hat den Plan nicht weiter verfolgt, da die Entwicklung in Deutschland seine schnelle Rückkehr in die Heimat erforderlich machte. Seine Absolution hatte dem fürstlichen Widerstand seine moralisch-religiöse Rechtfertigung entzogen; die zu den gemäßigten Kräften zählenden Großen kehrten zum Gehorsam gegenüber ihrem König zurück. Aber die Radikalen hielten am Plan einer Neuwahl fest und setzten dafür auf einem Treffen im Februar in Ulm auf den 13. März eine Versammlung nach Forchheim an. Die Vermutung, daß die Bestimmung des Ortes in Erinnerung an die nach dem Aussterben der Karolinger 911 in freier Wahl erfolgte Erhebung Konrads I. geradezu in programmatischer Absicht erfolgt sei, entbehrt der sicheren Grundlage, da der Wahlort von 911 nicht überliefert, sondern lediglich von der modernen Forschung erschlossen worden ist. Rudolf von Rheinfelden suchte Heinrich dazu zu bewegen, zur Vorbereitung seiner Rückkehr und zur Herstellung des Friedens den Papst oder die Kaiserin Agnes – diese wohl wegen des ihr einst eingeräumten Designationsrechts – nach Deutschland vorauszusenden, aber der Salier war nicht bereit, jetzt aus freien Stücken zuzugestehen, was er eben erst unter schweren Opfern verhindert hatte. Daher schlug er auch Gregor selbst das von diesem geforderte Geleit ab. Der Papst hatte jedoch kurz vorher schon zwei Legaten, den Kardinaldiakon Bernhard und den gleichnamigen Abt von St. Viktor in Marseille, nach Deutschland abgeordnet.

In Forchheim versammelten sich zum vorgesehenen Zeitpunkt außer den süddeutschen Herzögen und Otto von Northeim als den führenden weltlichen Großen die Erzbischöfe Siegfried von Mainz, Gebhard von Salzburg und Werner von Magdeburg sowie die Bischöfe von Worms, Würzburg, Passau und Halberstadt. Ob weitere, also vor allem sächsische, Bischöfe zugegen waren, läßt sich nicht mit Sicherheit sagen; jedenfalls überwog das geistliche Element. Die Legaten hielten sich zunächst an ihre Instruktionen, eine Neuwahl – wenn möglich – zu verhindern oder zumindest bis zum Eintreffen des Papstes in Deutschland zu verschieben, sie beugten sich dann jedoch dem Druck der Fürsten, die die Erfolgsaussichten und den Zusammenhalt der Opposition bei weiterem Zögern ernsthaft gefährdet sahen. Obwohl man von sächsischer Seite damit argumentierte, daß der Papst Heinrich zwar die Absolution erteilt, die Absetzung und Eidlösung aber nicht zurückgenommen habe, hat man, um auch nicht den geringsten Zweifel an der Legitimität der zu treffenden Entscheidungen aufkommen zu lassen, auf der Grundlage des Widerstandsrechtes ein förmliches Absetzungsverfahren gegen Heinrich durchgeführt. Im übrigen

war man peinlich bemüht, den Eindruck einer Parteiwahl zu vermeiden. Die Versuche einzelner Großer, sich durch individuelle Wahlzusagen persönliche Vorteile zu verschaffen – so verlangte Otto von Northeim die bayerische Herzogswürde zurück –, wurden abgewiesen und von den Legaten scharf als Simonie gebrandmarkt. Auf einer ganz anderen Ebene lag, daß man dem schließlich Gewählten eine allgemeine Kurbedingung stellte.
Nach getrennten Beratungen von weltlichen und geistlichen Großen wurde am 15. März der Schwabenherzog Rudolf zum König erhoben. In Wahrung seines Erststimmrechts ging der Mainzer Erzbischof bei der Kur voran, die übrigen Bischöfe und die weltlichen Fürsten schlossen sich an und huldigten dem Erwählten, der sich verpflichten mußte, die Bischofsstühle nach freier kanonischer Wahl ohne simonistische Praktiken zu besetzen und für die Thronfolge das Prinzip der freien Wahl anzuerkennen. Künftig sollte das Volk in jedem Falle, auch wenn der König einen regierungsfähigen Sohn hatte, sein Wahlrecht ausüben können. Als wesentliches Auswahlkriterium hatte dabei das Idoneitätsprinzip, die Eignung des Kandidaten, zu gelten. Die Staatsauffassung, die hinter diesen Forderungen steht, ist entscheidend vom kirchlichen Amtsgedanken geprägt. Dem Herrscher ist das Reich zur Lenkung und Verwaltung anvertraut, es ist nicht sein Eigentum oder Erbgut. Mit der Durchsetzung des Prinzips der völlig freien Wahl haben die Forchheimer auch die Designationspraxis, die in letzter Konsequenz auf eine Verwirklichung des Erbgedankens in der Thronfolge hinauslief, verworfen. Rudolf hat ausdrücklich auf die Designation seines Sohnes als Nachfolger verzichtet. Der Gregorianer Paul von Bernried hat in seiner Biographie des Papstes betont, daß die Gegner Heinrichs IV. als freie Männer gehandelt hätten. Irgendwie dürfte bei den der Kirchenreform nahestehenden Beobachtern des Geschehens die in dieser wirksame Freiheitsvorstellung auf den weltlichen Bereich übertragen worden sein. Im Verhältnis zur salischen Monarchie lagen Freiheit der Kirche und Freiheit des Volkes auf einer Ebene. Vom Volk ist ausdrücklich neben geistlichen und weltlichen Fürsten in den zeitgenössischen Berichten die Rede. Der Begriff »Volk« ist in den mittelalterlichen Quellen vieldeutig, jedenfalls nicht unserem demokratischen Wortverständnis gleichzusetzen. Aber gerade durch die Reformbewegung – auch durch Appelle der Päpste – waren breitere Volksschichten im Kampf gegen Simonie und Priesterehe für die Ziele der Reform mobilisiert worden. Ähnliches gilt für die Gottesfriedensbewegung. Und wenig später – um 1083 – hat der Kanoniker Manegold aus dem elsässischen Stift Lautenbach, ein überzeugter

Gregorianer, die Auffassung vertreten, daß das Volk ein Recht habe, dem Herrscher die Herrschaft, die es ihm zum Zweck des guten Regiments übertragen habe, zu entziehen, wenn er sich seiner Aufgabe nicht würdig erweise. Ein unmittelbarer Bezug der Argumentation auf die Forchheimer Ereignisse ist nicht zu erkennen, und man würde den Autor auch in falsche geistesgeschichtliche Zusammenhänge stellen, wenn man ihn zum Vorläufer der Lehren vom Herrschaftsvertrag und der Volkssouveränität machte, wenn auch die von ihm vertretene Theorie ebensowenig wie die Rudolf gestellte Kurbedingung von vertraglichen Elementen völlig frei ist. Aber auch ihm geht es vor allem darum, die Herrscherwürde als ein Amt zu kennzeichnen; in dieser funktionalen Deutung entkleidet er freilich das Königtum seines charismatischen Charakters, und der überaus derbe Vergleich des Herrschers mit einem Schweinehirten unterstreicht diese Tendenz noch. Der ideengeschichtliche Hintergrund der Forchheimer Ereignisse entzieht sich weitgehend dem direkten Zugriff, aber die Betonung der Freiheitsidee, der freien Königswahl wie der freien, kanonischen Bischofswahl, die Herausstellung des Idoneitätsprinzips und die Vorstellung von einer Aktivierung des Volkes gehören in den Umkreis der Kirchenreform, sie dokumentieren wie die Übertragung des Simoniebegriffs auf die Verhandlungen über die königlichen Wahlzusagen durch die Legaten den vorherrschenden Einfluß der Geistlichkeit bei der Forchheimer Wahl.

Bruno von Merseburg behauptet in seinem »Sachsenkrieg«, daß Rudolf aus vielen geeigneten Kandidaten ausgewählt worden sei, doch das ist reine Propaganda. Der einzig mögliche Rivale, Otto von Northeim, hatte sich selbst sowohl in seinem Stamm als auch gegenüber den deutschen Fürsten in die Isolierung manövriert, so daß er als ernsthafter Bewerber ausschied. Wir haben überdies die verläßliche Nachricht, daß der Schwabenherzog sich bereits vor dem Forchheimer Tag in dem elsässischen Kloster Ebersheimmünster eine Krone habe anfertigen lassen. Es wird zwar nirgendwo ausdrücklich gesagt, dürfte aber – da im Einklang mit traditionellen Rechtsvorstellungen stehend – nicht zu bezweifeln sein, daß seine Verschwägerung mit den Saliern ihm eine gute Ausgangsposition verschaffte, im übrigen aber ließ ihn seine Verbindung zur kirchlichen Reformbewegung, in erster Linie zum Reformkloster St. Blasien, gerade in den Augen der geistlichen Wähler als besonders geeignet erscheinen. Verfassungsgeschichtlich war die intendierte Durchsetzung des Prinzips der freien Wahl der folgenschwerste Aspekt der Forchheimer Entscheidung. Aber sie bedeutete nicht einen revolutionären Wandel, nicht eine völlige

Umgestaltung der deutschen Thronfolgeordnung. Die antisalische Fürstenpartei wollte 1077 nicht neues Recht schaffen, sondern altes wiederherstellen. Sie sah durch die salische Designationspraxis ihr Recht auf Mitwirkung bei der Thronerhebung und damit ihre Teilhabe am Reich entscheidend beeinträchtigt. In der für das deutsche Thronfolgerecht charakteristischen Verschränkung von Erbprinzip oder Geblütsrecht und Wahlrecht hatten sich nach ihrer Einschätzung die Gewichte in gefährlicher Weise zum Königtum hin verschoben. Die Forchheimer Wahl stellte daher den Gegenschlag gegen eine auf Durchsetzung der Erblichkeit hinauslaufende königliche Politik dar; sie war sozusagen die genossenschaftliche Reaktion auf den autokratischen Regierungsstil der salischen Herrscher. Es hat auch nach 1077 weiter Designation und Sohnesfolge gegeben; Forchheim war nicht Umbruch, aber in der dezidierten Propagierung des fürstlichen Wahlrechts ein Markstein in der Geschichte der deutschen Königswahl.

Von Forchheim begab sich Rudolf nach Mainz, wo er sich am 26. März, dem Sonntag Laetare, weihen und krönen ließ. Seine Thronerhebung war auch ein persönlicher Triumph des Erzbischofs Siegfried, der mit der Leitung der Wahl und der Vornahme der Krönung noch einmal seine Spitzenstellung im deutschen Episkopat dokumentierte. Aber noch am Krönungstage kam es zu einem Aufstand der Bürger, der den Gegenkönig und den Erzbischof schließlich zum Verlassen der Stadt zwang. Da Rudolf auch in seinem eigenen Herzogtum keine wirksame Unterstützung fand, zog er sich nach Sachsen zurück, das nun seine eigentliche Machtbasis wurde.

Heinrich IV. hatte sich bei und nach der Rückkehr aus Italien zunächst der östlichen Alpenregion versichert, indem er dem zu ihm übergetretenen Patriarchen Sigehard von Aquileja Friaul, Istrien und Krain übertrug, die Kirche von Brixen privilegierte und nach der Absetzung Bertholds den Eppensteiner Liutold zum Herzog von Kärnten erhob. Liutolds Bruder Ulrich setzte er als Abt in St. Gallen ein und bürdete ihm damit die Hauptlast des Kampfes gegen seine südwestdeutschen Gegner auf. In Ulm hielt der König an Pfingsten schließlich Gericht über die süddeutschen Empörer, die, geächtet und zum Tode verurteilt, ihre Würden und Lehen verloren; anders als Kärnten behielt er, auch hier die salische Tradition fortsetzend, Bayern und Schwaben zunächst in eigener Verfügungsgewalt. Erst als die Parteigänger Rudolfs 1079 in Schwaben Berthold, den Sohn des Gegenkönigs, zu ihrem Herzog wählten, übertrug Heinrich im Gegenzug das Herzogtum Friedrich, dem Sohn Friedrichs von Büren, dem er zugleich seine Tochter Agnes zur Gemahlin gab. Der neue Herzog, der wohl wie sein Vater die schwäbische Pfalzgrafenwürde innegehabt hatte, schuf seinem Geschlecht auf dem Hohenstaufen einen neuen Stammsitz, die Burg Stoph oder Stauf, nach der sich die Familie später benannte. Der durch die Eheverbindung bewirkten Königsnähe und der Gewinnung der Herzogswürde, die freilich gegen den keineswegs ein Schattendasein führenden rheinfeldischen Rivalen erst durchgesetzt und gesichert werden mußte, verdankte der Staufer seinen Aufstieg; die Loyalität gegenüber dem salischen Königtum und der unbedingte Einsatz für die von diesem vertretenen Reichsinteressen waren das Gesetz, unter dem er angetreten war. Dies hat zweifellos das Selbstverständnis der Dynastie, die als Erbe der Salier einst selbst zum Königtum und Kaisertum aufsteigen sollte, entscheidend geprägt.

Heinrich hat wohl nicht ohne Grund gerade Ulm für das Gericht über seine unversöhnlichen Gegner ausgewählt. Die Stadt, in der die Opposition seinen Sturz und die Wahl des Gegenkönigs in die Wege geleitet hatte, sollte der Ausgangspunkt für seinen Wiederaufstieg sein. Er hat dem dadurch symbolisch Ausdruck verliehen, daß er sich am Hochfest in vollem Königsornat zeigte, vielleicht eine Festkrönung vornehmen ließ, und damit vor allem Volk die Wiederaufnahme der Herrschaftsbefugnisse nach der Krise von Canossa sinnenfällig deutlich machte. Tatsächlich hat sich seine Machtstellung überraschend schnell gefestigt. Bei der Parteibildung im Reich scheint auch der soziale und ständische Faktor eine gewisse Rolle gespielt zu haben. Gerade bei den Unterschichten, der Ministerialität, dem aufsteigenden Bürgertum und den Bauern, scheint der Salier ebenso wie beim niederen Adel in besonderem Maße Zustimmung und Unterstützung gefunden zu haben, offenbar, weil er ihnen als Garant von Frieden, Sicherheit und sozialem Aufstieg erschien. Darüber hinaus hat der Kampf der Reformer gegen die Priesterehe sicherlich auch den niederen Klerus in der überwiegenden Mehrheit auf seine Seite geführt.

Gregor VII. hielt an seinen politischen Plänen – Deutschlandreise und Schiedsgericht im Konflikt als Voraussetzung für die endgültige Verwirklichung der Reform – fest. In dieses Konzept paßte die Forchheimer Wahl nicht, und der Papst hat daher den Gegenkönig, obwohl dieser ihm seine Wahl anzeigte und in allem seines Gehorsams versicherte, auch für die Einhaltung seines Versprechens seinen Sohn und den Sohn des Zähringers Berthold als Geiseln anbot, nicht offiziell anerkannt. Er ließ sich auch dadurch nicht in Zugzwang bringen, daß der Kardinallegat Bernhard, radikaler als er selbst, zusammen mit den Bischöfen Rudolfs Heinrich und seinen Anhang am 12. November 1077 in Goslar erneut bannte und Rudolf als König bestätigte. Seine treuesten Anhänger in Deutschland, die sächsischen Aufständischen, haben für diese Haltung wenig Verständnis gezeigt; für sie war die Königsfrage erledigt, eine neue Untersuchung nicht nötig. Während er trotz aller Verhandlungsbemühungen in der Deutschlandfrage keinen Schritt weiterkam, setzte Gregor VII. in der Kirchenreform einen weiteren, entscheidenden Markstein. Auf der Lateransynode vom November 1078 wurde zum erstenmal unmißverständlich und mit umfassender Geltung das Verbot der Laieninvestitur verkündet.

Die Diskussion um die Entwicklung der päpstlichen Gesetzgebung in dieser Frage ist bis in die jüngste Zeit kontrovers geführt worden. Häufig hat man bereits für die Lateransynode Nikolaus' II. von 1059 oder für die Fastensynode Gegors VII. von 1075 ein erstes Investiturverbot angenommen. Aber der sechste Kanon der Synode von 1059, der lapidar formuliert, daß ein Kleriker oder Priester unter keinen Umständen – weder gratis noch gegen Geld – von Laien eine Kirche entgegennehmen dürfe, ist ebensowenig wie der Königsparagraph im Papstwahldekret ein Angriff auf das Reichskirchensystem und die königlichen Rechte gegenüber der Kirche gewesen; er zielt wohl in erster Linie auf das Niederkirchenwesen ab und ordnet sich damit ein in den seit der Karolingerzeit andauernden Kampf der Kirche gegen die Mißstände des Eigenkirchenwesens. Das angebliche Investiturverbot von 1075 ist in Arnulfs »Geschichte der Mailänder Erzbischöfe« überliefert. Am Wortlaut ist nicht zu deuten, aber eine eingehende, alle Stellungnahmen Gregors zum Investiturproblem vor 1078 einbeziehende Interpretation rückt die Nachricht des Mailänder Chronisten ins rechte Licht: Sie meint nicht ein spezielles Investiturverbot, sondern die aus der Bannung der simonistischen Räte sich ergebenden negativen Konsequenzen für die Herrschaftsrechte – und damit auch das Investiturrecht – des Königs. Wir haben schon deutlich gemacht, daß das Problem der Laieninvestitur nicht eine der Ursachen für den großen Konflikt des Jahres 1076 war, und in Canossa hat diese Frage keine Rolle gespielt. Aber genau um diese Zeit tritt sie auf einem anderen Schauplatz der Kirchenreform in den Vordergrund der Diskussion: in Frankreich nämlich. Hier hat der Legat Hugo von Die auf päpstliche Weisung hin Mitte September auf einer Kirchenversammlung in Autun ein erstes konkretes Investiturverbot erlassen, das er im Januar 1078 in Poitiers wiederholte. Schon im März hatte Gregor in einem Brief an den Erzbischof Rudolf von Tours neben der Simonie auch die Laieninvestitur als »alte und überaus schlechte Gewohnheit« gebrandmarkt.

Die Verhältnisse in Frankreich mögen der Anstoß gewesen sein, die grundsätzliche Bedeutung des Problems aber dürfte dem Papst im Zusammenhang mit dem Ereignis von Canossa voll zum Bewußtsein gekommen sein. Eindeutige kirchenrechtliche Bestimmungen gab es nicht; in dieser Notlage zog Gregor aus dem von ihm bereits im *Dictatus papae* formulierten Anspruch, neue Gesetze erlassen zu können, die Konsequenz. Das Dekret von 1078 formulierte eindeutig, daß kein Kleriker von einem Laien, weder vom Kaiser noch vom König noch von irgendeinem anderen, die Investitur in ein Bistum, eine Abtei oder Kirche entgegennehmen dürfe; im Falle eines Verstoßes gegen dieses Gebot sei die Investitur ungültig, und der schuldige Kleriker verfalle der Strafe der Exkommunikation. Die Fastensynode von 1080 hat dieses Dekret noch verschärft und präzisiert, indem sie das Verbot ausdrücklich auf die niederen Kirchenämter ausdehnte und nun auch den investierenden Laien mit dem Banne bedrohte. Damit war das Eigenkirchenrecht in der Theorie überwunden. Erst mit den Dekreten von 1078 und 1080 ist eine eigentliche Investiturproblematik geschaffen worden, die es erlaubt, den Konflikt zwischen weltlicher und geistlicher Gewalt in dem Maße, wie die Frage der Laieninvestitur in ihm an Bedeutung gewinnt, tatsächlich als Investiturstreit zu bezeichnen.

Mit der Ausschaltung des Einflusses der Laien lief das Bemühen der Kurie parallel, den päpstlichen Einfluß auf die kirchlichen Wahlen zu steigern. Es blieb das Ziel Gregors, das hierarchische Prinzip durchzusetzen und den päpstlichen Primat zu festigen. In diesen Jahren weitete sich auch das Wirkungsfeld des Papstes beträchtlich aus. Er intensivierte die Beziehungen der römischen Kirche zu Osteuropa, bezog die skandinavischen Königreiche in seine politischen Überlegungen ein, schrieb an Wilhelm den Eroberer und nahm Stellung zu den Problemen der spanischen Kirchen und Staaten. Unaufhaltsam vollzog sich der Aufstieg des Papsttums zu universaler Geltung, zur geistigen Führungsmacht der Christenheit.

Vordringlich jedoch blieb für Gregor VII. die Lösung der deutschen Probleme. Aber weder Verhandlungen noch militärische Unternehmen führten zum Ziel. Der Bürgerkrieg lastete schwer auf dem deutschen Volk, die Kriegführung erschöpfte sich in Verwüstung des offenen Landes, Belagerungen, Überfällen. Das erste größere Treffen, am 7. August 1078 bei Mellrichstadt, entschied der Gegenkönig dank der Führungsqualitäten Ottos von Northeim und des sächsischen Pfalzgrafen Friedrich von Goseck, eines Bruders des Erzbischofs Adalbert von Hamburg-Bremen, für sich.

An demselben Tage bereitete das Aufgebot der süddeutschen Fürsten Welf und Berthold, die sich mit den Truppen Rudolfs hatten vereinigen wollen, einem fränkischen Bauernheer eine vernichtende Niederlage. Eine endgültige Entscheidung bedeutete das aber ebensowenig wie die Niederlage Heinrichs am 27. Januar 1080 bei Flarchheim an der Unstrut. Da half dem Gegenkönig auch wenig, daß er Verbindungen zum Ausland aufnahm, zu Philipp von Frankreich, zu Flandern, zu Ladislaus von Ungarn, dem er seine Tochter Adelheid zur Gemahlin gab, und zu Polen. Schwerer wog, daß seine sächsische Anhängerschaft abzubröckeln begann; selbst die Billunger näherten sich jetzt dem Salier. Aber nicht in Deutschland, sondern wiederum in Rom fiel die Entscheidung. Auf der Fastensynode von 1080 waren beide Parteien mit Gesandten vertreten. Heinrich scheint trotz der militärischen Niederlagen so sehr von seiner Überlegenheit über den Gegenkönig – aber sicher auch von seinem besseren Recht – überzeugt gewesen zu sein, daß er den Papst vor ein Ultimatum stellte: Er versprach, ihm den schuldigen Gehorsam zu leisten, wenn er Rudolf ohne weiteres Gerichtsverfahren, das heißt also ohne das von Gregor angestrebte Schiedsgericht, exkommuniziere; andernfalls werde er sich einen Papst verschaffen, der ihm zu Willen sei. Die Nachricht ist nur bei dem Gregorianer Bonizo von Sutri überliefert, aber sie erscheint im Kern glaubwürdig, denn ohne diese Herausforderung ist die Reaktion des Papstes, der sich bisher dem Drängen seiner Anhänger standhaft widersetzt hatte, nicht einleuchtend zu erklären. Jetzt aber verhängte er erneut den Bann über Heinrich – mit der Begründung, daß der König das Gespräch, das den Streit beilegen sollte, stets verhindert und damit Ungehorsam bewiesen habe. Wieder ist der Bannspruch in ein Gebet – nun nicht an Petrus allein, sondern auch an den heiligen Paulus – gekleidet. Der Papst eröffnet es mit einem Rückblick auf die eigene Karriere, der deutlich machen soll, daß er sich nie zu diesem Amt gedrängt habe und daher auch jetzt nicht aus eigenem Antrieb, sondern als Sachwalter der Apostelfürsten und der Kirche, die durch Heinrich in größte Bedrängnis geraten ist, handele. Mit der Exkommunikation sind Eidlösung und Absetzung verbunden, und nun behauptet Gregor zum erstenmal, daß er in Canossa Heinrich zwar die Absolution erteilt, ihn aber nicht in das Königtum wiedereingesetzt und auch die Lösung der Untertanen vom Treueid nicht zurückgenommen habe. An Heinrichs Stelle gewährt er Rudolf, den sich die Deutschen in Treue zu den Apostelfürsten zum König gewählt haben, die Herrschaft über das deutsche Reich – ausdrücklich also nur über dieses und nicht auch über das regnum Italiae, das er dem

Saier ebenfalls abgesprochen hat. Das Gebet endet mit einer unverhüllten Formulierung hierokratischer Ansprüche, die Gregor mit der nicht nur für den geistlichen Bereich, sondern auch für die *saecularia*, ganz konkret für die Verfügung über Königreiche, Fürstentümer und Grafschaften, geltenden Binde- und Lösegewalt begründet. Am zweiten Ostertage wiederholte er in St. Peter den feierlichen Bannfluch und fügte nun die Prophezeiung hinzu, daß Heinrich bis zum Feste Petri Kettenfeier am 1. August den Untergang finden werde. So weit ließ er sich hinreißen – und so sehr war er von der Gewißheit besessen, zur Befreiung der Kirche berufen zu sein –, daß er sein eigenes Schicksal an dieses Vatizinium band: Man solle ihn von der cathedra Petri vertreiben, wenn es sich nicht erfülle.

Gregor hatte das Maß verloren. Im deutschen Episkopat gewann nun die Forderung nach Absetzung des Papstes an Boden, und verstärkt meldete sich die antigregorianische Partei auch publizistisch zu Wort. Am 25. Juni 1080 versammelten sich zahlreiche deutsche und lombardische Bischöfe in Brixen, um zusammen mit Heinrich über das weitere Vorgehen gegen den Papst zu entscheiden. Das Ergebnis – in einem Synodaldekret formuliert – war die Verurteilung Gregors, der seine Würde durch Betrug, Gewalt und Simonie erlangt habe und daher »nach den kirchlichen Satzungen abzusetzen, zu vertreiben und, wenn er nicht selbst abdanke, zu exkommunizieren sei«. In den Anschuldigungen gegen ihn schimmern die vier Jahre zuvor in Worms vorgebrachten Vorwürfe noch hier und da durch, aber alles ist nun grotesk übersteigert, von maßlosem Haß und dem Bestreben propagandistischer Wirkung diktiert. Wieder hatte Hugo Candidus seine Hand im Spiele; er unterschrieb das Dekret an erster Stelle und trat dabei mit dem Anspruch auf, im Namen aller römischen Kardinäle zu handeln.

Auch jetzt wird Gregor zur Selbstdeposition aufgefordert, und ein Absetzungsurteil im strengen Wortsinne ist noch nicht direkt ergangen, aber die Selbstverpflichtung der Bischöfe, in diesem Sinne zu verfahren, ist gegenüber Worms unverkennbar schärfer, verbindlicher formuliert. Und nun haben sich die deutschen Bischöfe anders als in Worms eindeutiger festlegen müssen, da sie der Nominierung eines Kandidaten für die Papstwürde zustimmten. Das dürfte eine Forderung der lombardischen Synodalen gewesen sein, die sich 1076 von ihren deutschen Kollegen im Stich gelassen fühlten und aus dieser Erfahrung die Konsequenzen zogen. Die Wahl fiel auf Wibert, den ehemaligen italischen Kanzler und seit 1072 Erzbischof von Ravenna, der allerdings von Gregor VII. 1078 unwiderruflich abgesetzt und auf der Fastensynode von 1080 erneut gebannt und verurteilt worden war. Gregors unversöhnlicher Gegner, der Bischof Dionysius von Piacenza, forderte Heinrich den Eid ab, sich von niemandem zum Kaiser krönen zu lassen als von Wibert. Der König soll diese Forderung erfüllt haben – auch dieser Vorgang dokumentiert das Bestreben der Lombarden, die deutschen Verbündeten auf unwiderrufliche Entscheidungen festzulegen.

Ohne Zweifel hat der Salier, der sich bei der Nominierung Wiberts auf den Patriziat als Rechtsgrundlage berief, bei allen Beschlüssen eine maßgebliche Rolle gespielt. Auch er hatte – wieder einmal – das Maß verloren. Trotz aller Verklausulierungen bedeuteten die Brixener Entscheidungen den endgültigen Bruch zwischen Heinrich und Gregor. Ein neues Schisma zerriß die Kirche, das Heinrichs weiteres Schicksal entscheidend und im letzten verhängnisvoll bestimmen sollte. Nicht alle Anhänger des Königs haben sein Verhalten gutgeheißen. Der Bischof Benno von Osnabrück, »der dem König immer treu, dem Papst aber niemals ungehorsam sein wollte«, und der sich der Unterzeichnung des Dekrets durch eine List entzogen hatte, hat die Situation treffend so gekennzeichnet, daß auf beiden Seiten mehr der Haß als vernünftige Überlegung die Handelnden bestimmt habe.

3. Der Salier in der Offensive

Voraussetzung für eine Regelung der italischen Probleme war die endgültige Beilegung des deutschen Thronstreites, die Heinrich IV. nun in der militärischen Entscheidung zu erreichen suchte. Am 15. Oktober 1080 standen sich sein und des Gegenkönigs Heer an der Elster gegenüber. Vom Vortag datiert ein vielzitiertes Diplom für die Kirche von Speyer (D.H.IV. 325), das man zu Recht als eine Art Votivurkunde charakterisiert hat. Im Bewußtsein, daß es nun um Sein oder Nichtsein der salischen Monarchie ging, stellte sich der König unter den Schutz der Gottesmutter, zu der schon seine Vorfahren ihre Zuflucht genommen hatten, und machte der Kirche, die ihr geweiht war, eine überaus reiche Schenkung. Von der Bedeutung des Gutes Waiblingen, das das Kernstück der Seelgerätstiftung ausmachte, für die salische Dynastie war bereits die Rede.

Auch in diesem Treffen gehörte, dank der Führungskunst Ottos von Northeim, der Sieg dem Gegenkönig, aber schwerer als die

militärische Niederlage Heinrichs wog der Tod Rudolfs von Rheinfelden. Er starb am Verlust der rechten Hand. Daß es die Schwurhand war, mit der er Heinrich einst die Treue gelobt hatte, deuteten seine Feinde als Gottesurteil – die Prophezeiung Gregors war in einer Weise in Erfüllung gegangen, die der Papst sicherlich nicht gemeint hatte. Für seine Anhänger starb Rudolf als Märtyrer einer guten Sache. Das Grabmal, das ihm der Bischof Werner von Merseburg im Chore seines Domes errichten ließ, zeigt ihn – lebend und stehend gedacht – im Schmuck der Herrscherinsignien; sein Herrschertum betont auch die Umschrift: »Hier liegt König Rudolf im Grabe, der für das Gesetz der Väter starb. Er verdient es beweint zu werden; denn hätte er in Zeiten des Friedens geherrscht, kein König seit Karl käme in Rat und im Kampf ihm gleich. Als die Seinen siegten, starb er als heiliges Opfer des Krieges. Der Tod war ihm Leben; er fiel für die Kirche«. Die bronzene Grabplatte – als mittelalterliches Kunstwerk in der ältesten erhaltenen figürlichen Darstellung eines Toten von einzigartiger Bedeutung – und die Anordnung des Grabmals im Hochchor stellen ebenso wie die Inschrift eine politische Demonstration dar, mit der unübersehbar die besondere, kirchlich begründete Legitimität des Gegenkönigs behauptet, zugleich aber mit der Berufung auf den auch von der salischen Seite als Leitfigur beanspruchten Karolinger und das Gesetz der Väter eine Legitimation vom weltlichen Recht her vorgenommen wird. Daß Heinrich IV. seinerseits um diese Zeit die Bauarbeiten am Speyerer Dom wiederaufnehmen ließ, kommt sicher nicht von ungefähr. Was zunächst als Ausbesserung von Schäden und Sicherung gedacht war, wuchs sich bald zu einem Umbau von ungewöhnlichen Dimensionen aus. Der gebannte Salier stattete der Gottesmutter seinen Dank auf seine Weise ab und setzte zugleich seinem Geschlecht ein gewaltiges Denkmal königlichen Macht- und Selbstbewußtseins.
Für die Fortsetzung des Gegenkönigtums stellte Gregor VII. an seine deutschen Parteigänger die Bedingung, daß nur ein Mann, der der Kirche gehorsam, nützlich und in Demut ergeben sei, gewählt werden dürfe; gleichzeitig legte er ihnen die Formel eines Gehorsams- und Fidelitätseides vor, den die römische Kirche von einem Nachfolger Rudolfs erwarte. Aber erst Anfang August 1081 wurde auf einer, allerdings nur spärlich besuchten, Fürstenversammlung in Ochsenfurt ein neuer Gegenkönig erhoben: Graf Hermann von Salm aus der Familie der Lützelburger. Otto von Northeim hat sich ihm nur zögernd angeschlossen, und offenbar haben die Sachsen in Eisleben eine eigene Anschlußwahl vollzogen. Am 26. Dezember, am Tage des heiligen Stephanus, seines

Schutzpatrons, empfing Hermann in Goslar – entgegen jeder Krönungstradition auf sächsischem Boden – die Königsweihe aus der Hand Siegfrieds von Mainz. Die Gegner des Saliers in Sachsen, Bayern und Schwaben, allen voran die Zähringer, Welfen und die gregorianischen Bischöfe, hatten damit ein neues Haupt, tatsächlich blieb der Herrschaftsbereich Hermanns im wesentlichen aber auf Ostsachsen beschränkt.

Zu diesem Zeitpunkt weilte Heinrich IV. bereits in Italien; im April 1081 hatte er mit kleinem Heer die Alpen überschritten. Gregor VII. befand sich in einer verzweifelten Lage. Verlaß war allein auf die Unterstützung der Markgräfin Mathilde von Tuszien, die noch kurz zuvor ihre Treue zum heiligen Petrus dadurch bewiesen hatte, daß sie der römischen Kirche ihr gesamtes Eigengut gegen die Zusicherung der weiteren freien Verfügung darüber geschenkt hatte. Aber die Heinrizianer hatten Mathildes Truppen im Oktober 1080 bei Volta, südlich des Gardasees, eine schwere Niederlage bereitet, und Heinrich ließ die Markgräfin durch ein Fürstengericht in Lucca ächten. Die Normannen hatten Gregor im Juli 1080 zwar den Lehnseid erneuert und waren dafür mit ihren Eroberungen investiert worden, aber Hilfe war von ihnen im Ernstfall nicht zu erwarten, da Robert Guiskard, in seinen Expansionsplänen weit ausgreifend, eben jetzt das byzantinische Reich auf dem Balkan angriff und Jordan von Capua 1082 sogar zum deutschen König überging. Allerdings hielten die Römer zunächst noch zum Papst, so daß Heinrich trotz lombardischer Unterstützung 1081 und 1082 bei mehreren Versuchen, die Heilige Stadt zu erobern, scheiterte. Er verlegte sich daher auf Verhandlungen, in denen er zwar die Erblichkeit der Kaiserwürde betonte, aber den Römern sowohl für die Kaiserkrönung als auch in der Papstfrage ein Mitspracherecht einräumte. Über die Besetzung der cathedra Petri sollte auf einer Synode entschieden werden, und dabei stand sogar Wiberts Designation zur Disposition. Heinrich war zu dieser Zeit noch nicht unbedingt auf einen Gegenpapst festgelegt, wenn auch vorherzusehen war, daß die von ihm verlangte Kaiserkrönung für Gregor eine unannehmbare Bedingung sein werde. Mit der Einnahme der Leostadt rechts des Tibers am 3. Juni 1083 schienen sich die Aussichten für den König wesentlich zu verbessern: Der Erwerb der Kaiserkrone schien greifbar nahe. In Erwartung des endgültigen Erfolges erweiterte die Kanzlei in einer Schenkungsurkunde für Liemar von Bremen, die Heinrich am 22. Juni in Rom »nach Einnahme der Stadt« ausstellte, die übliche Intitulatio um den Hinweis auf das Kaisertum des Vaters: Heinrich, des zweiten Kaisers Heinrich Sohn, durch Gottes Gnade König (D.H.IV. 351).

Als aber die mit den Römern vereinbarte Synode, auf der der Konflikt zwischen Königtum und Papsttum entschieden werden sollte, im November tatsächlich zustandekam, hatte sich die Lage erneut gewandelt: Heinrich weilte selbst nicht in Rom, eine Seuche hatte seine Besatzung dezimiert, Gregor gewann die Initiative zurück.
Der Umschwung kam dann völlig überraschend und ist von Heinrich selbst als ein Zeichen verstanden worden: Der Herr habe ein Wunder an ihm getan, so schrieb er an den Bischof Theoderich von Verdun. Noch im Februar 1084 hatte er einen Vorstoß nach Apulien gemacht, entschloß sich dann aber resigniert zur Rückkehr nach Deutschland. Da erreichte ihn die Einladung der Römer, die ihm die Tore der Stadt öffneten. Byzantinisches Geld, das Kaiser Alexios zur Bekämpfung Robert Guiskards geschickt hatte, mag den Sinneswandel gefördert haben, entscheidend war, daß Gregor VII. durch seine Unnachgiebigkeit selbst den Stimmungsumschwung provoziert hatte. Heinrichs Propaganda, »für die Freiheit der Kirche zu kämpfen«, blieb nicht ohne Resonanz. Nun ging sogar ein Großteil der Kardinäle, unter ihnen der Kardinalbischof Johannes II. von Porto, zum Salier und seinem Gegenpapst über. Möglicherweise gehört die Verfälschung des Papstwahldekretes Nikolaus' II., die zu dem Zwecke vorgenommen worden ist, die Rechte des Königs bei der Papstwahl stärker zu betonen und gleichzeitig den maßgeblichen Einfluß der Kardinalbischöfe zugunsten der beiden anderen kardinalizischen Ordines, vor allem der Kardinalpriester, zu beseitigen, in diese Zeit und in diese kirchenpolitischen Zusammenhänge, doch ist diese Annahme in der Forschung umstritten.
Nach seinem triumphalen Einzug in Rom am 21. März 1084 berief Heinrich eine Synode ein, auf der er selbst als Ankläger gegen den Papst auftrat. Gregor, der sich in der Engelsburg verschanzt hatte, war vorgeladen worden, erschien aber nicht und wurde als Majestätsverbrecher verurteilt, abgesetzt und exkommuniziert. Es schloß sich eine Neuwahl an, die, wie nicht anders zu erwarten war, die Nomination Heinrichs bestätigte. Wibert nahm bei der Inthronisation am Palmsonntag den Namen Clemens III. an und knüpfte damit wohl bewußt an das von Heinrich III. zu Sutri begründete deutsche Reformpapsttum an. Am Ostersonntag vollzog er an Heinrich IV. und seiner Gemahlin Bertha die Kaiserkrönung – der Salier stand auf dem Höhepunkt seiner Geltung.
Zwei Monate später hatte sich die Situation erneut gewandelt; denn nun trat Gregors normannischer Vasall auf den Plan. Robert Guiskard hatte bereits bei seinen militärischen Unternehmungen gegen Byzanz Rückschläge hinnehmen müssen, und Heinrichs

apulischer Feldzug bedeutete ihm eine zusätzliche Warnung. Eine starke Kaisermacht in Italien stellte unzweifelhaft eine Gefahr für die Konsolidierung der normannischen Herrschaft dar. So leistete Robert jetzt dem Hilferuf Gregors Folge. Am 28. Mai nahm er die Heilige Stadt, die Heinrich vorher verlassen hatte, mit überlegenen Streitkräften ein. Ein Aufstand der Bürger wurde blutig niedergeschlagen. Die Normannen hausten dann so fürchterlich in der Stadt, daß auch Gregor, der sie herbeigerufen hatte, sich bei ihrem Abzug nicht mehr halten konnte. Er ging mit Robert nach Salerno. Die normannische Besetzung ist ohne Zweifel eine der größten Katastrophen in der Geschichte Roms gewesen.

Aus dem Exil setzte der Papst, ungebrochen und unerbittlich, den Kampf fort. Er appellierte »an alle Getreuen Christi, die den apostolischen Stuhl lieben«, bat um Hilfe in diesem eschatologischen Ringen mit dem Antichristen und seinen Anhängern. Erneut exkommunizierte er Heinrich und Wibert und schickte Legaten aus – nach Deutschland den Kardinalbischof Odo von Ostia –, die das Verdammungsurteil publik machen sollten. Der Hilferuf verhallte ungehört; Robert Guiskard wandte sich wieder seinen griechischen Expansionsplänen zu, Clemens III. konnte nach Rom zurückkehren. Am 25. Mai 1085 ist Gregor VII. gestorben. Die Heinrizianer haben seine Flucht aus Rom und den Tod im Exil als Gottesurteil gedeutet; er selbst sah sich als Märtyrer einer gerechten Sache und starb in der Gewißheit des Heils. Seine letzten Worte – mögen sie nun von ihm selbst so gesprochen oder von einem genialen Interpreten aus seiner Umgebung in die berühmte Formulierung gefaßt worden sein – diese Worte »Ich habe die Gerechtigkeit geliebt und das Unrecht gehaßt, deshalb sterbe ich in der Verbannung« gemahnen an die Seligpreisung der Bergpredigt für die, die um der Gerechtigkeit willen Verfolgung leiden. Im übrigen hielt er unverrückbar an seiner Position fest. Befragt nach den Exkommunizierten, erteilte er allen die Absolution, die ihn als Stellvertreter des heiligen Petrus anerkannten; ausdrücklich nahm er Heinrich und Wibert sowie deren Haupthelfer davon aus, es sei denn, sie leisteten angemessene Buße. Und schließlich benannte er als seine möglichen Nachfolger den Bischof Anselm II. von Lucca, Odo von Ostia und Hugo von Die, der seit 1082/83 Erzbischof von Lyon und als Legat in Frankreich einer der kompromißlosesten Parteigänger des Papstes war. Wenn der Tod im Exil vielen Zeitgenossen als Beweis für das politische Scheitern Gregors erschien, so war dieser Eindruck vordergründig – dem Papst war es nie um den politischen Augenblickserfolg zu tun, er stritt für die Idee der Freiheit der Kirche und des Primats des römischen Bischofs. Seine

Nachfolger haben dieser Idee zum Siege verholfen, und einige haben auch seine weitergehenden hierokratischen Vorstellungen verwirklicht.
Das Ringen beider Gewalten, das mit dem Tode Gregors nicht beendet war, sich nun aber allmählich versachlichte, da eher praktische und rechtliche Fragen in den Vordergrund traten, hatte auf beiden Seiten gewaltige geistige Kräfte entbunden. Wenn in der Propaganda für Heinrich IV. zunächst die königliche Kanzlei die Hauptlast zu tragen gehabt hatte, so meldete sich seit etwa 1080 verstärkt eine königstreue Publizistik zu Wort. Ihre Argumentation schöpfte aus der Tradition, beruhte im wesentlichen auf den überlieferten Vorstellungen des gelasianischen Gewaltendualismus, der Gottunmittelbarkeit und Sakralität des Herrschertums. Von dieser Position her wurden die Rechtmäßigkeit von Absetzung und Exkommunikation des Königs bestritten und Gregor im Gegenzug Maßlosigkeit, Überschreitung seiner Kompetenzen, Zerstörung der Einheit der Kirche vorgeworfen. Alle diese Argumente werden zusammengefaßt und von der Heiligen Schrift, den Kirchenvätern, kanonistischer Literatur und historischen Präzedenzfällen her abgesichert in jenem Traktat, der den Höhepunkt und einen ersten Abschluß der königstreuen Streitschriftenliteratur darstellt: dem sogenannten *Liber de unitate ecclesiae conservanda*, der um 1090/93 von einem Hersfelder Mönch verfaßt worden sein dürfte. Die Tatsache, daß das Werk nur in einer einzigen, heute verlorenen Handschrift, die Ulrich von Hutten 1519 in der Fuldaer Bibliothek entdeckte, überliefert ist, läßt freilich auf eine sehr geringe Außenwirkung schließen. Die grundsätzliche Schwäche der heinrizianischen Positionen ist nicht zu verkennen, da das Königtum für die Begründung seiner Sakralität auf die Weihe, auf die sakramentalen Funktionen des Priestertums angewiesen war. Und wenn – nun zugespitzt auf die Investiturproblematik – in den vermutlich um diese Zeit auf die Namen der Päpste Hadrian I. und Leo VIII. gefälschten Privilegien Karl dem Großen und Otto dem Großen das Recht, den Papst zu wählen und den Bischöfen die Investitur zu erteilen, für alle Zeiten zugestanden wurde, dann war auch dies eine zweischneidige Waffe; denn, was altes Recht sein sollte, erschien hier als päpstliche Verleihung. Freilich tauchen – vor allem bei italischen Publizisten und dann auf die Kaiserwürde bezogen – auch neue, zukunftsweisende Gedanken auf. Die Verteidigungsschrift des sogenannten Petrus Crassus für Heinrich IV. vertritt auf der Grundlage des römischen Privatrechts die Theorie vom Erbkaisertum, und in den falschen Investiturprivilegien erscheint die antike Lex-Regia-Lehre in der Verknüpfung mit

einem unter dem Namen des Johannes Chrysostomus laufenden frühen homiletischen Werk in der Form, daß das (römische) Volk dem Herrscher die volle Staatsgewalt unwiderruflich übertragen habe. Auf solchen Vorstellungen ließ sich künftig vielleicht eine neue, säkularisierte Legitimation der Monarchie begründen.

Um die Mitte des Jahres 1084 war Heinrich nach Deutschland zurückgekehrt. Die gregorianische Partei behauptete sich außer im ostsächsischen Raume noch im Südwesten Deutschlands und konnte hier Ende des Jahres unter dem Schutz Welfs und Bertholds und gestützt auf den Legaten Odo von Ostia, ihren Einfluß sogar verstärken, als es ihr gelang, den Hirsauer Mönch Gebhard, einen Bruder Bertholds von Zähringen, auf den Konstanzer Bischofsstuhl zu bringen. Zentren der Opposition waren außerdem die Klöster Reichenau, St. Blasien, Hirsau und Schaffhausen. Von vorneherein aber ließ Heinrich keinen Zweifel daran, daß er die Reichskirche nun wieder fest an das salische Königtum binden wolle; mit der Erhebung Wezilos auf den nach dem Tode Siegfrieds verwaisten Mainzer Erzstuhl schuf er sich dafür eine günstige Ausgangsposition. Auf beiden Seiten war man des Bürgerkriegs müde und hoffte auf die Wiederherstellung des Friedens durch Verhandlungen. Aber eine auf einer Versammlung in Gerstungen am 20. Januar 1085 vorgesehene Disputation der Streitpunkte scheiterte bereits im Ansatz, und als die Gregorianer auf einer Synode in Quedlinburg die alten Reformforderungen wieder aufnahmen, unter anderem Wezilo von Mainz exkommunizierten und die Bannsentenz gegen Heinrich und Wibert erneuerten, schlug der Kaiser auf einer Mainzer Synode Anfang Mai in Anwesenheit von Legaten Clemens' III. zurück: Fünfzehn gregorianische Bischöfe und Gegenbischöfe wurden abgesetzt und exkommuniziert. Darüber hinaus verkündete die Synode einen Gottesfrieden, und Heinrich erhob den Herzog Wratislaw von Böhmen, einen seiner treuesten Gefolgsleute, zum König. Der Königstitel war nicht als erbliche Würde gedacht und veränderte auch die rechtliche Stellung Böhmens nicht, aber er bedeutete für den Przemysliden einen erheblichen Prestigegewinn und hat zweifellos das weitere Hineinwachsen Böhmens ins Reich gefördert.

Mit dem Erlaß des Gottesfriedens nahm die kaiserliche Partei die Friedenspolitik auf, die 1082 mit dem Lütticher Gottesfrieden begonnen und 1083 in Köln durch den Erzbischof Sigewin weitergeführt worden war. Aber auch der Gegenkönig und seine Anhänger nahmen sich dieser wichtigen Frage an. Daß die Friedensbewegung der *Pax Dei* und *Treuga Dei* nun ins Reich übergriff, wirft ein bezeichnendes Licht auf die politische Situation. Heinrich III.

noch hatte die Aufgabe der Friedenswahrung selbst wahrgenommen; inzwischen jedoch hatte die Zentralgewalt viel von ihrer Autorität eingebüßt, so daß auch im Reich der Episkopat zur Selbsthilfe schritt. In Mainz erließ die Versammlung der Bischöfe, nicht der König die Friedenssatzung.

Zur Durchführung der Mainzer Beschlüsse unternahm Heinrich im Sommer einen Feldzug nach Sachsen, der den Gegenkönig und einige Bischöfe zur Flucht über die Elbe zu den Dänen zwang. Schon vorher hatte der Bischof Udo von Hildesheim die Front gewechselt, nun bröckelte die Opposition weiter ab. Aber wieder überspannte der Salier den Bogen. Als er nach eigenem Gutdünken über Grafschaften und Rechte des Adels verfügte, verschworen sich die Großen, an ihrer Spitze der stets unzuverlässige Markgraf Ekbert II. von Meißen, gegen ihn; der Erfolg des Sommerfeldzuges war damit zunichte gemacht. Der Konflikt schwelte in den nächsten Jahren dahin, ohne daß die eine oder die andere Seite eine Entscheidung herbeiführen konnte. In verschiedenen Treffen – bei Pleichfeld in der Nähe von Würzburg am 11. August 1086 und in den Kämpfen um die thüringische Burg Gleichen am 24. Dezember 1088 – mußte der Kaiser empfindliche Niederlagen hinnehmen. Aber das Gegenkönigtum Hermanns blieb ohne jede Bedeutung; es scheint sogar, daß man in Sachsen daran dachte, ihn durch den Brunonen Ekbert zu ersetzen, der inzwischen unter den weltlichen Fürsten die Führungsrolle übernommen hatte. Im Laufe des Jahres 1088 kehrte Hermann in seine lothringische Heimat zurück; anscheinend fand er sich zu einem formellen Kronverzicht bereit und hat dadurch vielleicht eine Aussöhnung mit dem Kaiser herbeiführen können. Bereits am 28. September fand er – vermutlich in einer Privatfehde – den Tod; das Gegenkönigtum war damit endgültig erloschen. Die Ermordung des Bischofs Burchard von Halberstadt in eben diesem Jahre beraubte die Aufständischen überdies ihres eigentlichen Führers. Nun trat auch der Erzbischof Hartwig von Magdeburg auf Heinrichs Seite.

Schon im Vorjahre hatte der Salier einen großen Erfolg errungen, als er am 30. Mai seinen Sohn Konrad in Aachen zum König krönen lassen konnte. Die Herrschaft der Dynastie war damit nach menschlichem Ermessen für eine weitere Generation gesichert. Daß dies möglich war, stellte fraglos einen Prestigegewinn und eine Stärkung der Monarchie dar. Dieses Jahr brachte dem Kaiser aber auch einen schmerzlichen persönlichen Verlust. Am 27. Dezember starb seine Gemahlin Bertha. Er ließ sie in Speyer bestatten. In den politischen Auseinandersetzungen ist diese Frau – anders als etwa ihre Mutter Adelheid von Turin oder gar die Markgräfin Mathilde – nicht hervorgetreten. Die Anfangsjahre ihrer Ehe waren überschattet von den Zügellosigkeiten ihres Gemahls und seinem Scheidungsbegehren; aber sie blieb an seiner Seite, ging mit ihm zusammen den bitteren Weg nach Canossa und erlebte mit ihm den Triumph der Kaiserkrönung, den Höhepunkt seiner politischen Laufbahn. Schon 1088 verlobte sich der Kaiser mit Praxedis (Eupraxia-Adelheid), der Witwe des Grafen Heinrich von der Nordmark und Tochter des Großfürsten Wsewolod von Kiew; die Vermählung fand 1089 statt. Es war – wenn auch vielleicht aus Neigung – augenscheinlich ein spontaner Entschluß, eine jener emotionalen Entscheidungen, die Heinrich mehr als einmal in große Schwierigkeiten gebracht hatten. Seiner zweiten Ehe sollte kein Glück beschieden sein.

In den Jahren 1080 bis 1089 stand der Salier im Zenit seiner Macht und Geltung. Es war ihm gelungen, die Monarchie nach dem schweren Autoritätsverlust der siebziger Jahre zu festigen. Freilich waren nicht alle Probleme gelöst. Noch immer verharrten Welf IV., Berthold von Zähringen und Berthold von Rheinfelden sowie die – zwar stark zusammengeschmolzene, aber intransigente – Gruppe der gregorianischen Bischöfe im Widerstand. Eine wirkliche Aussöhnung erschien nur möglich, wenn Heinrich seinen Gegenpapst preisgab. Damit aber hätte er selbst die Legitimität seines Kaisertums in Frage gestellt. Das wibertinische Schisma wurde sein Schicksal. Wieder einmal mußte die Entscheidung in Rom fallen. Ein neuer Italienzug war unvermeidlich.

4. Der Sieg des Reformpapsttums und der Ausgang Heinrichs IV.

Die lange Vakanz der cathedra Petri verdeutlicht die Schwierigkeiten, vor denen die Gregorianer nach dem Tode des Papstes standen. Unter den von Gregor VII. selbst vorgeschlagenen Kandidaten wäre am ehesten der aus seinem Bistum vertriebene und am Hofe der Markgräfin Mathilde weilende Anselm von Lucca, der berühmte Kanonist, für die Nachfolge in Frage gekommen, aber er starb bereits am 18. März 1086. Als Verbindungsmann der gregorianischen Partei zu den Normannen fungierte der dem ordo der Kardinalpriester angehörende Abt Desiderius von Monte Cassino. Seine Aufgabe brachte es mit sich, daß er mehr und mehr selbst in die Rolle eines vor allem von den Normannen favorisierten Kandidaten hineingedrängt wurde, zumal sein Kloster stets ein Stützpunkt der Gegner Heinrichs IV. gewesen war. Die gesamtpolitische Lage war für die Gregorianer ungünstig. Zwar hatte ihnen Mathildes bereits im Hochsommer 1084 über ihre lombardischen Gegner bei Sorbara erfochtener Sieg etwas Luft verschafft, aber der andere für die Papstwahl so wichtige Bündnispartner, die Normannen, fiel als Schutzmacht jetzt weitgehend aus, da nach dem Tode Guiskards (17. Juli 1085) seine Erben und Nachfolger, Graf Roger I. von Sizilien, sein Bruder, Herzog Roger Bursa von Apulien und Boemund von Tarent, Roberts Söhne, sowie Jordan von Capua und auch Gisulf II. von Salerno, untereinander zerstritten und mit sich selbst beschäftigt waren. Wohl auch deshalb zögerte Desiderius, seine eigene Wahl energischer zu betreiben. Unter den Kardinälen, bei denen jetzt der ordo der Presbyter die führende Rolle spielte, setzte sich jedoch schließlich die Auffassung durch, daß eine Mißachtung normannischer Wünsche und Forderungen nicht opportun sei. So wurde Desiderius am Pfingstfest 1086 bei einer Wahlversammlung in Rom trotz seines Widerstrebens in tumultuarischer Form gewählt. Er nannte sich Viktor III., wobei freilich nicht klar zu erkennen ist, wer für diese Namenswahl – ob er selbst oder seine Wähler – verantwortlich war. Daß damit ein politisches Programm – Anknüpfung an Viktor II. und das deutsche Reformpapsttum Heinrichs III. und damit auch der Wille zum Ausgleich mit Heinrich IV. – verbunden war, läßt sich nur vermuten. Die Bemühungen des neuen Papstes, Rom zu gewinnen, führten erst nach einem Jahr mit normannischer Hilfe zum Erfolg. Am 9. Mai 1087 wurde er in St. Peter inthronisiert. Aber im Kleinkrieg behaupteten sich die Wibertiner in der Stadt, und Viktor III., der krank nach Monte Cassino zurückgekehrt war, hatte sich überdies mit Uneinigkeit im eigenen Lager herumzuplagen. Die radikalen Gregorianer, an ihrer Spitze der intransigente Hugo von Lyon, beurteilten seine Wahl als eine Fehlentscheidung, befürchteten die Preisgabe grundsätzlicher Positionen und eine zu große Nachgiebigkeit gegenüber normannischen Forderungen. Wie tief der Riß ging, wurde aller Welt offenbar, als der Papst Hugo und Richard von St. Viktor auf einer Synode in Benevent als Schismatiker exkommunizierte. Aber Viktor III. war nicht die Zeit vergönnt, seine Vorstellungen von der Kirchenregierung zu verwirklichen. Am 16. September 1087 ist er in Monte Cassino gestorben. Auf dem Sterbebett empfahl er Odo von Ostia als seinen Nachfolger. Es verging aber noch ein knappes halbes Jahr, bis dieser am 12. März 1088 in Terracina ohne normannische Einmischung tatsächlich gewählt wurde – alle kardinalizischen Ordines, darüber hinaus weitere Bischöfe und auch Laien waren vertreten, der entscheidende Einfluß aber kam diesmal den Kardinalbischöfen zu. Odo nannte sich Urban II. – vielleicht wie bei den ersten Reformpäpsten im Rückgriff auf einen altchristlichen Papstnamen, vielleicht auch, um eine nahtlose Kontinuität zu Gregor VII. zu dokumentieren, der am Feste des heiligen Urban I. gestorben war. Der neue Papst hatte sich seine Sporen als Legat Gregors VII. in Deutschland verdient. Franzose von Geburt, war er, ehe Gregor ihn wohl 1080 zum Kardinalbischof von Ostia ernannt hatte, nahezu zehn Jahre Prior in Cluny gewesen; seinem Abt Hugo ist er zeit seines Lebens in tiefer Verehrung zugetan geblieben. Mit ihm erlebt das cluniazensische Mönchtum seinen Aufstieg auf die cathedra Petri, mit ihm wird die cluniazensische Geistigkeit bestimmend für die päpstliche Politik. In seiner Wahlanzeige hat sich Urban II. ohne Vorbehalt in die Tradition Gregors VII. gestellt: »Ich will voll und ganz seinen Spuren folgen; alles, was er verdammt hat, verdamme ich, alles, was er geliebt hat, ist auch mir teuer«. Er hat die grundsätzlichen gregorianischen Positionen übernommen, diese freilich ohne die hierokratische Übersteigerung und Anmaßung seines Vorbildes pragmatischer, nüchterner und auch elastischer vertreten. Auch hier wird etwas vom Geiste Clunys spürbar, wo der Abt Hugo noch immer selbst für den gebannten Kaiser in der Karfreitagsliturgie das traditionelle Gebet halten ließ.

Rom fiel dem Papst nicht kampflos zu; er hat sich zunächst im normannischen Machtbereich aufgehalten und die Heilige Stadt während seines Pontifikates nie völlig in Besitz nehmen können. Ein beträchtlicher Teil des Kardinalskollegiums hielt weiter zu Clemens III., dessen Anhänger auch publizistisch gegen den – in schwer nachzuahmendem Wortspiel so genannten – »Turbanus«, also Ränkeschmied oder Störenfried, zu Felde zogen. Vor Urbans Wahl hatte es sogar für eine gewisse Zeit so ausgesehen, als könne der kaiserliche Papst sich durchsetzen. Das alles beweist, daß Clemens III. keineswegs lediglich das Werkzeug Heinrichs IV. gewesen ist. Außer im heinrizianischen Deutschland und Italien wurde er zeitweise in England, Ungarn, Serbien und Kroatien, wohl auch in Polen – hier vielleicht im Zusammenhang mit der Eheverbindung des Herzogs Wladyslaw Hermann mit Judith, der Schwester Heinrichs IV. und Witwe Salomons von Ungarn, – anerkannt oder wurde zumindest in diesen Ländern aktiv und knüpfte auch Beziehungen zu Skandinavien, selbst nach Kiew an. In Rom hielt fast die gesamte kuriale und städtische Bürokratie zu ihm. Der Gegensatz zur gregorianischen Partei resultierte nicht aus einer unterschiedlichen Haltung zu den wesentlichen Forderungen der moralischen Reform; auch Clemens trat für den Zölibat und die Beseitigung der Simonie ein. Aber er und seine Anhänger hatten offenbar andere Vorstellungen über die Struktur des Kirchenregiments, das heißt vor allem die Einbeziehung der Kardinäle, und natürlich war das Verhältnis zur weltlichen Gewalt, zum Kaiser, der Kernpunkt der Differenzen.

Vom Italienzug Heinrichs IV. erhoffte sich Clemens den endgültigen Sieg. Es fragt sich jedoch, was der Kaiser selbst mit einem militärischen Erfolg erreicht hätte. Als rechtmäßiger Nachfolger Gregors VII. und Viktors III. gewann Urban in der Gesamtkirche rasch an Boden, Clemens III. aber blieb immer der kaiserliche Gegenpapst. Der Salier hatte den Italienzug angetreten, ohne daß Deutschland völlig befriedet war. Im Gegenzug aber hatte der Papst jene Allianz begründet, an der das kaiserliche Unternehmen letztlich militärisch scheitern sollte: 1089 heiratete die dreiundvierzigjährige Mathilde von Tuszien den achtzehnjährigen Welf V. Die Initiative zu dieser selbst für die Gregorianer anstößigen Eheverbindung war wohl von den Welfen ausgegangen, die auf Mathildes reiches Erbe hofften; Urban II. aber hatte seinen ganzen Einfluß geltend gemacht, um die Zustimmung der Markgräfin zu erlangen. Damit war der Zusammenschluß der wichtigsten noch gegen Heinrich aktiven Widerstandsgruppen nördlich und südlich der Alpen geglückt.

Dennoch hat der Kaiser zunächst Erfolge gehabt. Die Welfen waren schließlich sogar bereit einzulenken, selbst Mathilde knüpfte, wohl auf Druck ihrer Vasallen, Verhandlungen an. Ein Ausgleich kam jedoch nicht zustande, da Heinrich seinen Papst nicht preisgab. Clemens III. konnte im Laufe des Jahres 1091 in Rom eine Reformsynode abhalten. Dann aber wendete sich das Kriegsglück. Der Kaiser scheiterte Ende 1092 bei dem Versuch, Canossa zu erobern. Mathilde gewann verlorengegangene Positionen zurück. Das Jahr 1093 brachte die Peripetie. Von Welf und Mathilde tatkräftig unterstützt, ging Heinrichs Sohn, König Konrad, in das Lager der Feinde über und ließ sich in Mailand von Erzbischof Anselm, der sich inzwischen Urban II. angeschlossen hatte, zum König von Italien krönen. Die Hintergründe für diesen Verrat bleiben dunkel, aber die Vermutung liegt nahe, daß Konrad in der Verständigung mit dem legitimen Papsttum die einzige Möglichkeit sah, der salischen Dynastie das Kaisertum zu erhalten. Den Vater aber traf der Abfall des Thronfolgers um so schwerer, als er selbst seinen Kampf mit dem Papsttum als Verteidigung der angestammten königlichen Rechte und damit auch als Einsatz für eine gesicherte Machtstellung seines Nachfolgers verstand.

Der Papst hat den Vorteil, der sich ihm hier überraschend bot, schnell und konsequent zu nutzen gesucht. Im April 1095 traf er mit Konrad in Cremona zusammen. Der junge König leistete ihm den Marschalldienst sowie einen Sicherheitseid und erkannte ihn damit offiziell als legitimen Inhaber der cathedra Petri an. Dafür nahm Urban ihn als »Sohn der römischen Kirche« auf und versprach ihm Unterstützung bei der Durchsetzung seiner königlichen Herrschaft und – wenn er nach Rom komme – die Kaiserkrönung. Um seine Stellung zu stärken und gleichzeitig die antiheinrizianische Front in Italien auszubauen, vermittelte Urban eine Ehe zwischen dem Salier und Maximilla, einer Tochter des Grafen Roger I. von Sizilien. Freilich haben sich die Hoffnungen, die man an den Verrat Konrads geknüpft hatte, nicht erfüllt. In Deutschland blieb sein Gegenkönigtum ohne Resonanz, in Italien hat er, ohnehin mehr Werkzeug Urbans II. und der Mathilde als Vertreter einer selbständigen politischen Konzeption, kaum Aktivität entfalten können; in dem Maße, wie sich seine Bedeutungslosigkeit enthüllte, wurde er dem Papst gleichgültig. Sein Tod am 27. Juli 1101 in Florenz hat kaum noch Beachtung gefunden.

Sein Verrat im Jahre 1093 hat freilich unmittelbar die für Heinrich IV. katastrophale Folge gehabt, daß sich zwischen Mailand, Cremona, Lodi und Piacenza ein erster lombardischer Städtebund bildete, der sich der welfisch-tuszischen Koalition anschloß. Dadurch gestaltete sich die militärische Lage des Kaisers hoffnungslos. Die Alpenpässe waren von den Gegnern gesperrt, Heinrich im östlichen Oberitalien eingeschnürt; Unterstützung erhielt er nur von Aquileja und seinem Bündnispartner Venedig. Im Reich – in Sachsen, Schwaben und Lothringen – setzte nun erneut der Abfall auf breiterer Front ein, und auch im Episkopat bröckelte seine Gefolgschaft ab.

Wieder war der Salier auf einem Tiefpunkt seiner Laufbahn angelangt – politisch und menschlich. Denn nach dem Sohne sagte sich Mitte des Jahres 1094 auch seine Gemahlin Praxedis von ihm los. Das Zerwürfnis reichte weiter zurück. Heinrich hatte offenbar Grund, an der Treue seiner Gemahlin zu zweifeln, und hielt sie daher in Verona wie eine Gefangene. Mit Welfs Hilfe gelang ihr die Flucht. Sie stellte sich unter den Schutz Mathildes und trat nun mit den widerlichsten Anschuldigungen gegen ihren Gemahl an die Öffentlichkeit. Urban II. hat sich auch diese Gelegenheit einer Demütigung seines Gegners nicht entgehen lassen. Die Synode von Piacenza bot das Forum, um die moralische Vernichtung des Kaisers zu inszenieren; die antiheinrizianische Propaganda war in die Niederungen des politischen Tageskampfes abgesunken.

Warum sich Praxedis als Werkzeug hergab, ist wiederum nur zu vermuten. Es mag sein, daß sie sich an Heinrichs Seite als Kaiserin den Glanz höfischen Lebens erträumt hatte; nun hatte sie nichts gefunden als Not und Enttäuschung. Die Charakterstärke Berthas ging ihr sicherlich ab. Freilich hat auch sie ihre Rolle nur kurze Zeit spielen dürfen; die Drahtzieher der Intrige verloren schnell das Interesse an ihr, und damit trat sie von der politischen Bühne ab. Nach ihrer Heimkehr nach Rußland hat sie ihr Leben wohl in einem Kiewer Kloster beschlossen.

Die Synode von Piacenza hatte Urban II. im März 1095 in das Gebiet der Oboedienz Clemens' III. geführt; der Sieg über den kaiserlichen Papst zeichnete sich ab. Dann brach der Papst zu seiner triumphalen Frankreichreise auf, die ihn auf den Höhepunkt seines Pontifikates, die Synode von Clermont im November dieses Jahres, führte. Der Kreuzzugsaufruf, ausgelöst durch ein byzantinisches Gesuch um Hilfe gegen die seldschukische Expansion, hat dieser großen Kirchenversammlung das Gepräge und die überwältigende Resonanz bei Mit- und Nachwelt gegeben. Doch darin allein erschöpfte sich die Aktivität des Papstes nicht. Er war nach Frankreich gekommen, um die Kirchenreform voranzutreiben, und er erfüllte diese Aufgabe durch die Verkündung zahlreicher Reformdekrete. Dabei rückte die Frage der Laieninvestitur durch die Erneuerung des Verbotes und dessen Verschärfung durch das Verbot der Lehnshuldigung, des *hominium (homagium)*, für Geistliche ganz ins Zentrum der Reformbemühungen. Gleichzeitig mußte Urban nun eine Entscheidung treffen in der notorischen Ehebruchsaffäre König Philipps. Da der von Hugo von Lyon bereits gebannte Kapetinger einer Vorladung vor die Synode nicht Folge leistete, sah sich der Papst gezwungen, auch seinerseits die Exkommunikation auszusprechen. Aber bezeichnenderweise hat er sich bemüht, einen spektakulären Bruch zu vermeiden und den persönlichen Skandal von den kirchenpolitischen Problemen, der Investiturfrage, zu trennen. Die Verkündung des Gottesfriedens setzte die Tradition der französischen Friedensbewegung fort und war die notwendige Voraussetzung für die bewaffnete Wallfahrt der französischen Ritterschaft ins Heilige Land.

Daß der Kreuzzugsaufruf ein so gewaltiges Echo finden konnte, hat der Papst wohl selbst nicht erwartet. Der deutsche Adel war allerdings an diesem Unternehmen kaum beteiligt; lediglich die Niederlothringer schlossen sich unter ihrem Herzog Gottfried von Bouillon an. Die Organisation der Expedition, die Finanzierung, politische Vorbereitung und militärische Führung, überließ Urban II. den Laienfürsten; nach dem Konzil von Clermont trat er selbst in den Hintergrund, aber für die Kreuzfahrer blieb das Unternehmen ein Werk des Papstes, der damit wahrhaft und unbestritten die Führung der Christenheit übernommen hatte.

Während das Abendland im Banne des Kreuzzugsgeschehens stand, hat Heinrich IV. sich allmählich aus der Umklammerung seiner Gegner lösen und seine politische Lähmung überwinden können. Eine wesentliche Voraussetzung war dafür das Zerbrechen der ungleichen Eheverbindung zwischen Welf V. und Mathilde schon im Jahre 1095. Offenbar war den Welfen aufgegangen, daß die Hoffnung auf das mathildische Erbe eine Fehlspekulation gewesen war. Die Auflösung der tuszisch-welfischen Koalition ermöglichte dem Kaiser die Rückkehr nach Deutschland. Clemens III. aber setzte den Kampf in Italien fort. Im Jahre 1098 konnte der Salier endlich die Aussöhnung mit den Welfen herbeiführen, nachdem er Welf IV. schon 1096 als Herzog von Bayern anerkannt hatte. Auch mit den Zähringern kam es zu einem Ausgleich: Der nach dem Tode des Rheinfeldeners Berthold I. zum Gegenherzog gegen den Staufer Friedrich erhobene Berthold II. von Zähringen verzichtete auf seine schwäbische Herzogswürde, durfte aber den Herzogtitel weiterführen, der nun auf seinen eigenen Herrschaftsbereich im Schwarzwald, also territorial, bezogen war; darüber hinaus verlieh ihm der Kaiser die Reichsvogtei Zürich. Der schwäbische Herzogstitel verblieb dem Staufer, aber die alte einheitliche Provinz Schwaben gab es nicht mehr; mit dem »Staat der Herzoge von Zähringen« war auf ihrem Boden ein neues Reichsfürstentum entstanden. In Zukunft wurden die Geschicke des schwäbischen Stammes von drei großen, miteinander rivalisierenden Adelsfamilien bestimmt: den Staufern als den schwäbischen Amtsherzögen, den Zähringern im Südwesten und den Welfen im oberschwäbischen Raum, die ihr Titelherzogtum auf ihren umfangreichen Allodialbesitz um Ravensburg/Weingarten gründeten und gleichzeitig über die bayerische Herzogswürde verfügten.

Die fortschreitende Konsolidierung der salischen Monarchie dokumentierte sich auch in einer Neuregelung der Thronfolge. Auf einem Mainzer Reichstag ließ Heinrich im Mai 1098 Konrad durch Fürstenspruch absetzen; darauf designierte er seinen zweiten Sohn, den 1086 geborenen Heinrich, zu seinem Nachfolger. Die Fürsten stimmten – nach anfänglichem Zögern – zu, und Heinrich wurde am Epiphaniefest des folgenden Jahres zum König gesalbt und gekrönt. Bei beiden Ereignissen ließ sich der Kaiser, den der Verrat des Erstgeborenen mißtrauisch gemacht hatte, vom Sohne die eidliche Zusicherung geben, daß dieser sein

Leben und seine Sicherheit nicht antasten und sich zu seinen Lebzeiten nicht gegen seinen Willen in die Regierungsgeschäfte einmischen werde. Tatsächlich ist die formelle Teilnahme Heinrichs V. als Mitkönig an der Regierung äußerst gering gewesen; er erscheint kaum als Intervenient, und der Vater hat auch nicht gemeinsam mit ihm geurkundet.

Beeinträchtigt wurde die positive Entwicklung durch den Konflikt mit dem Erzbischof Ruthard von Mainz. Beim Durchzug von Kreuzfahrergruppen war es in den rheinischen Städten im Jahre 1096 zu schweren Judenverfolgungen gekommen. Dem Mainzer Metropoliten wurde vorgeworfen, seine Schutzpflicht nicht voll wahrgenommen zu haben; er trage daher die Mitschuld am Tode vieler Juden, an deren Eigentum er sich zudem zusammen mit seinen Verwandten bereichert habe. Einem möglichen Verfahren entzog sich Ruthard durch die Flucht nach Thüringen und versuchte nun, den Widerstand gegen Heinrich IV. zu organisieren. Gleichzeitig sagte er sich von Clemens III. los, der ihn daraufhin exkommunizierte. Für die Sache des Kaisers war das ein empfindlicher Rückschlag, der sich gerade jetzt negativ auswirken mußte, da die Veränderung der kirchenpolitischen Lage in Rom ein einheitliches Vorgehen des deutschen Episkopats erfordert hätte.

Am 29. Juli 1099 war Urban II. im befestigten Stadtpalast der Pierleoni in Rom gestorben. Mit seinem Pontifikat hatte sich das Reformpapsttum innerlich gefestigt und nach außen endgültig seine universale Geltung durchgesetzt. Bereits am 13. August konnte der Nachfolger gewählt werden. Die Kardinäle einigten sich auf den Kardinalpriester Rainer von S. Clemente, einen entschiedenen Anhänger Urbans II. Wie dieser kam auch Rainer aus dem Mönchtum; Gregor VII. hatte ihn zum Abt von S. Lorenzo fuori le mura gemacht und nach dem Abfall des Hugo Candidus zum Kardinalpriester von S. Clemente ernannt. Als Legat in Spanien hatte er bereits erfolgreich im Dienste des Reformpapsttums gewirkt. Rainer nannte sich Paschalis II. Die Wahl und die Weihe in St. Peter verliefen ohne Störung. Aber die Anhänger Clemens' III. stellten, gestützt auf starke Adelskreise in Rom, noch immer wenn nicht einen gewichtigen Macht-, so doch einen nicht ungefährlichen Störfaktor dar. Tatsächlich wurde auch das wibertinische Schisma noch fortgesetzt, als Wibert-Clemens am 8. September 1100 starb. An der Erhebung seiner insgesamt drei Nachfolger, deren letzter erst 1111 resignierte, war Heinrich IV. jedoch nicht mehr beteiligt. Der Kaiser suchte nun die Aussöhnung mit dem legitimen Papsttum. Zwar setzte er in seinem Einladungsschreiben zu der Reichsversammlung, die auf Weihnachten 1100 nach Mainz einberufen wurde, auch die Beratung über die Neubesetzung der cathedra Petri auf die Tagesordnung, aber das war lediglich eine taktische Maßnahme, denn vor allem betonte er die Notwendigkeit, die Einheit der Kirche wiederherzustellen – und die war nicht ohne Verzicht auf ein ohnehin aussichtsloses Gegenpapsttum zu erhalten. Wie ernst es ihm mit seiner Absicht war, selbst nach Rom zu ziehen und hier eine Rechtsentscheidung über seine und des Papstes Sache herbeizuführen, ist schwer zu sagen; zu den in Mainz beschlossenen Verhandlungen kam es jedenfalls nicht, denn Paschalis II. zeigte kein Entgegenkommen. Auf der Lateransynode vom März 1102 schärfte er das Hominium- und Laieninvestiturverbot ein und erneuerte am Gründonnerstag den Bann über den Kaiser. Für ihn war der Salier das Haupt der Häretiker, dessen Vernichtung ein Gott wohlgefälliges Werk sein mußte, und so scheute er nicht davor zurück, die Kämpfe um Cambrai, in denen der Graf Robert von Flandern gegen den kaisertreuen Bischof Walcher die Herrschaft über die Stadt zu gewinnen suchte, geradezu zu einem Kreuzzug gegen Heinrich zu stilisieren – mit Entrüstung und Entsetzen reagierte Sigebert von Gembloux, der bedeutende Historiograph und Gelehrte, auf eine solche Verkehrung der päpstlichen Aufgabe, Frieden zu stiften. Den Bemühungen Paschals, die oberdeutsche Fürstenopposition gegen den Kaiser zu reaktivieren, war kein Erfolg beschieden; sein Legat, der Bischof Gebhard III. von Konstanz, blieb weitgehend auf sich allein gestellt. Aber auf einem außerdeutschen Schauplatz besiegelte er eine bereits von Urban II. in die Wege geleitete Schwächung der Reichskirche: Im Jahre 1104 erhob er das Bistum Lund zum Metropolitansitz der skandinavischen Kirche und entzog damit dem Erzbistum Hamburg-Bremen seine dänischen Suffragane. Wenige Jahre zuvor, am 16. Mai 1101, war der Erzbischof Liemar, einer der treuesten Gefolgsleute des Saliers, gestorben.

Daß Heinrich sich zum Vorkämpfer einer Wiederherstellung der Kircheneinheit machte, war sicher mehr als bloße Propaganda. Manche seiner brieflichen und urkundlichen Äußerungen in diesen Jahren lassen ein tiefes Schuldgefühl ahnen; seine Bußgesinnung und sein Bemühen um Lösung vom Bann haben nichts mit politischer Taktik zu tun, sie sind zweifellos Ausdruck seelischer Not und echten religiösen Empfindens. Eine Pilgerfahrt ins Heilige Land sollte vor aller Welt ein Zeichen der Umkehr setzen. Dieser Plan, mit dem der Kaiser am Epiphaniefest des Jahres 1103 vor die auf einem Reichstag zu Mainz versammelten Großen trat, ist nicht realisiert worden, aber in seinen größeren Zusammenhang gehört jenes Gesetz, das zu einem Markstein in der Reichsgesetzgebung werden sollte: der Reichslandfrieden. Noch der Mainzer Gottesfrieden von 1085 war eine Aktion des Episkopates gewesen. In den folgenden Jahren aber vollzog sich ein bemerkenswerter Wandel. Die Friedensbewegung wuchs aus dem kirchlichen Rahmen heraus und wurde Gegenstand des legislatorischen Bemühens der weltlichen Gewalten. Die Wende wird markiert durch die oberdeutschen Landfrieden der Jahre 1093/94, die nicht mehr an den kirchlichen Sprengeln, sondern an den weltlichen Herrschaftsbereichen, den provinciae Schwaben, Bayern, Elsaß, orientiert waren und an deren Errichtung die Herzöge Welf und Berthold wesentlichen Anteil hatten. Der Zweck blieb der gleiche: Bekämpfung der Fehde und der Gewaltverbrechen; aber der Friede wurde nun zum Landfrieden. Auf dieser Linie lag der kaiserliche Friede von 1103, der auf das ganze Reich ausgedehnt wurde und für vier Jahre gelten sollte. Die schweren Verbrechen wurden darin mit Verstümmelungsstrafen bedroht, die unterschiedslos auf Freie und Unfreie angewandt werden sollten. Gerade diese Einebnung der ständischen Unterschiede gibt dem Gesetz seine besondere Bedeutung. Das fiskalisierte Strafrecht der älteren Zeit mit seinen Möglichkeiten der Ablösung der Strafe durch Bußzahlung, die sogenannte Kompositionsgerichtsbarkeit, benachteiligte die wirtschaftlich Schwachen; mit der für alle Straftäter gleichermaßen geltenden Verhängung von peinlichen Strafen, die den Übergang zur Blutgerichtsbarkeit kennzeichnet, wurden gerade im Hinblick auf die Unterschichten die Voraussetzungen für mehr Gerechtigkeit geschaffen. »Dieses Friedensgesetz brachte den Armen und Gutwilligen ebenso großen Nutzen, wie es den Böswilligen und Gewalthabern schadete«, so beurteilt Heinrichs Biograph die Wirkung des Gesetzes. Daß der Kaiser nun in der Lage war, die Friedenswahrung zu einer Angelegenheit der Zentralgewalt zu machen, dokumentiert einen bedeutsamen Zuwachs an Autorität. Wieweit Heinrich selbst das Friedensprogramm inhaltlich bestimmt hat, ist schwer zu sagen; daß er aber die in der Friedensbewegung liegenden Möglichkeiten zur Stärkung der königlichen Gewalt erkannte und nutzte, spricht für seine staatsmännischen Fähigkeiten. Dabei blieb es freilich eine offene Frage, ob das Königtum den Landfrieden auf die Dauer ganz in seine Kompetenz würde ziehen und damit auch als Instrument zum Ausbau einer allgemeinen, von den konkreten Friedbruchdelikten sich ablösenden Reichsgesetzgebung würde verwenden können. Ein voller Erfolg in dieser Hinsicht mußte von unschätzbarer Bedeutung für den Ausbau der Staatlichkeit im Reich sein. Doch die dem Reichsfrieden von 1103 vorausgehenden Provinzial-

landfrieden und der ihm unmittelbar im Jahre 1104 folgende schwäbische Landfriede, der von Herzog Friedrich und weiteren Fürsten und Grafen beschworen wurde, ließen bereits erkennen, daß die Landfriedenswahrung in Deutschland nicht ohne Mitwirkung der Großen durchzuführen war. Auf lange Sicht sind daher auch die Fürsten die Nutznießer dieser Entwicklung gewesen.
Der Mainzer Reichsfrieden war der letzte Höhepunkt und Erfolg Heinrichs IV. in seiner bewegten Regierungszeit. Ende des Jahres 1104 sagte sich sein Sohn bei einer Strafexpedition nach Sachsen, die wegen der im Zusammenhang mit der Besetzung des Magdeburger Erzstuhles entstandenen Unruhen nötig geworden war, von ihm los und stellte sich an die Spitze der Unzufriedenen im Reich. Die Gründe für diesen spektakulären Schritt sind unschwer zu erkennen. Daß die Politik des Vaters mehr und mehr in eine Sackgasse geführt hatte, mußte den Thronfolger mit Sorge erfüllen. Im Konflikt mit dem Papsttum zeichnete sich keine Lösung ab, und nun baute sich erneut eine Front gegen die salische Monarchie im Hochadel auf, der mit Mißtrauen und Mißstimmung registrierte, daß der Kaiser seine Gunst allzu sehr den Unterschichten, vor allem der an politischem Einfluß gewinnenden Ministerialität zuzuwenden schien. Daß Heinrich den Mord an dem Grafen Sigehard von Burghausen, der bei einem Aufenthalt des Hofes in Regensburg von Ministerialen und Bürgern erschlagen worden war, ungesühnt ließ, erschien symptomatisch für diese Politik. Der Dynastenadel sah nun eher im jungen König als im Kaiser den Sachwalter seiner Interessen. Der Sohn aber glaubte das erreichen zu können, was seinem Vater versagt blieb: den Frieden mit der Kirche. Offenbar ging er davon aus, daß der Papst ihm Zugeständnisse machen werde, die sein gebannter Vater niemals erhalten würde. Damit wäre ein Ausweg aus der völlig verfahrenen Situation gefunden worden. Wie schon die Empörung Konrads – und jetzt sogar in noch höherem Maße – ließ sich der Aufruhr mit der Notwendigkeit rechtfertigen, die Rechts- und Machtstellung des Königtums zu behaupten. Gegenüber dem politischen Kalkül wogen moralische Bedenken wenig; der Thronfolger war in einer Zeit aufgewachsen, in der Wortbruch und Parteiwechsel an der Tagesordnung waren; er hatte den Verrat im engsten Familienkreis selbst erlebt. Nun rechnete er sich seine Chance aus, über den gestürzten Vater hinweg den Thron besteigen zu können.
Beide Kontrahenten wandten sich an den Papst. Der Kaiser bot Verhandlungen über eine endgültige Aussöhnung an – freilich unter dem Vorbehalt der Wahrung seiner kaiserlichen Rechte. Paschalis II. aber sah nun, da er den Schiedsrichter im Konflikt

würde spielen können, erst recht keine Veranlassung zum Entgegenkommen. Er setzte auf den Sohn, dem er seine Bereitschaft zusicherte, ihn als König anzuerkennen, wenn er dem apostolischen Stuhl Gehorsam erweise, und den er durch den Legaten Gebhard von Konstanz vom Bann und dem dem Vater geleisteten Sicherheitseid lösen ließ.

Im Laufe des Jahres 1105 griff der Aufruhr weiter um sich. Heinrich IV. suchte die Entscheidung in offener Feldschlacht, aber der Verrat der noch zu ihm haltenden Fürsten, des Babenbergers Leopold III. und des Böhmenherzogs Boriwoi, als sich die beiden Heere in der Nähe von Regensburg am Regen gegenüberstanden, besiegelte sein Schicksal. Auf Weihnachten berief Heinrich V. eine Reichsversammlung nach Mainz ein, zu der als päpstliche Legaten der Kardinalbischof Richard von Albano und Gebhard von Konstanz erscheinen sollten. Der alte Kaiser war nicht gewillt, dem Sohne das Feld kampflos zu überlassen; auf dem Reichstag wollte er selbst die Entscheidung herbeiführen. Doch erneut übte der junge König Verrat. Er setzte den Vater auf der Burg Böckelheim an der Nahe gefangen, erpreßte von ihm unter Androhung dauernder Haft die Auslieferung der auf der Burg Hammerstein aufbewahrten Reichsinsignien und zwang ihn schließlich Anfang des folgenden Jahres in Ingelheim vor den versammelten Fürsten zur Abdankung. Der Kaiser hatte vom Kardinallegaten die Absolution erbeten, aber das von ihm verlangte öffentliche Sündenbekenntnis, in dem er sich der ungerechten Verfolgung Gregors VII., der widerrechtlichen Erhebung Wiberts und der Nachstellungen gegen die ganze Kirche anklagen sollte, hatte er verweigert. Es wäre der eigenen Verurteilung seiner gesamten Politik und einer Zustimmung zu seiner moralischen Vernichtung gleichgekommen, und das war mehr, als er unter Wahrung seiner königlichen Ehre und Würde für die Wiederherstellung des Friedens mit dem Papsttum zu leisten bereit war. Er verlangte ein ordentliches Verfahren, zeigte sich schließlich bereit, ein Sündenbekenntnis abzulegen, wenn ihm sogleich die Absolution erteilt werde. Das wiederum lehnte der Legat ab, da er dazu keine Vollmacht habe; die Entscheidung hierüber stehe allein dem Papst zu. Das Ringen um die Absolution ruft die Geschehnisse von Canossa in Erinnerung. Auch jetzt war Heinrich offenbar bemüht, die Voraussetzungen für die Rückgewinnung der Herrschaft zu schaffen. Selbst in den Stunden der tiefsten Demütigung, in denen er – wenn man seinen brieflichen Äußerungen Glauben schenken darf – zeitweise sogar für sein Leben fürchtete, gab er den Gedanken an die Rückkehr zur Macht nicht auf. Noch einmal wandte er sich auch an die Öffentlichkeit –

an Hugo von Cluny, an die Reichsfürsten, an die Sachsen. In einem Propagandaschreiben an Philipp I. von Frankreich appellierte er an die Solidarität der Könige. Schließlich gelang ihm die Flucht aus Ingelheim. Bei Bischof Otbert von Lüttich und Herzog Heinrich von Niederlothringen fand er Aufnahme und tatkräftige Unterstützung gegen den Sohn, der am 5. Januar 1106 in Mainz aus der Hand des Erzbischofs Ruthard die Reichsinsignien empfangen, zugleich die Huldigung der Fürsten entgegengenommen und damit offiziell die Regierung angetreten hatte. Aber dem Reich blieb weiterer Bürgerkrieg erspart. Am 7. August verstarb der Kaiser nach kurzer Krankheit in Lüttich. Von seinem Sterbelager hatte er durch seinen Kämmerer Erlembald und den Bischof Burchard von Münster, der als Gefangener an seinem Hofe weilte, seinem Sohn Schwert und Ring überbringen lassen und ihn dabei um Gnade für seine Anhänger und für sich selbst um ein Grab im Dome zu Speyer gebeten. Der Sohn aber, der den von Bischof Otbert mit allen Ehren vor dem Marienaltar der Domkirche Bestatteten auf den Rat seiner Fürsten exhumieren und als Gebannten in ungeweihter Erde in einer Kapelle vor den Toren der Stadt beisetzen ließ, hat diesen ganz persönlichen Wunsch auf den Tag genau fünf Jahre später, im Augenblick eines scheinbar endgültigen Triumphes über das Papsttum, erfüllen können. Jetzt erst wurde dem Kaiser die Absolution zuteil, so daß er sein Grab in der Kathedrale finden konnte, die er zu seinen Lebzeiten zu einem der eindrucksvollsten Bauwerke des Abendlandes hatte gestalten lassen. Die Gregorianer aber verfolgten ihn über seinen Tod hinaus mit ihrem Haß. Das Volk jedoch kümmerte sich wenig um kirchenrechtliche Bestimmungen und religiös-moralische Verurteilungen. Kein Geistlicher konnte verhindern, daß es dem toten Kaiser seine Liebe und Ehrerbietung bezeugte; uralte, magische Vorstellungen vom Königsheil wurden lebendig, als Bauern Erde vom Grab Heinrichs wegscharrten und über ihre Felder streuten oder Saatkörner auf seine Bahre legten, um eine reiche Ernte zu erhalten. Auch in Speyer, wohin der Leichnam kurz nach den Lüttticher Ereignissen überführt wurde, zeigten die Bürger spontan ihre Trauer und nahmen die Anweisung des Bischofs Gebehard, den Sarg auch hier in einer ungeweihten Kapelle abzustellen, nur mit dem größten Unwillen hin. Sein Biograph hat den Kaiser als Freund betrauert und auch die hellere Seite seines Wesens bei allem Wissen um seine großen Schwächen aufgezeigt: seine Sorge um die Armen, seine Frömmigkeit und Gerechtigkeit und seine Leidensfähigkeit. Der vierte Heinrich war nicht der geniale Reformer, als der er mitunter gesehen worden ist. Zwar zeigte er sich in der

Begünstigung von Bürgertum und Ministerialität modernen Entwicklungen gegenüber aufgeschlossen, und darin bewies er staatsmännische Fähigkeiten, aber im Grund reagierte er nur auf die gewaltige Herausforderung seiner Zeit und begnügte sich damit, die überkommenen königlichen Rechte mit traditionellen Mitteln zu verteidigen. Dies aber tat er mit einem hohen Sinn für herrscherliche Würde und in dem Bewußtsein von der besonderen Berufung der salischen Dynastie zur Herrschaft. In der zähen Verteidigung der Königsrechte gegenüber Papsttum, Episkopat und Hochadel hat er die Voraussetzungen dafür geschaffen, daß die Reichskirche auch nach Beendigung des Investiturstreits noch für ein Jahrhundert eine Stütze der Zentralgewalt darstellte und die Auflösung des Reiches in fürstliche Territorien aufgehalten werden konnte. Der Sohn, der ihn stürzte, verdankte es ihm, daß die königliche Herrschaft, die er übernahm, mehr war als ein bloßes Schattengebilde.

V. Der Ausgang der salischen Dynastie: Heinrich V. (1106–1125)

1. Heinrich V. und Paschalis II.: Das Ringen um die Lösung des Investiturproblems bis 1112

Das Bündnis mit den Fürsten hatte Heinrich V. den Weg zum Thron geebnet, und bis in die Zeit des ersten Romzuges blieb das beiderseitige Verhältnis im wesentlichen ungestört. Lediglich in Niederlothringen gab es zunächst einige Schwierigkeiten. Die Herzogswürde war nach dem Aufbruch Gottfrieds von Bouillon zum Kreuzzug eine längere Zeit vakant geblieben, bis Heinrich IV. das Herzogtum im Jahre 1101 dem Grafen Heinrich von Limburg verlieh. Der neue Herzog war über seine Mutter ein Enkel des 1065 gestorbenen Herzogs Friedrich von Niederlothringen. Er lohnte dem Kaiser die Rangerhöhung mit treuer Gefolgschaft bis zum bitteren Ende, büßte aber dafür, daß er auf die falsche Karte gesetzt hatte. Von Heinrich V. als Hochverräter abgesetzt, verlor er die herzogliche Würde bereits im Mai 1106 an seinen Rivalen, den Grafen Gottfried von Löwen, mit dem nun das Haus Reginars nach einem über mehr als eineinhalb Jahrhunderte währenden vergeblichen Kampf doch wieder zum Herzogtum gelangte. Gottfried war zugleich über seine Großmutter, eine Tochter des Herzogs Gozelo I. (†1044), mit der vorhergehenden Herzogsdynastie versippt. Seine faktische Macht reichte über seinen eigenen Herrschaftsbereich, der mit Allodialbesitz und Komitaten den Kern des späteren Landes Brabant bildete, nicht weit hinaus, zumal der Limburger sich nicht beugte, sondern seinen Herzogtitel weiterführte und seinen Herrschaftsbereich im Raume zwischen Aachen und Lüttich behauptete. Die durch den Antagonismus der Häuser Limburg und Löwen-Brabant beeinträchtigte Stabilität der politischen Lage im Nordwesten des Reiches rief den Grafen Robert von Flandern auf den Plan, der in den Auseinandersetzungen um den Bischofsstuhl von Cambrai seinen Einfluß auf diese Stadt auszudehnen versuchte. So sah sich Heinrich V. im November 1107 zu einem Feldzug gegen Flandern gezwungen, der den Grafen zwar einlenken ließ, dem König aber keinen durchschlagenden Erfolg einbrachte. Robert leistete einen Treueid, Heinrich führte den »kaiserlichen« Bischof Walcher nach Cambrai zurück und löste die Kommune auf, aber gleichzeitig verlieh er dem Grafen die

Burggrafschaft in Cambrai und weitere feste Plätze im Bistum. Immerhin war damit zunächst in Niederlothringen die Ruhe wiederhergestellt.

Im Osten des Reiches schuf der Tod des Herzogs Magnus von Sachsen am 23. August 1106 eine völlig neue Situation. Mit ihm erlosch die Dynastie der Billunger im Mannesstamme; seine beiden Töchter Wulfhild und Eilika waren mit dem Welfen Heinrich dem Schwarzen und dem Askanier Otto von Ballenstedt verheiratet, aber keiner der beiden Schwiegersöhne, die seine Privaterben waren, folgte ihm im Herzogtum nach. Der König verlieh die Würde dem Grafen Lothar von Supplinburg – eine überraschende Entscheidung, denn der Auserwählte war bisher politisch kaum in Erscheinung getreten. Seine auf Allodialbesitz und Grafenrechten beruhende Machtbasis, die ihm von seinem bei Homburg 1075 gegen Heinrich IV. gefallenen Vater Gebhard überkommen war, dürfte eher bescheiden gewesen sein, aber daß er zur Spitzengruppe des sächsischen Adels gehörte, lassen seine weitverzweigten unmittelbaren und mittelbaren verwandtschaftlichen Verbindungen mit aller Deutlichkeit erkennen. Er war verheiratet mit Richenza von Northeim, der Enkelin des großen Gegenspielers Heinrichs IV.; seine Schwiegermutter Gertrud von Braunschweig verwaltete erhebliche Teile des northeimisch-katlenburgisch-brunonischen Erbes. Seine Großmutter Gertrud von Haldensleben war in zweiter Ehe mit dem Herzog Ordulf von Sachsen verheiratet gewesen. Beide Frauen verfügten über großes Prestige und bedeutende Machtkomplexe, die ihm als möglichem Bewerber um die sächsische Herzogswürde starken Rückhalt boten. Über seine Mutter Hedwig, eine Formbacherin, die in zweiter Ehe mit dem Herzog Dietrich II. von Oberlothringen vermählt war, stand er in engeren Beziehungen zum ostbayerischen Hochadel und zum Westen des Reiches. Die geistig-politische Welt, die ihn prägte, war die der sächsischen Fürstenopposition und der gregorianischen Reform. Trotzdem erschien er dem Salier im Jahre 1106 akzeptabel, denn noch hatte er das in Aussicht stehende Erbe der genannten sächsischen Hochadelsfamilien nicht angetreten, und seine Ernennung zum Herzog bot dem König die Möglichkeit zur Zerschlagung des billungischen Machtkomplexes, indem der Allodialbesitz unter Welfen und Askanier aufgeteilt wurde und die Grafenrechte, die aber zum großen Teil im faktischen Besitz von Untergrafen waren, an den Supplinburger kamen. Überdies wird der stets um seine Unabhängigkeit besorgte Adel eine solche Lösung nicht ungern gesehen haben, und da Heinrich V. auch in anderen Bereichen vorsichtig taktierte und sich an seine den

Großen gemachten Zusagen, »allen ein gerechter Richter zu sein«, hielt, gab es zunächst keine Probleme. Der ewige Unruheherd Sachsen schien endlich befriedet.

Im übrigen erforderten die verworrenen Verhältnisse bei den östlichen Nachbarn, daß man nun inneren Zwist beilegte und die Aufmerksamkeit wieder mehr der politischen Entwicklung jenseits der Grenzen zuwandte. Mit der Vertreibung des Herzogs Boriwoi II. durch seinen Vetter Swatopluk im Jahre 1107 setzten die Erbfolgestreitigkeiten im Hause der Przemysliden ein, die über die ganze Regierungszeit Heinrichs V. anhalten sollten und zu weiteren Verwicklungen mit Polen und Ungarn führten. Der deutsche König hat hier energisch eingegriffen, zunächst Swatopluk und nach dessen Ermordung auf einem polnischen Feldzug 1109 Wladislaw I. mit dem Herzogtum belehnt. Die Lehnsoberhoheit des Reiches war also nicht in Frage gestellt. Daß der Herzog bei der Vermählung Heinrichs V. mit Mathilde am 6. Januar 1114 in Mainz als oberster Mundschenk auftrat, dokumentiert die fortschreitende Integration Böhmens ins Reich; gleichzeitig wurde hier eine Tradition grundgelegt, die dem Böhmenherzog und späteren König als dem Erzmundschenken des Reiches nach der von Eike von Repgow zwar nicht erfundenen, aber mit seiner Autorität vertretenen Erzämtertheorie den Aufstieg in das Kurfürstenkolleg ermöglichte.

Polen war unter Wladyslaw Hermann (1079–1102) zunächst durch innere Auseinandersetzungen weitgehend lahmgelegt. Das Verhältnis zum Reich gestaltete sich, zumal da der Herzog in dritter Ehe seit 1088 mit der Kaiserschwester Judith, der Witwe des Ungarnkönigs Salomon, verheiratet war, im ganzen unproblematisch. Nach Wladyslaws Tode verschärften sich die Erbfolgestreitigkeiten, in die Böhmen, Ungarn, das Großfürstentum Kiew und schließlich auch Heinrich V. hineingezogen wurden. Der deutsche König, von dem Prätendenten Zbigniew zur Hilfe gerufen, suchte die günstige Gelegenheit zu nutzen, das ehemals bestehende und theoretisch weiter behauptete Lehnsverhältnis Polens zum Reich zu reaktivieren. Der im Spätsommer 1109 durchgeführte Feldzug endete jedoch mit einem Mißerfolg. In Polen setzte sich Boleslaw III. Schiefmund (1102/07–1138) als Herzog durch, der aber wegen seiner Expansionspolitik gegen die Pomoranen auf friedliche Beziehungen zum Reich bedacht war und dies auch dadurch zum Ausdruck brachte, daß er nach Niederwerfung der Pommern einen Vertreter der Reichskirche, den Bischof Otto von Bamberg, mit deren Missionierung betraute.

Die Ostgrenze konnte damit als gesichert gelten. In Ungarn hat der Konflikt des dem Reformpapsttum eng verbundenen Königs Koloman mit seinem von König Ladislaus ursprünglich zum Nachfolger ausersehenen Bruder, dem Herzog Almus, auch den deutschen König noch einmal auf den Plan gerufen. Die altbekannte Konstellation erneuerte sich: ein ungarischer Thronstreit, der dem Nachbarn im Westen die Möglichkeit zum Eingreifen bot. Heinrich V. stellte sich auf die Seite des Herzogs, des ehemaligen Verbündeten seines Vaters, und fiel im September 1108 mit Heeresmacht in Ungarn ein. Polen und Böhmen wurden in den Konflikt hineingezogen. Ein Erfolg ist dem Salier versagt geblieben. Es fragt sich im übrigen, was bei diesem Unternehmen und bei dieser Politik, die ganz die Züge der ostpolitischen Konzeption Heinrichs III. trägt, überhaupt hätte erreicht werden können. Almus hatte, soweit wir sehen, seinem Verbündeten keine Versprechungen gemacht. Die Wiederherstellung deutscher Lehnsoberhoheit war, wenn Heinrich V. sie tatsächlich erstrebte, eine Utopie; denn Ungarn war mit der von Koloman und Almus gemeinsam vorangetriebenen Eingliederung Kroatiens in den Herrschaftsbereich der Arpaden im Aufstieg zur südosteuropäischen Großmacht begriffen. Das Verlöbnis der Piroska, der Tochter des Königs Ladislaus, mit dem Thronfolger Johannes Komnenos im Jahre 1104 ist der beste Beleg dafür, daß auch Byzanz sich dieser Situation anpaßte. Unter diesem Aspekt war der Feldzug Heinrichs V. nicht mehr als ein Nachspiel salischer Ostpolitik – und dies mit Methoden, die den neuen Zeitverhältnissen nicht mehr angemessen waren.

Die ersten Regierungsjahre Heinrichs V. sind innen- wie außenpolitisch von relativer Stabilität gekennzeichnet. Das entscheidende Problem, das die königliche Politik zu lösen hatte, war der endgültige Ausgleich mit dem Papsttum. Dabei hatte die Diskussion um die Laieninvestitur noch zusätzlichen Zündstoff erhalten, da die Frage der Zulässigkeit der Lehnshuldigung und Eidesleistung der Kleriker zu einem Streitpunkt geworden war, seitdem Urban II. auf der Synode von Clermont beides untersagt hatte und dieses Verbot während der nächsten Jahre mehrmals erneuert worden war. Die Begründung, daß dem Geistlichen nicht zugemutet werden könne, beim Homagium, dem Handgang, seine geweihten Hände in die blutbefleckten eines weltlichen Herrn zu legen, stellte natürlich einen weiteren Angriff auf das sakrale Verständnis des Herrschertums dar.

Inzwischen war man allerdings auf dem Wege der theoretischen Klärung des Investiturproblems bereits ein gut Stück vorangekommen. Dabei fiel dem Streit um die Besetzung des Erzstuhles von

Sens in gewissem Sinne eine bahnbrechende Bedeutung zu. Der Legat Hugo von Lyon hatte den vorgesehenen Kandidaten Daimbert nach seiner Wahl durch Klerus und Volk unter anderem mit dem Argument abgelehnt, daß er vor der Weihe die Investitur durch den König empfangen habe. Dem hielt der Bischof Ivo von Chartres 1097 in einem berühmt gewordenen Schreiben entgegen, daß der Investitur keine sakramentale Wirkung zukomme; der König beanspruche gar nicht, eine geistliche Funktion – *nihil spirituale* – zu übertragen, sondern übergebe dem Gewählten lediglich die weltlichen Güter seiner Kirche. Die Argumentation beruht also auf der Unterscheidung von *spiritualia* gleich geistliches Amt und *temporalia* gleich weltlicher Besitz und Hoheitsrechte. Was der Bischof von Chartres hier mit der ganzen Autorität des allgemein anerkannten Kanonisten vortrug, war nicht zuerst und allein von ihm selbst konzipiert worden, sondern hatte bereits eine gewisse Tradition. Schon in simonistischen Kreisen hatte man sich mit einer solchen Unterscheidung gegen den Vorwurf gewehrt, ein geistliches Amt, die Gaben des Heiligen Geistes, mit Geld zu kaufen. Ähnlich argumentierte man in der Umgebung Rudolfs von Rheinfelden, und Wido von Ferrara hat in seinem um 1085 verfaßten Traktat über das Schisma Hildebrands sehr deutlich herausgestellt, daß der vom König den Kirchen überlassene Temporalienbesitz – das heißt: Höfe, Güter und Regalien – diesen nicht für immer übertragen worden sei, sondern im Rechte des Reiches bleibe und daher durch die Investitur immer wieder bestätigt werden müsse. Manegold von Lautenbach ging sogar noch einen Schritt weiter und unterschied die Regalien, die vom König stammenden Rechte, vom übrigen Kirchenbesitz. Im Grunde hat auch Ivo die Laieninvestitur abgelehnt, aber er duldete sie, um ein Schisma zu vermeiden; sie gehörte für ihn nicht zu den Dingen, von denen das Seelenheil abhing. Wenn sie aber kein geistlicher Akt war, dann hatte der König auf die geistlichen Symbole, den Ring als das Zeichen der Vermählung des Bischofs mit seiner Kirche und den Stab als das Symbol der Hirtengewalt, zu verzichten.

Beim Streit um die Besetzung des Bischofsstuhles von Sens hatten sich Papst und König zurückgehalten, Ivo von Chartres und Hugo von Lyon waren die eigentlichen Kontrahenten. Wenig später kam es zu ähnlichen Auseinandersetzungen um das Bistum Beauvais, die sich nun aber zuspitzten, da Philipp I. und Paschal II. sich jeweils auf ihre Kandidaten festlegten. Dennoch wurde auch jetzt ein spektakulärer Bruch vermieden: Der König, ohnehin durch seine Eheaffäre belastet, konnte sich auch deshalb kompromißbereiter zeigen, da es in Frankreich ein dem deutschen vergleichbares

Reichskirchensystem und damit eine so enge Verbindung von Königtum und Episkopat nicht gab, und der Papst mußte schon aus politischen Rücksichten dem französischen König gegenüber vorsichtiger taktieren, um diesen nicht an die Seite des Saliers zu treiben. Da beide Seiten sich bemühten, den Konflikt zu entschärfen, gelang es in den Jahren 1104–1107 tatsächlich, die Auseinandersetzungen um das Investiturproblem beizulegen. Ohne spektakuläre Vertragsabschlüsse oder Proklamationen fand man zu einem modus vivendi bei der Besetzung der Bistümer: Gegen das Zugeständnis der kanonischen Wahl überließ der Papst dem König die Übertragung der Temporalien und erkannte damit prinzipiell das Eigentumsrecht des Staates an diesen an. Mit dem Verzicht auf die geistlichen Symbole konnte sich Philipp I. leicht abfinden, da er sich ihrer offenbar schon vorher nicht bei jeder Investitur bedient hatte; der Treueid aber, den die Bischöfe ihm zu leisten hatten, bot ihm die Gewähr, daß sie weiterhin innerhalb der Lehnsordnung verblieben.

Auch in England ist in diesen Jahren das Investiturproblem einer Lösung zugeführt worden, nachdem in einem Konflikt zwischen der Krone und den Erzbischöfen Lanfranc (†1089) und Anselm (†1109) von Canterbury die beiderseitigen Positionen abgesteckt worden sind. In dieser Auseinandersetzung entstand im anglonormannischen Machtbereich – vielleicht in Rouen – jene einem normannischen Anonymus zugeschriebene Streitschrift über die Weihe der Könige und Bischöfe (*De consecratione pontificum et regum*), die die Wissenschaft ihres extrem königlichen und staatskirchlichen Standpunktes wegen immer wieder beschäftigt hat. Hier wird der Boden der gelasianischen Zweigewaltenlehre verlassen, indem das Königtum dem Priestertum übergeordnet wird. König und Priester sind Gesalbte des Herrn, *christi Domini*, beide sind zum Kirchenregiment eingesetzt, aber der König überragt den Priester in dem Maße, wie er Christi Himmelsherrschaft abbildet, der Priester aber in der Bezugsetzung zu Christi Opfertod dessen menschliche Natur repräsentiert. Noch einmal wird der Sakralcharakter des Königtums in schärfster Form artikuliert, aus der Verteidigung des gerade für den normannischen Machtbereich charakteristischen Staatskirchentums werden die letzten Konsequenzen gezogen. Nie wieder ist eine so extreme These verfochten worden; sie war auch einer Zeit, die auf Ausgleich drängte, nicht mehr angemessen, verdeutlicht aber, daß die Streitschriftenliteratur in den westeuropäischen Staaten einen nicht unwesentlichen Anteil an der inneren Konsolidierung der Monarchie gehabt hat. Im Streit mit Anselm hat Heinrich I. eingelenkt und einen Kom-

promiß herbeigeführt, der im sogenannten Konkordat von Westminster im Jahre 1107 ratifiziert wurde: Der König behielt den wesentlichen Einfluß auf die Bischofswahl, da diese in seiner Anwesenheit erfolgen sollte; er behielt außerdem das Recht, von einem neu gewählten Bischof vor der Weihe die vasallitische Huldigung für die Temporalien zu fordern. Dafür verzichtete er auf die Investitur mit den geistlichen Symbolen.
Sowohl bei der französischen als auch bei der englischen Lösung hatte man das grundsätzliche Problem des Eigentumsrechtes an den Temporalien in der Diskussion ausgeklammert oder bewußt in der Schwebe gelassen. Der Standpunkt des deutschen Königs aber war hier eindeutig; für ihn blieben das der Kirche übertragene Gut und die Regalien im Besitz des Reiches und stellten als solcher die Rechtsgrundlage für das *servitium regis,* den Königsdienst der Kirche, dar. Genau das lehnte die kuriale Seite ab; ihre Vertreter gestanden zwar das *servitium regis* als eine mehr oder weniger freiwillige Leistung zu, suchten es aber auf ein Minimum zu reduzieren, um den hohen Klerus aus der Verstrickung in die *saecularia,* die weltlichen Angelegenheiten, zu lösen. Bei den die Absetzung seines Vaters begleitenden Verhandlungen mit der Kurie hatte Heinrich V. in der Investiturfrage offensichtlich keine Zugeständnisse gemacht, und der Papst hatte einen Investiturverzicht auch nicht gefordert, aber bereits in einem Schreiben vom 11. November 1105 an den Erzbischof Ruthard warf Paschalis II. das Investiturproblem erneut auf und ließ deutlich erkennen, daß er in der Frage der Laieninvestitur mit Ring und Stab, die Heinrich V. bereits ohne Bedenken wie sein Vater vorgenommen hatte und weiter vornahm, zu Konzessionen nicht bereit sei. Auf der Mainzer Reichsversammlung beschloß man, Paschalis zu Verhandlungen nach Deutschland einzuladen, doch erschien dem Papst das Risiko einer Reise über die Alpen nach dem Wiederaufflammen der Kämpfe zwischen dem alten Kaiser und seinem Sohn zu groß. Die geplante Synode fand also nicht auf deutschem Boden, sondern im Oktober 1106 in Guastalla statt. Die deutsche Delegation wurde von dem Erzbischof Bruno von Trier geführt, aber sie konnte in den Verhandlungen über das »Recht des Reiches« *(ius regni),* worunter wohl das königliche Investiturrecht zu verstehen ist, keinen Erfolg erzielen. Im Gegenteil: Der Papst schärfte erneut das Investiturverbot ein.
Angesichts der Verhärtung der Fronten suchte Paschalis II. Anlehnung am französischen Königtum. Mit seiner Frankreichreise, die im Mai 1107 bei einer Begegnung mit König Philipp und dem Thronfolger Ludwig VI. in Saint-Denis ihren Höhepunkt in der

feierlichen Bestätigung der Beilegung des Investiturkonflikts fand, setzte er die Politik seines Vorgängers Urban fort. Nach dem Bericht des Abtes Suger von Saint-Denis schloß der Papst mit den Königen einen Freundschaftsbund und beschwor für den Kampf mit dem Tyrannen, worunter Heinrich V. gemeint war, das Vorbild Karls des Großen. Der in Saint-Denis geförderte, für die Ausbildung des französischen Nationalbewußtseins so wichtige Karlskult begann seine Wirkung zu tun. Die Frankreichreisen Urbans und Paschals stellen eine bedeutsame Wende in den Beziehungen zwischen apostolischem Stuhl und abendländischem Herrschertum dar. Von nun an wurde die Bundesgenossenschaft zwischen Papsttum und Kapetingern zu einer festen Größe der europäischen Politik.

Die Verhandlungen mit der wiederum von Bruno von Trier geführten deutschen Delegation Mitte Mai in Châlons an der Marne blieben erneut ohne greifbares Ergebnis. Im Hinblick auf die weitere Entwicklung ist dabei nicht uninteressant, daß neben den Bischöfen Otto von Bamberg und Erlung von Würzburg auch weltliche Große, nämlich der Bayernherzog Welf, der mit seiner Prahlsucht auf den Abt Suger den denkbar schlechtesten Eindruck machte, Berthold von Zähringen, Hermann von Winzenburg und Wiprecht von Groitzsch zu den deutschen Unterhändlern zählten. Der Papst verlangte den völligen Verzicht auf die Investitur, Bruno berief sich dagegen auf die gefälschten Investiturprivilegien, um die Ansprüche seines Königs zu rechtfertigen. Anscheinend hat man von deutscher Seite auch das Hominium gefordert, jedenfalls die Regalieninvestitur lehnrechtlich gedeutet. Paschalis unternahm noch einen Versuch, an der königlichen Delegation vorbei direkt mit dem Kanzler Adalbert von Saarbrücken, der sich in der Nähe von Châlons aufhielt, ins Gespräch zu kommen, aber auch diese Bemühung war vergeblich. So verkündete er wenige Tage später auf einer Synode in Troyes, zu der Heinrich V. eigene Vertreter nicht mehr entsandt hatte, erneut das Verbot der Laieninvestitur und bedrohte nun den Geistlichen, der die Investitur entgegennehme, und den Konsekrator mit Bann und Absetzung. Darüber hinaus wurde eine Anzahl deutscher Bischöfe suspendiert, weil sie der Synode ferngeblieben waren. Daß diese Sentenzen wenig später nach erfolgter Bußleistung wieder aufgehoben wurden und dem König überdies angeboten wurde, den Rechtsstreit innerhalb des nächsten Jahres auf einem allgemeinen Konzil in Rom erörtern zu lassen, macht jedoch deutlich, daß auch Paschalis einen endgültigen Bruch vermeiden wollte.

Zum Scheitern der Verhandlungen von Châlons merkt Suger von

Saint-Denis an, daß die deutschen Unterhändler damals erregt gedroht hätten, den Streit nun in Rom mit den Schwertern auszutragen. Diese Darstellung ist wenig glaubwürdig und wohl eine Interpretation ex eventu, aber sicher war von einem Romzug des deutschen Königs, der ihm natürlich auch die Kaiserkrone einbringen mußte, in direktem Meinungsaustausch mit dem Papst mehr zu erwarten als von allen durch Vertreter geführten Gesprächen. Zur Vorbereitung der entscheidenden Verhandlungen ging Ende 1109 erneut eine königliche Gesandtschaft unter Führung der Erzbischöfe Friedrich von Köln und Bruno von Trier und des Kanzlers Adalbert an den Papst ab. Aus dieser Zeit ist uns unter dem – wohl nicht authentischen – Titel *De investitura episcoporum* ein wahrscheinlich von Sigebert von Gembloux verfaßter Traktat erhalten, der als eine Art Denkschrift oder Instruktion für die Gesandten interpretiert werden kann. Der Autor verteidigt energisch das Investiturrecht des deutschen Königs und begründet es, gestützt auf die gefälschten Investiturprivilegien, damit, daß die der Kirche übertragenen Regalien, das heißt alles, was »von Königen und Kaisern den römischen Bischöfen an Grundbesitz und Einkünften gegeben wurde«, eben vom König stamme, der König damit auch eine Schutzpflicht gegenüber der Kirche übernommen und das Sicherheitsbedürfnis des Reiches zu beachten habe. Die Form der Übertragung sei gleichgültig, man sei an die geistlichen Symbole von Ring und Stab nicht gebunden, wenn auch die Verwendung des Stabes als eines zugleich weltlichen und geistlichen Symbols zu empfehlen sei. Es geht also um den Besitz am Reichskirchengut. Daß der Traktat einen undifferenzierten Regalienbegriff verwandte, war ein gewisser Nachteil, aber die Unterscheidung von Temporalien und Spiritualien akzeptierte man auf deutscher Seite längst, und auch die Bedeutung der Investitursymbole war bereits stark relativiert – im Grundsätzlichen war also eine weitgehende Annäherung zu verzeichnen. Die Antwort des Papstes fiel nicht sehr konkret aus: Er fordere das, was der Kirche rechtens zustehe, und sei im übrigen bereit, dem Reiche das zu geben, was es von Rechts wegen beanspruchen könne.

Der Romzug Heinrichs V. mußte die Entscheidung bringen. Zu seinen Vorbereitungen gehörte mittelbar auch die Verlobung mit der achtjährigen englischen Prinzessin Mathilde am Osterfeste 1110 in Utrecht, durch die die Annäherung des Saliers an König Heinrich I. besiegelt wurde. Dem päpstlich-französischen Bündnis stellte der deutsche König das Bündnis mit der aufsteigenden anglonormannischen Macht entgegen, das ihm auch finanziell erhebliche Vorteile einbrachte, da König Heinrich I. ihm eine Mitgift von 10 000 Pfund Silber zahlte. Bereits am 25. Juli ließ Heinrich die Braut in Mainz zur Königin krönen – eine ungewöhnliche Ehrung vor der Vermählung, die erst vier Jahre später stattfand. Die junge Königin wurde darauf dem Trierer Erzbischof zur weiteren Erziehung anvertraut.

Im August 1110 brach der Salier zu seinem Romzug auf. In der Lombardei regte sich kaum Widerstand, mit der Markgräfin Mathilde schloß Heinrich eine Art Neutralitätsabkommen, und Anfang Februar 1111 stand er vor Rom. Seit Januar hatte er Verhandlungen mit der Kurie aufgenommen, in denen nun sein Kanzler Adalbert, der nach dem Tode Ruthards von Mainz als Nachfolger vorgesehen, aber noch nicht investiert und geweiht war, die führende Rolle übernahm. Auch Paschalis hatte seine Vorbereitungen getroffen: Auf einer Lateransynode hatte er im März 1110 seinen intransigenten Standpunkt in der Investiturfrage bekräftigt und sich im Laufe des Jahres der Unterstützung der Normannen und des römischen Adels für einen möglichen Ernstfall versichert. Die römischen Verhandlungen wurden nun von einem überraschenden Vorschlag von seiner Seite bestimmt. Dem von den königlichen Unterhändlern immer wieder vorgebrachten Argument, daß der Verlust des Königsdienstes der Bischöfe und Reichsäbte die Machtgrundlage des Königtums zerstöre, konnte sich auch der Papst letztlich nicht verschließen. Er erklärte sich daher bereit, gegen den Investiturverzicht des Königs auf alle vom Reiche stammenden Besitzungen und Rechte Verzicht zu leisten und den deutschen Bischöfen und Äbten die Annahme dieses Vorschlages unter Androhung des Bannes zu befehlen.

Die materielle Existenzgrundlage der Kirchen sollte also zukünftig in den Zehnten und dem aus privaten Schenkungen herrührenden Besitz bestehen; darüber hinaus sollte Heinrich V. die volle Wiederherstellung des Kirchenstaates entsprechend den alten Kaiserpakten zugestehen. Auf dieser Grundlage wurde am 4. Februar in der zum Komplex von St. Peter gehörenden Kirche Sancta Maria in Turri der Vorvertrag geschlossen, den Heinrich selbst am 9. Februar in Sutri bestätigte – allerdings unter dem Vorbehalt der Zustimmung der Reichsfürsten. Der König leistete darüber hinaus einen Sicherheitseid, bei dem er von zwölf weltlichen Fürsten und seinem Kanzler Adalbert unterstützt wurde. Am Tage der Kaiserkrönung sollten die Abmachungen veröffentlicht und erfüllt werden; beide Seiten stellten Bürgen.

Die verfassungsgeschichtliche Bedeutung der hier geschilderten Verhandlungen liegt vor allem darin, daß nun zum erstenmal eine klare Gesamtdefinition des Begriffs *regalia* gegeben wurde. Sie ging über den Regalienbegriff des »Traktats über die Bischofsinvestitur«, der in abgemilderter Form auch jetzt von den königlichen Verhandlungsführern als Richtlinie benutzt worden sein dürfte, hinaus und faßte als Regalien alle hohen Ämter vom Herzogtum bis zum Grafenamt, ferner Grundbesitz und finanziell nutzbare Rechte wie beispielsweise Münze, Zoll und Markt. Sie wurden als dem Reich, also der Institution, nicht dem König als Person zugeordnete Rechte verstanden, und auf ihnen, die prinzipiell als unveräußerlich galten, beruhte, soweit sie den Kirchen überlassen waren, der Königsdienst. Der aufsehenerregende Vorschlag, mit dem der Papst hier hervortrat, zielte auf eine radikale Trennung von weltlichem und geistlichem Bereich ab. Dabei war für ihn wohl weniger das Ideal der apostolischen Armut die Leitvorstellung, sondern eher das Bestreben, die hohen Prälaten ganz aus ihrer Verflechtung in die *saecularia* zu lösen und damit wieder auf ihre eigentlichen priesterlichen Aufgaben auszurichten. Sein Vorschlag stellte theoretisch tatsächlich die klarste und eindeutigste Lösung des Problems dar – aber er war völlig wirklichkeitsfremd, da er die Aufhebung einer jahrhundertealten, tief verwurzelten Rechtsordnung bedeutete. Von vornherein war mit Widerstand von mehreren Seiten zu rechnen: Die Reichsbischöfe und Reichsäbte hätten auf ihre weltliche Machtstellung verzichten müssen, und das zu einer Zeit, da sie diese gerade auszubauen und sich von der traditionellen Bindung an die Krone zu emanzipieren begannen. Den weltlichen Fürsten drohte bei einer solchen Lösung der Verlust ihrer umfangreichen Kirchenlehen; außerdem waren sie sicher nicht an einer Machtsteigerung des Königtums interessiert, die mit der Restitution so umfangreichen Besitzes zwangsläufig verbunden war. Dabei war die Frage noch gar nicht beantwortet, ob dem Königtum überhaupt genügend Kräfte zur Verwaltung des wiedergewonnenen Besitzes zur Verfügung standen. Hier ist allerdings an den Einsatz der Ministerialität zu denken, was immerhin auf der Linie der königlichen Politik lag. Aber auch von den radikalen Vertretern der kurialen Politik war Widerstand zu erwarten. Sie hatten ja den königlichen Eigentumsanspruch auf jene der Kirche übertragenen Güter und Rechte nie anerkannt; eine Rückerstattung erschien daher in ihren Augen als Entfremdung von Kirchengut. Diesen Standpunkt hatte noch Ende 1110 der Bischof Rangerius von Lucca in seinem »Traktat über Ring und Stab« (*De anulo et baculo*) vertreten.

Heinrich V. selbst scheint von der Undurchführbarkeit des Planes überzeugt gewesen sein. Daß er dennoch darauf einging, ist ihm in der Forschung häufig als Skrupellosigkeit und Zynismus ausgelegt worden: Er habe dem Papst eine Falle gestellt. Ein solches Urteil tut ihm Unrecht; es übersieht, daß der Vorschlag von Paschalis selbst an ihn herangetragen worden ist, und als kühler Rechner, der er zweifellos war, wird er erkannt haben, daß für ihn – gleich wie das Ergebnis schließlich aussehen würde – Vorteile damit verbunden waren. Der Papst aber war in einer geradezu hoffnungslosen Lage: Von den Normannen war auch jetzt keine Hilfe zu erwarten, da Roger II. von Sizilien noch unmündig war und gerade auf dem Höhepunkt der Krise Ende Februar/Anfang März Herzog Roger von Apulien und sein Bruder Boemund von Tarent, Fürst von Antiochien, starben. Zwar stand Paschalis nicht allein mit seiner Auffassung, daß die Verweltlichung der Kirche die Wurzel allen Übels sei, aber der Gang der Ereignisse hat ihn dann schnell über das Illusionäre seines Planes belehrt.

Am 12. Februar zog Heinrich V. zur Kaiserkrönung in Rom ein. Nach dem traditionellen Zeremoniell sicherte er den Römern eidlich die Wahrung ihrer Privilegien zu, begrüßte den ihn vor der Petruskirche erwartenden Papst mit Fußkuß und leistete ihm im Atrium der Kirche den üblichen Schutzeid, worauf Paschalis ihn als Sohn der Kirche annahm. Beim Scrutinium ließ der König dann seinen Investiturverzicht verkünden; es folgte die Verlesung der päpstlichen Urkunde, die in Verbindung mit scharfer Kritik am Reichskirchensystem die Rückgabe der Regalien gebot und nach dem Vorbild Gregors VII. und Urbans II. die Laieninvestitur verwarf. Ein Sturm der Entrüstung brach unter den deutschen Fürsten los; die Krönungsfeierlichkeiten mußten unterbrochen werden. Nun versuchte man den ganzen Tag über, in Verhandlungen eine Lösung zu finden. Als schließlich offenkundig wurde, daß der Papst sein Versprechen nicht werde erfüllen können, bezog Heinrich eine eindeutige Position: Er forderte den Vollzug der Kaiserkrönung und die Verbriefung des Investiturrechtes. Paschalis war dazu nicht bereit. Der Tag endete mit der Gefangensetzung des Papstes und der anwesenden Kardinäle, mit denen Heinrich in der Nacht vom 15. zum 16. Februar das vom Aufruhr durchtobte Rom verließ.

Den Strapazen der Gefangenschaft war der Papst nicht lange gewachsen, und schwer lastete auf ihm die Verantwortung für die unglückliche Lage seiner Leidensgenossen. Am 11. April gestand er dem Salier, »seinem in Christus hochgeliebten Sohn Heinrich«, am Ponte Mammolo alles zu, was dieser forderte: Einen frei und kanonisch gewählten Bischof investiert der König mit Ring und Stab, und zwar vor der Weihe; ohne voraufgegangene Investitur darf eine Weihe nicht erteilt werden. Am 12. April wurde das päpstliche Privileg über diese Zugeständnisse ausgestellt und von den Kardinälen, die bereits die Vereinbarungen beschworen hatten, mitunterzeichnet. Paschalis verpflichtete sich obendrein eidlich, Heinrich nicht mehr wegen der Investitur zu behelligen und ihn niemals zu bannen. Im Gegenzug sicherte ihm der König die Freilassung der Gefangenen, die Restitution entfremdeten Gutes der römischen Kirche sowie Treue und Gehorsam, vorbehaltlich der Ehre der königlichen und kaiserlichen Herrschaft, zu. Das Investiturprivileg, in das übrigens die Regaliendefinition der Vertragsurkunde von Sutri – offenbar nicht ohne Absicht – nicht aufgenommen worden war, hatte allein Heinrich, den *rex Teutonicorum*, zum Adressaten. Das Privileg von Sutri war dagegen auch an seine Nachfolger gerichtet gewesen. Es sieht ganz danach aus, als ob der päpstlichen Seite noch in der Niederlage hier ein kluger Schachzug geglückt sei, indem sie die erzwungenen Zugeständnisse auf den derzeit regierenden deutschen König beschränken konnte, für die Zukunft aber alles offenließ. In den Verhandlungen der vergangenen Wochen hatte auch der letzte Gegenpapst der wibertinischen Ära, Silvester IV., als Druckmittel eine gewisse Rolle gespielt. Nun entsagte er auf Heinrichs Befehl hin allen Ansprüchen. Damit war der Weg endgültig frei für die Kaiserkrönung, die Paschalis am 13. April vollzog.

Noch im Mai kehrte der Kaiser nach Deutschland zurück. Auf dem Rückweg schloß er mit Mathilde von Tuszien einen Vertrag, durch den sie ihn zum Erben ihres Allodialbesitzes einsetzte. Die Einzelbestimmungen sind nicht bekannt, daher ist auch nicht eindeutig zu klären, wie sich dieser Vertrag mit der von der Großgräfin einst vorgenommenen und im Jahre 1102 feierlich bestätigten Schenkung ihrer Güter an den Heiligen Petrus vereinbaren ließ. Hier war jedenfalls Anlaß gegeben zu neuem, langdauerndem Streit. Den symbolischen Schlußpunkt unter das dramatische Geschehen setzte Heinrich in Speyer: Am 7. August ließ er den Vater feierlich im Königschore des Domes, nun endlich, am fünften Jahrestage seines Todes, in geweihter Erde, bestatten. Auch das war ein Ergebnis der römischen Verhandlungen.

Vordergründig schien der Salier einen großen Sieg errungen zu haben. In Wahrheit war er schlecht beraten, als er mit Gewalt ein Festhalten an der alten Praxis erzwang, während man in den westeuropäischen Monarchien längst den Weg des Kompromisses beschritten hatte. Dabei kann kein Zweifel daran bestehen, daß auch Heinrich die ihm im Privileg von Ponte Mammolo zugestandene Investitur als Temporalieninvestitur und nicht als Übertragung auch des geistlichen Amtes aufgefaßt hat. Um so unverständ-

licher war es dann aber, daß er an den geistlichen Symbolen des Ringes und des Stabes festhielt. Im Grundsätzlichen, in der Unterscheidung von Temporalien und Spiritualien, bedeutete Ponte Mammolo keinen Rückschritt, aber die weitere Verwendung der geistlichen Symbole war eine verhängnisvolle Fehlentscheidung. Die Friedensbemühungen erhielten damit erneut einen Rückschlag. Durch eine Gewalttat, die freilich, das läßt der Ablauf der Ereignisse deutlich erkennen, nicht heimtückisch geplant, sondern eher etwa als eine improvisierte Aktion durchgeführt wurde, durch eine Gewalttat also war eine mächtige Reformbewegung nicht einzudämmen.
An den Ereignissen von Rom und Ponte Mammolo entzündete sich ein neuer, mit aller Erbitterung geführter publizistischer Streit. Auf beiden Seiten suchte man die öffentliche Meinung in Zustimmung oder Opposition zu mobilisieren. Heinrich rechtfertigte sein Vorgehen in einer Enzyklika; darüber hinaus verfaßte in seinem Auftrag der Würzburger Domscholaster David, ein Ire, den er seiner umfassenden Bildung wegen in die Hofkapelle aufgenommen hatte, eine – nicht erhaltene – offizielle Darstellung des Romzuges, die weitere Verbreitung fand. Die radikalen Gregorianer aber riefen zum Kampf gegen das »Praviley«, die Schandurkunde von Ponte Mammolo, auf, setzten den Papst unter Druck, um eine Revision des Vertrages zu erzwingen, und richteten ihre Propaganda nicht nur gegen den Kaiser als den Bannerträger des Antichristen, der nun plötzlich auch des Aufstandes gegen den Vater wegen verdammt wurde, sondern überhaupt gegen die »gottlosen Deutschen«, die *misera Germania*. Das Verhältnis der römischen Kirche und Kurie zum deutschen Reich hatte sich erneut dramatisch verschlechtert. Verurteilte die eine Seite die Laieninvestitur als Häresie, hielt die andere dagegen, daß die Investitur als Einweisung in das Kirchengut eine lange Tradition habe und der Häresievorwurf völlig unangemessen sei. Forderten die radikalen Gregorianer die Verurteilung des Kaisers, beriefen sich die Anhänger des Saliers auf die Gottunmittelbarkeit und Nichtjudizierbarkeit des Herrschers. Zeitweise dachte man in radikalen gregorianischen Kreisen sogar an eine Absetzung des Papstes, und Paschalis seinerseits spielte wohl auch mit dem Gedanken des Amtsverzichts. Aber die Vereinbarungen von Ponte Mammolo hatte der Großteil der Kardinäle mitgetragen, das nahm der Kritik am Papst das moralische Gewicht.
Im März 1112 widerrief ein Laterankonzil unter Paschals Vorsitz das Praviley und erklärte es, weil erzwungen, formal und, weil gegen den Heiligen Geist und das kanonische Recht gerichtet,

auch inhaltlich für ungültig. Der Papst nahm diese Entscheidung hin, traf sie aber nicht selbst und unterließ auch jegliche Strafmaßnahme gegen die Person des Kaisers. An seiner Stelle aber handelten andere. Schon im Sommer 1111 hatte der im Orient weilende Kardinallegat Kuno von Praeneste, ein Deutscher von Geburt, auf die Kunde von der Gefangennahme des Papstes den Salier auf einer Synode in Jerusalem gebannt und das Anathem bei einem Aufenthalt in Konstantinopel im Herbst wiederholt. Für den Basileus Alexios I. Komnenos schien sich eine günstige Gelegenheit zu einer diplomatischen Offensive zu bieten. Er bot Paschalis Unionsverhandlungen an und versuchte auf diese Weise, zwar nicht, wie es der Historiograph Petrus Diaconus von Monte Cassino glaubenmachen will, die Kaiserkrönung in Rom zu erreichen, wohl aber eine Wiederaufnahme der byzantinischen Süditalienpolitik in die Wege zu leiten, doch verlief die Aktion trotz des Austauschs von Gesandtschaften schließlich im Sande. Unabhängig von den Maßnahmen Kunos verhängte der Erzbischof Guido von Vienne, der sich nun an die Spitze der Gregorianer stellte, am 16. September 1112 auf einer Synode in seiner Bischofsstadt den Bann über den Kaiser. Offenkundig spielte bei dieser Verurteilung auch ein politisches Interesse des französischen Königtums mit. Der Papst bestätigte die Beschlüsse der Synode in allgemeiner Form. In den folgenden Jahren wurde die Exkommunikation Heinrichs auf verschiedenen Synoden mehrfach wiederholt, und inzwischen begann sich die erneute Verhärtung des Konfliktes auch im Reich auszuwirken.

2. Heinrich V. und die deutschen Fürsten

Zeitgenössische Beobachter haben die ersten Regierungsjahre Heinrichs V. als eine Zeit des Friedens im Reich gerühmt. Das Verhältnis des Königs zu den Fürsten war im ganzen von Spannungen frei, selbst die sächsischen Großen schienen sich mit der salischen Monarchie nun endgültig abgefunden zu haben. Das änderte sich sehr schnell nach dem Romzug, und wieder wurde Sachsen zum Zentrum der Unruhen. Aus scheinbar geringfügigem Anlaß entstand im Jahre 1112 ein erster Konflikt des Herzogs Lothar mit dem Kaiser. Der stadische Ministeriale Friedrich, der in der Verwaltung der Grafschaft zu Ansehen und Reichtum gekommen war, hatte sich vor dem Königsgericht seine Freilassung zu erkaufen versucht. Lothar, dem dieser Friedrich schon bei territorialpolitischen Auseinandersetzungen entgegengetreten war, kam dem Grafen Rudolf von Stade zur Hilfe und führte den Ministerialen unter Mißachtung des Königsgerichtes nach Salzwedel in Haft. Sofort schritt der Kaiser ein und ließ den Herzog und den Grafen Ende März durch ein Fürstengericht in Goslar absetzen. Zwar wurden beide noch im Laufe des Jahres begnadigt und in ihre Würden wiedereingesetzt, nachdem sie sich unterworfen hatten und wohl auch der sächsische Adel zu ihren Gunsten interveniert hatte, aber die Aussöhnung war nur oberflächlich, und sogleich entstand neuer Streit, als der Kaiser nach dem am 5. Mai 1113 erfolgten Tode des Grafen Ulrich II., mit dem das einst bedeutende Haus Weimar-Orlamünde im Mannesstamme erlosch, die Reichslehen nach dem Heimfallrecht und darüber hinaus auch Allodialbesitz zu Gunsten des Reiches einziehen wollte. Auf Grund der vielfältigen verwandtschaftlichen Verflechtungen gab es zahlreiche Große, die auf das Orlamünder Erbe Ansprüche erheben konnten, doch übernahm Siegfried von Ballenstedt, seit 1095 als Stiefsohn seines Vorgängers Heinrich von Laach Pfalzgraf bei Rhein, als Nächstberechtigter die Führungsrolle in der Auseinandersetzung mit dem Kaiser. Bei dessen Aufstand gegen den Vater hatte er dem alten Kaiser die Treue gehalten und dafür die Ungnade des jungen Königs zu spüren bekommen; zeitweise wurde er sogar in Haft gehalten. Nun fand er die Unterstützung eines Großteils des ostsächsischen Adels, als er sich gegen die Bestrebungen Heinrichs zur Wehr setzte. Aber der Kaiser wurde auch mit dieser Rebellion schnell fertig. Siegfried starb am 9. März 1113 an den Folgen einer Verletzung, die er bei einem Überfall des Grafen Hoyer von Mansfeld erlitten hatte; von seinen Mitverschworenen geriet Wiprecht von Groitzsch in Gefangenschaft, Graf Ludwig von Thüringen unterwarf sich wenig später und wurde nur gegen Abtretung der Wartburg freigelassen. Die Pfalzgrafschaft übertrug der Kaiser ohne Rücksicht auf Ansprüche der Söhne Siegfrieds dem Grafen Gottfried von Calw, einem zuverlässigen Anhänger, der übrigens ein Enkel des Herzogs Gottfried des Bärtigen und ein Sohn des Stifters von Hirsau war.

Es fällt nicht schwer, die Ursachen der Konflikte und die kaiserlichen Maßnahmen auf einen Nenner zu bringen. Heinrich ging es um die Verbreiterung der königlichen Machtbasis, und die Mittel dazu waren Begünstigung der Ministerialität, Erwerb oder Anlegung von Burgen, Ausbau des Reichsbesitzes. Damit schwenkte er offenkundig in die Bahnen der väterlichen Politik ein. Schon im Jahre 1107 hatte er von dem Grafen Heinrich von Zutphen, einem

Nachkommen der Ezzonen, das Reichslehen Alzey im Tausch gegen die reichslehnbare Grafschaft Friesland erworben und damit den Ausbau der salischen Machtzone am Mittelrhein in die Wege geleitet. In diesen Zusammenhang gehörte die Reorganisation des salischen Hausgutes ebenso wie die Vergabe der Pfalzgrafschaft an einen loyalen Gefolgsmann. Die Wiederaufnahme der Reichsgutpolitik im thüringisch-sächsischen Raum, verknüpft mit forciertem Burgenbau und Einsatz von Ministerialen, diente den gleichen Zwecken. Unter den Ministerialen, die in der Hauptsache des Kaisers Truppen stellten und die Verwaltung des Reiches trugen, gewinnen einzelne schon so an Ansehen und Bedeutung, daß wir ihre Namen und Taten kennen – wie jener Heinrich Haupt (Caput), den der Kaiser zum Burggrafen von Meißen bestellte und der ihm so wichtig war, daß er ihn, als er 1116 in die Hände der Aufständischen geriet, gegen Wiprecht von Groitzsch, Ludwig von Thüringen und Burchard, den ehemaligen Burggrafen von Meißen, austauschte. Den niederrheinischen Aufstand, von dem gleich zu sprechen sein wird, haben die Empörer gegenüber dem Kaiser auch damit zu rechtfertigen gesucht, daß »einer seiner Ministerialen allzu streng seine Herrschaft in ihrem Gebiet ausübe«. Es blieb nicht aus, daß der Hochadel Heinrich mit steigendem Mißtrauen begegnete und er sich damit – Ironie des Schicksals – plötzlich in der Rolle seines Vaters wiederfand.

Mit dem Jahre 1112 war also der sächsisch-salische Gegensatz erneut aufgebrochen. Für Heinrich V. war das um so gefährlicher, als sich in eben diesem Jahre ein weiterer Konflikt entwickelte – mit seinem ehemals vertrautesten Ratgeber, dem Kanzler Adalbert. Nach dem Italienzug, auf dem er die entscheidenden Verhandlungen mit dem Papst geführt hatte, war der Saarbrücker Grafensohn mit dem Mainzer Erzbistum investiert worden, aber die Weihe verzögerte sich, da sich nun das Verhältnis zum Kaiser sehr schnell verschlechterte. Die tieferen Ursachen des Zerwürfnisses sind auch hier in erster Linie territorialpolitische Auseinandersetzungen. Die mit dem Erwerb von Burgen, Lehen, Grundbesitz, Abteien und Herrschaftsrechten auf eine Erweiterung der territorialen Machtbasis des Erzstiftes im rheinfränkischen Raume abzielenden Maßnahmen des Erzbischofs stießen mit einer gleichgerichteten Offensive des Saliers zusammen, der seinerseits daran ging, im Hinterland der mittelrheinischen Bischofssitze von Mainz, Worms und Speyer, dem übrigens Adalberts Bruder Bruno vorstand, das Reichs- und Hausgut auszubauen. Adalbert fand in seiner Opposition gegen den Kaiser nicht nur bei seinem saarbrückischen Verwandtenkreise, sondern über die Grenzen seines

Sprengels hinaus auch beim umwohnenden, auf eigene Herrschaftsbildung bedachten Adel Rückhalt. Als er sich zu Übergriffen gegen den Trifels und andere Reichsburgen hinreißen ließ – so jedenfalls lauten die kaiserlichen Vorwürfe –, schlug Heinrich zurück. Ende des Jahres 1112 ließ er Adalbert gefangensetzen, eine Tat, die größtes Aufsehen erregte. Selbst der Papst intervenierte zugunsten seines Gegenspielers von 1111.

Auch dieser Konflikt ist symptomatisch, und der wenig später ausbrechende Streit mit dem Erzbischof Friedrich von Köln unterstreicht den Sachverhalt noch: Die Reichsbischöfe begannen, gegenüber der Zentralgewalt Eigeninteressen zu verfolgen, eine eigene Territorialpolitik zu betreiben. Hier dokumentieren sich offenkundig Bestrebungen nach einer unabhängigeren fürstlichen Stellung, was notwendig zur Folge hatte, daß sich die Bindungen an den König lockerten und umgekehrt die Bereitschaft zur Solidarität mit den weltlichen Fürsten – unter Umständen auch gegen die Zentralgewalt – wuchs. Das ottonisch-salische Reichskirchensystem war nicht mehr ein unbedingt tragfähiges Fundament für das Königtum. Der schwere und langdauernde Konflikt zwischen Heinrich IV. und dem Papsttum tat seine Wirkung, und darüber hinaus wird auch die Erinnerung an die Vereinbarungen von Sancta Maria in Turri/Sutri das Verhältnis des Episkopates zum Salier zusätzlich belastet haben.

Noch aber schien Heinrichs Stellung nicht ernsthaft bedroht. In Oberlothringen griff er 1113 mit Erfolg zugunsten des auf seiner Seite stehenden, von ihm investierten, aber von Paschalis exkommunizierten und daher nicht geweihten Bischofs Richard von Verdun in dessen Streit mit dem dem Reformpapsttum zuneigenden Grafen Rainald von Bar ein. Zum Epiphaniefest des folgenden Jahres hielt er in Mainz einen glänzenden Reichstag ab, der in seiner Vermählung mit der englischen Prinzessin Mathilde am 7. Januar seinen feierlichen Höhepunkt fand. Beeindruckt von der Anmut der jungen Königin, meinte der anonyme Verfasser der Heinrich V. gewidmeten Kaiserchronik, daß »alle wünschten, sie werde die Mutter des Erben des römischen Reiches sein«. Auf der Reichsversammlung unterwarf sich Herzog Lothar und bat um Vergebung für seine Teilnahme an den Orlamünder Händeln. Er wurde begnadigt – nicht so Ludwig von Thüringen, der sich ebenfalls in der Hoffnung auf die Wiedergewinnung der kaiserlichen Huld auf dem Reichstag eingefunden hatte. Heinrich ließ ihn in Haft nehmen. Auf die Fürsten machten solche Gewalttaten – die Gefangennahme erst Adalberts, nun Ludwigs – den denkbar ungünstigsten Eindruck. Mißstimmung breitete sich aus.

Ein trotz umsichtiger Vorbereitung erfolgloser Feldzug gegen die unbotsamen Friesen, die die Zahlung des jährlichen Tributes verweigert hatten, führte im Sommer 1114 den Umschwung herbei. Der Erzbischof Friedrich von Köln lehnte sich gegen den Kaiser auf, und die Bürgerschaft seiner mächtig gewordenen Stadt, die Heinrich V. seit den militärischen Auseinandersetzungen des Jahres 1106 ohnehin nicht wohlgesinnt war, schloß sich ihm an. Da der größte Teil des Hochadels, darunter die beiden Rivalen um das niederlothringische Herzogtum, Gottfried von Löwen und Heinrich von Limburg, ferner auch Heinrich von Zutphen, in das Lager der Rebellen überging und ein erster Angriff des Kaisers auf Köln fehlschlug, war der niederrheinische Raum dem Salier weitgehend verloren. Daß nun auch die Rheinlande, die in allen inneren Wirren jahrzehntelang der Zentralgewalt festen Rückhalt geboten hatten, in ihrer Loyalität gegenüber dem salischen Königtum wankend wurden, verdeutlicht am besten die Gefährlichkeit der plötzlich ausgebrochenen Krise.

Ein Sieg der Aufständischen über den kaiserlichen Heerbann bei Andernach im Oktober 1114 gab den Sachsen das Signal, sich der Empörung anzuschließen, wobei das Gerücht, der Kaiser wolle den sächsischen Landen neue, schwere Steuern auferlegen, die Stimmung anheizte und der Rebellion eine willkommene Rechtfertigung bot. Heinrich lud die Fürsten auf einen Hoftag nach Goslar; ihr Nichterscheinen offenbarte ihm den ganzen Ernst der Lage. Nun suchte er die Entscheidung mit den Waffen. Sie fiel gegen ihn aus, als ihm der von Herzog Lothar geführte und durch niederrheinische Kontingente verstärkte sächsische Heerbann am 11. Februar 1115 in der Schlacht am Welfesholze bei Eisleben eine vernichtende Niederlage bereitete. Sein Feldherr Hoyer von Mansfeld fand in dem Treffen den Tod. Die Sieger nutzten den Erfolg konsequent und griffen in den folgenden Wochen die noch verbliebenen kaiserlichen Stützpunkte im Harz, in Westfalen und am Niederrhein an. Norddeutschland war dem Kaiser verloren.

Wie sehr seine Macht angeschlagen war wurde offenkundig, als die Mainzer Bürger und Ministerialen unter Führung des Burggrafen ihn im November zwangen, den inhaftierten Erzbischof Adalbert freizulassen. Das Motiv für diese Aktion dürfte wohl weniger in einer besonderen Anhänglichkeit an den Oberhirten als vielmehr in der Opposition gegen die zunehmende Belastung im Königsdienst zu suchen sein, die durch die Vakanz des Bischofsstuhles offenbar in unzumutbarer Weise gesteigert worden war. Die Stadt mußte sich zwar für die künftige Loyalität Adalberts verbürgen, doch schon bald erschien dieser, nachdem er sich in

Köln durch Otto von Bamberg die Bischofsweihe hatte erteilen lassen, neben dem Supplinburger wieder an der Spitze der Gegner Heinrichs in Deutschland.
Offenbar begann sich jetzt auch die von den Gregorianern gegen den Kaiser verhängte Exkommunikation im Reich auszuwirken, denn auch im Episkopat setzte nun der Abfall von Heinrich ein. Dazu trug die Agitation der päpstlichen Legaten entscheidend bei. Der Kardinal Kuno von Praeneste hatte am 6. Dezember 1114 auf französischem Boden, auf einer Synode in Beauvais, die Bannsentenz erneuert. Obwohl ohne offiziellen Auftrag, verlegte er seine Tätigkeit nach Deutschland, und die Sachsen holten außerdem aus Ungarn den dort tätigen Legaten, den Kardinalpriester Theoderich von S. Grisogono, der Domscholaster in Hildesheim gewesen war, ins Reich. Beide verkündeten zu wiederholten Malen im Rheinland, hier am Osterfest in Köln, und in Sachsen den Bann gegen den Kaiser, Theoderich darüber hinaus in Goslar die Ungültigkeit des Pravilegs. Friedensbemühungen Heinrichs blieben ohne Erfolg. Die Zahl seiner Getreuen schmolz zusammen, während eine gut besuchte Versammlung seiner Gegner am Weihnachtsfeste 1115 in Köln auch ohne die Legaten und ungestraft die Exkommunikationssentenz erneuern konnte. Die salische Monarchie war wieder auf einen Tiefpunkt ihrer Geltung zurückgeworfen. Heinrich stand vor einer Situation, die der seines Vaters im Katastrophenjahr 1076 nicht unähnlich war. Aber im Unterschied zu den damaligen Wirren blieb der Süden des Reiches loyal, und nirgendwo lassen sich Bestrebungen erkennen, dem Salier ein Gegenkönigtum entgegenzustellen. Daher konnte Heinrich es im Frühjahr 1116 auch wagen, einen neuen Italienzug zu unternehmen, als die Frage nach dem Erbe Mathildes von Tuszien akut wurde. Die Markgräfin war am 24. Juli 1115 gestorben. Offenbar hat der Kaiser daran gedacht, seine Machtstellung in Italien zu festigen und von dieser Basis aus mit wiedergewonnener Autorität die Auseinandersetzung mit seinen deutschen Gegnern zu Ende zu bringen. Zu Reichsverwesern bestellte er seinen Neffen, den Herzog Friedrich II. von Schwaben, und den Pfalzgrafen Gottfried. Seinem anderen Neffen Konrad, Friedrichs Bruder, übertrug er die herzogliche Gewalt in Ostfranken, die er dem bisherigen Inhaber, dem Bischof Erlung von Würzburg, entzog, da dieser seinen Frieden mit der Gegenpartei gemacht und Kirchenbuße geleistet hatte. Während der mehr als zweijährigen Abwesenheit des Kaisers dauerten die Kämpfe im Reich an. Lothar von Supplinburg gelang es dabei, seine herzogliche Gewalt auch im Westen des Herzogtums zur Geltung zu bringen und der herzoglichen Würde eine

Autorität zu verschaffen, wie sie sie unter den Billungern nicht besessen hatte. Am Rhein vermochte der Staufer Friedrich die königlichen Positionen gegen Adalbert zu behaupten und den mainzischen Einfluß sogar zurückzudrängen. Dabei wußte er durchaus den Reichsdienst mit staufischen Hausinteressen zu verbinden und, wo immer sich die Gelegenheit bot, die staufische Hausmacht in dieser Region, die Otto von Freising später als das Kernland des Reiches kennzeichnete, zu erweitern. Vom Schwabenherzog ging das Wort, daß »er am Schwanze seines Pferdes stets eine Burg mit sich zog« – höchst anschaulich werden damit die Methoden seiner Territorialpolitik, die Besetzung von bischöflichen Burgen und die Neuanlage fester Plätze vom Unterelsaß bis in den Speyer- und Wormsgau, umschrieben. Adalbert verharrte in Feindschaft, aber auf seine Stadt konnte der Erzbischof sich nicht immer verlassen. Um sich ihrer Loyalität zu versichern, stellte er den Bürgern etwa 1118/20 ein Privileg aus, das ihnen den Gerichtsstand in der Stadt verbriefte und erlaubte, ihre Abgaben denjenigen zu entrichten, »denen sie gebührten«. Es verdient hervorgehoben zu werden, daß der bischöfliche Stadtherr die Bürgerschaft privilegierte und damit eine Rolle übernahm, die noch kurz zuvor bei den rheinischen Nachbarn – bei Speyer 1111 und bei Worms 1114 – der König gespielt hatte.

Als Heinrich V. im August 1118 nach Deutschland zurückkehrte, hatten sich seine Statthalter im ganzen gut behauptet, aber die verlorenen norddeutschen Positionen nicht zurückgewinnen können. Der Kardinallegat Kuno agitierte weiter leidenschaftlich gegen den Kaiser und benutzte jede sich ihm bietende Gelegenheit, die Exkommunikationssentenz gegen den Salier und seine Helfershelfer einzuschärfen und freiwerdende Bischofssitze mit Gegnern des Kaisers zu besetzen. Aber die Friedenssehnsucht wuchs, und von der Bereitschaft zur Versöhnung war auch die Reichsversammlung beherrscht, die im Juni 1119 in der Nähe von Mainz zusammentrat. Vor allem sicherte der Kaiser, der – wie ausdrücklich vermerkt wird – sich von beiden Seiten beraten ließ, zu, mit der Kurie in Verhandlungen über die kirchenpolitischen Streitfragen einzutreten. Im Laufe des Jahres festigte sich auch seine Stellung im Reich. Aus Sorge über die wachsende Macht des Herzogs Lothar näherte sich ihm einer der mächtigsten Herren Westfalens, der Graf Friedrich von Arnsberg, wieder an, und sogar die Kölner, deren Rebellion den Anstoß für die schwere Krise der Zentralgewalt gegeben hatte, öffneten ihm die Tore ihrer Stadt, unbeirrt um das Interdikt, das ihr nach Sachsen geflohener Oberhirte über sie verhängte. Die Weichen schienen für einen endgültigen Friedensschluß gestellt.

3. Auf dem Wege zum Wormser Konkordat

Für den Kaiser gestaltete sich sein zweiter Italienzug zunächst durchaus erfolgreich. Obwohl er ohne Heer gekommen war, stieß er in der Lombardei nicht auf größere Schwierigkeiten. Ohne Widerstand der Kurie vermochte er, entsprechend dem im Jahre 1111 geschlossenen Vertrage, die mathildischen Güter in Besitz zu nehmen und die Reichslehen der Markgräfin neu zu vergeben. So konnte er aus einer relativ gefestigten Ausgangslage die Verhandlungen mit der Kurie in die Wege leiten, während innerrömische Auseinandersetzungen Paschalis II. vor neue Probleme stellten und seine Position verschlechterten. Heinrich hatte den Abt Pontius von Cluny (1109–1122), den Nachfolger des großen Hugo, als Vermittler vorausgeschickt. Von ihm, den er bei seinem Amtsantritt als seinen – weitläufigen – Verwandten begrüßt und gleichzeitig an die traditionell guten salisch-cluniazensischen Beziehungen erinnert hatte, erhoffte er sich eine wesentliche Unterstützung in seinem Bemühen um die Wiederherstellung der Einheit von weltlicher und geistlicher Gewalt und die Verteidigung der kaiserlichen Rechte. Pontius hatte das Praviieg verurteilt, sich dennoch bald nach 1111 wieder in die Ausgleichsbemühungen eingeschaltet. Nun aber konnte auch er nicht verhindern, daß eine römische Synode, die auch Paschalis selbst mit harter, von diesem und seinem Kanzler Johannes von Gaeta aber energisch zurückgewiesener Kritik bedachte, im März 1116 jeden Verhandlungsfortschritt blockierte, das Investiturverbot erneuerte und das Praviieg verurteilte. Immerhin widersetzte sich der Papst dem Drängen der radikalen Kurialen, den Kaiser zu bannen; allerdings mußte er sich zu einer Bestätigung der von dem Kardinallegaten Kuno gegen den Salier getroffenen Maßnahmen bereitfinden, was dem Zugeständnis gleichkam, daß die Exkommunikation Heinrichs zwar nicht in päpstlichem Auftrag, aber mit apostolischer Autorität erfolgt sei. Wenige Wochen später sah sich Paschalis gezwungen, die Heilige Stadt zu verlassen. Bei der Wahl des Stadtpräfekten hatte er die Familie der Pierleoni favorisiert, sich aber gegen die Familie des verstorbenen Amtsinhabers, die von den Frangipani und den Grafen von Tuskulum unterstützt wurde, nicht durchsetzen können. Im Hintergrund wird eine Konstellation erkennbar, die über kurz oder lang zu einem Wiederaufflammen jener aus der römischen Geschichte des 10. und der ersten Hälfte des 11. Jahrhunderts sattsam bekannten Kämpfe der städtischen Adelsfaktionen führen mußte. Die Pierleoni waren eine spätestens um die Mitte des

11. Jahrhunderts konvertierte jüdische Familie, die durch ihre Geldmittel zu politischer Macht gekommen war und seit 1111 mit Petrus Pierleone, dem späteren Papst Anaklet II., ein Mitglied im Kardinalskollegium stellte. Zunächst mit der zu den Familiaren des Papstes gehörenden Familie der Frangipani befreundet und verbündet, provozierten sie durch den Griff nach der Stadtpräfektur und damit dem beherrschenden politischen Einfluß in Rom den Bruch und trieben die Frangipani schließlich in das gegnerische, kaiserliche Lager. Um diese Zeit zeichnet sich auch schon der Aufstieg einer weiteren Familie, der später so berühmten Colonna, ab, deren Ahnherr Petrus de Columna die Gunst der Stunde rücksichtslos zum Erwerb von Besitz und politischer Macht zu nutzen vermochte.

Zweifellos hat Heinrich V. den Vorteil, den die Unsicherheit der römischen Verhältnisse ihm bot, erkannt, als er Anfang 1117 in die Heilige Stadt einzog. Auf seine Seite traten die Familie des Stadtpräfekten und die Tuskulaner, vielleicht jetzt auch schon die Frangipani. In diesem Zusammenhang berichtet Petrus Diaconus in der Chronik von Monte Cassino, daß der Kaiser dem gleichnamigen Sohn des Grafen Ptolemeus von Tuskulum, seines getreuen Gefolgsmannes, seine Tochter Berta zur Gemahlin gegeben habe. Über die Existenz einer Kaisertochter ist sonst nichts bekannt; vielleicht war sie unehelicher Geburt, oder der Chronist ist einem Irrtum erlegen, und Berta war lediglich eine Verwandte Heinrichs.

Der römische Klerus aber verharrte gegenüber dem Kaiser, der für weite kirchliche Kreise ja als gebannt galt, in Ablehnung. Die in Rom zurückgebliebenen Kardinäle verweigerten ihm eine Krönung in St. Peter. Schließlich fand sich zu einer Festkrönung an Ostern nur ein auswärtiger Prälat, der vor einiger Zeit nach Rom gekommene und offenbar seit längerem in der Umgebung des Saliers weilende Erzbischof Mauritius von Braga, bereit, der anscheinend am Pfingstfest und den beiden Hochfesten des folgenden Jahres, an denen sich Heinrich in Rom aufhielt, auch Mathilde krönte. Eine reguläre Kaiserkrönung aber ist offenbar an Heinrichs Gemahlin nicht vollzogen worden, wenn sie auch später, nach ihrer Rückkehr nach England, den Titel »Kaiserin« führte. Paschalis, der sich inzwischen unter den Schutz der Normannen nach Benevent begeben hatte, beantwortete des Mauritius Beflissenheit postwendend mit seiner Exkommunikation – zweifellos ein unfreundlicher Akt auch gegen den Kaiser, dem gegenüber der Papst bisher ein schroffes Auftreten stets vermieden hatte. Freilich gab er seine Zurückhaltung nun mehr und mehr auf, wie ein Schreiben an den Erzbischof Friedrich von Köln erkennen läßt, in dem er das Vorgehen Heinrichs mit harten Worten verurteilte und den von Friedrich »gegen den König« verhängten Bann bestätigte.

Das Jahr 1117 verstrich, ohne daß man einer Lösung der anstehenden Probleme näherkam, obwohl es auch in der Umgebung des Papstes auf den Ausgleich hinwirkende Kräfte, zum Beispiel Johannes von Gaeta und die Pierleoni, gab und anscheinend von seiten einer Gruppe von Kardinälen Verhandlungen über die Investiturfrage geführt wurden. Zu Anfang des folgenden Jahres kehrte Paschalis unter dem Schutze der Pierleoni und des Petrus Colonna nach Rom zurück, doch starb er bereits am 21. Januar. Sein Pontifikat hatte zweifellos viele hochgesteckte Erwartungen enttäuscht; weder der Kirche noch dem Reiche hatte er den ersehnten Frieden gebracht. Daß sein Kanzler Johannes zu seinem Nachfolger gewählt wurde, konnte als ein deutliches Signal der Friedensbereitschaft der Kurie verstanden werden; denn gerade Johannes, der sich Gelasius II. nannte, hatte immer wieder eine vermittelnde Haltung eingenommen. Sehr rasch jedoch änderte sich die Situation. Als der Kaiser Anfang März unerwartet in Rom erschien, ergriff der Papst sofort die Flucht – offenbar in Ungewißheit über die eigentlichen Absichten des Saliers und aus Furcht, daß sich die Ereignisse des Jahres 1111 wiederholen könnten. Gelasius begab sich nach Gaeta, zeigte aber auch jetzt noch durchaus Versöhnungsbereitschaft, indem er in Aussicht stellte, alle Streitfragen auf einer nach Mailand oder Cremona einzuberufenden Synode erörtern zu lassen. Jede Hoffnung auf einen baldigen Frieden aber wurde zunichte gemacht, als der eben erwähnte Mauritius von Braga am 8. oder 9. März 1118 zum Gegenpapst erhoben wurde. In Deutschland war der Schrecken über die Fortsetzung des nun schon endlos währenden Kampfes und das Scheitern aller Friedensbemühungen allgemein groß. Warum Heinrich noch einmal zum Mittel des Schismas griff, bleibt unerfindlich, und die Frage, was er sich von einer solchen Verschärfung des Konfliktes versprach, findet keine Antwort. Daß er einen schweren politischen Fehler begangen hatte, konnte nicht zweifelhaft sein; das hätte ihn auch die Erfahrung der letzten Regierungsjahre seines Vaters lehren müssen. Der Anlaß für den unüberlegten Schritt mag die Weigerung des noch nicht geweihten Papstes gewesen sein, seiner Aufforderung zur Rückkehr nach Rom Folge zu leisten; Weihe und Amtseinsetzung des neuen Papstes erfolgten in Gaeta. Darüber hinaus scheint Heinrich vor allem aber dem Drängen der Frangipani und ihrer römischen Parteigänger nachgegeben zu haben. Cencius Frangipane hatte sich noch am Wahltage zu einer Gewalttat gegen Gelasius hinreißen lassen; nur die Empörung der Römer hatte ihn daran gehindert, den Elekten, dessen er sich bereits bemächtigt hatte, weiter in Haft zu halten. Die stadtrömischen Parteigruppierungen bilden also den Hintergrund dieses Schismas, dessen verderbliche Folgen jedoch in erster Linie den Kaiser trafen. Im übrigen spricht auch die Auswahl der Persönlichkeit des Gegenpapstes, der sich hochtrabend Gregor VIII. nannte, nicht dafür, daß dem Salier selbst viel an dem Schisma gelegen war. Mauritius, wohl Franzose von Geburt und Cluniazenser, war nach Rom gekommen, um die Rechte seines Metropolitansitzes gegen die Ansprüche von Toledo und den steigenden Einfluß der Kirche von Compostela zu verteidigen. Dabei war er zunächst durchaus erfolgreich gewesen, doch hatte sich das Blatt gewendet, und zum Zeitpunkt seiner Erhebung zum Gegenpapst war er offenbar politisch bereits gescheitert und in Rom isoliert. Heinrich hat sich auch nicht bemüht, seine Oboedienz auszuweiten. Anhänger fand Mauritius unter ehemaligen Wibertinern, für kurze Zeit unterstützten ihn die Frangipani und die Familie des Stadtpräfekten, die die Peterskirche in ihrer Gewalt hatten; sonst aber erlangte er keine Bedeutung. Von einem Schisma in strengem Wortsinne kann also im Grunde nicht die Rede sein. Als der Kaiser Anfang Juni 1118 die Heilige Stadt verließ, war die Rolle Gregors VIII. ausgespielt – bekannt wurde und blieb er eigentlich nur unter dem Spottnamen Burdinus (= spanischer Esel), den ihm die Römer oder die Normannen gegeben hatten.

Gelasius, der sich in Briefen und Manifesten an die Öffentlichkeit wandte und so seine Sache propagandistisch geschickt vertrat, sah sich durch die Entwicklung in Rom nun zu einer scharfen Reaktion gezwungen. Am Palmsonntag 1118 verhängte er den Bann über Heinrich V. und erneuerte die Exkommunikation des Gegenpapstes. Diese Maßnahmen gaben der Agitation des Kardinallegaten Kuno von Praeneste im Reich erheblichen Auftrieb. Die Opposition formierte sich. Das Vorhaben, einen Reichstag in Würzburg abzuhalten, auf dem der Kaiser sich verantworten sollte, ließ die Gefährlichkeit des Widerstandes deutlich werden; für den Fall, daß der Salier der Versammlung fernbleiben werde, war sogar seine Absetzung geplant. Das zwang Heinrich zum schnellen Abbruch seines italischen Unternehmens. Im August betrat er wieder deutschen Boden, und sein bloßes Erscheinen genügte, den Plan des Würzburger Reichstages zum Scheitern zu bringen. Die Gefahr einer der Krise von 1076/77 ähnlichen Bedrohung der Monarchie war damit überwunden. Die schon angesprochene

Reichsversammlung vom Juni 1119 sollte die Voraussetzungen schaffen für eine Beendigung der Kämpfe im Reich und den Friedensschluß mit dem Papsttum.

Auf der cathedra Petri war inzwischen ein Wechsel eingetreten. Nach Abzug des Kaisers war Gelasius II. nach Rom zurückgekehrt: Der Gegenpapst stellte keine ernsthafte Gefahr dar, aber die Feindschaft der Frangipani zwang den Papst im September 1118 erneut zum Verlassen seiner Stadt. Er ging nach Frankreich, starb jedoch bereits am 29. Januar in Cluny. Zu seinem Nachfolger wurde von seinen hier versammelten Begleitern der Erzbischof Guido von Vienne gewählt, den wenig später auch die in Rom verbliebenen Kurialen anerkannten. Daß dem sterbenden Papste Kuno von Praeneste als ein geeigneter Kandidat für seine Nachfolge erschien, mag als Indiz dafür gelten, daß Gelasius selbst an der Möglichkeit eines baldigen Friedensschlusses verzweifelte. Die auch von Kuno geförderte Wahl Guidos, der sich Calixt II. nannte, schien vorerst alle Aussichten auf Versöhnung zunichte zu machen, denn der Erzbischof von Vienne hatte sich nach 1111 als erbitterter Gegner Heinrichs V. hervorgetan. Freilich scheint diese Feindschaft eher politisch, genauer noch: machtpolitisch, motiviert gewesen zu sein. Der dem unter seinem Vater Wilhelm noch saliertreuen hochburgundischen Grafenhause entstammende Guido hatte im Raume Vienne und Besançon die Herrschaftspositionen seines Hauses gegen eine vorsichtig ausgreifende kaiserliche Politik zu verteidigen gesucht und sich daher an die Spitze des antikaiserlichen burgundischen Adels gestellt. Sein Widerstand gegen den Salier scheint also weniger aus einem religiös-ideellen, reformpolitischen Gegensatz zu erklären zu sein, und da er ein entfernter Verwandter des Kaisers war, ließen sich nun, nachdem mit seiner Erhebung auf die cathedra Petri dynastische Rücksichten an Gewicht verloren hatten, vielleicht doch Möglichkeiten zur Anknüpfung von Verhandlungen finden. Offenbar hat der neue Papst auch die verbreitete Friedenssehnsucht richtig eingeschätzt. Er nahm Verbindung mit deutschen Bischöfen auf und berief für den Oktober 1119 ein Konzil nach Reims ein.

Bereits im September traf Heinrich V. in Straßburg mit Wilhelm von Champeaux, dem als Frühscholastiker bekannten Bischof von Châlons, und dem Abt Pontius von Cluny zu einem offiziösen Vorgespräch zusammen. Es ist das letzte Mal, daß Cluny in der Auseinandersetzung zwischen regnum und sacerdotium eine wichtige Vermittlerrolle übernahm. Der französische Bischof legte dem Kaiser nahe, auf die Investitur mit Bistümern und Abteien zu verzichten und verwies auf das Beispiel seines Heimatlandes, um darzutun, daß das keine Minderung der königlichen Rechte bedeute. Er selbst habe keine Investitur durch den Herrscher erhalten und leiste doch, wie ein deutscher Bischof, jeden Dienst, der von altersher dem König zustehe. Heinrich erklärte sich tatsächlich auf dieser Grundlage zum Abschluß eines Vertrages bereit, der mit offiziellen Vertretern des in Paris weilenden Papstes, den Kardinälen Lambert von Ostia und Gregor von Sant' Angelo, schriftlich fixiert wurde. Der formelle Friedensschluß sollte bei einer persönlichen Zusammenkunft von Papst und Kaiser am 24. Oktober in Mouzon erfolgen. Es war eine hochbedeutsame Geste, daß Calixt II. sich bereit fand, das bereits begonnene Reimser Konzil, auf dem auch deutsche Prälaten, an ihrer Spitze der Erzbischof Adalbert von Mainz, erschienen waren, zu unterbrechen und dem Salier, der immerhin noch gebannt war, in die Grenzstadt entgegenzuziehen. Dennoch scheiterten die Ausgleichsbemühungen im letzten Augenblick. Heinrich hatte im Vorvertrag einer Lösung des Investiturproblems in der Form zugestimmt, daß er auf jegliche Investitur einer jeden Kirche verzichte: »dimitto omnem investituram omnium ecclesiarum«. Nun verlangte man von päpstlicher Seite plötzlich eine Interpretation des Investiturbegriffs, die eindeutig auf den Verzicht jeglicher, auch der bloßen Temporalieninvestitur hinauslief. Man war zwar bereit, dem Kaiser die für ihn lebenswichtigen Leistungen der Reichskirche zuzugestehen, dies aber auf einer mehr freiwilligen Basis und ohne eine ausreichende Garantie. Das aber konnte Heinrich nicht genügen, und er mußte um so vorsichtiger und skeptischer sein, als Calixt II. noch kurz vor Reims im Zusammenhang mit einer in Toulouse abgehaltenen Synode die Investitur absolut verurteilt hatte. Daß darüber hinaus die päpstliche Delegation die kaiserlichen Gegenbischöfe nicht in den Friedensschluß einbeziehen wollte, empfand der Salier zweifellos als Affront. Er erhob Einspruch, betonte, daß er seinen Verzicht nicht so gemeint habe, und verlangte schließlich Aufschub, um sich mit den Fürsten zu beraten. Darauf brach der Papst die Verhandlungen ab und kehrte nach Reims zurück. Vor dem Konzil gab dann der Kardinal Johann von Crema eine Darstellung der Begegnung, die das Geschehen völlig verzerrte: Der Kaiser sei mit gewaltiger Heeresmacht erschienen und habe die päpstliche Delegation unter Druck gesetzt, den Papst mit Verhaftung bedroht. Erinnerungen an die römischen Ereignisse vom Jahre 1111 wurden wach, und in dieser aufgeladenen Atmosphäre war das Folgende lediglich eine Formsache: Erneut wurden der Kaiser und sein Gegenpapst exkommuniziert, und über eine Anzahl deutscher Fürsten und italischer Anhänger des

Saliers, unter ihnen der berühmte Jurist Irnerius von Bologna, wurde der Bann verhängt –, der Ausgleichsversuch war gescheitert.

Die Schuldfrage ist nicht so einfach zu klären. Unsere Kenntnis der Vorgänge stützt sich in der Hauptsache auf den Augenzeugenbericht des Scholasters Hesso von Straßburg, eines gemäßigten Gregorianers, der jedoch eindeutig die Tendenz verfolgt, den Kaiser für das Scheitern verantwortlich zu machen. Seine Darstellung hat in der Forschung unterschiedliche Wertungen erfahren. Wer in Heinrich V. ohnehin den eiskalten, vor keiner Tücke und keinem Verrat zurückscheuenden Macht- oder Realpolitiker sah, zitierte den Straßburger Scholaster in diesem Sinne als willkommenen Kronzeugen. Wer den Salier als Opfer kurialer Intrigen sehen wollte oder wer überhaupt an der ehrlichen Absicht des Papstes zweifelte und alle Schuld am Scheitern Calixt II. zuzuschieben versuchte, verwarf die Quelle ohne Einschränkung als tendenziös und unglaubwürdig. In beiden Fällen hat man sich die Sache sicher zu einfach gemacht. Vielleicht haben es die Delegationen in den Vorverhandlungen tatsächlich versäumt, die Kontroverspunkte, das heißt vor allem das Verständnis des Investiturbegriffs, eingehend zu klären – sei es unbewußt, weil man von einem Grundkonsens ausging, sei es bewußt, weil man nachträglich Vorteile aus einer unklaren Formulierung zu ziehen gedachte. Jedenfalls war der Kaiser mit einer dem französischen Usus nahestehenden Lösung, die man ihm zugestehen wollte, nicht einverstanden; sie genügte ihm nicht. Daß die päpstliche Seite erst so spät mit ihrer Forderung nach einer authentischen Interpretation hervorgetreten ist, rückt sie ins Zwielicht. Das sieht in der Tat sehr nach einem Überrumpelungsversuch aus. Die Verantwortung für den Abbruch der Verhandlungen lag ohne Zweifel beim Papst. Als er aber in Reims unter Ausnutzung der angeheizten Stimmung eine radikale Entscheidung in seinem Sinne durchsetzen wollte, erlebte er eine böse Enttäuschung. Die Mehrheit der Konzilsteilnehmer, in der Hauptsache die Laien, protestierte gegen ein absolutes Verbot der Temporalieninvestitur und vertrat demgegenüber die Auffassung, daß eine Sicherung der Rechte der Laien am Kirchengut nicht verweigert werden könne. Damit wurde auch dem Papste klar, daß er hinter die in den langjährigen Diskussionen erreichten Grundpositionen nicht mehr zurückgehen konnte. Künftig hatte man auf die zum Ausgleich gewillten Kräfte in beiden Lagern Rücksicht zu nehmen. Unter diesem Aspekt waren auch die Verhandlungen von Mouzon nicht ein Rückschritt, sondern tatsächlich eine Etappe auf dem Wege zum Wormser Konkordat.

4. Das Wormser Konkordat und der Ausgang Heinrichs V.

Der Fehlschlag von Mouzon hat Heinrichs V. Stellung in Deutschland nicht entscheidend beeinträchtigt. Zwar verharrte Adalbert von Mainz, dem Calixt II. die Würde eines päpstlichen Legaten verliehen hatte, in erbitterter Gegnerschaft, aber unter den rheinischen Fürsten wuchs der Widerstand gegen die unversöhnliche Politik des Mainzer Metropoliten. Vor allem Bruno von Trier, der sich durch päpstliches Privileg von der Legatengewalt seines ständigen Rivalen hatte eximieren lassen, bemühte sich, die traditionelle Trierer Vermittlungspolitik wiederzubeleben, und auch Friedrich von Köln war des Konfliktes müde. Noch immer wurde um die Besetzung einzelner Bischofsstühle zwischen Kaiserlichen und Päpstlichen hart gerungen, aber im ganzen wahrte Heinrich ein politisch-militärisches Übergewicht. Allerdings konnte sich Adalbert, nachdem er seiner Stadt ein so bedeutsames Privileg ausgestellt hatte, der Mainzer Bürgerschaft sicher sein, und hier suchte nun der Kaiser die Entscheidung. Im Mai 1121 stieß er vom Elsaß mit Heeresmacht gegen die mittelrheinische Metropole vor, gewillt, die Stadt zu unterwerfen und seinen Gegner seines Machtrückhaltes zu berauben. Adalbert führte von Sachsen ein Entsatzheer heran, die Entscheidungsschlacht stand bevor. In diesem Augenblick aber ergriffen die Fürsten die Initiative zur Beilegung des Konfliktes, und beide Kontrahenten sahen sich gezwungen einzulenken. Ein Fürstenausschuß aus beiden Heeren erarbeitete die Grundzüge eines Vergleichs. Damit war der Weg geebnet für den endgültigen Friedensschluß, der am 29. September auf einem Reichstag in Würzburg die Fehden im Reich beendete. In der Hauptfrage, dem Streit zwischen Kaiser und Papst, wurde festgelegt, daß Heinrich dem apostolischen Stuhl Gehorsam erweisen solle, aber mit Rat und Hilfe der Fürsten ein Vergleich herbeizuführen sei, der Recht und Ehre des Reiches, den *honor regni*, wahre. Ekkehard von Aura bringt die Zielsetzung der Friedensbemühungen auf die knappe Formel: *regalia vel fiscalia regno, ecclesiastica ecclesiis* – Königsrechte und Königsbesitz dem Königtum, kirchliches Gut den Kirchen. Das Würzburger Friedensinstrument ist ein hochbedeutsames Dokument für die Kräfteverhältnisse im Reich. Der Kaiser muß dem Druck der geschlossen auftretenden Fürsten nachgeben. Das kennzeichnet die Stärke ihrer Position nach Jahrzehnten wechselvollen, erbitterten Ringens. Sie treten ihm als Verkörperung des Reiches gegenüber; zum ersten Male wird die Unterscheidung von Kaiser und Reich, *imperator et regnum*, getroffen, und ihrem Selbstverständnis nach erscheinen die Fürsten als das Reich. Unter ihrer Kontrolle steht der nun hergestellte Friede, und sehr klar wird ausgesprochen, daß der Kaiser mit ihrer aller Widerstand zu rechnen hat, wenn er sich zu einem Racheakt hinreißen lassen sollte. Auf der anderen Seite übernehmen sie die Mitverantwortung dafür, daß der *honor regni* nicht beeinträchtigt werden dürfe, und das konnte dem Kaiser eine wertvolle Rückendeckung bei den nun fällig werdenden Verhandlungen mit der Kurie bedeuten. Die päpstliche Seite mußte erkennen, daß sie in der Regalienfrage einer geschlossenen Front von Kaiser und Reich gegenüberstehen werde.

Zu Beginn des Jahres 1122 kommt es zum Austausch von Gesandtschaften zwischen Kaiser und Kurie. Die endgültige Unterwerfung des Gegenpapstes Burdinus im Jahre zuvor, die Calixt II. mit dem Schauspiel einer grausamen, weit über Rom hinaus bekannt werdenden Demütigung seines unglücklichen Gegenspielers verband, gab nun auch dem Papst die Möglichkeit, sich ganz auf das Problem der Aussöhnung mit dem Salier zu konzentrieren. Bei den Würzburger Vereinbarungen war man wohl davon ausgegangen, daß der Papst selbst nach Deutschland kommen werde. Diese Erwartung erfüllte sich jedoch nicht, er ließ sich durch Legaten vertreten. Die Zusammensetzung der römischen Gesandtschaft macht deutlich, daß man sich auch an der Kurie der entscheidenden Bedeutung dieser Verhandlungen bewußt war: Der Kardinalbischof Lambert von Ostia, als Honorius II. Calixts II. direkter Nachfolger, und der Kardinaldiakon Gregor von Sant'Angelo, später Papst Innozenz II., hatten bereits den Straßburger Vorvertrag von 1119 mit ausgehandelt und waren daher mit der Materie bestens vertraut; hinzu kam der Kardinalpriester Saxo von S. Stefano in Monte Celio, der 1124 als papabile galt und später Kanzler des (Gegen-)Papstes Anaklet II. wurde. Auf den 8. September beriefen die Kardinallegaten ein Konzil nach Mainz ein. Das war offenkundig ein Affront gegen den Kaiser, dem damit zugemutet wurde, zum Abschluß des Friedens in die Stadt seines Gegners Adalbert zu kommen. Heinrich hat dem nicht zugestimmt und schließlich erreicht, daß die letzten entscheidenden Verhandlungen in dem auf seiner Seite stehenden Worms geführt wurden. Am 23. September konnten die Friedensvereinbarungen vor den Toren der Stadt, auf der Lobwiese, der Öffentlichkeit verkündet und die Vertragsurkunden ausgetauscht werden. Anschließend wurde dem Kaiser bei der heiligen Messe das Abendmahl gereicht und damit seine Wiederaufnahme in die kirchliche Gemeinschaft besiegelt.

Das Wormser Vertragswerk, zuerst von G. W. Leibniz als Kon-

kordat, Concordatum Nationis Germanicae antiquissimum, bezeichnet, hält die wechselseitigen Verpflichtungen in zwei Urkunden fest, als deren Aussteller Heinrich V. *(Heinricianum)* und Calixt II. *(Calixtinum)* erscheinen. Der Kaiser verzichtet auf die Investitur mit Ring und Stab, gesteht in allen Kirchen des Reiches kanonische Wahl und freie Weihe zu und erklärt sich bereit, die Regalien des heiligen Petrus und die Besitzungen, die sein Vater und er seit Beginn des Streites der römischen Kirche, aber auch weltlichen oder geistlichen Fürsten entzogen haben, zurückzuerstatten oder beim Rückerwerb zu helfen. Der Papst seinerseits gesteht zu, daß die Bischofs- und Abtswahlen im deutschen Reich ohne Simonie und Gewalttat in Anwesenheit Heinrichs erfolgen sollen, der bei strittigen Wahlen nach Rat und Urteil des Metropoliten und der anderen Bischöfe der Kirchenprovinz die vernünftigere Partei, die *pars sanior,* unterstützen soll; in Deutschland soll der Gewählte vor der Weihe, in den anderen Teilen des Imperiums, also in Italien und Burgund, innerhalb von sechs Monaten nach der Weihe die Regalieninvestitur erhalten, bei der der Herrscher sich des Szepters bedienen soll. Der Investierte wird ausdrücklich verpflichtet, die aus der Investitur folgenden Leistungen, so wie es rechtens ist, zu erbringen *(que ex his iure tibi debet, faciat).*
Besondere Beachtung verdient zunächst die Unterscheidung von deutschem Reich *(regnum Teutonicum)* und Imperium im weiteren Sinne in der Urkunde Calixts II. Der Papst bewegte sich mit dieser Gegenüberstellung ganz in den Bahnen, die Gregor VII. vorgezeichnet hatte. Die Verwendung in einem Dokument von so grundlegender Bedeutung hat sicher nicht wenig dazu beigetragen, daß ein spezifisch deutscher Reichsbegriff nun einen festen Platz in der politischen Terminologie fand. In Deutschland behauptete der Herrscher einen wesentlichen Einfluß auf die Besetzung der Bischofsstühle; wie weit er diesen im Einzelfalle zu nutzen vermochte, war eine machtpolitische Frage. In Italien und Burgund mußte der Kaiser allerdings eine entscheidende Einschränkung seiner Kirchenhoheit hinnehmen. Mit der Temporalieninvestitur wurde Heinrich jetzt gewährt, was man ihm noch in Mouzon verweigert hatte, ohne daß man den Versuch unternahm, eine Scheidung zwischen den aus königlicher Verleihung stammenden Rechten und Besitzungen und solchen aus anderer Wurzel zu treffen. Das Calixtinum spricht nur von Regalien, die nun zu einem festen staatsrechtlichen Begriff werden; es lag nahe, daß das Königtum unter diesen Begriff künftig unterschiedslos alle Temporalien subsumierte. Die dem König nach Reichsrecht zu erbringenden Leistungen werden nicht weiter definiert; von Mannschaft

(*hominium*) und Treueid ist nicht die Rede, aber aus anderen Quellen ist bekannt, daß beides von den deutschen Bischöfen geleistet wurde. Hier wirkte das englische Vorbild nach, obwohl man sich nirgendwo ausdrücklich darauf berief. Damit wurden jetzt die Beziehungen zwischen der Zentralgewalt und den hohen Prälaten, den Bischöfen und Äbten, ganz auf eine lehnrechtliche Grundlage gestellt.

Die Form der beiden Urkunden hat sowohl bei den Zeitgenossen als auch in der modernen Forschung Anlaß zum Meinungsstreit über Rechtscharakter und Geltung der Vereinbarungen gegeben. Das Heinricianum ist ausgestellt für die Apostel Petrus und Paulus und die katholische Kirche, die kaiserlichen Zugeständnisse gelten daher für die Kirche allgemein; das Calixtinum, das im übrigen ja nicht vom Papste selbst, sondern von seinem Legaten ausgefertigt worden ist, richtet sich an die Person Heinrichs: *Ego Calixtus ... tibi dilecto filio H (einrico), dei gratia Romanorum imperatori, concedo ...* Es fragt sich also, ob dieser formale Unterschied rechtliche Konsequenzen dergestalt hatte, daß der Salier einen dauernden Verzicht aussprechen mußte, für das Reich aber nur eine vorläufige, lediglich für seine eigene Regierungszeit gültige Regelung erreichte. Nun wird man zunächst davon ausgehen dürfen, daß den Unterhändlern der kaiserlichen Seite, die zum Teil bereits an den Verhandlungen von 1111 und 1119 beteiligt gewesen waren, die Gesamtproblematik völlig und in jeder Phase der Besprechungen bewußt war; es wäre also absurd zu vermuten, daß sie sich hätten übertölpeln lassen. Grundsätzlich ist anzumerken, daß man sich vor dem Anachronismus hüten muß, moderne Vorstellungen von der Notwendigkeit der Fixierung einer Verfassungsregelung in einer schriftlichen Urkunde auf die Zustände und das Rechtsdenken des beginnenden zwölften Jahrhunderts zu übertragen. Sicherlich hat das Calixtinum formal nur für Heinrich V. gegolten und erlosch daher mit seinem Tode 1125. Andererseits hat das Reich seine Rechte gegenüber der Reichskirche selbstverständlich auch nach dieser Zäsur wahrgenommen – in der Regalienfrage dauernd, in der Frage der königlichen Anwesenheit bei Wahlen nur einige Jahrzehnte. Das geschah jedoch nicht unter Berufung auf die päpstliche Urkunde, sondern weil es jahrhundertealtes Gewohnheitsrecht war. Das Reich hatte keine schriftliche Rechtstradition, und das Calixtinum setzte nicht neues Recht. In Worms erkannte die Kurie an, was nach Auffassung der kaiserlichen Seite seit eh und je geltendes Reichsrecht war, von den Gregorianern aber als solches bestritten worden war. Freilich trug das Vertragswerk nun dem Rechnung, was in jahrzehntelangem Ringen geklärt worden war: Es beruhte auf der Unterscheidung von Spiritualien und Temporalien. Man goß sozusagen alten Wein in neue Schläuche. Dabei soll nicht bestritten werden, daß die Form des Papstprivilegs die Möglichkeit zu neuen Verwicklungen in sich barg – vor allem, wenn man von unterschiedlichen Voraussetzungen, unterschiedlichem Rechtsdenken her argumentierte –, aber insofern das Konkordat eine Kompromißlösung war, waren die Möglichkeiten zu neuen Konflikten bereits in dem Vertragswerk als ganzem angelegt. Wie weit eine jede Seite ihre Positionen behaupten oder auch auf Kosten der anderen ausbauen konnte, blieb eine Frage der zukünftigen Entwicklung des Verhältnisses von regnum und sacerdotium, nicht zuletzt auch eine Frage der machtpolitischen Konstellationen.

Bei einem Kompromiß haben alle Beteiligten Zugeständnisse zu machen. Verglichen mit der Zeit Heinrichs III. bedeutet das Konkordat zweifellos eine Einbuße an königlichem Recht. Die Berufung in das bischöfliche Amt war nun im Prinzip eine rein kirchliche Angelegenheit. Mit dem Verzicht auf die geistlichen Symbole hatte sich das Königtum aus dem Bereich der spiritualia zurückgezogen – das war ein Ergebnis der »Wende von Canossa«. Die Prälaten waren im ottonisch-salischen Reichskirchensystem Sachwalter des Königtums, Organe der königlichen Politik gewesen. Nun bestimmte sich ihr Verhältnis zur Zentralgewalt von lehnrechtlichen Kategorien her; sie wurden Vasallen des Königs. Die geistlichen Szepterlehen glichen sich den weltlichen Fahnlehen an; die hohen Geistlichen wurden Reichsfürsten, die aus politischen Interessen immer häufiger die Gemeinschaft mit den weltlichen Fürsten suchten – und dies auch gegen den König. In diesem Sinne hat man von einer Feudalisierung der Reichskirche gesprochen. Symptomatisch für den Wandel in ihrem Verhältnis zur Zentralgewalt ist schließlich auch ein anderes Faktum. Etwa seit der Jahrhundertwende beginnen einzelne Bischöfe – und zwar gerade Vertreter des antikaiserlichen Lagers – nach dem Vorbild des Herrschers Thronsiegel zu führen. Dem kommt zweifellos eine programmatische Bedeutung zu. Das war Ausdruck eines neuen Selbstverständnisses und Selbstbewußtseins.

Auf einer anderen Ebene noch hat die weltliche Gewalt zurückstecken müssen: Von einem entscheidenden königlichen Einfluß auf die Besetzung der cathedra Petri konnte keine Rede mehr sein. Das Papsttum hatte sich seinen autonomen und universalen Charakter gesichert. Anderseits hatte aber auch das sacerdotium Abstriche an den Maximalforderungen der Kampfzeit machen müssen. Die hierokratischen Ansprüche Gregors VII. hatten sich nicht durchsetzen lassen, und von der Verwirklichung des Ideals der »Freiheit der Kirche«, der *libertas ecclesiae,* war man weit entfernt. Im Grunde hat die fortschreitende Feudalisierung die Bindung an die Welt, die Verquickung mit weltlichen Angelegenheiten noch verstärkt, und das lag letztlich sogar im Interesse der Mehrheit dieser Bischöfe und Äbte, die aus der Aristokratie hervorgingen und wie diese herrschaftlich dachten. Im übrigen hat ein Herrscher wie Friedrich I. Barbarossa gezeigt, daß es für ein starkes Kaisertum Ansatzpunkte genug gab, die Reichskirche in den Dienst des Reiches zu stellen. Dies alles macht deutlich, daß auch mit dem Wormser Konkordat das Ringen um die Führung der Christenheit noch nicht entschieden war, aber die Auseinandersetzung verlagerte sich von der Ebene der Ideen auf die der Machtpolitik. Das Streitobjekt der Zukunft war die Herrschaft über Italien.

Daß die Wormser Vereinbarungen nicht überall ungeteilten Beifall fanden, wurde im übrigen schon bei den verschiedenen Akten der Ratifikation deutlich. Zwar erhielt der Kaiser noch im November 1122 auf einem Bamberger Hoftag die Zustimmung der Fürsten zu dem Vertragswerk, das sie entscheidend mitgestaltet hatten und mittrugen. Aber Adalbert von Mainz, der das Heinricianum an erster Stelle mitunterzeichnet hatte, trug dem Papst schriftlich seine Bedenken vor, deutete sogar die Hoffnung auf Ablehnung an, und Calixt II. selbst stieß auf dem Laterankonzil vom März 1123, das die Reformbestimmungen zum Zölibat, das Verbot der Simonie und der Laienherrschaft über Kirchen und die Gottesfriedensbestimmungen zusammenfaßte und als neuntes ökumenisches Konzil geführt wird, auf den Widerstand der Konzilsväter. Der kaiserliche Verzicht wurde lebhaft begrüßt, und auf einem Mosaik im Lateranpalast stellte man wenig später den Salier dar, wie er dem Papst seine Urkunde überreicht, aber das Calixtinum wollte man zunächst nicht akzeptieren. Mit Mühe erreichte Calixt schließlich, daß man sein Privileg, wenn man es schon nicht billigte, um des Friedens willen wenigstens duldete. Damit gewann er die notwendige Rückenfreiheit, um die weiteren großen Aufgaben, die er sich gestellt hatte, anzugehen: die Bekämpfung des Islam im Heiligen Land und in Spanien, die Wiederherstellung der Kircheneinheit mit den Griechen und die Klärung des Verhältnisses zum Mönchtum. Nachdem jahrzehntelang Päpste, die aus dem Reformmönchtum kamen, die Geschicke der Kirche bestimmt hatten, vollzog sich nun auch innerkirchlich eine Wende. Calixt, mit dem wieder ein Weltgeistlicher auf die cathedra Petri erhoben worden war, schränkte die zu Lasten des Episkopates gehende Privilegien- und Exemtionspraxis ein. Das dramatische Geschehen um den Sturz des Abtes Pontius von Cluny dokumentierte augenfällig, daß das Zeitalter der Mönchspäpste mit der Führungsrolle des Reformmönchtums cluniazensischer Prägung vorbei war.

Dem Kaiser waren nur noch wenige Jahre beschieden, für einen Neuanfang Zeichen zu setzen. Aber viel Bewegungsfreiheit hatte er nicht; die machtpolitischen Konstellationen im Reich hatten sich nicht grundlegend gewandelt. An der Wormser Friedensregelung waren sächsische Große offenbar nicht beteiligt gewesen. Der Herzog Lothar verharrte im Widerstand und beschränkte sich dabei nicht auf seinen eigenen Machtbereich. Im Nordwesten des Reiches leistete er seiner Halbschwester Gertrud-Petronella, der Witwe des Grafen Florentius von Holland, und dem Bischof Godebold von Utrecht Waffenhilfe in ihren Auseinandersetzungen mit dem Salier. Wie stark seine Stellung in seinem eigenen Herzogtum war, machte schließlich der Streit um die Marken Meißen und Lausitz mit aller Schärfe deutlich. Nach dem Tode des kinderlosen Wettiners Heinrich II. von Eilenburg überging der Kaiser die nächstberechtigten Erben und vergab die Marken als heimgefallenes Lehen 1123 an Wiprecht von Groitzsch. Die Verwirklichung dieser Entscheidung hätte Wiprechts Machtstellung auf einen Schlag erheblich ausgeweitet und ihn unter Umständen zu einem gefährlichen Gegenspieler des Herzogs werden lassen. Lothar leistete Widerstand und setzte seinerseits Konrad von Wettin in Meißen und Albrecht von Ballenstedt in der Lausitz als Markgrafen ein. Der Erzbischof Adalbert von Mainz stellte sich auf die Seite Wiprechts und löste damit die alte Interessengemeinschaft mit dem Supplinburger auf. Dennoch hat der Kaiser seinen Kandidaten nicht durchsetzen können – Sachsen blieb dem Zugriff der Zentralgewalt entzogen.

Während in Deutschland die Fronten abgesteckt waren und sich kaum veränderten, schienen sich dem Salier völlig überraschend auf einem anderen Schauplatz Möglichkeiten zu bedeutsamen politischen Aktivitäten zu eröffnen. Am 25. November 1120 war die »Blanche Nef«, das »Weiße Schiff«, nach dem Auslaufen aus dem Hafen Barfleur im Kanal gesunken; zu den Opfern des Unglücks zählte der englische Thronfolger Wilhelm Aetheling, König Heinrichs I. einziger Sohn. Zwar ging der seit einigen Jahren verwitwete Herrscher eine neue Ehe mit Adelasia (Adelheid), der Tochter des Herzogs Gottfried von Niederlothringen, ein, aber zunächst rückte Heinrichs V. Gemahlin Mathilde als einziger legitimer Sproß Heinrichs zwangsläufig in den Mittelpunkt von Überlegungen und Spekulationen um die Nachfolge. Ob der Salier

sich selbst Hoffnungen gemacht hat, ist nicht zu erkennen. Daß dem englischen König aus seiner zweiten Ehe keine Nachkommen beschieden waren und er 1127 den widerstrebenden Baronen seines Reiches die Anerkennung des Thronfolgerechtes seiner Tochter abringen konnte, war nach dem Unglück von 1120 noch nicht vorauszusehen. Vorerst blieb alles ungewiß, aber unverkennbar intensivierten sich die deutsch-englischen Beziehungen. Der Tod des englischen Thronfolgers ließ den französisch-englischen Streit um die Normandie und die anglo-normannischen Festlandspositionen wiederaufflammen. Als es 1123 zu einem Aufstand in der Normandie kam, gewann Heinrich I. seinen kaiserlichen Schwiegersohn für ein Militärbündnis. Im August 1124 bereitete Heinrich V. – allerdings mit nur geringer fürstlicher Unterstützung – den Einmarsch nach Frankreich vor. Suger von Saint-Denis sieht in der nachhaltigen Verärgerung des Kaisers über die Unterstützung, die Ludwig VI. dem Papste gewährt hatte, ein Hauptmotiv für den Feldzug: Die Stadt Reims sollte dafür büßen, daß Calixt II. aus ihren Mauern einige Jahre zuvor den Bann gegen Heinrich geschleudert hatte. Das Unternehmen scheiterte jedoch völlig. Die Kunde von der heraufziehenden Gefahr entfesselte in Frankreich einen Sturm patriotischer Entrüstung. Zum ersten Male überdeckte das Gefühl der Zusammengehörigkeit die fürstlichen Rivalitäten und die ständige Opposition gegen das Königtum – ein bedeutsames Indiz für ein sich allmählich ausbildendes Nationalbewußtsein, das in der Fahne des heiligen Dionysius sein von allen anerkanntes Symbol fand. Als Ludwig VI. die »Oriflamme« *(auriflamma)*, das »goldene, gezüngelte Tuch«, in der Königsabtei Saint-Denis vom Altar des Heiligen erhob, scharten sich die Fürsten mit einem gewaltigen Heer um ihn. Dem hatte der Kaiser nichts entgegenzusetzen, auf der Höhe von Metz brach er den Vormarsch ab.
Der Entschluß zum Rückzug wurde ihm dadurch erleichtert, daß er gleichzeitig Kunde vom Abfall der Stadt Worms erhielt. Die Bürger hatten die kaiserliche Pfalz zerstört, und Herzog Friedrich von Schwaben führte den Bischof Burchard II. (Bucco) auf den Wormser Bischofsstuhl zurück. Schon 1122 hatten die Staufer in der Frage der Würzburger Bischofsnachfolge eine eigentümliche Rolle gespielt, als sie den antikaiserlichen Kandidaten Rugger unterstützten. Für diesen Frontwechsel ist die Erklärung sicher darin zu suchen, daß der Kaiser seinem Neffen Konrad 1120 das Herzogtum Franken wieder entzogen hatte, um es dem Bischof Erlung zurückzugeben. In der Wormser Angelegenheit vertrat Friedrich nun eigene, staufische Hausmachtinteressen. Für den Kaiser muß es eine bedrückende Erfahrung gewesen sein, daß

selbst jene Familie, der er verwandtschaftlich so eng verbunden war und die ihren politischen Aufstieg dem Bündnis mit dem Königtum verdankte, ohne Zögern die Loyalität ihrem politischen Vorteil zu opfern bereit war.

Worms wurde nach längerer Belagerung erobert und zahlte als Buße eine erhebliche Geldsumme. In den folgenden Monaten hielt sich der Kaiser weiter im Westen auf, wohl um die Lage zu stabilisieren. Das Osterfest 1125 feierte er in Lüttich, wo er noch Verordnungen zur Wahrung des Landfriedens traf, zum Pfingstfest kam er, schon vom Tode gezeichnet, nach Utrecht. Hier ist er am 23. Mai gestorben. Am Sterbelager weilten neben Mathilde auch Friedrich II. von Schwaben und andere Fürsten. »So gut er konnte, gab der Kaiser ihnen Ratschläge zur Lage des Reiches«, schreibt Ekkehard von Aura. Seine Gemahlin und sein Eigentum vertraute er dem Staufer Friedrich als seinem Erben an; die Reichsinsignien sollten bis zu einer Fürstenversammlung auf der Burg Trifels verwahrt werden. Mathilde ließ seine Eingeweide in St. Martin in Utrecht beisetzen – in dem Grabmal, das schon die Eingeweide seines Urgroßvaters Konrad barg – und machte zum Gedächtnis beider Herrscher eine Stiftung. Der Leichnam aber wurde nach Speyer überführt und in der Gruft der Väter im Kaiserdom bestattet. Wenige Monate später kehrte Mathilde nach England zurück. Aus ihrer 1129 geschlossenen zweiten Ehe mit dem Grafen Gottfried von Anjou ging Heinrich II., der Begründer des Hauses Anjou-Plantagenet, hervor.

Es fällt auf, daß die Mitglieder der anderen Adelsdynastie, die durch die Schwester Heinrichs V. in unmittelbare Königsnähe gekommen war, beim Tode des Kaisers gar nicht in Erscheinung treten. Agnes hatte um 1106 in zweiter Ehe den Markgrafen Leopold III. von Österreich aus der Familie der Babenberger geheiratet. Die aus dieser Verbindung hervorgegangenen Söhne standen dem Herrscher an sich ebenso nahe wie die Stauferbrüder, dennoch hat Heinrich V. sie offenbar nicht oder kaum am Erbe beteiligt, die Masse teilten die Staufer Friedrich und Konrad unter sich auf. Eine Bestimmung über die Thronfolge hatte der sterbende Kaiser nicht getroffen. Aber Friedrich von Schwaben verstand sich nicht nur als Privaterbe des Saliers, sondern auch als erster Anwärter auf die Nachfolge im Königtum. Zu der vom Erzbischof Adalbert nach Mainz einberufenen Wahlversammlung ging er daher »bereit, zum König gewählt zu werden, aber nicht einen König zu wählen« *(paratus in regem eligi, sed non regem eligere),* wie es der Wahlbericht formuliert. Seine Gewißheit jedoch trog ihn, seine Hoffnungen wurden enttäuscht. Adalbert, der schon im Einla-

dungsschreiben für die Berufung eines neuen Mannes und einen
Neubeginn nach den Jahren der Bedrückung und Knechtschaft
plädiert hatte, lenkte die Wahl auf den Herzog Lothar von Sachsen, Heinrichs V. unversöhnlichsten Gegenspieler. Wieder einmal
stand das Reich an einem Wendepunkt seiner Geschichte.
Die Herrschaft war an einen Mann übergegangen, der seinen politischen Aufstieg als Repräsentant des oppositionellen Fürstentums
genommen hatte und dem die salische Tradition nichts bedeutete.
Würde diese Tatsache zusammen mit den aus den Umständen seiner Wahl sich ergebenden neuen politischen Konstellationen einen
völligen Neubeginn ermöglichen? Viel hing davon ab, wie sich die
Staufer zu ihrer Ausbootung stellen würden.
Eine Wertung der Regierungszeit Heinrichs V. fällt nicht leicht.
Die jüngste wissenschaftliche Biographie, die dem letzten Salier
gewidmet worden ist, macht ihn für die politische Zerrissenheit
des Reiches und die Machtlosigkeit des Königtums am Ende des
ersten Viertels des 12. Jahrhunderts verantwortlich. Das Charakterbild, das hier entworfen wird, ist zwiespältig; zwar werden ihm
ungewöhnliche Fähigkeiten, »Klugheit, Weitblick, schnelle Entschlußkraft und Zähigkeit des Wollens und Ausharrens«, nicht
abgesprochen, aber die düsteren Züge – Menschenverachtung,
Hinterlist und Brutalität – dominieren; sie tragen letztlich die
Schuld an seinem Scheitern. Das Urteil ist offenkundig von den
Ereignissen her bestimmt, die den fünften Heinrich tatsächlich
von seiner negativen Seite zeigen: der Aufstand gegen den Vater
und die Gefangennahme des Papstes. Aber ein solches Urteil ist
einseitig und läßt sich wohl auch dadurch relativieren, daß der so
hart Gescholtene in einer Epoche groß geworden ist, in der jahrzehntelange erbitterte Auseinandersetzungen die moralische Wertordnung ins Wanken gebracht hatten. Untreue und Verrat hat er
mannigfach erlebt – in der Welt der Politik, selbst in der eigenen
Familie. Das entschuldigt sein Verhalten nicht, mag aber die harten
Züge seines Charakters erklären helfen. Seine politische Leistung
ist nicht so negativ zu sehen. Das mit dem Papsttum geschlossene
Konkordat bot nicht die schlechtesten Voraussetzungen für eine
künftige königliche Kirchenpolitik; mögliche nachteilige Konsequenzen der Feudalisierung der Reichskirche sind nicht ihm anzulasten, sie waren im System angelegt. Im Verhältnis zu den Fürsten
war er schließlich in eine Verteidigungsposition gedrängt. Aber er
kämpfte unverdrossen für die Behauptung der königlichen
Rechte, und wenn er die ihm zugeschriebenen Pläne zur Erhebung
einer allgemeinen Reichssteuer, die natürlich auf den erbitterten
Widerstand der Fürsten stieß, tatsächlich gefaßt hat, dann hat er

sich bis in die Schlußphase seiner Regierungszeit darum bemüht, der Monarchie neue Hilfsquellen zu erschließen. In dieser Hinsicht reiht er sich ohne Zweifel würdig seinen Vorgängern an.

Rückblick: Die Salier und die deutsche Geschichte

In der älteren deutschen Geschichtsforschung und im Geschichtsbewußtsein unseres Volkes wohl auch heute noch gelten sicherlich die Staufer als die mittelalterliche deutsche Königs- und Kaiserdynastie schlechthin, verkörpert vor allem in der ritterlichglanzvollen Gestalt Friedrichs I. Barbarossa und der geheimnisumwitterten Person seines Enkels Friedrich II. Es kommt nicht von ungefähr, daß die Volkssage zuerst den aus dem fernen Apulien gekommenen und bald wieder dorthin zurückgekehrten Sohn Heinrichs VI. und später den auf dem Kreuzzug fern der Heimat gestorbenen Barbarossa in die Tiefe des Kyffhäusers versetzte in der Erwartung, daß er am Ende der Tage oder in der größten Not seines Volkes wiederkommen werde, um die Herrlichkeit des Reiches zu erneuern. Mit einem solchen Nimbus ist das Geschlecht der Salier nicht umgeben worden, und die Spuren, die es im landläufigen Geschichtsbewußtsein hinterlassen hat, sind ohne Zweifel undeutlicher und weniger zahlreich. Der Glanz der Staufer geht ihnen ab, und das Bild der von ihnen gestalteten Epoche unserer Geschichte ist eher in gedeckten Farben gehalten – Reflex vielleicht so mancher Niederlage in den Auseinandersetzungen ihrer Zeit oder auch des Wissens darum, daß jedem von ihnen – als Kehrseite eines ausgeprägten Herrscher- und Selbstbewußtseins – Züge der Schroffheit, Härte, Unerbittlichkeit, ja vielleicht sogar der Brutalität eignen. Fast möchte es scheinen, als ob der Kontrast zwischen dem Mainzer Pfingstfest von 1184, auf dem Friedrich Barbarossa die ganze Pracht der höfischen Kultur der Stauferzeit entfaltete, und der Hochzeitsfeier Heinrichs III., auf der der König die Spielleute vom Hofe verweisen ließ, das unterschiedliche Lebensgefühl beider Herrscherdynastien und Epochen widerspiegele.
Fragt man nach einem Ereignis, das dem ganzen Jahrhundert von Konrad II. bis Heinrich V. im Geschichtsbewußtsein der Nachwelt gleichsam das Gepräge gegeben hat, so wird der Blick sicherlich auf das dramatische Geschehen von Worms und Canossa gelenkt – und dies nicht nur, weil Bismarck die Erinnerung daran zu Beginn des sogenannten Kulturkampfes in der tagespolitischen Auseinandersetzung aktualisierte oder bildende Künstler und Schriftsteller sich immer wieder an einer Deutung versucht haben. Die Ereignisse um die Absetzung, Exkommunikation und Kirchenbuße Heinrichs IV. stellen tatsächlich einen Wendepunkt in

der deutschen Geschichte dar. Mit dem päpstlichen Angriff auf die in magisch-sakralen Vorstellungen wurzelnde und seit den Karolingern durch die Salbung verchristlichte charismatische Legitimität des Königtums geriet die frühmittelalterliche Monarchie in eine entscheidende Krise; die karolingisch-ottonischen Grundlagen des salischen Herrschaftssystems begannen brüchig zu werden. Der päpstliche Bannstrahl gab dem Hochadel die willkommene religiös-moralische Rechtfertigung für seinen Widerstand, der sich bereits in der Schlußphase der Regierung Heinrichs III. gegen dessen autokratisches Regiment formiert hatte und 1077 in der Wahl eines Gegenkönigs gipfelte. Die Legitimitätskrise der Monarchie stellte eine verhängnisvolle Schwächung der weltlichen Gewalt dar, deren Folgen um so schwerer wogen, als sie begleitet war vom Aufstieg des aus der Kirchenreform gestärkt hervorgehenden Papsttums zu universaler Geltung – einem Aufstieg, den das salische Kaisertum entsprechend seinem sakralen Selbstverständnis entscheidend gefördert hatte. Die auf dem Gewaltendualismus, dem gleichberechtigten Neben- und Miteinander von regnum und sacerdotium beruhende frühmittelalterliche Ordnung ist in jenen Jahrzehnten des Konfliktes zwischen Heinrich IV. und Gregor VII. zerbrochen. Den beiden letzten Saliern gelang zwar die machtpolitische Konsolidierung der Monarchie im Ausgleich mit den Fürsten, sie konnten jedoch nicht verhindern, daß sich im Prozeß der Feudalisierung der Reichskirche die traditionellen Bindungen der Bischöfe und Äbte an das Königtum zum Schaden der Zentralgewalt lockerten und die Fürsten ihrem Selbstverständnis nach als die Repräsentanten des Reiches dem Königtum gegenübertraten. Dieser verfassungsrechtliche Strukturwandel wurde in seinen negativen Konsequenzen noch dadurch verschärft, daß die Legitimitätskrise der königlichen Gewalt nicht wirklich überwunden werden konnte. Heinrich IV. zog sich in der Abwehr des päpstlichen Frontalangriffes auf die traditionellen Positionen des Gewaltendualismus und theokratischen Amtsgedankens zurück; nur in einigen Ansätzen ist der Versuch geglückt, vom römischen Recht her eine neue, rational bestimmte Legitimationsbasis zu gewinnen.

Die Ausbildung der hierarchischen Struktur der Amtskirche vollzog sich im Zeichen der aufblühenden Kanonistik und beginnenden Scholastik. Ihr Ergebnis war die Durchsetzung des päpstlichen Jurisdiktionsprimates und die Unterordnung der Landeskirchen unter den absoluten Vorrang der ecclesia Romana. Aber die gewaltige Machtsteigerung der Kirche hat auch Gegenbewegungen hervorgerufen. Zum erstenmal treten nun in der mittelalterlichen

Geschichte des Abendlandes häretische Gruppen stärker in Erscheinung. Sie sind an Zahl noch unbedeutend gewesen, aber die gegen Ende des 11. Jahrhunderts aufbrechende Volksbewegung der Armen Christi, der *pauperes Christi*, machte deutlich, wie stark das Ideal der evangelischen und apostolischen Armut die Menschen zu begeistern vermochte, wie sehr breite Schichten zu einer Teilnahme am religiösen Leben – und das nicht unbedingt im Rahmen der Amtskirche – drängten. Aus der monastischen und der Kanonikerreform gingen am Ende des Jahrhunderts neue Orden auf der Grundlage der Benedikt- oder Augustinusregel hervor, die sich der Armut verschrieben oder der Seelsorge widmeten: die Zisterzienser, Kartäuser, Augustinerchorherren und Prämonstratenser – das alte aristokratische, durch Cluny und die großen Reichsklöster repräsentierte Mönchtum, zu dem die Verbindung aufrechtzuerhalten das salische Königtum auch in den Zeiten des großen Konfliktes bemüht gewesen war, verlor jetzt seine Führungsrolle.

Das libertas-Programm der Reformbewegung hat Konsequenzen über den Rahmen der Kirche hinaus gehabt und auf die sich abzeichnenden sozialen Veränderungen gewirkt, ohne daß das Maß dieser Wirkung im einzelnen immer eindeutig zu bestimmen wäre. Aber es kann nicht zweifelhaft sein, daß die kommunale Bewegung und der Aufstieg bestimmter sozialer Gruppen aus den Unterschichten ebenso wie die Gottesfriedensbewegung mittelbar oder unmittelbar aus der Freiheitsforderung und der mit der Kirchenreform verbundenen Mobilisierung der Laien Nutzen gezogen haben. Das salische Königtum hat auf diesen Umbruch positiv reagiert und die frei werdenden Kräfte an den Staat heranzuziehen versucht, um so ein Gegengewicht gegen den auf Ausbau der eigenen Herrschaft bedachten Hochadel zu schaffen. Auf dieser Linie liegt bereits Konrads II. Förderung der Untervasallen, die vor allem in der Constitutio de feudis zum Ausdruck kommt, die sich aber auch in Deutschland beim Aufstand seines Stiefsohnes Ernst von Schwaben bewährte. Daß das deutsche Königtum auf die Dauer die unmittelbare Verbindung zu den Untervasallen nicht hat behaupten können, hat seine Geltung und Autorität entscheidend beeinträchtigt. In der Salierzeit waren die Weichen noch nicht in die falsche Richtung gestellt.

Für die Monarchie war von gleicher fundamentaler Bedeutung, daß sie sich in der Ministerialität ein neues, unbedingt verläßliches Machtinstrument schaffen konnte. Die Anfänge der Königsministerialität, die sich von den Ministerialen kirchlicher Institutionen und weltlicher Großer deutlich abhob und das Leitbild für diese

darstellte, liegen unter Konrad II., die wesentlichen Grundlagen für ihren politischen, wirtschaftlichen und sozialen Aufstieg sind unter Heinrich III. und Heinrich IV. geschaffen worden. In den Diplomen der frühen Salier werden sie durchweg noch als *servientes* bezeichnet, unter Heinrich IV. erscheint dann vereinzelt der Begriff *ministerialis,* der vorher bereits in Quellen kirchlicher Provenienz verwandt wurde. Diese – in der Regel unfreien – Dienstmannen standen in der strikten Verfügungsgewalt ihres Herrn, sonderten sich aber durch qualifizierten Dienst – am Hof, in der Verwaltung, als Krieger – von den übrigen *servientes* der Grundherrschaft ab, erlangten mit der Zeit einen eigenen Rechtsstatus und entwickelten ein eigenes Standesbewußtsein. Die Tatsache, daß die salischen Herrscher seit Heinrich III. einzelnen Vertretern oder auch ganzen Gruppen dieses sich ausbildenden neuen Standes besondere Gunsterweise erteilten oder sogar ein eigenes Totengedenken stifteten, läßt dessen steigende Bedeutung für das Königtum erkennen, die sich im übrigen auch in der wachsenden Kritik des Hochadels und, wie die Affäre um den Grafen Sigehard von Burghausen zeigt, in offenen Konflikten widerspiegelt.
Der Aufstieg der Ministerialität stellt zweifellos ein markantes Beispiel sozialer Mobilität im 11. Jahrhundert dar; soziale Dynamik aber entfaltete sich auch im Bereich der Stadt. Der große Aufschwung des Städtewesens nördlich der Alpen ist wesentlich bedingt durch die demographische Expansion und die damit und mit einem gewissen technischen Fortschritt zusammenhängenden Veränderungen in der Agrarwirtschaft. Natürlich waren die regionalen Unterschiede erheblich. Eine gewisse Kontinuität der Stadtkultur seit der Spätantike und andere Faktoren, wie etwa die Stadtsässigkeit des Adels, die große Bedeutung der Freien und die Rolle des Handels haben den Städten Oberitaliens einen Vorsprung in der Entwicklung verschafft. Nördlich der Alpen, im Reich, war der mittel- und niederrheinische Raum am weitesten fortgeschritten; hier vereinigten sich auf der Grundlage günstiger ökonomischer Bedingungen die fördernden Maßnahmen der Stadtherrn mit der Eigeninitiative und Aktivität einer sich genossenschaftlich formierenden Bürgerschaft. Heinrich IV. hat in der Lombardei die Macht der Städte erfahren müssen; der Schwurverband der Pataria erwies sich im Verein mit den Kräften der Reform als ein nahezu unüberwindbarer Gegner. Aber auch in Deutschland begannen die Bürger zu spüren, daß sich wirtschaftliche Stärke umsetzen ließ in – freilich noch sehr begrenzten – politischen Einfluß. Die Unruhen und Aufstände in Worms, Köln und Mainz sind dafür Beispiele. Heinrich IV. fand bei den rheinischen Städten Unterstüt-

zung im Konflikt mit den Fürsten; sein Sohn freilich konnte diese Ansätze nicht weiter ausbauen, Köln, Mainz und Worms traten in den Auseinandersetzungen nach 1111 auf die Seite ihrer bischöflichen Stadtherren. Von beiden Seiten, Königtum und Fürsten, sind die Städte privilegiert worden. Die Frage, wem ihre wirtschaftliche Macht schließlich im Herrschaftsausbau zugute kommen werde, blieb in salischer Zeit noch unentschieden.
Für die Stellung des Reiches im europäischen Mächtesystem bot die ottonische Hegemonie die Ausgangslage. Konrad II. hat diese Position durch den Erwerb Burgunds zunächst noch erweitern können. Unter Heinrich III. aber erwies sich, daß die Machtmittel des Reiches und sein innerer Konsolidierungsstand nicht ausreichten, diese Hegemonialstellung auf Dauer zu behaupten. Der Kaiser konnte seine ostpolitische Konzeption nicht verwirklichen; lediglich Böhmen wurde in das Reich integriert. Der Einfluß der Reichskirche und damit der politische Einfluß des Reiches im skandinavischen Raum schwanden nach der Jahrhundertwende dahin, der Aufbau des süditalisch-sizilischen Normannenstaates konnte nicht verhindert werden, und die kapetingische Monarchie erstarkte trotz aller inneren Probleme so sehr, daß sie dem bedrängten Reformpapsttum Unterstützung geben und der salisch-anglonormannischen Allianz erfolgreich Trotz bieten konnte. Das Abendland gewann eine pluralistische Struktur, in der dem Kaisertum vielleicht noch ein gewisser, freilich nicht allseits anerkannter Ehrenvorrang eingeräumt wurde; daß die Einheit der Christenheit aber durch das Papsttum repräsentiert wurde, hat nicht zuletzt Urbans II. führende Rolle in der Kreuzzugsbewegung deutlich gemacht.
Die Jahrzehnte zwischen 1050 und 1125 sind eine der großen Umbruchsperioden der europäischen Geschichte. Auch das Reich unterlag in dieser Zeit einem tiefgreifenden Strukturwandel. Es war in sich relativ gefestigt, als die Salier die Liudolfinger in der Herrschaft ablösten, und die ersten Vertreter der neuen Dynastie haben es in der Tradition karolingisch-ottonischer Herrschaftsausübung regiert. Mit den überkommenen ideellen und machtpolitischen Mitteln versuchten sie, den sich abzeichnenden Veränderungen zu begegnen, die Krise des Umbruchs zu bewältigen. Aber sie haben nicht nur reagiert, sondern sich bemüht, neue Kräfte an den Staat heranzuführen und der königlichen Gewalt – etwa in der Reichsgutpolitik und der Friedenswahrung – Impulse zu geben. So haben sie in der Auseinandersetzung mit den Partikulargewalten die Einheit des Reiches behauptet und im Konflikt mit dem Papsttum die Voraussetzungen für eine Neubestimmung des Verhältnis-

ses der beiden Gewalten geschaffen – eine Leistung, deren Bedeutung ermessen kann, wer die Schwere der Aufgabe richtig einzuschätzen vermag.

Literaturverzeichnis

Die Literaturangaben sind im wesentlichen auf die Geschichte der salischen Dynastie beschränkt. Allgemeine Darstellungen zur Verfassungs-, Sozial- und Wirtschaftsgeschichte sind nur ausnahmsweise, Handbücher überhaupt nicht aufgenommen worden.

Quellen

Die erzählenden Quellen sind in der Regel in dem großen Editionswerk der ›Monumenta Germaniae Historica‹ (MGH) herausgegeben, vor allem in den Sektionen ›Scriptores‹ und ›Scriptores rerum Germanicarum‹. Die Streitschriften des Investiturstreites finden sich dort ebenfalls, und zwar in der Abteilung ›Libelli de Lite‹. Im einzelnen sind sie verzeichnet und besprochen in: W. *Wattenbach* – R. *Holtzmann*, Deutschlands Geschichtsquellen im Mittelalter I/II. Neuausgabe besorgt v. F.-J. *Schmale*, 1967 (mit Nachträgen in Teil III, 1971). Für die Regierungszeiten Konrads II. und Heinrichs IV. vgl. auch: Die Regesten des Kaiserreiches unter Konrad II. 1024–1039, neubearb. v. H. *Appelt*, 1951, und: Die Regesten des Kaiserreiches unter Heinrich IV. 1056 (1050)-1106. I: 1056 (1050)-1065, neubearb. v. T. *Struve*, 1984. Die Urkunden der salischen Herrscher sind gleichfalls in den MGH ediert: Die Urkunden Konrads II. (Conradi II. Diplomata), hg. v. H. *Bresslau* unter Mitwirkung von H. *Wibel* und A. *Hessel*, 1909; Die Urkunden Heinrichs III. (Heinrici III. Diplomata), hg. v. H. *Bresslau* und P. *Kehr*, 1926–1931; Die Urkunden Heinrichs IV. (Heinrici IV. Diplomata), hg. v. D. v. *Gladiss* und A. *Gawlik*, 1941-1978. Die Urkunden Heinrichs V. liegen noch nicht in einer kritischen Edition vor.

Literatur

Allgemeine Darstellungen und übergreifende Werke

U.-R. *Blumenthal*, Der Investiturstreit, 1981 (mit umfangreichen Literaturangaben).
G. *Koch*, Auf dem Wege zum Sacrum Imperium. Studien zur ideologischen Herrschaftsbegründung der deutschen Zentralgewalt im 11. und 12. Jahrhundert, 1972.
Die Salier und das Reich. Hrsg. v. St. *Weinfurter* u. a., 1991: Bd. 1: Salier, Adel und Reichsverfassung; Bd. 2: Die Reichskirche in der Salierzeit; Bd. 3: Gesellschaftlicher und ideengeschichtlicher Wandel im Reich der Salier. (Die Aufsätze dieser Bände werden im folgenden nicht einzeln aufgeführt.)
St. *Weinfurter*, Herrschaft und Reich der Salier. Grundlinien einer Umbruchzeit, 1991.

Zur Dynastie

H. *Baldes*, Die Salier und ihre Untergrafen in den Gauen des Mittelrheins, Phil. Diss. Marburg 1913.
G. *Berthold*, Speyerer Geschichtsbeiträge I, 4: Kaiser Konrads II. Jugend, in: Mitt. Hist. Ver. d. Pfalz 31 (1911), S. 80-83.
E. *Bogner*, Die Stiftskirche zu Öhringen, in: Zschr. f. Württembergisch Franken NF 2 (1885), S. 1-99.
H. *Büttner*, Die Widonen, in: Saarbrücker Hefte 3 (1956), S. 33-39.
H. *Decker-Hauff*, Der Öhringer Stiftungsbrief, in: Württembergisch Franken 41 (1957), S. 17-31, und 42 (1958), S. 3-29.

A. *Doll,* Das Pirminskloster Hornbach. Gründung und Verfassungsentwicklung bis Anfang des 12. Jahrhunderts, in: AmrhKiG 5 (1953), S. 108-142.
Ders., Kloster Hornbach und Königshof Lautern im Besitz des Bistums Würzburg, in: Pfälzische Heimat 4 (1953), S. 100-102.
O. *v. Dungern,* Adelsherrschaft im Mittelalter, 1927.
K. A. *Eckhardt,* Theophanu als Ahnfrau, in: Geneal. Funde zur allgemeinen Geschichte (= Germanenrechte NF. Deutschrechtliches Archiv 9), [2]1963, S. 91-124.
L. *Falck,* Mainz im frühen und hohen Mittelalter (= Geschichte der Stadt Mainz II., hrsg. v. Ph. A. Brück und L. Falck), 1972.
A. *Fischer,* Beiträge zur Geschichte des Collegiatsstiftes zu Öhringen, in: Archiv f. Hohenlohische Gesch. 2 (1870), S. 151-214.
W. *Glässner,* Das Königsgut Waiblingen und die mittelalterlichen Kaisergeschlechter der Karolinger, Salier und Staufer, 1977.
H. *Graf,* War der Salier, Graf Otto von Worms, Herzog von Kärnten (955-1004), unter Ausnützung der Schwäche der Reichsregierung ein Raffer von Reichsland und ein Räuber von Klostergut?, in: Bll. f. pfälz. KiG und religiöse Volkskunde 28 (1961), S. 45-60.
E. *Hlawitschka,* Die Anfänge des Hauses Habsburg-Lothringen. Genealogische Untersuchungen zur Geschichte Lothringens und des Reiches im 9., 10. und 11. Jahrhundert, 1969.
K.-U. *Jäschke,* Notwendige Gefährtinnen. Königinnen der Salierzeit als Herrscherinnen und Ehefrauen im römisch-deutschen Reich des 11. und beginnenden 12. Jahrhunderts, 1991.
Ders., Tamen virilis probitas in femina vicit. Ein hochmittelalterlicher Hofkapellan und die Herrscherinnen – Wipos Äußerungen über Kaiserinnen und Königinnen seiner Zeit, in: Ex ipsis rerum documentis. Festschr. H. Zimmermann, 1991, S. 429-448.
Fr. *v. Klocke,* Die Grafen von Werl und die Kaiserin Gisela, in: Westf. Zschr. 98/99 (1949), S. 67-167.
E. *Klebel,* Der Einbau Karantaniens in das ostfränkische und deutsche Reich, in: Carinthia I 150 (1960), S. 663-692.
H. W. *Klewitz,* Namengebung und Sippenbewußtsein in den deutschen Königsfamilien des 10./12. Jahrhunderts. Grundfragen historischer Genealogie, in: AUF 18 (1944), S. 23-37.
J. *Lechner,* Die älteren Königsurkunden für das Bisthum Worms und die Begründung der bischöflichen Fürstenmacht, in: MIÖG 22 (1901), S. 361-419.
W. *Metz,* Miszellen zur Geschichte der Widonen und Salier, vornehmlich in Deutschland, in: HJb 85 (1965), S. 1-27.
Ders., Das älteste Nekrolog des Speyrer Domstifts und die Todesdaten salischer Königskinder, in: AfD 29 (1983), S. 193-208.
G. *Meyer von Knonau,* Die Heiraten der burgundischen Mathilde, Tochter Kg. Konrads von Burgund, und der schwäbischen Mathilde, Enkelin desselben, in: Forsch. z. dt. Gesch. 8 (1868), S. 149-159.
P. *Moraw,* Das Stift St. Philipp zu Zell in der Pfalz, 1964.
W. *Ohnsorge,* Waren die Salier Sachsenkaiser?, in: Niedersächs. Jb. 30 (1958), S. 28-53.
Th. *Raach,* Kloster Mettlach/Saar und sein Grundbesitz. Untersuchungen zur Frühgeschichte und zur Grundherrschaft der ehemaligen Benediktinerabtei im Mittelalter (= Quell. u. Abh. zur mrh. KiG, 19), 1974.
F. X. *Remling,* Geschichte der Bischöfe zu Speyer, Bd. 1, 1852.
W. *Schlesinger,* Erbfolge und Wahl bei der Königserhebung Heinrichs II. 1002, in: Festschr. f. H. Heimpel, Bd. III, 1972, S. 1-36.
K. *Schmid,* De regia stirpe Waiblingensium. Bemerkungen zum Selbstverständnis der Staufer, in: ZfGO 124 (1976), S. 63-73.
Ders., Die Sorge der Salier um ihre Memoria. Zeugnisse, Erwägungen und Fragen, in: Memoria. Der geschichtliche Zeugniswert des liturgischen Gedenkens im Mittelalter, hrsg. v. K. Schmid und J. Wollasch, 1984, S. 666-726.
T. *Schmidt,* Kaiser Konrads II. Jugend und Familie, in: Geschichtsschreibung und geistiges Leben. Festschr. f. H. Löwe, hrsg. v. K. Hauck u. H. Mordek, 1978, S. 312-324.
R. *Schneider,* Die Königserhebung Heinrichs II. im Jahre 1002, in: DA 28 (1972), S. 74-104.

K. R. *Schnith*, Die Herrscher der Salierzeit, in: *Ders.* (Hrsg.), Mittelalterliche Herrscher in Lebensbildern, 1990, S. 181-248.
H. *Schreibmüller*, Burg und Herrschaft Stauf in der Pfalz, 1. Teil: bis 1263 (= Wiss. Beilage zum Jahresbericht d. K. Human. Gymn. Kaiserslautern), 1913.
Ders., Die Ahnen Kaiser Konrads II. und Bischof Brunos von Würzburg, in: Herbipolis jubilans (= Würzburger Diözesangeschichtsbl. 14/15), 1952/53, S. 173-233.
M. *Schumm*, Adelheid v. Öhringen, die Mutter Konrads II., in: Schwäbische Lebensbilder 6 (1957), S. 5-15.
H. M. *Schwarzmaier*, Bruchsal und Brüssel. Zur geschichtlichen Entwicklung zweier mittelalterlicher Städte, in: Oberrhein. Studien 3. Festschr. f. G. Haselier, 1975, S. 209-235.
Ders., Von Speyer nach Rom. Wegstationen und Lebensspuren der Salier, 1991.
A. *Stauber*, Kloster und Dorf Lambrecht, in: Mitt. d. Hist. Ver. d. Pfalz IX (1880), S. 49-227.
K. *Stenzel*, Waiblingen in der deutschen Geschichte. Ein Beitrag zur Geschichte des deutschen Kaiser- und Reichsgedankens im Mittelalter. Neue, umgearb. u. erw. Fassung, 1936.
G. *Tellenbach*, Widonen und Salier, in: Protokoll d. Konstanzer Arbeitskreises f. mittelalterliche Gesch. 78 vom 21.5.1960, S. 2-10.
H. *Werle*, Das Erbe des salischen Hauses. Untersuchungen zur staufischen Hausmachtpolitik im 12. Jahrhundert, vornehmlich am Mittelrhein, Phil. Diss. (masch.) Mainz 1952.
Ders., Die salisch-staufische Obervogtei über die Reichsabtei Weißenburg, in: AmrhKiG 8 (1956), S. 333-338.
Ders., Titelherzogtum und Herzogsherrschaft, in: ZRG/Germ. Abt. 73 (1956), S. 225-299.
Ders., Münster-Dreisen. Ein Beitrag zur Geschichte des Benediktinerinnenklosters und Prämonstratenserstiftes, in: AmrhKiG 8 (1956), S. 323-332.
Ders., Das Saliergut an Mittel- und Oberrhein (944-1125), in: Pfalzatlas (Nr. 4), hrsg. v. W. Alter, Speyer 1963.
H. *Witte*, Der heilige Forst und seine ältesten Besitzer, in: ZfGO 51, NF 12 (1897), S. 193-244.
M. *Zender*, Räume und Schichten mittelalterlicher Heiligenverehrung in ihrer Bedeutung für die Volkskunde, 1959.

Zu Konrad II.

K. J. *Benz*, Kaiser Konrad II. und die Kirche. Ein Beitrag zur Historiographie des ersten Saliers, in: ZKiG 88 (1977), S. 190-217.
Ders., Kaiser Konrad II. (1024-1039) als kirchlicher Herrscher. Der Straßburger Adventsstreit und die Synode von 1038 im Kloster Limburg an der Haardt, in: Archiv f. Liturgiewiss. 20/21 (1978/79), S. 56-80.
N. *Bischoff*, Über die Chronologie der Kaiserin Gisela und über die Verweigerung ihrer Krönung durch Aribo von Mainz, in: MIÖG 58 (1950), S. 285-309.
E. *Brandenburg*, Probleme um die Kaiserin Gisela, in: Berichte d. Sächsischen Akad. d. Wiss. Leipzig 80, 4. Heft, 1928.
H. *Breßlau*, Ein Beitrag zur Kenntnis von Konrads II. Beziehungen zu Byzanz und Dänemark, in: Forsch. z. dt. Gesch. 10 (1870), S. 606-613.
Ders., Jahrbücher des Deutschen Reichs unter Konrad II., 2 Bde., 1879/84.
Ders., Über die Zusammenkunft zu Deville zwischen Konrad II. und Heinrich I. von Frankreich und über das Todesdatum Herzog Friedrichs II. von Oberlothringen, in: Jb. d. Ges. f. lothr. Gesch. u. Altertumskunde 18 (1906), S. 456-462.
C. *Brühl*, Das »Palatium« von Pavia und die »Honorantiae civitatis Paviae«, in: Atti del 4° Congresso internazionale di studi sull'alto medioevo, 1969, S. 190-220.
H. E. J. *Cowdrey*, Archbishop Aribert II. of Milan, in: History 51 (1966), S. 1-15.
A. *Doll*, Überlegungen zur Grundsteinlegung und zu den Weihen des Speyerer Domes, in: AmrhKiG 24 (1972), S. 9-25.
O. *Engels*, Der Dom zu Speyer im Spiegel des salischen und staufischen Selbstverständnisses, in: AmrhKiG 32 (1980), S. 27-40.

I. *Heidrich*, Die Absetzung Herzog Adalberos von Kärnten durch Kaiser Konrad II. 1035, in: HJb 91 (1971), S. 70-94.
E. *Hlawitschka*, Beiträge und Berichte zur Bleitafelinschrift aus dem Grab der Kaiserin Gisela, in: HJb 97/98 (1978), S. 439-445.
Ders., Untersuchungen zu den Thronwechseln der ersten Hälfte des 11. Jahrhunderts und zur Adelsgeschichte Süddeutschlands, 1987, S. 128-144.
F. *Klimm*, Die Inschrift auf der Grabkrone Konrads II., in: AmrhKiG 2 (1950), S. 227-282.
Ders., Der Kaiserdom zu Speyer, ²1953.
M. *Lintzel*, Zur Wahl Konrads II., in: Festschr. f. E. E. Stengel, 1952, S. 289-300, und in: *Ders.*, Ausgewählte Schriften, Bd. 2, 1961, S. 421-430.
H. *Pabst*, Frankreich und Konrad II. 1024 und 1025, in: Forsch. z. dt. Gesch. 5 (1865), S. 337-368.
Th. *Schieffer*, Heinrich II. und Konrad II. Die Umprägung des Geschichtsbildes durch die Kirchenreform des 11. Jahrhunderts, in: DA 8 (1951), S. 384-437 (sep. Nachdruck: 1969).
M. *Schulze-Dörrlamm*, Die Kaiserkrone Konrads II. (1024-1039). Eine archäologische Untersuchung zu Alter und Herkunft der Reichskrone, 1991.
900 Jahre Speyerer Dom. Festschrift zum Jahrestag der Domweihe 1061-1961, hrsg. v. L. *Stamer*, 1961.
H. *Szklenar*/H. J. *Behr*, Herzog Ernst, in: Die deutsche Literatur des Mittelalters. Verfasserlexikon Bd. III, 4 (1981), Sp. 1170-1191.
G. *Tellenbach*, Kaiser Konrad II. (990-1039), in: Deutscher Westen – Deutsches Reich. Saarpfälzische Lebensbilder I, 1938, S. 1-14.
H.-J. *Vogt*, Konrad II. im Vergleich zu Heinrich II. und Heinrich III. Ein Beitrag zur kirchenpolitischen wie religiös-geistlichen Haltung der drei Kaiser, Phil. Diss. (masch.) Frankfurt 1957.

Zu Heinrich III.

H. H. *Anton*, Der sogenannte Traktat „De ordinando pontifice". Ein Rechtsgutachten im Zusammenhang mit der Synode von Sutri (1046), 1982 (mit Ed.).
M. G. *Bertolini*, Beatrice di Lorena, in: Dizionario Biografico degli Italiani 7 (1965), S. 352-363.
M. *Black*, Die Töchter Kaiser Heinrichs III. und der Kaiserin Agnes, in: Vinculum Societatis. Festschr. f. J. Wollasch, 1991, S. 36-57.
G. *Boelkow*, Die Anschauungen zeitgenössischer Autoren über Heinrich III. im Zusammenhang mit den Theorien Augustins, der Sibyllinischen Prophetie und der Apokalypsekommentare, Phil. Diss. Greifswald 1913.
E. *Boshof*, Lothringen, Frankreich und das Reich in der Regierungszeit Heinrichs III., in: Rhein. Vjbll. 42 (1978), S. 63-127.
Ders., Das Reich in der Krise. Überlegungen zum Regierungsausgang Heinrichs III., in: HZ 228 (1979), S. 265-287.
K. *Bosl*, Die Markengründungen Kaiser Heinrichs III. auf bayerisch-österreichischem Boden, in: ZBLG 14 (1943/44), S. 177-247; Wiederabdruck in: *Ders.*, Zur Geschichte der Bayern, 1965, S. 364-442.
M. L. *Bulst-Thiele*, Kaiserin Agnes, 1933.
J. *Dhondt*, Sept femmes et un trio de rois, in: Contributions à l'histoire économique et sociale 3 (1964/65), S. 35-70.
C. *Erdmann*, Forschungen zur politischen Ideenwelt des Frühmittelalters, 1951.
H. *Glaesener*, Un mariage fertile en conséquences (Godefroid le Barbu et Béatrice de Toscane), in: Revue d'histoire ecclésiastique 42 (1947), S. 379-416.
E. *Hoerschelmann*, Bischof Wazo von Lüttich und seine Bedeutung für den Beginn des Investiturstreites, 1955.
R. *Holtzmann*, Heinrich III. und Heinrich IV., in: Gestalter deutscher Vergangenheit, hrsg. v. P. R. Rohden, 1937, S. 111-128.
P. *Kehr*, Vier Kapitel aus der Geschichte Kaiser Heinrichs III., in: Abh. d. Preuß. Akad. d. Wiss., Phil.-Hist. Kl., Jg. 1930, Nr. 3; Wiederabdruck in: *Steindorff* II, S. 555-615.

A. *Kraus,* Die Translatio S. Dionysii Areopagitae von St. Emmeram in Regensburg, in: Sitzungsberichte d. Bayer. Akad. d. Wiss., Phil.-Hist. Kl., Jg. 1972, Heft 4, München 1972.
M. *Minninger,* Heinrichs III. interne Friedensmaßnahmen und ihre etwaigen Gegner in Lothringen, in: Jb. f. westdt. Landesgesch. 5 (1979), S. 33-52.
E. *Müller,* Das Itinerar Kaiser Heinrichs III. (= Eberings Hist. Stud., 26), 1901.
M. *Perlbach,* Die Kriege Heinrichs III. gegen Böhmen 1039-1041, in: Forsch. z. dt. Gesch. 10 (1870), S. 427-465.
F. *Prinz,* Kaiser Heinrich III. Seine widersprüchliche Beurteilung und deren Gründe, in: HZ 246 (1988), S. 529-548.
W. *Reinecke,* Geschichte der Stadt Cambrai bis zur Erteilung der Lex Godefridi (1227), 1896.
R. *Schieffer,* Heinrich III. (1039-1056), in: H. Beumann (Hrsg.), Kaisergestalten des Mittelalters, 1984, S. 98-115.
Th. *Schieffer,* Ein deutscher Bischof des 11. Jahrhunderts: Gerhard I. von Cambrai (1012-1051), in: DA 1 (1937), S. 323-360.
Ders., Kaiser Heinrich III. (1017-1056), in: Die Großen Deutschen Bd. I, 1956, S. 52-69.
K. *Schmid,* Heinrich III. und Gregor VI. im Gebetsgedächtnis von Piacenza des Jahres 1046, in: »Verbum et signum«, Bd. 2, hrsg. v. H. Fromm, W. U. Ruberg, 1974, S. 79-97.
P. G. *Schmidt,* Heinrich III. – Das Bild des Herrschers in der Literatur seiner Zeit, in: DA 39 (1983), S. 582-590.
K. *Schnith,* Recht und Friede. Zum Königsgedanken im Umkreis Heinrichs III., in: HJb 81 (1962), S. 22-57.
J. *Spörl,* Pie rex caesarque future. Beiträge zum hochmittelalterlichen Kaisergedanken, in: Unterscheidung und Bewahrung. Festschr. f. H. Kunisch, 1961, S. 331-353.
E. *Steindorff,* Jahrbücher des Deutschen Reichs unter Heinrich III., 2 Bde., 1874/1881.
H. *Thomas,* Abt Siegfried von Gorze und die Friedensmaßnahmen Heinrichs III. vom Jahre 1043, in: Chronik des Staatl. Regino-Gymnasiums Prüm (1976), S. 125-137.
Ders., Zur Kritik an der Ehe Heinrichs III. mit Agnes von Poitou, in: Festschr. f. H. Beumann, hrsg. v. U. Jäschke u. R. Wenskus, 1977, S. 224-235.

Zu Heinrich IV.

H. H. *Anton,* Beobachtungen zur heinrizianischen Publizistik: Die Defensio Heinrici IV regis, in: Historiographia mediaevalis (= Festschr. F.-J. Schmale) hrsg. v. D. Berg, H. W. Goetz, 1988, S. 149-167.
E. *Boshof,* Heinrich IV. Herrscher an einer Zeitenwende (= Persönlichkeit und Geschichte, Bd. 108/109), 1979, 2. Aufl. 1990.
C. *Erdmann,* Studien zur Briefliteratur Deutschlands im 11. Jahrhundert (= Schriften der MGH, 1), 1938.
Ders., Die Anfänge der staatlichen Propaganda im Investiturstreit, in: HZ 154 (1936), S. 491-512.
Ders., und D. *v. Gladiss,* Gottschalk von Aachen im Dienste Heinrichs IV., in: DA 3 (1939), S. 115-174.
A. *Fauser,* Die Publizisten des Investiturstreites. Persönlichkeiten und Ideen, Diss. München 1935.
J. *Fleckenstein,* Heinrich IV. und der deutsche Episkopat in den Anfängen des Investiturstreites, in: Adel und Kirche. Festschrift f. G. Tellenbach, 1968, S. 221-236.
A. *Gawlik,* Intervenienten und Zeugen in den Diplomen Kaiser Heinrichs IV. (1056-1105). Der Übergang von der Interventions- zur Zeugenformel, 1970.
H. *Gericke,* Die Wahl Heinrichs IV. Eine Studie zum deutschen Königswahlrecht, in: ZfG 3 (1955), S. 735-749.
H.-W. *Goetz,* Fälschung und Verfälschung der Vergangenheit. Zum Geschichtsbild der Streitschriften des Investiturstreits, in: Fälschungen im Mittelalter, Bd. 1, 1988 (= Schriften der MGH 33), S. 165-188.
W. *Goez,* Markgräfin Mathilde von Canossa (*1046 †1115), in: *Ders.,* Gestalten des Hochmittelalters, 1983, S. 175-201.

M. *Hackelsberger,* Bibel und mittelalterlicher Reichsgedanke. Studien und Beiträge zum Gebrauch der Bibel im Streit zwischen Kaisertum und Papsttum zur Zeit der Salier, Phil. Diss. München 1934.
K. *Hampe,* Heinrich IV., in: *Ders.,* Herrschergestalten des Deutschen Mittelalters, [8]1978, S. 102-146.
E. *Hlawitschka,* Zwischen Tribur und Canossa, in: HJb 94 (1974), S. 25-45.
G. *Jenal,* Erzbischof Anno II. von Köln (1056-75) und sein politisches Wirken. Ein Beitrag zur Geschichte der Reichs- und Territorialpolitik im 11. Jahrhundert, 2 Teile, 1974/75.
G. *Meyer von Knonau,* Jahrbücher des Deutschen Reiches unter Heinrich IV. und Heinrich V., 7 Bde., 1880-1909.
H. L. *Mikoletzky,* Der »fromme« Kaiser Heinrich IV., in: MIÖG 68 (1960), S. 250-265.
C. *Mirbt,* Die Publizistik im Zeitalter Gregors VII., 1894.
A. *Overmann,* Gräfin Mathilde von Tuscien. Ihre Besitzungen, Geschichte ihres Gutes von 1115 bis 1230 und ihre Regesten, 1895.
I. S. *Robinson,* Authority and Resistance in the Investiture Contest. The Polemical Literature of the Late Eleventh Century, 1978.
R. *Schieffer,* Spirituales Latrones. Zu den Hintergründen der Simonieprozesse in Deutschland zwischen 1069 und 1075, in: HJb 92 (1972), S. 19-60.
Ders., Die Entstehung des päpstlichen Investiturverbots für den deutschen König, 1981 (= Schriften der MGH 28).
Th. *Schieffer,* Heinrich IV., in: NDB VIII (1969), S. 315-320.
S. *Schiffmann,* Heinrichs IV. Verhalten zu den Juden zur Zeit des 1. Kreuzzuges, in: Zschr. f. d. Gesch. d. Juden in Deutschland 3 (1931), S. 233-250.
E. *Schirmer,* Die Persönlichkeit Kaiser Heinrichs IV. im Urteil der deutschen Geschichtsschreibung (vom Humanismus bis zur Mitte des 18. Jh.s), 1931.
B. *Schmeidler,* Heinrichs IV. Absetzung 1105/6. Kirchenrechtlich und quellenkritisch untersucht, in: ZRG/Kan. Abt. 12 (1922), S. 168-221.
T. *Schmidt,* Hildebrand, Kaiserin Agnes und Gandersheim, in: Niedersächs. Jb. 46/47 (1974/75), S. 299-309.
Chr. *Schneider,* Prophetisches Sacerdotium und heilsgeschichtliches Regnum im Dialog 1073-1077. Zur Geschichte Gregors VII. und Heinrichs IV., 1972.
T. *Struve,* Die Interventionen Heinrichs IV. in den Diplomen seines Vaters. Instrument der Herrschaftssicherung des salischen Hauses, in: AfD 28 (1982), S. 190-222.
Ders., Zwei Briefe der Kaiserin Agnes, in: HJb 104 (1984), S. 411-424.
Ders., Die Romreise der Kaiserin Agnes, in: HJb 105 (1985), S. 1-29.
G. *Tellenbach,* Der Charakter Kaiser Heinrichs IV., in: Person u. Gemeinschaft (= Festschr. K. Schmid), 1988, S. 345-367.
J. *Vogel,* Zur Kirchenpolitik Heinrichs IV. nach seiner Kaiserkrönung und zur Wirksamkeit der Legaten Gregors VII. und Clemens' (III.) im deutschen Reich 1084/85, in: Frühmittelalterliche Studien 16 (1982), S. 161-192.
Ders., Gregor VII. und Heinrich IV. nach Canossa. Zeugnisse ihres Selbstverständnisses, 1983.
Ders., Gottschalk von Aachen (Adalbero C) und Heinrichs IV. Briefe an die Römer (1081, 1082), in: Zschr. d. Aachener Gesch.ver. 90/91 (1983/84), S. 55-68.
Ders., Rudolf von Rheinfelden, die Fürstenopposition gegen Heinrich IV. im Jahr 1072 und die Reform des Klosters St. Blasien, in: ZfGO 132 (1984), S. 1-30.
E. *Wadle,* Heinrich IV. und die deutsche Friedensbewegung, in: Investiturstreit und Reichsverfassung (= VuF 17), 1973, S. 141-173.
H. *Zimmermann,* Wurde Gregor VII. 1076 in Worms abgesetzt?, in: MIÖG 78 (1970), S. 121-131.
Ders., Der Canossagang von 1077. Wirkungen und Wirklichkeit, 1975.
Ders., Heinrich IV. (1056-1106), in: Kaisergestalten des Mittelalters, hg. v. H. Beumann, 1984, S. 116-134.
Zu den Vorgängen um Worms, Tribur und Canossa vgl. die Aufsatzsammlungen: Canossa als Wende, hrsg. v. H. *Kämpf* (= WdF 12), 1969, und: Investiturstreit und Reichsverfassung, hrsg. v. J. *Fleckenstein* (= VuF 17), 1973.

Zu Heinrich V.

H. *Banniza von Bazan*, Die Persönlichkeit Heinrichs V. im Urteil zeitgenössischer Quellen, Phil. Diss. Berlin 1927.
H. *Büttner*, Erzbischof Adalbert von Mainz, die Kurie und das Reich in den Jahren 1118 bis 1122, in: Investiturstreit und Reichsverfassung (= VuF 17), S. 395-410.
A. *Degener*, Die Erhebung Heinrichs V. und das Herzogtum Sachsen, in: MIÖG/ Erg.bd. 14 (1939), S. 121-138.
F.-R. *Erkens*, Die Trierer Kirchenprovinz im Investiturstreit, 1987.
R *Gaettens*, Das Geburtsjahr Heinrichs V. 1081 oder 1086? Rechtsgeschichtliche und numismatische Erörterungen, in: ZRG/Germ. Abt. 79 (1962), S. 52-71.
F. *Geldner*, Kaiserin Mathilde, die deutsche Königswahl von 1125 und das Gegenkönigtum Konrads III., in: ZBLG 40 (1977), S. 3-22.
M. *Groten*, Das Aufkommen der bischöflichen Thronsiegel im deutschen Reich, in: HJb 100 (1980), S. 163-197.
E. *Hlawitschka*, Zum Geburtsdatum Kaiser Heinrichs V., in: HJb 110 (1990), S. 471-475.
W. *Holtzmann*, Maximilla regina, soror Rogerii regis, in: DA 19 (1963), S. 149-167.
G. *Meyer von Knonau*, Jahrbücher des Deutschen Reiches unter Heinrich IV. und Heinrich V., Bd. 6 u. 7, 1907 u. 1909.
K. *Pivec*, Die Bedeutung des ersten Romzuges Heinrichs V., in: MIÖG 52 (1938), S. 217-225.
J. *Prinz*, Der Zerfall Engerns und die Schlacht am Welfesholz (1115), in: Kunst und Kultur im Weserraum 800-1600, Bd. 3, hg. v. H. Stoob, (= Ostwestfälischweserländische Forsch. z. geschichtl. Landeskunde), 1970, S. 75-112.
O. *Rössler*, Kaiserin Mathilde, Mutter Heinrichs von Anjou, und das Zeitalter der Anarchie in England, 1897.
Th. *Schieffer*, Heinrich V., Kaiser, in: NDB VIII (1969), S. 320-323.
K. *Schnith*, »Kaiserin« Mathilde, in: Großbritannien und Deutschland. Festschr. f. John W. P. Bourke, hrsg. v. O. Kuhn, 1974, S. 166-182.
C. *Servatius*, Heinrich V. 1106-1125, in: Kaisergestalten des Mittelalters, hrsg. v. H. Beumann, 1984, S. 135-154.
H. J. *Stüllein*, Das Itinerar Heinrichs V. in Deutschland, Diss. München 1971.
A. *Waas*, Heinrich V. Gestalt und Verhängnis des letzten salischen Kaisers, 1967.
H. *Zatschek*, Beiträge zur Beurteilung Heinrichs V. I. Die Verhandlungen des Jahres 1119, in: DA 7 (1944), S. 48-78.

Zu den Gegenkönigen

H. *Bruns*, Das Gegenkönigtum Rudolfs von Rheinfelden und seine zeitpolitischen Voraussetzungen, Phil. Diss. Berlin 1939.
H. *Keller*, Schwäbische Herzöge als Thronbewerber: Hermann II. (1002), Rudolf von Rheinfelden (1077), Friedrich von Staufen (1125). Zur Entwicklung von Reichsidee und Fürstenverantwortung, Wahlverständnis und Wahlverfahren im 11. und 12. Jh., in: ZfGO 131 (1983), S. 123-162.
E. *Schubert*, Epigraphik und Kunstgeschichte – die Grabplatte König Rudolfs von Schwaben im Merseburger Dom, in: Epigraphik 1982 (= Denkschriften d. Österr. Akad. d. Wiss., Phil.-hist. Kl., 169), 1983, S. 87-100.
H. *Sciurie*, Die Merseburger Grabplatte König Rudolfs von Schwaben und die Bewertung des Herrschers im 11. Jh., in: Jb. f. Gesch. d. Feudalismus 6 (1982), S. 173-183.
T. *Struve*, Das Bild des Gegenkönigs Rudolf von Schwaben in der zeitgenössischen Historiographie, in: Ex ipsis rerum documentis. Festschr. H. Zimmermann, 1991, S. 459-475.
H. *Müller*, Hermann von Luxemburg, Gegenkönig Heinrichs IV., Phil. Diss. Halle-Wittenberg 1888.
U. *Schmidt*, Die Wahl Hermanns von Salm zum Gegenkönig 1081, in: Ex ipsis rerum documentis. Festschr. H. Zimmermann, 1991, S. 477-491.

Zum Papsttum

H. *Zimmermann*, Papstabsetzungen des Mittelalters, 1968.

Zu den Tuskulaner-Päpsten

G. B. *Borino*, L'elezione e la deposizione di Gregorio VI, in: Archivio della R. Società Romana di Storia Patria 39 (1916), S. 141-252 u. 295-410.
K.-J. *Herrmann*, Das Tuskulanerpapsttum (1012-1046), (= Päpste und Papsttum, 4) 1973.
H. *Kromayer*, Über die Vorgänge in Rom im Jahre 1045 und die Synode von Sutri 1046, in: Hist. Vjschr. 10 (1907), S. 161-195.
F.-J. *Schmale*, Die »Absetzung« Gregors VI. in Sutri und die synodale Tradition, in: Annuarium Hist. Conc. 11 (1979), S. 53-103.
H. *Vollrath*, Kaisertum und Patriziat in den Anfängen des Investiturstreits, in: ZKiG 85 (1974), S. 11-44.

Zu den Reformpäpsten

H. *Beumann*, Reformpäpste als Reichsbischöfe in der Zeit Heinrichs III., in: Festschr. f. F. Hausmann, 1977, S. 21-37.
R. *Bloch*, Die Klosterpolitik Leos IX. in Deutschland, Burgund und Italien, in: AUF 11 (1930), S. 176-257.
U.-R. *Blumenthal*, Ein neuer Text für das Reimser Konzil Leos IX. (1049)?, in: DA 32 (1976), S. 23-48.
J. *Deér*, Papsttum und Normannen. Untersuchungen zu ihren lehnsrechtlichen und kirchenpolitischen Beziehungen, 1972.
W. *Goez*, Papa qui et episcopus. Zum Selbstverständnis des Reformpapsttums im 11. Jahrhundert, in: Archivum Hist. Pont. 8 (1970), S. 27-59.
Ders., Gebhart I., Bischof von Eichstätt, als Papst Viktor II. (ca. 1020-1057), in: Fränkische Lebensbilder 9 (1980), S. 11-21.
D. *Hägermann*, Zur Vorgeschichte des Pontifikats Nikolaus' II., in: ZKiG 81 (1970), S. 352-361.
D. *Jasper*, Das Papstwahldekret von 1059. Überlieferung und Textgestalt (= Beiträge z. Gesch. und Quellenkunde d. Mittelalters, 12), 1986 (mit Literatur).
H. W. *Klewitz*, Die Entstehung des Kardinalkollegiums, in: ZRG/Kan. Abt. 25 (1936), S. 115-221; Wiederabdruck in: *Ders.*, Reformpapsttum und Kardinalkolleg, 1957, S. 9–134.
Ders., Das Ende des Reformpapsttums, in: DA 3 (1939), S. 371–412; Wiederabdruck in: *Ders.*, Reformpapsttum und Kardinalkolleg, 1957, S. 207-255.
H..-G. *Krause*, Das Papstwahldekret von 1059 und seine Rolle im Investiturstreit (= Studi Gregoriani, 7), 1960.
J. *Laudage*, Priesterbild und Reformpapsttum im 11. Jahrhundert, 1984.
O. G. *Oexle*, Die Synoden von Reims und Mainz (1049) im Spiegel fuldischer Memorialüberlieferung, in: Die Klostergemeinschaft von Fulda im früheren Mittelalter, hrsg. v. K. Schmid, Bd. 2,2, 1978, S. 953-962.
T. *Schmidt*, Alexander II. (1061-1073) und die römische Reformgruppe seiner Zeit, (= Päpste und Papsttum, 11) 1977.
W. *Stürner*, Der Königsparagraph im Papstwahldekret von 1059, in: Studi Gregoriani 9 (1972), S. 37-52.
Ders., Das Papstwahldekret von 1059 und die Wahl Nikolaus' II., in: ZRG/Kan. Abt. 59 (1973), S. 417-419.
Ders., Das Papstwahldekret von 1059 und seine Verfälschung. Gedanken zu einem neuen Buch, in: Fälschungen im Mittelalter, Bd. 2, 1988 (= Schriften der MGH 33), S. 157-190.
J. *Wattendorff*, Papst Stephan IX., Phil. Diss. Münster, Paderborn 1883.
K. M. *Woody*, Sagena piscatoris: Peter Damiani and the Papal Election Decree of 1059, in: Viator 1 (1970), S. 33-54.

Zu Gregor VII.

Zu Gregor VII. vgl. die Bände der Studi Gregoriani 1ff. (1947ff.)
H. Fuhrmann, Über die Heiligkeit des Papstes, in: Jb. der Akad. d. Wiss. in Göttingen 1980 (1981), S. 28-43.
W. Goez, Zur Erhebung und ersten Absetzung Papst Gregors VII., in: RQs 63 (1968), S. 117-144.
Ders., Zur Persönlichkeit Gregors VII., in: RQs 73 (1978), S. 193-216.
O. Hageneder, Die Häresie des Ungehorsams und das Entstehen des hierokratischen Papsttums, in: Röm. Hist. Mitt. 20 (1978), S. 29-47.
P. E. Hübinger, Die letzten Worte Papst Gregors VII. (= Geisteswiss. Vorträge d. Rhein.-Westf. Akad. d. Wiss., G 185), 1973.
F. Kempf, Ein zweiter Dictatus papae? Ein Beitrag zum Depositionsanspruch Gregors VII., in: Archivum Hist. Pont. 13 (1975), S. 119-135.
I. S. Robinson, Pope Gregory VII, the princes and the Pactum 1077-1080, in: Engl. Hist. Rev. 94 (1979), S. 721-756.
R. Schieffer, Tomus Gregorii papae. Bemerkungen zur Diskussion um das Register Gregors VII., in: AfD 17 (1971), S. 169-184.
Ders., Gregor VII. – ein Versuch über die historische Größe, in: HJb 97/98 (1978), S. 87-107.
T. Schmidt, Zu Hildebrands Eid vor Kaiser Heinrich III., in: Archivum Hist. Pont. 11 (1973), S. 374-386.
J. Vogel, Gregors VII. Abzug aus Rom und sein letztes Pontifikatsjahr in Salerno, in: Tradition als historische Kraft. Interdisziplinäre Forschungen zur Geschichte des früheren Mittelalters, hrsg. v. N. Kamp und J. Wollasch, 1982, S. 341-349.

Zu Wibert von Ravenna (Clemens III.)

I. Heidrich, Ravenna unter Erzbischof Wibert (1073-1100). Untersuchungen zur Stellung des Erzbischofs und Gegenpapstes Clemens III. in seiner Metropole, 1984.
J. Ziese, Wibert von Ravenna. Der Gegenpapst Clemens III. (1084-1100), (= Päpste und Papsttum, 20) 1982.

Zu Urban II.

A. Becker, Papst Urban II. (1088-1099). Teil I: Herkunft und kirchliche Laufbahn. Der Papst und die lateinische Christenheit, 1964; Teil II: Der Papst, die griechische Christenheit und der Kreuzzug, 1988 (= Schriften der MGH 19).
H. Fuhrmann, Pseudoisidor, Otto von Ostia (Urban II.) und der Zitatenkampf von Gerstungen (1085), in: ZRG/Kan. Abt. 68 (1982), S. 52-69.

Zu Paschalis II.

U.-R. Blumenthal, Opposition to Pope Paschal II: Some Comments on the Lateran Council of 1112, in: Annuarium Hist. Conc. 10 (1978), S. 82-98.
Dies., The Early Councils of the Pope Paschal II. 1100-1110, 1978.
Dies., Paschal II. and the Roman primacy, in: Archivum Hist. Pont. 16 (1978), S. 67-92.
R. Hiestand, Legat, Kaiser und Basileus. Bischof Kuno von Praeneste und die Krise des Papsttums von 1111/1112, in: Aus Reichsgeschichte und nordischer Geschichte. Festschr. f. K. Jordan (= Kieler Hist. Stud., 16), 1972, S. 141-152.
C. Servatius, Paschalis II. (1099-1118). Studien zu seiner Person und seiner Politik, (= Päpste und Papsttum, 24) 1979.

Zum Schisma des Burdinus

C. Erdmann, Mauritius Burdinus (Gregor VIII.), in: QFiAB 19 (1927), S. 205-261.

Zu Calixt II.

U. *Robert*, Histoire du pape Calixte II, 1891.
M. *Stroll*, New Perspectives on the Struggle between Guy of Vienne and Henry V, in: Archivum Hist. Pont. 18 (1980), S. 97-115.
Dies., Calixtus II: a reinterpretation of his election and the end of the Investiture Contest, in: Studies in Medieval and Renaissance History NS 3 (1980), S. 3-53.

Zur Verfassung und Verwaltung des Reiches

K. *Beer*, Zur Wehr- und Gerichtsorganisation böhmischer Grenzgebiete im Mittelalter, in: MIÖG 52 (1938), S. 243-256.
W. *Berges*, Zur Geschichte des Werla-Goslarer Reichsbezirks vom neunten bis zum elften Jahrhundert, in: Deutsche Königspfalzen I (= Veröff. d. Max-Planck-Inst. f. Geschichte, 11), 1963, S. 113-157.
H. W. *Böhme* (Hrsg.), Burgen der Salierzeit, 2 Bde., 1991.
Ders., (Hrsg.), Siedlungen und Landesausbau zur Salierzeit, 2 Bde., 1991.
K. *Bosl*, Nürnberg als Stützpunkt der staufischen Staatspolitik, in: Mitt. d. Ver. f. Gesch. d. Stadt Nürnberg 39 (1944), S. 51-81.
Ders., Die Reichsministerialität der Salier und Staufer. Ein Beitrag zur Geschichte des hochmittelalterlichen deutschen Volkes, Staates und Reiches, 2 Bde. (= Schriften der MGH, 10), 1950/51.
Beiträge zum hochmittelalterlichen Städtewesen, hrsg. v. B. *Diestelkamp* (= Städteforschung, Reihe A Bd. 11), 1982.
O. *Engels*, Die Staufer, 4. Aufl. 1988.
L. *Fenske*, Adelsopposition und kirchliche Reformbewegung im östlichen Sachsen, 1977.
J. *Fleckenstein*, Die Hofkapelle der deutschen Könige, Teil II: Die Hofkapelle im Rahmen der ottonisch-salischen Reichskirche (= Schriften der MGH, 16, 2), 1966.
J. B. *Freed*, The Origins of the European Nobility: The Problem of the Ministerials, in: Viator 7 (1976), S. 211-241.
F. L. *Ganshof*, Les origines de la Flandre Impériale. Contribution à l'histoire de l'ancien Brabant, in: Annales de la Société royale d'archéologie de Bruxelles. Mémoires, Rapports et Documents 46 (1942/43), S. 99-137.
Ders., Note sur le rattachement féodal du comté de Hainaut à l'église de Liège, in: Miscellanea J. Gessler, 1948, S. 508-521.
W. *Giese*, Der Stamm der Sachsen und das Reich in ottonischer und salischer Zeit, 1979.
G. *Glaeske*, Die Erzbischöfe von Hamburg-Bremen als Reichsfürsten, 937-1258 (= Quellen und Darst. zur Gesch. Niedersachsens, 60), 1962.
F. *Hausmann*, Reichskanzlei und Hofkapelle unter Heinrich V. und Konrad III. (= Schriften der MGH, 14), 1956.
Ders., Siegfried, Markgraf der »Ungarnmark« und die Anfänge der Spanheimer in Kärnten und im Rheinland, in: Jb. f. Landeskde. v. Niederösterreich NF 43 (1977), S. 115-168.
R. *Hildebrand*, Herzog Lothar von Sachsen, 1986.
I. *Höss*, Die deutschen Stämme in der Zeit des Investiturstreits, 1951.
H. *Hoffmann*, Gottesfriede und Treuga Dei (= Schriften der MGH, 20), 1964.
H. *Jakobs*, Der Adel in der Klosterreform von Sankt Blasien, 1968.
K. *Jordan*, Sachsen und das deutsche Königtum im hohen Mittelalter, in: HZ 210 (1970), S. 529-559.
H. *Keller*, Reichsstruktur und Herrschaftsauffassung in ottonisch-frühsalischer Zeit, in: Frühmittelalterliche Studien 16 (1982), S. 74-128.
K.-E. *Klaar*, Die Herrschaft der Eppensteiner in Kärnten (= Archiv f. vaterländ. Gesch. u. Topographie, 61), 1966.
B. *Kluge*, Deutsche Münzgeschichte von der späten Karolingerzeit bis zum Ende der Salier (ca. 900 bis 1125), 1991.
O.-H. *Kost*, Das östliche Niedersachsen im Investiturstreit: Studien zu Brunos Buch vom Sachsenkrieg, 1962.

H. *Krabusch*, Untersuchungen zur Geschichte des Königsgutes unter den Saliern, Phil. Diss. (masch.) Heidelberg 1949.

H. *Krause*, Königtum und Rechtsordnung in der Zeit der sächsischen und salischen Herrscher, in: ZRG/Germ. Abt. 82 (1965), S. 1-98.

K.-H. *Lange*, Die Stellung der Grafen von Northeim in der Reichsgeschichte des 11. und frühen 12. Jahrhunderts, in: Niedersächs. Jb. 33 (1961), S. 1-107.

U. *Lewald*, Die Ezzonen. Das Schicksal eines rheinischen Fürstengeschlechts, in: Rhein. Vjbll. 43 (1979), S. 120-168.

K. *Leyser*, The Crisis of Medieval Germany, in: Proceedings of the British Academy 69 (1983), S. 409-443.

La Maison d'Ardenne, X^e–XIe siècle (= Publications de la Section Hist. de l'Institut Grand-Ducal de Luxembourg, 95), 1981.

H *Maurer*, Der Herzog von Schwaben. Grundlagen, Wirkungen und Wesen seiner Herrschaft in ottonischer, salischer und staufischer Zeit, 1978.

Th. *Mayer*, Der Staat der Herzoge von Zähringen, 1935. Wiederabdruck in: *Ders.*, Mittelalterliche Studien, 1958, S. 350-364.

H. *Mitteis*, Politische Prozesse des früheren Mittelalters in Deutschland und Frankreich, (= Sitzungsberichte d. Heidelberger Akad. d. Wiss., Phil.-Hist. Kl., Jg. 1926/27, Abh. 3), 1927.

M. *Parisse*, Les ministériaux en Empire: ab omni iugo servili absoluti, in: Jb. f. westdt. Landesgesch. 6 (1980), S. 1-24.

H. *Renn*, Das erste Luxemburger Grafenhaus (963-1136), 1941.

K. *Schmid*, Salische Gedenkstiftungen für fideles, servientes und milites, in: Institutionen, Kultur u. Gesellschaft im Mittelalter (= Festschr. J. Fleckenstein), 1984, S. 245-264.

B. *Schwineköper*, Königtum und Städte bis zum Ende des Investiturstreits. Die Politik der Ottonen und Salier gegenüber den werdenden Städten im östlichen Sachsen und in Nordthüringen (= VuF Sonderbd. 11), 1977.

H.-D. *Starke*, Die Pfalzgrafen von Sachsen bis zum Jahre 1088, in: Braunschw. Jb. 36 (1955), S. 24-52.

F. *Steinbach*, Die Ezzonen. Ein Versuch territorialpolitischen Zusammenschlusses der fränkischen Rheinlande, in: Das erste Jahrtausend. Kultur und Kunst im werdenden Abendland an Rhein und Ruhr, Textbd. II, 1964, S. 848-866.

H. *Stoob*, Die sächsische Herzogswahl des Jahres 1106, in: Landschaft und Geschichte. Festschr. f. F. Petri, 1970, S. 499-517.

A. *Timm*, Krongutpolitik der Salierzeit am Südostharz, in: Harz-Zeitschrift 10 (1958), S. 1-15.

H. W. *Vogt*, Das Herzogtum Lothars von Supplingenburg 1106-1125, 1959.

H. *Werle*, Das Reichslehen Alzey. Studien zur hochmittelalterlichen Alzeyer Geschichte, in: Alzeyer Geschichtsblätter 3 (1966), S. 14-34.

S. *Wilke*, Das Goslarer Reichsgebiet und seine Beziehungen zu den territorialen Nachbargewalten (= Veröff. d. Max-Planck-Inst. f. Gesch., 32), 1970.

Zum Königtum

H. *Beumann*, Zur Entwicklung transpersonaler Staatsauffassungen, in: Das Königtum (= VuF 3), 1956, S. 185-224; Wiederabdruck in: *Ders.*, Wissenschaft vom Mittelalter. Ausgewählte Aufsätze, 1972, S. 135-174.

Ders., Das Imperium und die Regna bei Wipo, in: Festschr. f. F. Steinbach, 1960, S. 11-36; Wiederabdruck in: *Ders.*, Wissenschaft vom Mittelalter. Ausgewählte Aufsätze, 1972, S. 175-200.

Ders., Die Bedeutung des Kaisertums für die Entstehung der deutschen Nation im Spiegel der Bezeichnungen für Reich und Herrscher, in: Aspekte der Nationenbildung im Mittelalter (Nationes I), 1978, S. 317-365.

Ders., Der deutsche König als »Romanorum rex«, (= Sitzungsberichte der Wiss. Ges. an d. Johann Wolfgang Goethe-Universität Frankfurt a.M., 18, 2), 1981.

L. *Bornscheuer*, Miseriae regum. Untersuchungen zum Krisen- und Todesgedanken in den herrschaftstheologischen Vorstellungen der ottonisch-salischen Zeit, 1968.

A. *Bühler*, Reichskleinodiengeschichte im Überblick, 1953.

H. *Fillitz*, Die Insignien und Kleinodien des Heiligen Römischen Reiches, 1954.
H. *Fuhrmann*, »Volkssouveränität« und »Herrschaftsvertrag« bei Manegold von Lautenbach, in: Festschr. f. H. Krause, hrsg. v. St. Gagnèr, H. Schlosser u. W. Wiegand, 1975, S. 21-42.
H. *Mitteis,* Die Krise des deutschen Königswahlrechts, in: Sitzungsberichte d. Bayer. Akad. d. Wiss., Phil.-Hist. Kl., Jg. 1950, Heft 8, S. 1-92; Wiederabdruck in: Königswahl und Thronfolge in ottonisch-salischer Zeit, hrsg. v. E. Hlawitschka (= WdF 178), 1971, S. 216-302.
U. *Reuling,* Die Kur in Deutschland und Frankreich. Untersuchungen zur Entwicklung des rechtsförmlichen Wahlaktes bei der Königserhebung im 11. und 12. Jahrhundert (= Veröff. d. Max-Planck-Inst. f. Gesch., 64), 1979.
R. *Schmidt,* Königsumritt und Huldigung in ottonisch-salischer Zeit, in: VuF 6 (1961), S. 97-233.
P. E. *Schramm,* Herrschaftszeichen und Staatssymbolik. Beiträge zu ihrer Geschichte vom 3. bis zum 16. Jahrhundert 1-3 (= Schriften der MGH, 13), 1954-1956.
H. *Wolfram,* Überlegungen zur Datierung der Wiener Reichskrone, in: MIÖG 78 (1970), S. 84-93.

Zu den Verhältnissen in Italien

H. H. *Anton,* Bonifaz von Canossa, Markgraf von Tuszien, und die Italienpolitik der frühen Salier, in: HZ 214 (1972), S. 529-556.
L. *Buisson,* Formen normannischer Staatsbildung (9.-11. Jahrhundert), in: Studien zum mittelalterlichen Lehnswesen (= VuF 5), 1960, S. 95-184.
H. E. J. *Cowdrey,* The Age of Abbot Desiderius. Montecassino, the Papacy and the Normans in the Eleventh and Early Twelfth Centuries, 1983.
G. *Dilcher,* Die Entstehung der lombardischen Stadtkommune, 1967.
V. v. *Falkenhausen,* Untersuchungen über die byzantinische Herrschaft in Süditalien vom 9. bis ins 11. Jahrhundert, 1967.
W. *Goez,* Reformpapsttum, Adel und monastische Erneuerung in der Toscana, in: Investiturstreit und Reichsverfassung (= VuF 17), 1973, S. 205-239.
H. *Hoffmann,* Die Anfänge der Normannen in Süditalien, in: QFiAB 49 (1969), S. 96-144.
Ders., Petrus Diaconus, die Herren von Tusculum und der Sturz Oderisius' II. von Montecassino, in: DA 27 (1971), S. 1-109.
P. F. *Kehr,* Rom und Venedig bis ins 12. Jahrhundert, in: QFiAB 19 (1927), S. 1-180.
H. *Keller,* Die soziale und politische Verfassung Mailands in den Anfängen des kommunalen Lebens, in: HZ 211 (1970), S. 34-64.
Ders., Pataria und Stadtverfassung, Stadtgemeinde und Reform: Mailand im »Investiturstreit«, in: Investiturstreit und Reichsverfassung (= VuF 17), 1973, S. 321-350.
Ders., Adelsherrschaft und städtische Gesellschaft in Oberitalien (9.-12. Jahrhundert), (= Bibl. d. Deutschen Hist. Inst. in Rom, 52) 1979.
W. *Kölmel,* Rom und der Kirchenstaat im 10. und 11. Jahrhundert bis in die Anfänge der Reform, 1935.
J. J. *Norwich,* The Normans in the South 1016-1130, 1967 (dt. 1968).
H. *Schmidinger,* Patriarch und Landesherr. Die weltliche Herrschaft der Patriarchen von Aquileja bis zum Ende der Staufer, 1954.
G. *Schwartz,* Die Besetzung der Bistümer Reichsitaliens unter den sächsischen und salischen Kaisern mit den Listen der Bischöfe 951-1122, 1913.
T. *Struve,* Kaisertum und Romgedanke in salischer Zeit, in: DA 44 (1988), S. 424-454.
W. *Wühr,* Die Wiedergeburt Montecassinos unter seinem ersten Reformabt Richer von Niederaltaich (†1055), in: Studi Gregoriani 3 (1948), S. 369-448.

Zu Burgund

L. *Boehm,* Geschichte Burgunds. Politik – Staatsbildungen – Kultur, ²1979.
H.-D. *Kahl,* Die Angliederung Burgunds an das mittelalterliche Imperium. Zum

geschichtlichen Hintergrund des Schatzfundes von Corcelles-près-Payerne, in: Schweizerische Numismatische Rundschau 48 (1969), S. 13-105.
L. Lex, Eudes, comte des Blois, de Tours, de Chartres, de Troyes et de Meaux (995-1037) et Thibaud, son frère (995-1004), in: Mém. de la Soc. d'agriculture ... du département de l'Aube t. 38, 3e sér., 1891.
H.-E. Mayer, Die Alpen und das Königreich Burgund, in: Die Alpen in der europäischen Geschichte des Mittelalters (= VuF 10), 1965, S. 57-76.

Zu den Beziehungen zu den ausländischen Herrschern

Frankreich

J. Dhondt, Henri Ier, l'empire et l'Anjou (1043-1056), in: Revue belge 25 (1946/47), S. 87-109.
Ders., Quelques aspects du règne d'Henri Ier, roi de France, in: Mélanges d'histoire du moyen âge, déd. à la mémoire de L. Halphen, 1951, S. 199-208.

England

K. Leyser, England and the Empire in the Early Twelfth Century, in: Transactions of the Royal Historical Society, 5th Series, Vol. 10 (1960), S. 61-83.

Staaten im östlichen Europa

E. Boshof, Das Reich und Ungarn in der Zeit der Salier, in: Ostbair. Grenzmarken 28 (1986), S. 178-194.
W. Brüske, Untersuchungen zur Geschichte des Lutizenbundes. Deutsch-wendische Beziehungen des 10.-12. Jahrhunderts, 1955.
J. Forssmann, Die Beziehungen altrussischer Fürstengeschlechter zu Westeuropa. Ein Beitrag zur Geschichte Ost- und Nordeuropas im Mittelalter, hrsg. v. B. Forssmann, 1970.
B. Hóman, Geschichte des ungarischen Mittelalters, Bd. 1, 1940.
G. Rhode, Kleine Geschichte Polens, 1965.
K. Schünemann, Deutsche Kriegführung im Osten während des Mittelalters, in: DA 2 (1938), S. 54-84.
W. Seegrün, Erzbischof Adalbert von Hamburg-Bremen und Gottschalk, Großfürst der Abodriten (1043-1066/72), in: Beiträge zur mecklenburgischen Kirchengeschichte, hg. v. B. Jähnig, 1982, S. 1-14.
W. Wegener, Böhmen/Mähren und das Reich im Hochmittelalter, 1959.

Zur Kirchenreform

H. Büttner, Das Erzstift Mainz und die Klosterreform im 11. Jahrhundert, in: AmrhKiG 1 (1949), S. 30-64.
N. Bulst, Untersuchungen zu den Klosterreformen Wilhelms von Dijon (962-1031), 1973.
Y. Congar, Der Platz des Papsttums in der Kirchenfrömmigkeit der Reformer des 11. Jahrhunderts, in: Sentire ecclesiam, 1961, S. 196-217.
F. Dressler, Petrus Damiani. Leben und Werk (= Studia Anselmiana, 34), 1954.
H. Fuhrmann, Einfluß und Verbreitung der pseudoisidorischen Fälschungen, Bd. II (= Schriften der MGH, 24), 1973.
J. Gilchrist, Cardinal Humbert of Silva Candida, the Canon Law and Ecclesiastical Reform in the Eleventh Century, in: ZRG/Kan. Abt. 58 (1972), S. 338-349.
H. Grauert, Rom und Gunther der Eremit?, in: HJb 19 (1898), S. 249-287.
J. E. Gugumus, Der hl. Abt Guido vom Pomposa (970-1046). Zur Tausendjahrfeier seiner Geburt, in: AmrhKiG 23 (1971), S. 9-17.

K. *Hallinger,* Gorze – Kluny. Studien zu den monastischen Lebensformen und Gegensätzen im Hochmittelalter, 2 Bde., 1950/51; dazu: Th. *Schieffer,* Cluniazensische oder gorzische Reformbewegung?, in: AmrhKiG 4 (1952), S. 24-44.

H. *Hoffmann,* Von Cluny zum Investiturstreit, in: AKG 45 (1963), 165-209.

P. *Ladewig,* Poppo von Stablo und die Klosterreform unter den ersten Saliern, 1883.

G. *Ladner,* Theologie und Politik vor dem Investiturstreit. Abendmahlstreit, Kirchenreform, Cluni und Heinrich III., (= Veröff. d. Inst. f. Österr. Geschichtsforschung II), 1936.

H. P. *Laqua,* Tradition und Leitbilder bei dem Ravennater Reformer Petrus Damiani 1042-1052 (= Münstersche Mittelalter-Schriften, 30), 1976.

H. *Löwe,* Petrus Damiani. Ein italienischer Reformer am Vorabend des Investiturstreits, in: GWU 6 (1955), S. 65-79; Wiederabdruck in: Ders., Von Cassiodor zu Dante. Ausgew. Aufsätze, 1973, S. 260-276.

P. *Schmid,* Der Begriff der kanonischen Wahl in den Anfängen des Investiturstreites, 1926.

G. *Tellenbach,* Libertas. Kirche und Weltordnung im Zeitalter des Investiturstreites (= Forsch. z. Kirchen- u. Geistesgesch. VII), 1936.

Ders., Der Sturz des Abtes Pontius von Cluny und seine geschichtliche Bedeutung, in: QFiAB 42/43 (1963), S. 13-55.

Zum Ausgang des Investiturstreites

R. L. *Benson,* The Bishop Elect. A Study in Medieval Ecclesiastical Office, 1968.

J. *Beumann,* Sigebert von Gembloux und der Traktat de investitura episcoporum (VuF Sonderbd. 20), 1976.

J. *Krimm-Beumann,* Der Traktat »De investitura episcoporum« von 1109, in: DA 33 (1977), S. 37-83.

U.-R. *Blumenthal,* Patrimonia and Regalia in 1111, in: Law, Church and Society. Essays in honor of St. Kuttner, 1977, S. 9-20.

St. A. *Chodorow,* Ecclesiastical politics and the ending of the Investiture Contest: The papal election of 1119 and the negotiations of Mouzon, in: Speculum 46 (1971), 613-640.

P. *Classen,* Das Wormser Konkordat in der deutschen Verfassungsgeschichte, in: Investiturstreit und Reichsverfassung (= VuF 17), S. 411-460.

J. *Fried,* Der Regalienbegriff im 11. und 12. Jahrhundert, in: DA 29 (1973), S. 450-528.

H. *Hoffmann,* Ivo von Chartres und die Lösung des Investiturproblems, in: DA 15 (1959), S. 393-440.

A. *Hofmeister,* Das Wormser Konkordat, in: Festschr. f. D. Schäfer, 1915, S. 64-148 (Sonderausgabe mit Vorwort v. R. Schmidt, Darmstadt 1962).

W. *Holtzmann,* Eine Bannsentenz des Konzils von Reims 1119, in: NA 50 (1935), S. 301-319; Wiederabdruck in: Ders., Beiträge zur Reichs- und Papstgeschichte des hohen Mittelalters (= Bonner Hist. Stud., 8), 1957, S. 123-137.

Ders., England, Unteritalien und der Vertrag von Ponte Mammolo, in: NA 50 (1935), S. 282-301; Wiederabdruck in: Ders., Beiträge zur Reichs- und Papstgeschichte des hohen Mittelalters (= Bonner Hist. Stud., 8), 1957, S. 107-122.

M. *Minninger,* Von Clermont zum Wormser Konkordat. Die Auseinandersetzungen um den Lehnsnexus zwischen König und Episkopat (= Forsch. zur Kaiser- und Papstgesch. d. Mittelalters. Beihefte z. J. F. Böhmer, Regesta imperii, 2), 1978.

Th. *Schieffer,* Nochmals die Verhandlungen von Mouzon (1119), in: Festschr. f. E. E. Stengel, 1952, S. 324-341.

M. J. *Wilks,* Ecclesiastica and Regalia: Papal Investiture Policy from the Council of Guastalla to the First Lateran Council, 1106-1123, in: Councils and Assemblies, hrsg. v. G. J. Cuming/D. Baker, 1971, S. 69-85.

Register

Aachen 23, 38 ff., 44, 54, 60, 96, 102, 106, 116, 143, 162, 167, 252, 267 siehe Gottschalk
Abbo v. Fleury 22
Adalbero, Gf. v. Ebersberg 57
Adalbero, Hz. v. Kärnten 26, 29 f., 41, 52, 61 ff., 66 f., 93, 171, 199
Adalbert, Continuator Reginonis 11
Adalbert, Gf. v. Saargau 19
Adalbert, Hz. v. Oberlothringen 105
Adalbert, Markgf. v. Österreich 119, 159
Adalger, Kanzler 122
Adam v. Bremen 101, 169, 188
Adelasia (Adelheid), Tochter d. Hz. Heinrich v. Niederlothringen 301
Adele, Gemahlin Kg. Konrads v. Burgund 67
Adelheid, Tochter d. Markgf. Otto v. Turin 171
Adelheid, Markgfin v. Turin 163, 231, 252
Adelheid, Mutter Konrads II. 8, 19, 27, 35, 55
Adelheid, Tochter Heinrichs III. 161
Adelheid, Tochter Heinrichs IV. 206
Adelheid, Tochter Rudolfs v. Rheinfelden 243
Agnes v. Poitou siehe Herrscherinnen
Agnes, Mutter der Kgin. Agnes 116 f., 156
Agnes, Tochter Heinrichs IV. 9, 239, 303
Alba
– Bf. Benzo 192
Albano siehe Richard
– Bf. Bonifaz 183
Albert III., Gf. v. Namur 225
Albrecht v. Ballenstedt, Markgf. v. d. Lausitz 301
Altdorf 150
Altenglan 11
Altötting 162
Alzey 283
Amalfi 82
– Ebf. Petrus 141
Anastasia, Mutter Kg. Salomons v. Ungarn 170
Andernach 166, 285
Anna, Tochter des Großfürsten Jaroslaw v. Kiew 157 f.
Annalista Saxo 28
Anselm v. Lucca siehe Alexander II.

Anselm v. Lüttich 116, 147, 154
Anselm, Gf. 59
Ansgisus, Sohn d. Bf. Arnulf v. Metz 94
Aquileja 51, 53, 75, 257
– Patriarchen
  – Poppo 51, 61, 79, 126
  – Ravenger 188
  – Sigehard 227, 239
Arezzo 168
Argyros, byzantinischer Statthalter 140, 160
Ariald, Diakon siehe Pataria
Aribo, Pfalzgf. v. Bayern 149
Arnold, Gf. v. Wels-Lambach 41, 62
Arnold, Ministeriale 190
Arnstadt 16
Arnulf, Chronist v. Mailand 80, 122, 241
Augsburg 14, 17, 41, 44, 47, 178, 195, 229
– Bfe.
  – Bruno 47, 58, 62, 94
  – Heinrich 18, 172 f., 184
Augustinus 138
Aventin 75
Azzo, Markgf. v. Este 79, 150

Balduin V., Gf. v. Flandern 103 ff., 143 f., 146, 166
Balduin VI., Gf. v. Flandern 103, 143 ff., 166
Bamberg 63, 213 f.
– Bfe.
  – Eberhard 38
  – Gunther 100, 173 f.
  – Hermann 214 ff.
  – Otto 269, 274, 286
  – Suidger siehe Clemens II.
Bar 70
Barfleur 301
Basel 44, 48, 65, 68, 97, 184
– Bf. Udalrich/Ulrich 44, 86
Beatrix, Gemahlin d. Gfn. Udo v. Katlenburg 90
Beatrix, Gemahlin Hz. Adalberos v. Kärnten 26, 29, 41, 66 f.
Beatrix, Markgfin. v. Canossa-Tuszien 64, 145 f., 160, 163 f., 186, 213
Beatrix, Tochter Heinrichs III. siehe Quedlinburg
Bec
– Prior Lanfranc siehe Canterbury

327

Begga, Tochter Pippins d. Älteren 94
Benevent 139 ff., 181, 289
Berengar v. Ivrea 14
Berengar v. Tours 138, 178
Bern v. Reichenau 94 ff., 114, 153
Bernhard II., Hz. v. Sachsen 40, 89, 99, 146, 158
Bernhard, Gf. 11
Bernhard, Kardinallegat 236, 240
Berrhard siehe St. Viktor
Bernhard, Markgf. 89
Bertha, Tochter Kg. Konrads v. Burgund 67
Bertha, uneheliche Tochter Heinrichs V. (?), 289
Berthold I., Hz. v. Schwaben 239 f., 251, 253, 259
Berthold v. Reichenau 201
Berthold, Hz. v. Kärnten 171, 198 f., 203, 239, 243
Berthold, Hz. v. Zähringen 240, 253, 259, 262, 274
Berthold, Ministeriale 190
Besançon 231, 292
  – Ebf. Hugo 108
Bianello 231
Bingen 13
Bismarck, Otto v. 306
Bodfeld 124, 164
Bodman 150
Böckelheim 264
Böhmen
  – Hzz.
    – Boriwoi 264, 269
    – Bretislav I. 73 f., 118 ff.
    – Jaromir 73 f.
    – Spitignew II. 119, 159
    – Swatopluk 269
    – Udalrich 72 ff., 93
    – Wladislaw I. 269
  – Kg. Wratislaw 227, 231, 251
Boemund v. Tarent 254, 278
Bojoannes, Katepan 52
Bonifaz, Markgf. v. Canossa-Tuszien 42, 48, 64, 70, 133, 213
Bonizo v. Sutri 127, 164, 224, 243
Braga
  – Ebf. Mauritius siehe Gregor VIII.
Brandenburg 147
Brauweiler 148
Breisach 17
Breme 50
  – Abt Odilo 50
Bremen siehe Adam
  – Ebfe. siehe Hamburg
Brixen
  – Bfe.
    – Altwin 226
    – Hartwig 52
    – Poppo siehe Damasus II.

Bruchsal 23, 25
Brun(o), Gf. v. Braunschweig 28, 38
Bruno, Autor d. Sachsenkrieg 148, 238
Burchard, Burggf. v. Meißen 283
Burgund
  – Kge.
    – Konrad 28, 67
    – Rudolf II. 65
    – Rudolf III. 44, 48 f., 59, 64-71 116
Byzanz
  – Alexios I. Komnenos 248, 281
  – Johannes Komnenos 270
  – Konstantin VIII. 54
  – Konstantin IX. Monomachos 55, 140 f.
  – Konstantin X. Dukas 192
  – Michael IV. 55
  – Romanos III. 54 f.

Cadalus v. Parma siehe Honorius II.
Cambrai 144 f., 151, 261, 267 f.
  – Bfe.
    – Gerhard I. 44, 112 f., 147, 151, 154
    – Lietbert 109, 144 f., 151
    – Walcher 261, 267
Campo Malo 78
Canossa 231-235, 240-243, 253, 256, 264, 306
Canterbury
  – Ebfe.
    – Aethelnoth 49
    – Anselm 272
    – Lanfranc 138, 272
Capua 82, 132
Cencius, Sohn des Präfekten Stephanus 222
Cesena
  – Bf. Johannes 85, 124
Chartres
  – Bf. Ivo 271
Châlons 274
  – Bf. Wilhelm siehe Wilhelm v. Champeaux
Châtenois 105
Chuniza, Tochter Welfs II. 79, 150
Civitate 53, 140 f.
Cluny 49 f., 110 f., 172, 177, 255, 292, 308
  – Äbte
    – Hugo 50, 110, 161, 172, 177, 191, 198, 231, 255, 265, 288
    – Odilo 48 ff., 86, 110
    – Pontius 288, 292, 301
Colonna 289
  – Petrus de Columna 289 f.
Como 58
  – Bf. Rainald 211, 213
Compostella 291

Cremona 78, 92, 257, 290
- Bfe.
  - Hubald 78
  - Landulf 78
Creszentier 22, 126, 177
- Crescentius II. Nomentanus 22

Dänemark
- Kg. Knut 45, 48 f., 72, 74 f., 93
David, Domscholaster in Würzburg 280
Dedi, Markgf. 174
Dedo, sächsischer Pfalzgf. 100
Deville 69
Dietrich I., Hz. v. Oberlothringen 34
Dietrich II., Hz. v. Oberlothringen 268
Dietrich IV., Gf. v. Holland 103 ff.
Donauwörth 9
Drogo v. Hauteville 133
Duisburg 97, 188

Eberhard, Hz. v. Franken 12
Ebersheimmünster 238
Echternach 165
Eename 103
Eger 120
Egino 197
Eichstätt 109, 199
- Bfe.
  - Gebhard siehe Viktor II.
  - Gundekar 168
Eike v. Repgow 269
Eilika, Tochter Hz. Magnus' v. Sachsen 268
Einbeck 90
Eisleben 246, 285
Ekbert II., Markgf. v. Meißen 206, 252
Ekbert, Gf. v. Braunschweig 174
Ekkehard I., Markgf. v. Meißen 23, 72
Ekkehard II., Markgf. v. Meißen 72 f., 119
Ekkehard v. Aura, Chronist 295, 303
Emicho, salischer Vizegf. 20
Engelbert, Gf. 62
England
- Kge.
  - Heinrich I. 272, 275, 301 f.
  - Heinrich II. 303
  - Knut siehe Dänemark
  - Wilhelm I. 242
  - Wilhelm Aetheling, Sohn Kg. Heinrichs I. 301
Erlembald siehe Pataria
Erlembald, Kämmerer Heinrichs IV. 265
Ermengard, Gemahlin Kg. Rudolfs v. Burgund 69
Ernst I., Hz. v. Schwaben 28, 67
Ernst II., Hz. v. Schwaben 9, 28 f., 44, 47, 58-63, 66 f., 91, 308
Escorial 95, 165
Essen
- Äbtissin Sophie siehe Gandersheim
Ethelinde, Tochter Ottos v. Northeim 197
Ezzo, Pfalzgf. v. Lothringen 34

Farfa
- Äbte
  - Almerich 95
  - Hugo 109
  - Suppo 109
Fermo 218
- Bf. Wolfgang 217
Ferrara
- Bf. Wido 271
Flarchheim 243
Flodoard v. Reims 11
Florentius, Gf. v. Holland 301
Florenz 176 ff., 257
- Bfe.
  - Atto 124
  - Gerhard siehe Nikolaus II.
  - Petrus Mezzabarba 211
Fonte Avellana 124, 192
siehe Petrus Damiani
Forchheim 236, 239
Frangipani 288-292
- Cencius 291
Frankfurt 19
Frankreich
- Kge.
  - Heinrich I. 34, 69, 102, 105, 115 ff., 136, 155, 157 f.
  - Ludwig IV. 13, 28
  - Ludwig VI. 273, 302
  - Philipp I. 216, 243, 258, 265, 271 ff.
  - Robert I. 69
  - Robert II. 34, 42, 45, 67
Freising
- Bfe.
  - Egilbert 57, 62, 76, 94
  - Otto I. 8 ff., 94, 287
Friedrich I., Hz. v. Schwaben 9, 239, 259, 263
Friedrich II., Hz. v. Schwaben 286 f., 302 f.
Friedrich II, sächsischer Pfalzgf. 100
Friedrich II., Hz. v. Oberlothringen 34, 44
Friedrich III., Hz. v. Oberlothringen 64
Friedrich v. Büren 239
Friedrich v. Goseck, sächs. Pfalzgf. 242
Friedrich v. Lothringen siehe Stephan IX.

Friedrich, Gf. 59
Friedrich, Gf. v. Arnsberg 287
Friedrich, Hz. v. Niederlothringen 98, 103, 145, 192, 267
Friedrich, stadischer Ministeriale 281 f.
Frutolf v. Michelsberg 170
Fruttuaria 50, 199
Fürth 16
Fulda 119, 139, 172

Gaeta 82, 290
Gandersheim 40, 168
– Äbtissinnen
– Beatrix 168 f.
– Sophie 40
Gebhard, Gf. v. Supplinburg 268
Gembloux siehe Sigebert
Genf 70
Gerald v. Ostia, Legat 213
Gerau 25
Gerberga, Gemahlin Hz. Hermanns II. v. Schwaben 26, 28, 67
Gerberga, Großmutter der Gerberga von Schwaben 26
Gerhard, Gf. v. Metz 19, 29
Gerhard, Hz. v. Oberlothringen 105
Gernrode 54
– Äbtissin Adelheid 54
Gerstungen 204, 251
Gertrud v. Braunschweig 268
Gertrud v. Haldensleben 268
Gertrud, Tochter Pippins d. Ä. 94
Gertrud-Petronella, Witwe Gf. Florentius' v. Holland 301
Giebichenstein 60, 103
Girard, Gf. v. Galeria 177, 183
Gisela, Mutter Heinrichs II. 65, 67
Gisela, Schwester Heinrichs II., Kgin. v. Ungarn 34, 75, 120
Gisela, Tochter Heinrichs III. 133, 161
Giselbert, Hz. v. Lothringen 13
Gisulf II. v. Salerno 254
Gleichen 252
Gnesen 118
Gorze
– Abt Siegfried 87, 116, 147, 153
Goslar 41, 100, 103, 117, 145, 161, 164, 169, 197, 200, 206, 218, 241, 247, 282, 285 f.
Gottfried d. Bärtige 97, 101-106, 114 f., 135, 143, 145 f., 150 f., 158, 160, 163 f., 166 f., 172, 174, 176 ff., 184-187, 192, 195, 213, 225, 282
Gottfried d. Bucklige 206, 213, 219, 225 f.
Gottfried Martell, Gf. v. Anjou 115 ff., 136, 156
Gottfried v. Bouillon 225, 258, 267

Gottfried v. Calw, Pfalzgf. bei Rhein 282, 286
Gottfried v. Viterbo 28
Gottfried, Gf. v. Anjou 303
Gottfried v. Löwen, Hz. v. Niederlothringen 29, 267, 285, 301
Gottschalk v. Aachen 224 f.
Gottschalk, Obodritenfürst 195
Gozelo I., Hz. v. Lothringen 44, 64, 69 f., 93, 101, 104, 267
Gozelo (II.), Hz. v. Niederlothringen 102, 103
Grado 51, 53, 75
– Patriarch Ursus 51
Grafschaft 199
Gregor v. Sant'Angelo siehe Innozenz II.

Hadwig, Gemahlin Hz. Hugos v. Franzien 34
Hagia Sophia 141
Hainburg 120
Haithabu 74
Halberstadt
– Bf. Burchard II. 100, 185, 188, 196, 200 f., 223, 252
Hamburg 195
– Ebfe.
– Adalbert 99 ff., 130, 158, 169, 172, 186-192, 195, 242
– Bezelin 101
– Liemar 213, 216, 231, 247, 261
– Unwan 49
Hammerstein 264
Harzburg 202, 204, 212
Havelberg 147
Hedwig, Mutter Lothars v. Supplinburg 268
Heiligkreuz-Woffenheim 135
Heinrich, frühverstorbener Sohn Heinrichs IV. 204, 206
Heinrich I., Hz. v. Bayern 12, 14 ff.
Heinrich II., Hz. v. Bayern 18 ff., 67, 75
Heinrich IV., Hz. v. Bayern siehe Kg. Heinrich II.
Heinrich V., Hz. v. Bayern 35, 57, 97
Heinrich VII., Hz. v. Bayern 97, 103
Heinrich IX., Hz. v. Bayern 268
Heinrich, Hz. v. Kärnten 18
Heinrich, Hz. v. Niederlothringen 265, 267, 285
Heinrich, Pfalzgf. v. Lothringen 97, 149, 166 f., 174
Heinrich v. Laach, Pfalzgf. bei Rhein 282
Heinrich, Gf. v. d. Nordmark 253
Heinrich, Gf. v. Zutphen 282, 285
Heinrich II. v. Eilenburg 301

Heinrich Haupt, Burggf. v. Meißen 283
Hermann Billung 169, 200
Hermann I., Hz. v. Schwaben 13
Hermann II., Hz. v. Schwaben 23-26, 29, 67
Hermann III., Hz. v. Schwaben 28 f., 67
Hermann IV., Hz. v. Schwaben 28, 60 f., 64, 67, 82
Hermann v. Reichenau 104, 113 f., 158, 161, 163
Hermann v. Salm 246 f., 251 f.
Hermann v. Winzenburg 274
Hermann, Gf. v. Hennegau 105, 143
Hermann, Markgf. v. Meißen 72 f.
Herrscher, deutsche
 – Gegenkge. siehe Hermann v. Salm; Rudolf v. Rheinfelden
 – Friedrich I. Barbarossa 8, 300, 306
 – Friedrich II. 306
 – Heinrich I. 22 f., 26, 34, 39, 65
 – Heinrich II. 20 f., 23-26, 28-35, 39, 40, 43-45, 47 f., 50, 52, 56 f., 65-69, 75, 83-89, 94, 98 f., 113, 116, 125, 147, 161
 – Heinrich III. 9, 19, 27, 34, 47-50, 54-58, 60-64, 67 f., 70 f., 74-76, 80, 86, 88, 92-176 passim, 181 f., 191 f., 194, 205, 213, 220, 230, 232, 234, 248, 251, 254, 270, 299, 306 f., 309 f.
 – Heinrich IV. 8 f., 50, 110, 143, 147 ff., 161, 163 f., 167 f., 170-268 passim, 273, 279, 284, 306 f., 309
 – Heinrich V. 259-297 passim, 301 f., 304, 306, 310
 – Heinrich VI. 306
 – Konrad I. 11 f., 236
 – Konrad II. 8 ff., 27-99 passim, 107, 120, 123 ff., 132, 161, 165, 171, 303, 306, 308 ff.
 – Konrad (III.) 148, 206, 225, 231, 252, 256 f., 259, 263 f.
 – Konrad III. siehe Konrad, Bruder Hz. Friedrichs II. v. Schwaben
 – Lothar siehe Lothar v. Supplinburg
 – Otto I. 7, 10, 12 f., 15, 17, 19, 23, 34 f., 38, 40, 47, 51, 54, 61, 92, 94, 250
 – Otto II. 10, 18 f., 21, 34, 40, 51, 54 f., 92
 – Otto III. 19-22, 24 f., 33, 42, 55, 78, 118, 168
Herrscher, fränkische
 – Arnulf 7, 156
 – Chlodwig 8, 35
 – Karl d. Große 8, 40, 45, 89, 94, 167, 225, 246, 250, 274
 – Ludwig d. Fromme 180

Herrscherinnen, deutsche
 – Adelheid 14, 18
 – Agnes 9, 94 f., 103, 110, 115 f., 130, 149, 152 f., 156, 164 f., 167 f., 170-174 183 f., 187, 190 f., 195, 198, 200, 211 213, 222 f., 236
 – Bertha 163, 171, 196 f., 206, 231, 248, 252, 258
 – Gisela 8 f., 28 f., 30, 35, 38 f., 47 f., 64, 66 ff., 85 f., 88, 94, 96, 165
 – Gunhild 49, 74 f., 82, 93, 161
 – Kunigunde 35, 37
 – Mathilde 269, 275, 284, 289, 301, 303
 – Praxedis (Eupraxia-Adelheid) 253, 257 f.
 – Theophano 168
Hersfeld 190, 205 siehe Lampert
Hesso, Scholaster v. Straßburg 294
Hildebrand siehe Gregor VII.
Hildesheim 146, 201
 – Bfe.
   – Godehard 40 f., 58
   – Hezilo 100, 200, 216, 223
   – Udo 252
Hirsau 251
Hoetensleben 200
Homburg 205, 217, 268
Hornbach 7 f., 10, 31
 – Abt Adalbert 11, 17
Hoyer, Gf. v. Mansfeld 282, 285
Hubert v. Praeneste, Legat 213
Hugo Candidus, Kardinal 135, 221, 244, 260
Hugo v. Die siehe Lyon
Hugo, Burggf. v. Cambrai 144
Hugo, Gf. v. Egisheim 59
Hugo, Gf. v. Mailand 79
Hugo, Hz. v. Franzien 13, 34
Humbert v. Moyenmoutier siehe Humbert v. Silva Candida
Humbert v. Silva Candida 130, 135, 137, 141, 155, 177, 179 f., 183
Humbert Weißhand, Gf. v. Savoyen 69
Huy 144

Imiza, Mutter Welfs III. 98, 150
Ingelheim 60, 95, 108, 116, 264 f.
Irmingard, Gemahlin d. Gfen. Otto v. Hammerstein 39
Irnerius v. Bologna, Jurist 294
Isidor v. Sevilla 94
Ismael-Melus, Dux v. Bari 160
Italien
 – Kge.
   – Arduin 25, 42, 50
   – Berengar 79
   – Hugo 77
Ivois 105, 116 f., 157

331

Jaroslaw, Großfürst v. Kiew 72, 115, 118, 157 ff.
Jöhlingen 46
Johann v. Crema, Kardinal 293
Johann v. Velletri siehe Bendikt X.
Johann, Vogt v. Arras 109, 144, 151
Johannes Chrysostomus 251
Johannes Gratianus siehe Gregor VI.
Johannes Scotus Eriugena 138
Johannes v. Gaeta siehe Gelasius II.
Johannes v. Sabina siehe Silvester III.
Jordan v. Capua 247, 254
Judith, Gemahlin Hz. Ottos v. Kärnten 20, 31
Judith/Sophia, Tochter Heinrichs III. 169 f., 255, 269

Kaiser siehe Herrscher
Kaiserslautern siehe Lautern
Kaiserswerth 97, 173 f., 185 f., 188
Kamba 10, 36, 40 f., 44, 46, 83
Karl Martell 7
Karnburg 21
Kempten 59
Kiew 16
Köln 39, 88, 161, 174, 189, 208, 251, 285 ff., 309 f.
– Ebfe.
  – Anno II. 100, 150, 166, 172-175, 185-193, 198 f., 204 f., 214, 218
  – Brun 15 ff.
  – Friedrich 275, 284 f., 290, 295
  – Heribert 23
  – Hermann 97, 107, 129, 154, 161 f.
  – Hildulf 226
  – Pilgrim 36, 38 f., 44, 57
  – Sigewin 251
Könige, deutsche siehe Herrscher
Konrad d. Ä. siehe Konrad II.
Konrad d. J. siehe Salier
Konrad d. R., Hz. v. Lothringen siehe Salier
Konrad I., Hz. v. Bayern 98, 144, 148 ff.
Konrad I., Hz. v. Kärnten s. Salier
Konrad (Kuno) III., Hz. v. Kärnten 149, 167, 171
Konrad v. Wettin, Markgf. v. Meißen 301
Konrad, Bruder Hz. Friedrichs II. v. Schwaben 286, 302 f.
Konrad, Gf. 11
Konrad, Sohn Heinrichs III. 149, 162, 167
Konrad, Truchseß Konrads II. 91
Konstantinopel 141, 160, 281
  – Patriarch Michael Kerullarios 141 f.

Konstanz
– Bfe.
  – Gebhard III. 251, 261, 264
  – Karl 214
  – Rumold 170
  – Warmann 61
Konstanze, Gemahlin Kg. Roberts v. Frankreich 69
Konzilien siehe Synoden
Kornelimünster 188
Korvey 188
 siehe Widukind
Kuniza, Gemahlin d. Markgfen. Azzo v. Este s. Chuniza
Kuno (Münzenberger) 172
Kuno v. Praeneste, Kardinallegat 281, 286 ff., 291 f.
Kuno, Gf. v. Achalm 150
Kusel 11, 15

Lambert II., Gf. v. Löwen 143
Lampert v. Hersfeld 113, 145, 147, 157, 170, 174, 187, 198 f., 201, 214, 231, 234
Landulf (Cotta) siehe Pataria
Langenzenn 16
Lanzo, Königsrichter in Mailand 122
Laurentius v. Lüttich 105
Lautenbach siehe Manegold
Lautern 19, 30
Leibniz, Gottfried Wilhelm 296
Leno 82
Leopold III., Markgf. v. Österreich 9, 264, 303
Lesum 99, 146
Limburg a. d. Hardt 8, 46, 56, 87, 91, 191
Liudgard, Tochter Ottos I. 12, 17, 26
Liudolf, Hz. v. Schwaben 12, 14-17, 61
Liudolf, Kämmerer Konrads II. 91
Liudolf, Sohn des lothringischen Pfalzgrafen Ezzo 34
Liudolf, Sohn des Gfen. Bruno v. Braunschweig 28
Liupold v. Meersburg, Ministeriale (?) 190
Liutold, Hz. v. Kärnten 239
Liutpold, Markgf. d. Ostmark 119 f.
Lodi 78, 257
Lorsch 188
Lothar v. Supplinburg 268, 281 f., 284-287, 301, 304
Lucca 247
– Bfe.
  – Anselm I. s. Alexander II.
  – Anselm II. 249, 253
  – Rangerius 277
Ludwig, Gf. v. Chiny 101
Ludwig, Gf. v. Mömpelgard (Montbéliard) 64, 103

Ludwig, Gf. v. Thüringen 282 ff.
Lüneburg 201
Lüttich 105, 107, 151, 265, 267, 303
siehe Anselm; Laurentius
– Bfe.
  – Dietwin 143 ff.
  – Nithard 85
  – Otbert 265
  – Richar 13
  – Wazo 85, 105, 107, 117, 130, 133, 151 f., 154
Lyon
– Ebfe.
  – Burchard 87 f.
  – Halinard 134, 152 f.
  – Hugo 241, 249, 254, 258, 271

Maastricht 96
Mâcon
– Bf. Gauzlin 50
Magdeburg 14, 18, 147
– Ebfe.
  – Hartwig 252
  – Werner 188, 200 f., 236
Magnus, Hz. v. Sachsen 197 f., 201, 207, 268
Mailand 48, 77 f., 80 ff., 92, 121 ff., 182, 193 f., 199 f., 256 f., 290
siehe Arnulf; Lanzo; Pataria
– Ebfe.
  – Ambrosius 80
  – Anselm 256
  – Aribert 41, 46, 47 f., 70, 78-81, 85, 87, 93, 108 f., 121 ff.
  – Arnulf 25
  – Atto 200, 217
  – Gottfried 199 f., 217
  – Tedald 217 f., 235
  – Wido 123, 182, 194, 199 f.
Mainz 11, 13, 15, 17, 23, 30, 37, 65, 88, 116, 137, 239, 252, 261, 264 f., 269, 276, 284, 287, 293, 295 f., 300 f., 303
– Ebfe.
  – Adalbert 274 f., 276, 283 ff., 287, 293, 295 f., 300 f., 303
  – Aribo 35-39, 41, 58, 85
  – Bardo 84, 91
  – Friedrich 14-17
  – Liutpold 162
  – Ruthard 260, 265, 273, 276
  – Siegfried 172, 174, 183, 185, 193, 196, 198, 203 f., 214, 216, 219, 226 f., 236, 239, 247, 251
  – Wezilo 251
  – Wilhelm 17
  – Willigis 18 f., 21, 23, 36
Malmedy 188 f.
Manegold v. Lautenbach 237 f., 271
Manegold, Gf. 54
Mariengradenstift, Köln 150

Marienstift, Aachen 40, 100, 225
Markwart, Sohn Hz. Adalberos v. Kärnten 171, 199
Mathilde, Markgfin. v. Canossa-Tuszien 146, 160, 213, 231, 247, 253 f., 256 f., 259, 276, 279, 286, 288
Mathilde, Kgin. v. Burgund 26, 67.
Mathilde, Tochter Heinrichs III. 161, 170 f.
Mathilde, Tochter Hz. Hermanns II. v. Schwaben 24, 26, 29, 66 f.
Mathilde, Tochter Konrads II. 69
Maximilla, Tochter Gf. Rogers I. v. Sizilien 257
Mazelin, Ministeriale 173
Mecklenburg
– Bf. Johann 195
Meißen
– Bf. Benno 206
Melfi 53
Mellrichstadt 242
Menfö 114, 121
Merseburg 35, 40, 73, 148
– Bfe.
  – Thietmar 23, 25, 65
  – Werner 201, 246
Mettlach 7
Metz 16, 302
siehe Gerhard; Richard
– Bfe.
  – Adalbero II. 26
  – Adalbero III. 98
  – Arnulf 94
  – Dietrich II./Theoderich II. 35, 86, 98
  – Hermann 223, 230, 234
Michelsberg, Bamberg siehe Frutolf
Minden 40
– Bf. Eilbert 188
Mömpelgard 103
Mons 143
Montbéliard siehe Mömpelgard
Monte Cassino 82, 104, 123, 146, 254
siehe Petrus Diaconus
– Äbte
  – Basilius 82
  – Desiderius siehe Viktor III.
  – Richer 82, 87, 123
Montezane 232
Mouzon 293 ff., 297
Moyenmoutier 135, 155
– Abt Norbert 86
– Humbert siehe Humbert v. Silva Candida
Münster
– Bf. Burchard 265
Münsterdreisen 11

Nanthari, dux 11
Narbonne 111

333

Naumburg 72
Niederaltaich
 – Richer siehe Monte Cassino
Nilus v. Rossano 22
Nimwegen 105
Nördlingen 9
Norwegen
 – Kge.
  – Harald III. Hårdråde 157 f.
  – Magnus 99, 158
Novara
 – Bf. Otto 160
Nürnberg 120, 213 f.

Ochsenfurt 246
Odelrich Manfred, Gf. v. Turin 42
Odo I., Gf. v. Blois–Champagne 67
Odo II., Gf. v. Blois–Champagne 42, 61, 66-70, 80 ff., 102, 116, 156
Odo v. Ostia s. Urban II.
Öhringen 27, 31, 55
Oppenheim 36, 227
Orbe 65
Ordulf, Hz. v. Sachsen 99, 158, 169, 195, 263
Osnabrück
 – Bf. Benno II. 47, 215, 231, 245
Ostia 177
 siehe Gerald; Petrus Damiani
 – Lambert siehe Honorius II.
 – Odo siehe Urban II.
Otnand, Ministeriale 173
Otto III., Hz. v. Schwaben 98, 170
Otto v. Ballenstedt 286
Otto v. Northeim 148, 170, 174, 189, 193, 197 f., 200 f., 204 ff., 226, 236 ff., 242, 245 f.
Otto v. Verdun, Hz. v. Lothringen 12 f.
Otto, Gf. v. Hammerstein 38 f.
Otto, Gf. v. Schweinfurt 119
Otto, Hz. v. Kärnten siehe Salier
Otto, Hz. v. Schwaben 34, 97
Otto, Hz. v. Schwaben und Bayern 10
Otto, Markgf. v. Turin u. Savoyen 163
Otto-Wilhelm, Gf. v. Burgund 66, 116

Paderborn 58
 – Bf. Rudolf 124
Päpste
 – Alexander II. 176, 184 ff., 189 f., 192 ff., 196, 200, 202, 207, 212, 214
 – Anaklet II. (Gegenpapst) 289, 296
 – Benedikt VIII. 39, 48, 50
 – Benedikt IX. 81, 118, 125-129, 133
 – Benedikt X. (Gegenpapst) 177 f., 182
 – Calixt II. 281, 292-297, 300, 302
 – Clemens II. 130, 132 ff., 138, 152
 – Clemens III. (Gegenpapst) 172, 178 f., 183, 225, 244, 247 ff., 251, 255 f., 258 ff., 264
 – Damasus II. 133 f.
 – Gelasius I. 166
 – Gelasius II. 288, 290 ff.
 – Gregor I. 207
 – Gregor V. 21 ff., 31
 – Gregor VI. 126-130, 133, 151 f., 208
 – Gregor VII. 121, 130, 135, 138, 169, 175 ff., 180, 182, 183 ff. 193 f., 203, 207-250 passim, 253 255, 260, 264, 278, 297, 299, 307
 – Gregor VIII. (Gegenpapst) 289 ff., 296
 – Hadrian I. 250
 – Honorius II. 293, 296
 – Honorius II. (Gegenpapst) 172, 184 ff., 188, 192
 – Innozenz II. 293, 296
 – Johannes XV. 21
 – Johannes XVI. (Gegenpapst) 22
 – Johannes XIX. 48 ff., 51, 81, 126
 – Leo VIII. 250
 – Leo IX. 19, 69 f., 84, 86, 105 ff., 117, 134-146, 153-155, 159 f., 175, 179, 208
 – Nikolaus II. 174, 177 ff., 180, 182 ff., 207, 214, 220, 241, 248
 – Paschalis II. 260 f., 263, 271, 273-281, 284, 288 ff.
 – Silvester II. 22
 – Silvester III. (Gegenpapst) 126, 128 f.
 – Silvester IV. (Gegenpapst) 279
 – Stephan IX. 104, 135, 141, 145 f., 169, 176 f.
 – Urban I. 255
 – Urban II. 249, 251, 254-261, 270, 274, 278, 310
 – Viktor II. 140, 146, 149 f., 160, 164, 166 ff., 175 f., 254
 – Viktor III. 125, 180, 253 f.
Pandulf III. v. Benevent 139
Pandulf IV. v. Capua 52, 82, 132 f.
Paris 156
Parma 91 f.
 – Bfe.
  – Cadalus siehe Honorius II. (Gegenpapst)
  – Eberhard 188
Paschasius Radbertus 138
Passau
 – Bf. Altmann 227, 230
Pataria 182, 193 f., 200, 208, 217
 – Diakon Ariald 193
 – Erlembald 200, 217
 – Landulf 193, 200

Paterno am Soracte 22
Paul v. Bernried 237
Pavia 25, 43, 47, 79, 92
 – Bürger 42 f.
Payerne siehe Peterlingen
Pesaro 133
Peterlingen (Payerne) 50, 65, 69 f.
Petrus Crassus 250
Petrus Damiani 85 f., 124 f., 127, 130, 132, 134, 137, 177, 180, 182 f., 185, 192 ff., 196, 209 ff.
Petrus de Columna siehe Colonna
Petrus Diaconus v. Monte Cassino 281, 289
Petrus Pierleone siehe Anaklet II.
Piacenza 128, 223, 257
 – Bfe.
 – Dionysius 183 f., 235, 245
 – Johannes Philagathos siehe Johannes XVI.
Pierleoni 260, 288 ff.
 – Petrus siehe Anaklet II.
Pippin d. Mittlere 7
Piroska, Tochter Kg. Ladislaus' v. Ungarn 270
Pleichfeld 252
Pöhlde 58, 161
Poitiers 241
Polen
 – Bezprym, Sohn d. Boleslaw Chrobry 45, 72
 – Hzz.
 – Boleslaw III. Schiefmund 269
 – Kasimir I. 34, 73, 118, 121, 158
 – Wladyslaw Hermann 255, 269
 – Zbigniew 269
 – Kge.
 – Boleslaw I. Chrobry 45, 72, 118
 – Boleslaw II. 230
 – Mieszko II. 34, 45, 72 ff., 118
Polling 22 f.
Pomposa 124
 – Abt Wido 124
Ponte Mammolo 278 ff.
Poppo, Gf. 57
Porto
 – Bf. Johannes II. 248
Praeneste siehe Hubert; Kuno
Prag 118 f.
 – Bfe.
 – Adalbert 118
 – Severus 118
Pseudo-Isidor (Isidor Mercator) 136

Quedlinburg
 – Äbtissinnen
 – Adelheid 40
 – Beatrix 75, 161

Rainald, Gf. v. Bar 284
Rainald, Gf. v. Burgund 116
Rainer, Markgf. v. Tuszien 42, 48
Rainulf II. v. Aversa 82, 133
Rathramnus v. Corbie 138
Ratzeburg 195
Ravenna 21, 48, 53, 92, 125, 168
 – Ebfe.
 – Gebhard 85, 124
 – Heribert 85
 – Wibert siehe Clemens III.
 – Widger 124, 128, 151
Ravensburg 259
Regenger, Rat Heinrichs IV. 203
Regensburg 41, 53, 57, 119, 156, 167, 263 f.
 – Bfe.
 – Gebhard 27, 58, 108, 148 ff.
 – Wolfgang 156
 – Dompropst Konrad 109
Reggio 231
Reginar II. 13
Reginar III. 13, 15 f.
Reginar V. 105
Reginhard, Gf. 119
Regino v. Prüm 11
Reginold, Gf., Oheim d. Kgin. Agnes 103
Reichenau 59, 251
siehe Bern; Berthold; Hermann
 – Äbte
 – Meinward 214
 – Rupert 214
Reims 86, 294, 302
siehe Flodoard
 – Bf. Milo siehe Widonen
 – Bf. Remigius 35
 – Ebf. Artold 13, 15
Remiremont 134
Rhetra 195
Richard v. Albano, Kardinallegat 264
Richard v. Capua 180, 182, 195
Richard, Gf. v. Metz 19
Richenza, Enkelin Ottos v. Northeim 268
Richeza, Gemahlin Kg. Mieszkos II. v. Polen 34, 45, 73, 150
Richgard, Gemahlin Gf. Siegfrieds v. Spanheim 62
Richhilde, Gemahlin Gf. Hermanns v. Hennegau 143
Rimlingen 16
Rinchnach
 – Gunther 73, 120
Robert, Gf. v. Flandern 143, 261, 267
Robert Guiscard 180 ff., 247 ff., 254
Rodulfus Glaber 34, 39, 66, 83, 125, 128
Roger Bursa, Hz. v. Apulien 254, 278
Roger I., Gf. v. Sizilien 254, 257
Roger II. v. Sizilien 278

Rom 21 f., 39, 48 ff., 53, 55, 58, 68, 104, 123, 125 ff., 129, 130-135, 138 f., 141 f., 154 f., 173 f., 177 ff., 183, 185 f., 192, 198, 200, 203, 208, 215 f., 220, 222 ff., 226, 228-231, 243, 247 f., 253 ff., 257, 260 f., 275 f., 278, 280 f., 285-292, 296
  siehe Colonna, Crescentier, Frangipani, Pierleoni, Tuskulaner
Romainmôtier 65
Romanos Argyros siehe Romanos III.
Roskilde
  – Ef. Gerbrand 49
Rouen 272
Rudolf v. Rheinfelden 9, 148, 170 f., 190, 197 ff., 203 f., 213, 236-243, 245 f., 271
Rudolf, Gf. v. Stade 282
Rudolf, Sohn Reginars II. 13
Ruotger, Biograph Bruns v. Köln 16

Saalfeld 199
S. Pietro in Vincoli, Rom 184, 207
S. Zeno, Verona 52, 61
Sabina
  – Bf. Johannes siehe Silvester III.
Saint-Bénigne in Dijon 153
  – Äbte
    – Halinard siehe Lyon, Ebfe.
    – Wilhelm 50, 86
Saint-Denis 155 f., 273 f., 302
  – Abt Suger 274, 302
  – Mönch Haymo 156
Saint-Eire 86
Saint-Remi 15
Saint-Thierry 86
Saint-Vanne 86, 101
  – Abt Richard 86, 109
Salecho, Ministeriale 173
Salerno 249
Salier
  – Bf. Wilhelm siehe Straßburg
  – Brun siehe Gregor V.
  – Heinrich III. siehe Herrscher
  – Heinrich IV., siehe Herrscher
  – Heinrich V. siehe Herrscher
  – Heinrich, Vater Konrads II. 19 f., 25, 27
  – Konrad (III.), Sohn Heinrichs IV. siehe Herrscher
  – Konrad d. J. 10, 26 f., 29, 33 f., 36 f., 41, 44, 58, 60-64, 66 f., 79, 96
  – Konrad d. R. 7, 10-17, 19 f., 30 f.
  – Konrad II. siehe Herrscher
  – Konrad, Hz. v. Kärnten 7, 20, 24-28, 31, 64, 67
  – Otto, Hz. v. Kärnten 10 f., 17-21, 23-28, 30 f., 64
  – Werner, Gf. im Worms-, Nahe- und Speyergau 10 f., 13, 29

Salzburg
  – Ebf. Gebhard 230, 236
Salzwedel 282
San Apollinare in Classe
  – Abt Lambert 124, 128
San Miniato, Florenz 124
Sancta Maria in Turri 276, 284
Saxo v. S. Stefano in Monte Celio, Kardinal 296
Schaffhausen 251
Schleswig 74, 195
Sens 271
  – Ebf. Daimbert 271
Siegburg 198
Siegfried v. Ballenstedt, Pfalzgf. bei Rhein 282
Siegfried, Gf. 89
Siegfried, Gf. v. Spanheim 62
Siegfried, Markgf. d. Ungarnmark 120
Siena 178 f.
Sigebert v. Gembloux 261, 275
Sigehard, Gf. v. Burghausen 263, 309
Silva Candida siehe Humbert
  – Bf. Mainard 192
Sinzig 188
Solothurn 59, 70 f., 103
Sophie, Schwester des Hz. Friedrich III. v. Oberlothringen 64
Sorbara 254
Sorrent 249
Spello 81
Speyer 9, 13, 30, 46, 88, 96, 103, 105, 124, 164 f., 168, 231, 252, 265, 279, 287, 303
  – Bfe.
    – Bruno 283
    – Einhard 11, 14, 30, 191
    – Gebehard 265
    – Reginbald 13
Spier 206 f., 226
Spoleto 218
St. Alban, Mainz 17
St. Blasien 199, 238, 251
St. Castulus, Moosburg 57
St. Dionysius, Mailand 47
St. Emmeram in Regensburg 155 f.
St. Gallen 59
  – Abt Ulrich 239
St. Jakob, Bamberg 215
St. Johannes, Speyer 46, 124
St. Lambert bei Karnburg 21, 31
St. Lambert bei Neustadt a. d. Hardt 8, 20, 191
St. Maria, Ravenna 168
St. Maria, Rom 208
St. Martin, Utrecht 303
St. Maurice d'Agaune 65
St. Maximin, Trier 87, 198
St. Pantaleon, Köln 199
St. Paul, Worms 25

St. Peter, Rom 244, 254, 260, 289
St. Philipp zu Zell 11, 17, 20
St. Simon und Judas, Goslar 100, 135, 150, 188
St. Viktor, Marseille
 – Äbte
  – Bernhard, Legat 236
  – Richard 254
Stablo 189
 – Abt Theoderich 189
Stablo-Malmedy 87
 siehe Malmedy, Stablo
 – Abt Poppo 47, 69, 85, 87, 109, 153
Stauf 240
Stephan, Gf. v. Blois-Champagne 115 f.
Stephan, Kardinalpriester v. S. Grisogono 183
Stephanus, Präfekt v. Rom 222
Stoph siehe Stauf
Straßburg 66, 69, 292
 – Bfe.
  – Werner I. 54
  – Werner II. 190, 214
  – Wilhelm 27
Stuhlweißenburg 121, 170
Susa 42
Sutri 129, 131, 151 ff., 165, 177, 179, 185, 203, 248, 276, 279, 284
 siehe Bonizo
Synoden
 – Augsburg 1062 185
 – Autun 1077 241
 – Beauvais 1114 286
 – Benevent 1087 254
 – Brixen 1080 244
 – Charroux um 989 111
 – Clermont 1095 258, 270
 – Diedenhofen 1003 26
 – Frankfurt 1027 58, 61
 – Frankfurt 1069 196
 – Guastalla 1106 273
 – Höchst 1024 39
 – Hohenaltheim 916 11
 – Jerusalem 1111 281
 – Konstanz 1043 113
 – Lateran siehe Rom
 – Le Puy 975 111
 – Le Puy 994 111
 – Limburg 1038 85
 – Limoges 994 111
 – Mainz 1023 39
 – Mainz 1049 107, 137
 – Mainz 1085 251
 – Mainz 1122 296
 – Mantua 827 51
 – Mantua 1064 186
 – Melfi 1059 180
 – Novara 1073 200
 – Paris 1050 138
 – Pavia 1046 128
 – Pavia 1076 225
 – Piacenza 1095 257 f.
 – Pöhlde 1028 58
 – Quedlinburg 1085 251
 – Reichssynode 1060 ca. 183
 – Reims 1049 136, 144, 155
 – Reims 1119 292 f.
 – Rom 1027 51, 75
 – Rom 1046 129, 234
 – Rom 1047 134
 – Rom 1050 138
 – Rom 1059 178 ff., 241
 – Rom 1073 212, 214
 – Rom 1075 216, 241
 – Rom 1076 223, 228, 235
 – Rom 1078 241
 – Rom 1079 138
 – Rom 1080 242 f., 244 f.
 – Rom 1083 248
 – Rom 1084 248
 – Rom 1091 256
 – Rom 1102 261
 – Rom 1110 276
 – Rom 1112 280
 – Rom 1116 288
 – Rom 1123 300
 – Seligenstadt 1023 39
 – Sutri 1046 128 ff., 152, 234
 – Sutri 1059 178 f.
 – Toulouse 1119 293
 – Tours 1054 138
 – Tribur 1036 86
 – Troyes 1107 274
 – Vercelli 1050 137 f.
 – Vienne 1112 281
 – Worms 1076 219, 221, 223, 226, 229

Tancred v. Hauteville 132
Terracina 254
Theobald III., Gf. v. Blois u. Chartres 115 f., 156 f.
Theoderich d. Große, Ostgotenkg. 43, 168
Theoderich, Burggf. v. Trier 1
Theoderich, Kardinallegat 286
Theodora, Tochter Konstantins VIII. v. Byzanz 54
Theodosius, römischer Kaiser 153
Theophylakt siehe Benedikt IX.
Thiemo, Neffe Hz. Bernhards II. v. Sachsen 100, 146
Thietmar, Gf., Bruder Hz. Bernhards II. v. Sachsen 99 f., 146
Thuin 144
Toledo 291
Toul 105, 215
 – Bfe.
  – Brun(o) siehe Leo IX.

- Pibo 214 ff., 225
- Udo 135
Tours
- Ebf. Rudolf 241
Tribur 41, 148, 159, 162 f., 195, 227 f.
Trier 113, 189
- Bfe.
 - Liutwin siehe Widonen
 - Milo siehe Widonen
- Ebre.
 - Bruno 273-276, 295.
 - Eberhard 106, 166, 187, 189
 - Poppo 29
 - Ruotbert 13
 - Udo 189, 215, 226 f.
- Elekt Kuno 188 f.
Trifels 284, 303
Troja 53
Turin 42
Tuskulaner 48, 125 f., 129, 132 f., 177, 288 f.
- Alberich III., Gf. 125
- Gregor II., Gf. 126
- Ptolemäus, Gf. 289

Udo, Gf. v. Katlenburg 90
Ulm 29, 59, 63, 98, 227, 236, 239 f.
Ulrich II., Gf. v. Weimar-Orlamünde 282
Ulrich v. Hutten 250
Ungarn
- Hz. Almus 270
- Kge.
- Andreas 121, 148, 157 ff., 169 f.
- Bela 169 f.
- Geza 205, 230
- Koloman 270
- Ladislaus I. 230, 243, 270
- Peter 53, 119 ff., 158
- Salomon 169 f., 205, 230, 255, 269
- Samuel-Aba 120 f.
- Stephan I. 34, 53 f., 64, 75 f., 120 f., 230
- Emmerich-Heinrich, Sohn Kg. Stephans I. 34, 64, 75 f.
Utrecht 88, 104, 168, 225, 275, 303
- Bfe.
- Bernold 104
- Godebold 301
- Wilhelm 188, 225 f.

Valenciennes 103
Vallombrosa 124, 176
- Abt Johannes Gualberti 124, 176
Velletri
- Bf. Johannes siehe Benedikt X.
Venedig 51, 54, 75, 257
- Doge Otto Orseolo 51, 53, 75

Vercelli 137 f.
- Bfe.
 - Gregor 183, 212, 231
 - Leo 47
Verdun 105
- Bfe.
 - Rambert 101
 - Theoderich 225, 248
 - Elekt Richard 284
Verona 257
Vevey 65
Vienne 69, 292
- Ebfe.
 - Guido siehe Calixt II.
 - Leodegar 68
Vilich 188
Volta 247
Vreden 40

Waiblingen 9 f., 245
- Heinriche 8, 10
Waimar IV. v. Salerno 82
Waimar V. v. Salerno 52, 132, 133
Walter, Kastellan v. Cambrai 144
Wartburg 282
Weingarten 259
Weißenburg 19
Weißenburg im Nordgau 60, 91
Welf II. 44, 52, 58, 60 f., 79
Welf III. 98, 149 f.
Welf IV. 150, 197 f., 243, 251, 253, 259, 262
Welf V. 256 f., 259, 274
Welfesholz 285
Werben 74
Werla 35, 100, 146
Werner, Gf. im Worms-, Nahe- und Speyergau siehe Salier
Werner, Gf. v. Kyburg 60
Westminster, Konkordat 273
Wibert v. Ravenna siehe Clemens III.
Wido v. Spoleto siehe Widonen
Widonen
- Bf. Liutwin v. Trier 7
- Bf. Milo v. Trier und Reims 7
- Gf. Wido 7
- Wido v. Spoleto, Kaiser 7
Widukind v. Korvey 12 f., 17, 40
Wien 76
Wilhelm v. Champeaux 292
Wilhelm V., Hz. v. Aquitanien 42, 110 f.
Wilhelm VI., Hz. v. Aquitanien 110
Wilhelm, Gf. v. Friesach 41
Wilhelm, Hz. v. d. Normandie 117, 156
Wilhelm, Vater Calixts II. 292
Winterbach 9
Wipo 8, 10, 33-40, 43 ff., 53, 56, 58, 68, 70, 74 ff., 78, 86, 88-91, 94, 96
Wiprecht v. Groitzsch 274, 282 f., 301

Wolfram, salischer Vizegf. 20, 62
Worms 10, 13, 17 f., 20, 30 f., 88, 134, 139 f., 187, 198 f., 204, 219, 222, 224, 226, 229, 244, 287, 296, 298, 302 f., 306, 309 f.
 – Bfe.
  – Adalbert 203
  – Azecho 62
  – Burchard I. 24 f., 27, 91
  – Burchard II. (Bucco) 302
  – Hildebald 18 f., 21, 24
  – Richgowo 11
 – Bürger 203
Wsewolod, Großfürst v. Kiew 253
Würzburg 41, 196, 252, 291, 295
 – Bfe.
  – Adalbero 223, 230
  – Bruno 107, 154
  – Erlung 274, 286, 302
  – Rugger 302
Wulfhild, Schwester Kg. Magnus' v. Norwegen 99
Wulfhild, Tochter Hz. Magnus' v. Sachsen 268

Zeizolf, salischer Vizegf. 20, 62
Zoe, Tochter Konstantins VIII. v. Byzanz 54
Zürich 43, 59, 61, 69, 163, 259

Stammtafel der Salier

Abkürzungen: Bf. = Bischof; Gf. = Graf; Hg. = Herzog; Kg. = König; Mgfin. = Markgräfin; S. = Sohn; T. = Tochter

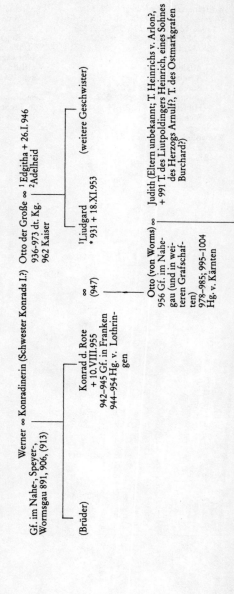

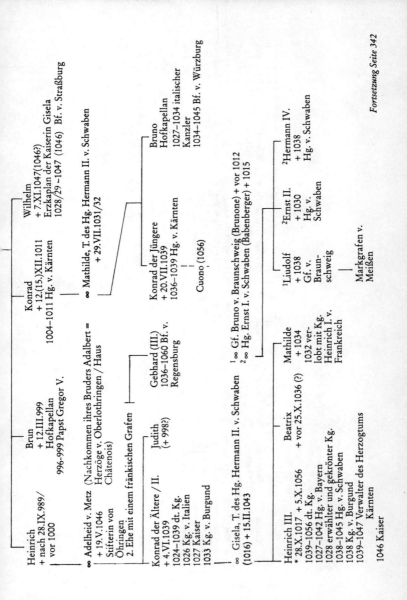

Fortsetzung Seite 342

Heinrich III.

1 ∞ (1036) Gunhild (Kunigunde), T. Knuts v. Dänemark und England
+ 18.VII.1038
2 ∞ (1043) Agnes v. Poitou, T. Hg. Wilhelms V. von Aquitanien
+ 14. XII. 1077
1055–1061 Verwalterin des Herzogtums Bayern
1056–1065 Regentin

¹Beatrix	²Adelheid	²Gisela	²Mathilde	²(Konrad) Heinrich IV.	²Konrad	²Judith-Sophie
* 1037	* 1045	* 1047	* 1048	* 11.XI.1050	* 1052 Sept./	* 1054 (?)
+ 13.VII.1061	+ 11.I.1096	+ 6.V. vor	+ 12.V.1060	+ 7.VIII.1106	Okt.	+ 14.III.(1092–1096)
1044/45–1061	1061 Äbtissin	1058	∞ (1059)	1056–1106 dt. König	+ 10.IV.1055	1 ∞ (1065/1066) Kg.
Äbtissin v.	v. Ganders-		Rudolf v.	1053–1054 Hg. v. Bayern	1054 Hg. v.	Salomon v.
Quedlinburg	heim und		Rheinfelden,	1054 Mitkönig	Bayern	Ungarn
und Ganders-	(1063) Qued-		Hg. v.	1084 Kaiser		2 ∞ (1088) Hg.
heim	linburg		Schwaben			Wladislaw-Hermann v. Polen

1 ∞ (1066) Bertha, T. Ottos v. Savoyen und der Mgfin. Adelheid v. Turin + 27.XII.1087

2 ∞ (1089) Praxedis (Eupraxia, Adelheid), T. des Großfürsten Wsewolod v. Kiew, Witwe des Gf. Heinrich v. Stade + 10.VII.1109

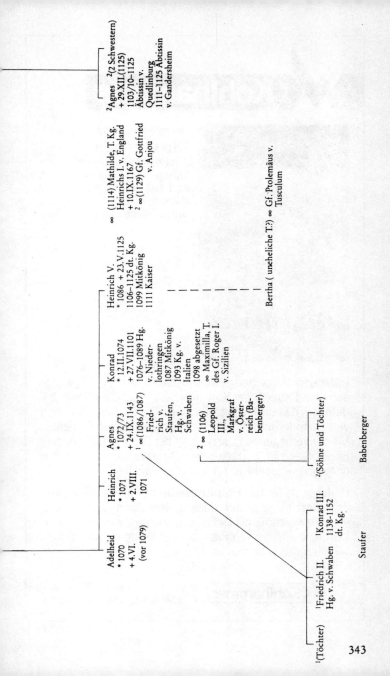

Helmut Beumann
Die Ottonen
2., verbess. und erweit.
Auflage. 208 Seiten
Kart. DM 24,–
ISBN 3-17-011505-7
Urban-Taschenbücher, Bd. 384

Unter dem Herrscherhaus der Ottonen (919 – 1024) wurde aus dem Ostreich der Karolinger ein Deutsches Reich, bildete sich das die Franken, Sachsen, Bayern und Schwaben verbindende Bewußtsein einer übergeordneten Einheit. Mit der vorliegenden Darstellung der Ottonenzeit aus dem Blickwinkel der herrschenden Dynastie setzt der Autor neue und originelle Akzente dieser Epoche.

Profesor Dr. Dr. h.c. **Helmut Beumann** lehrte mittelalterliche Geschichte an den Universitäten Bonn und Marburg; er ist Vorsitzender der Deutschen Kommission für die Bearbeitung der Regesta Imperii bei der Akademie der Wissenschaften und Literatur, Mainz.

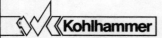

Verlag   Postfach 80 04 30
W. Kohlhammer 7000 Stuttgart 80